沉默道钉的足迹

——纪念华工建设美国铁路

Footsteps of the Silent Spikes

in Memory of Chinese Railroad Workers in the United States

黄安年　李　炬　著

中国铁道出版社
CHINA RAILWAY PUBLISHING HOUSE

序 Preface

沉默道钉的足迹

Footsteps of the Silent Spikes

in Memory of Chinese Railroad Workers in the United States

——纪念华工建设美国铁路

美国总统林肯 1862 年签署了第一个太平洋铁路法案。美国联合太平洋铁路公司（简称联合太平洋铁路公司）和美国加利福尼亚中央太平洋铁路公司（简称太平洋铁路公司）分别由美国东部和西部相向修筑美国第一条太平洋铁路（简称太平洋铁路）。1869 年 5 月 10 日，在美国犹他州奥格登的普罗蒙特里丘陵合龙，宣告太平洋铁路的建成。自 1869年至1893 年，美国先后建成了横贯美国东西的太平洋铁路干线，本书着重探寻华工参与修筑太平洋铁路的足迹。

华工参与了太平洋铁路最困难时期和最艰巨地段的兴建，也是完成这条铁路基础性工程的主力军。2015 年是大批华工参加修筑美国太平洋铁路 150 周年，2019 年 5 月将是横贯美洲大陆的第一条太平洋铁路建成 150 周年。太平洋铁路的建成是美国逐步崛起为太平洋国家进程中的一个重要标志，也是中美经济文化交流、近代经济全球化发展起始阶段的重大事件。美国太平洋铁路建设的历程告诉我们，没有华工的参与就不可能有太平洋铁路的 7 年完工，这是美国当时作为一个新兴崛起的发展中国家与一个有着古老中华文明国家的出洋华工共建的举世瞩目的伟大建设工程，无论从历史或现实、学术研究或文化交流的角度，深入开展北美铁路建设中的华工研究都具有多方面的启迪意义。我们需要回顾历史往事，重温历史记忆，探寻历史遗存，普及历史知识，总结历史经验，不忘历史教训。

从交通发展史的角度看，19 世纪是铁路时代，20 世纪是航空和高速公路时代，21 世纪则在发展航空、高速公路、快速海运的同时，也迎来了高速铁路的时代。如今中国成了引领世界高速铁路时代的火车头，当年华工修筑近代铁路的经历显然给这一发展潮流的中国因素和作用做了最好的注脚。150 年前华工能够做到的，今天发扬当年道钉精神的华人，相信会做得更好。

从历史的长河看，中美关系的主流是合作、互惠、友好和交融，而不是排斥、对立、敌视和孤立。当年华工参加美国太平洋铁路建设，显示美国近代化和美洲大国的形成，有着中国劳工的奉献。当年中美携手能够做到的，今天在全球经济现代化、政治民主化和文化思想多样化的时代，理应也能够做到并且做得更好。

从史学发展的潮流看，今天已经不再由精英史学和修正史学所垄断，而要发展拓宽广大人民需求的、被淡忘的群体史学和底层史学，要求不忘反映沉默的弱势群体的历史存在。我们着力呈现美国铁路华工这一群体的历史，正适应了这一潮流发展的需求。

关注、了解、研究和探寻历史上鲜为人知的重大事件，既是史学研究的需要，也适应广大群众普及历史知识的要求和渴望。这方面书籍的出版，将在更为广阔的范围内满足不同群体读者的需求。

中国铁道出版社精心策划组织出版《沉默道钉的足迹——纪念华工建设美国铁路》图文并茂的专著，适应时代潮流，奉献给读者的是一部结构新颖、特色明显和成果丰硕的图书，也是适应中美合作共赢新时代的图书。

本书正文共四部分：修路缘由（修路先行、转危为安、五邑农工、历史评价）；开路先锋（加州内铁路沿线、内华达铁路沿线、犹他州铁路沿线、联合太平洋铁路）；探寻足迹（铁路营地、华工工地、华工工薪、华工生活、华工墓地、华工文献、华工著作、华工文书、华工后裔）；缅怀道钉（美国排华、纪念碑堂、心系侨乡、纪念活动、博物展览、社团媒体、合作攻关）。每部分的开头有引言，各个子目开始时有导语简介。全书还有序、后记及附录（较详实地说明图片来源），以及主要参考书目。为了便于美国读者了解本书，目录和各部分的导语配有英文译文。

本书有以下特点：

第一，图文丰富。本书精选具有历史和探询价值的照片近 600 幅。

第二，成果荟萃。本书力求吸纳中美两国最新的相关研究成果。

第三，实证考察。本书采用的图片多经作者反复对比、考察。作者李炬曾四次探寻太平洋铁路沿线，对照历史老照片的原址进行再拍摄，开创了相同地点拍摄新旧历史图片对比研究华工修筑美国铁路的新方法。作者详尽查阅了国内相关历史古籍资料，多次前往广东五邑侨乡考察，极力收集和研究历史遗存资料。

第四，雅俗共赏。本书兼具可读性、知识性、资料性和探寻性。本书文字力求通俗易懂，朴实无华；遵循史实，言之有据；本书附录提供参考书目和必要的注释资料。

第五，注重版权。本书所有图片均注明出处，凡是涉及版权问题尽可能联系所有者或收藏者获得授权，对于无法联系上的，均为保护收藏单位的合法权益做好准备。

第六，开放互动。本书反映的是阶段性成果，探寻问题涉及方方面面，提出了开展研究的重点、疑点和难点，一些题目通过作者博文即时发布，进一步推动社会关注和互动。

第七， 旅游指南。本书为即将掀起的沿着太平洋铁路足迹行进的历史文化旅游提供了丰富的资料，相信对有兴趣的旅游者和旅游公司会有所帮助。

本书是黄安年和李炬合作的新成果，着力于探寻和突破美国铁路华工研究上的重点、难点和疑点。全书四部分内容试图集中在以下 20 个课题上，用图文形式作初步解读，提供了我们的思路供读者参考。

1. 美国为何要兴建太平洋铁路？

2. 中央太平洋铁路公司为何选择华工？

3. 华工何时参加修筑太平洋铁路？如何界定华工参加修筑太平洋铁路的时间？

4. 参与修筑太平洋铁路的华工从哪里来？广东五邑地区占多大比例？

5. 华工以什么身份来美国？契约华工和自由移民所占的比例各有多少？

6. 参与修筑太平洋铁路的华工有多少人？各个年份的统计情况？

7. 美国铁路华工承担了哪些工种，建设了哪些最困难和最危险的施工路段？他们是怎样施工的？

8. 美国铁路华工的工作和生活待遇如何，他们和欧洲白人劳工(如爱尔兰工人)有何不同?

9. 美国铁路华工在争取平等生活条件过程中发生了哪些事件?

10. 美国铁路华工在美国的生活习俗如何？他们和白人社会如何交往?

11. 修筑铁路过程中有多少铁路华工死亡？

12. 美国铁路华工的遗骸是怎样处理的？墓地在哪里？先友遗骸是怎样运回国内的?

13. 铁路华工在美国家庭生活怎样？他们是如何和国内家人联系的？迄今发现华工家信情况如何？

14. 迄今确定的美国铁路华工的姓名有哪些？为何难以发现他们的姓名？

15.1869 年 5 月 10 日太平洋铁路合龙时，为何对有关华工在场的看法不一？

16. 第一条太平洋铁路建成后，铁路华工分别到了哪里?

17.1882 年美国排华法令前后，美国铁路华工的遭遇如何?

18. 如今我们找到了多少美国铁路华工的后裔？确切名单有哪些?

19. 我们的方志和古籍及政府文献是怎样记载美国铁路华工的？为何直接谈到的很少?

20. 迄今发现了哪些涉及美国铁路华工的族谱、家谱和村志?

相比美国铁路华工的各种现有研究成果，我国的美国铁路华工基础性研究工程无论在规划还是实施方面都尚属起步阶段，需要奋起直追。如果没有扎扎实实地基础性收集整理、综合分析、调查研究，并在此基础上制作数据库，就难以在坚实可靠的史料基础上开展深入的重点、难点和疑点的攻关研究，并取得突破性进展。从现在起，到 2019 年还有 5 年时间，只要认真规划，确保足够的资金和人力资源到位，是可以取得阶段性的重要基础性研究成果的。我们注意到，现有各类学术工程的已有成果中无论是学术研究、政府档案文献汇总、方志笔记资料丛刊、石刻墓碑汇编等，涉及美国铁路华工的专题项目数量甚微；各种学术规划立项中也很少涉及这个专题项目；从事这方面基础性调查和研究的，除了少数人员和侨乡部分研究工作者外，整体说来，力量薄弱，从事社会调查的人员不足；社会关注和志愿人员参与度也欠缺。当务之急是有关职能部门需要追加立项、积极组织力量，以求分期分批结出硕果。

我国的美国铁路华工基础性调查工作严重滞后，并非偶然。一是大量研究资金和力量的投入不到位，很少投在时间长、难度大、结出硕果较慢的基础性研究工程上；二是这类基础性研究涉及人员多，在过度量化的当前学术生态下，往往难以立项和让所有人分享学术成果，大大影响了参与者的积极性。此外，还有一个重要原因是，由于近代以来国内战乱不断，政治动荡，以及资源保护意识薄弱和技术手段落后，找寻和复原基础性资料难度很大，增加了研究成本和效应的可靠度。如果我们不注意顶层设计，其难度可想而知。

强调基础性工程研究，并不意味着忽视美国铁路华工研究中重点、难点和疑点问题的攻关研究。基础性攻关研究和课题重点、难点、疑点的攻关研究两者并行不悖，相向而行。事实上许多重点、难点和疑点离不开对于基础性工程的研究，基础性研究的进展有助于重点、难点和疑点的突破性研究。我们需要有所作为，从 2015 开始到 2019 年底 5 年时间，抓紧了，可以做很多事，抓而不紧，或者忽视了对于基础性研究工程，虽然我们可以取得一些重要的进展，但是缺乏基础性研究成果的铺垫，不仅难以继续深入，而且由于缺少 150 年历史机遇的推动力，能否保持连续性就很难说了。

研究铁路华工问题，还需要按照铁路华工工程的需要来建立和完善数据库，含各种文献报刊资料和民间收藏，以及历史遗存和铁路华工后裔的口述史料。需要深入地对于华工修筑太平洋铁路的沿线和方方面面，做细致的实地考察。

开展美国铁路华工的基础性研究难度大，不仅需要立项、资金和人力等量化指标到位，而且需要有一种潜心治学、刻苦钻研、坚持不懈、志愿奉献的精神，一种道钉精神。我们呼吁发扬新时代的道钉精神，以出色的研究成果来缅怀一个半世纪前背井离乡沉默的道钉们!

在书稿付印之际，我要特别感谢自由摄影师、历史影像研究爱好者李炬先生与我合作。他 2010 年在美国搜集太平洋铁路的照片和资料，为实地寻访做准备。2012 年 10 月、2013 年 9 月、2014 年 5 月、2015 年 5 月他四次驾车走访华工修筑的太平洋铁路沿途与铁路相关的历史博物馆、历史学会，寻觅、拍摄、记录 150 年前修筑铁路的华工足迹，并对寻找到近百处历史照片的拍摄地点，复拍了对比影像。本书开路先锋部分集中了他的寻访成果，同时他对于书中其他图片也做了不少技术修补工作，提高了图片的品质。

本书的开路先锋部分由李炬完成，其他部分均由黄安年完成，全书由黄安年统稿。

蒙中国铁道出版社积极组织和大力支持出版此书，在此表示衷心的感谢!

献给 150 年前参加修筑美国太平洋铁路的华工——沉默的道钉。

北京师范大学历史学院教授 黄安年

写于 2015 年 1 月 28 日，修改于 3 月 7 日

定稿于 2015 年 6 月付印前夕

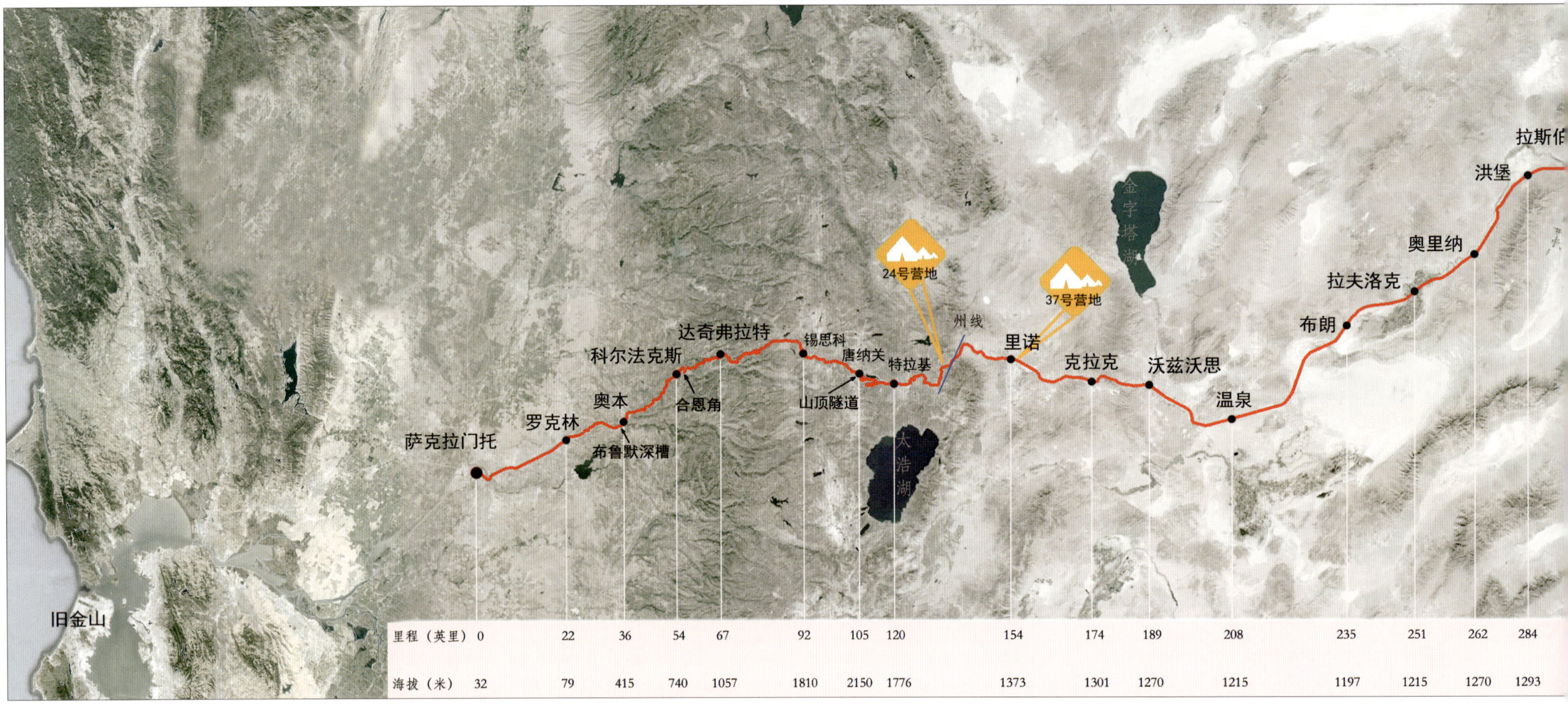

1861 年 6 月，加利福尼亚中央太平洋铁路公司成立，总部在萨克拉门托。

1862 年 7 月，美国总统林肯签署法令，选择勘测的五条太平洋铁路的中线作为第一条横跨美洲大陆的铁路。

1863 年 1 月 8 日第一条横跨美洲大陆的太平洋铁路在萨克拉门托破土动工。1863 年 10 月 27 日太平洋铁路铺设了第一条铁轨。

T01 修筑中央太平洋铁路地形和进程图。

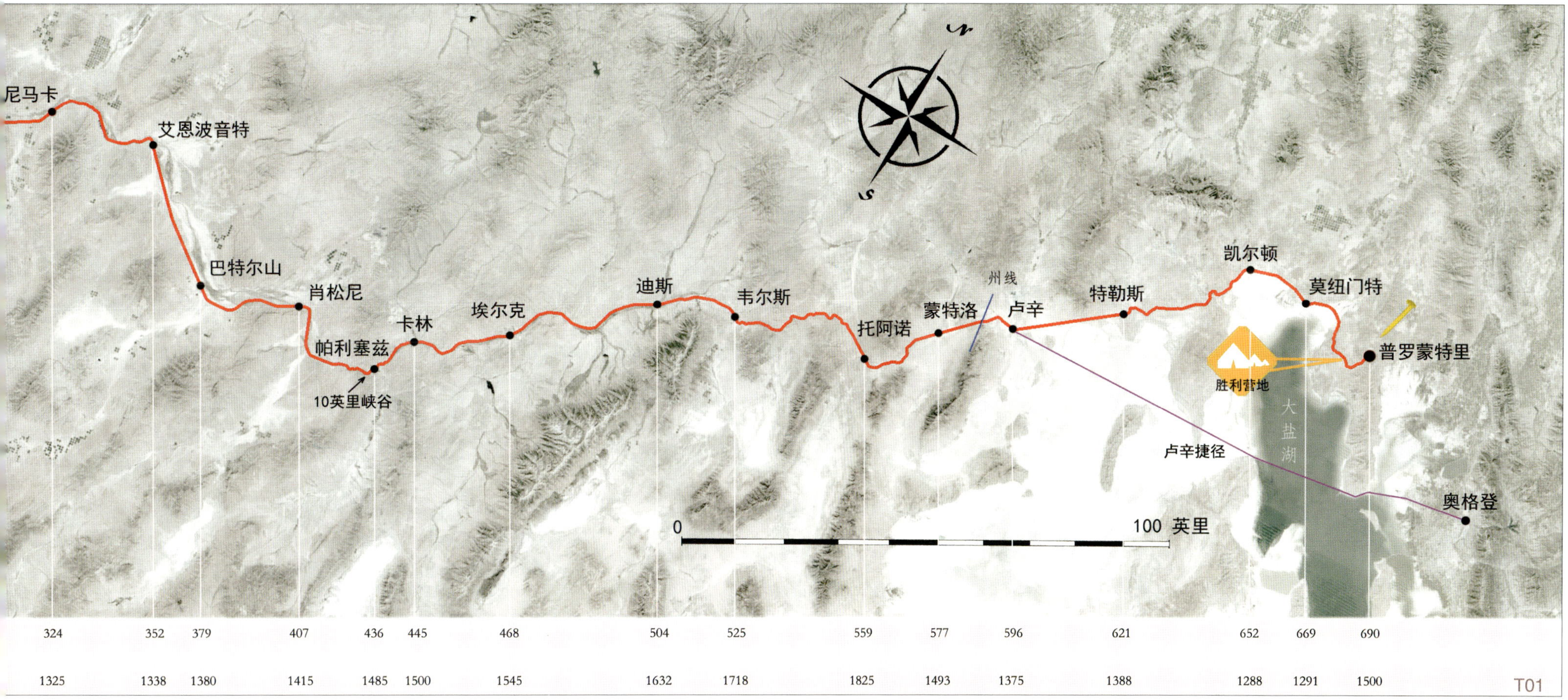

1864 年仅有少数华工参与太平洋铁路建设。1865 年大批华工加入太平洋铁路建设大军。1866 年至 1867 年，华工总数最多，达 14 000 人左右。

1869 年 4 月 28 日，以华工为主力的太平洋铁路建设大军，完成了一天铺轨 10 英里的壮举。

1869 年 5 月 10 日，太平洋铁路在普罗蒙特里合龙。

T02 在太平洋铁路经过的最高点唐纳关北侧，由北向南拍摄 8、7、6 号隧道及防雪棚全景。8 号隧道和 7 号隧道之间的上下两道石墙，就是著名的“中国墙”。

T03 内华达州 10 英里峡谷风光。洪堡河水蜿蜒流淌，这条太平洋铁路运输大动脉上，列车不停地穿梭往来。

T04 1866年春夏，距离萨克拉门托69英里阿尔塔附近，在60英尺高白垩岩上修筑铁路时爆破后的情景。

T05 在阿尔塔附近找到这段白垩岩壁，尝试爬上岩壁拍照而跌落下来，最终艰难上去却因树木遮挡，无法完成与老照片相似机位的拍摄。

T06 距萨克拉门托 77 英里处野马谷的路基墙（中国墙）及灰熊山隧道，1866 年夏天太平洋铁路就已经建到这里。

T07 灰熊山隧道西口一带的地貌变化比较大，因增加铁路复线而拓宽路基，老照片中的路基墙已经完全被掩埋，森林植被也比 150 年前茂密。

T08 1866年秋天，在西拉内华达山唐纳关上已下了一场雪，远处竖井上的蒸汽机正在运转，将开挖6号隧道（山顶隧道）的石块吊运出来。脚下的一道中国墙——路基墙已经筑好，清晰可见，另一道中国墙——防雪墙还没构筑。

T09 2015 年 5 月 2 日，冒险爬上 8 号隧道西口上的山顶，向西拍摄了 6 号、7 号隧道的全景照片。

T10 1866 年夏天，普雷瑟地区达奇弗拉特附近的弯道。打通西拉内华达山脉的铁路通道用了两年多时间，很多华工当时都住在附近，春天从这里出发，大雪封山后到这里过冬。

T11 1919 年 5 月 10 日，太平洋铁路建成 50 周年的纪念活动中，邀请 3 位华工代表登上彩车。

T12 位于美国寞山脚下的华人墓地。铁网栅栏围起来的一块墓地里，两排大约 40 余位客死美国的华人在这里安息。墓地没有任何标记，没有姓名、没有祖籍地和生卒年月。维护墓地的美国朋友相信，这里是 150 年前来自中国广东五邑地区建设太平洋铁路的华工及定居此地华工后人的墓地。

目　录

Contents

A–T01 距萨克拉门托 80 英里处猫头鹰山上正在开挖的 900 英尺长、45 英尺的路基槽。

A 修路缘由 THE REASON FOR CONSTRUCTION

美国为何要修筑太平洋铁路，为何要在中央太平洋铁路公司这段铁路中使用华工。何时开始大批使用华工，这些华工主要来自中国哪些地区，他们是怎样来到太平洋铁路工地的。这是本部分主要向读者展示的内容。

1863 年至 1869 年太平洋铁路的修筑，是在美国近代化和美国西进运动、西部大发展中交通先行、铁路开道的需要。1846 年至 1848 年美墨战争的结果使美国成为北美大陆濒临两大洋的大国。美国移民通过持续不断的西进运动向远西部地区开拓，1848 年美国加利福尼亚州（简称加州）发现金矿掀起的淘金热和西部矿区的发展，刺激了开发西部铁路的需要。同时也是 1861 年至 1865 年美国南北战争进程中确保西部战事有利于自由州和联邦统一的需要。正是这些重要因素的合力形成推动修筑横贯美洲大陆铁路的强大推手。而美国总统林肯对于最终决定修筑太平洋铁路起了决策作用，1862 年和 1864 年两个太平洋铁路法案满足了美国经济发展和移民西部的需求。没有 19 世纪 60 年代开始的五条太平洋铁路的建设，就不可能完成美国的西进运动、形成相对完整的经济区域、人口布局和现代美国的崛起，也不可能确定美国的美洲大国地位。

著名美国经济史学家哈罗德·福克讷在他的《美国经济史》中曾写道：“在 1860 年以后的半个世纪内，铁路扩展在美国历史上的重要性，我们必须做适当的评价。美国工农业的发展在很大程度上都有赖于国内的运输业，主要是铁路业。铁路促进了西部大部分地区的殖民事业。在许多地区铁路首先通过了无人居住的地带……南北战争对于铁路产生了破坏性和刺激性的影响。当南部的机车和其他设备都已经折旧磨损或是遭到破坏的时候，战争促使北部修建新的铁路。正是在战争进行时期和一部分是出于战时的措施，才开始修筑第一条横贯美洲大陆的太平洋铁路。”（商务印书馆 1964 年《美国经济史》第一版中译本。）

在第一条太平洋铁路修筑的进程及在 1869 年至 1893 年修筑的其他太平洋铁路过程中，华工的巨大作用是无法替代的。联合太平洋铁路公司和中央太平洋铁路公司竞赛成败的关键取决于筑路工程的速度和适应竞赛需求的劳动大军。太平洋铁路工程缓慢进程和白人劳工对于花岗岩峻岭望而却步，迫使中央

太平洋铁路公司领导层改试华工。华工的勤劳苦干、低薪快速改变了公司领导层的态度，决定大批使用华工。美国前任驻华公使和前任加州州长弗雷德里克·H·娄在1876年美国国会参众两院调查华人入境问题联合特别委员会听证会上的证词说："中国人的劳动对于加州有重大的物质好处。我们这个州所处的地理位置，是偏僻的，……欧洲和美国东部的移民很难来到这里。""加州之初遇到的最严重的人口稀少，劳工缺乏。而中国人的来临为我们解决了这个困难。""就我所知，我认为太平洋铁路的土方工程约有五分之四是中国人做的。那就是从此地到奥格登的一段。太平洋铁路工程在西拉内华达山脉这一边进行的时候，我是委员之一。他们使用中国人的时候，我正在铁路上。他们最初使用白人劳工，后来工程陷于停顿。他们找不到足够的人力，整个工程几乎完全停工。最后由斯特罗布里奇——当时的铁路工程总监，打定主意先使用中国人来推送土车而不准他们干别的。谁想到工作进展之快使他不由得感到惊奇。不到6个月的工夫他们已经在每一项工作中都使用中国人了"。

尽管1864年已有少量华工在太平洋铁路参加施工，但数据及文献表明大批使用华工的年代是1865年，1868年7月清政府与美国政府签订的《中美续增条约》在官方层面推动了大批华工来美。中美学术界普通认同2015年是华工参加修筑美国铁路150周年。

一个半世纪前来到美国修筑太平洋铁路的华工主力，除了早先在美国的淘金华工外，大量来自中国广东台山、新会、开平、恩平侨乡地区的越洋赴美华工。大量文献及古迹遗存和在美国的华人、华侨先人活动都证明了这一结论。

需要清晰解释为何大批越洋赴美华工来自中国珠江三角洲的五邑侨乡地区，而非中国其他沿海地区。这既和这一地区的海外移民传统有关，也由于19世纪中叶这一地区已经具备远洋美国西海岸旧金山地区的技术条件，更由于这一时期五邑地区特殊的政治、经济、生活环境促使当地村民为避免政治迫害、客家械斗、经济窘困而通过家族或家乡亲友网络成批来到北美，当然也和移民为寻找更好生活而来美国寻求金山梦有关。这些华工的身份认定显然关系重大。虽然，迄今无法确定契约华工的比例，但并非全部华工均是"猪仔"身份，或者他们的身份并不等同于黑奴，因为美国法律禁止奴隶制。

1850 年，美国的铁路线已经长达 9 021 英里，超过英国，成为世界上铁路线最长的国家。1850 年至 1860 年，仅密西西比河上游就铺设了 1 万英里的铁路，使东北部到密西西比河的旅程畅行无阻。同时，密西西比河以西也有两条铁路顺利建成，连接密西西比河和密苏里河的汉尼拔—圣·约瑟夫铁路以及连接圣路易斯与堪萨斯城的密苏里太平洋铁路，为内战以后铁路的大规模迅速发展创造了条件。但是 1860 年以前美国的铁路建设，主要限于密西西比河以东的东部地区，美国西部地区几乎没有什么重要的铁路线，影响了西部的发展。

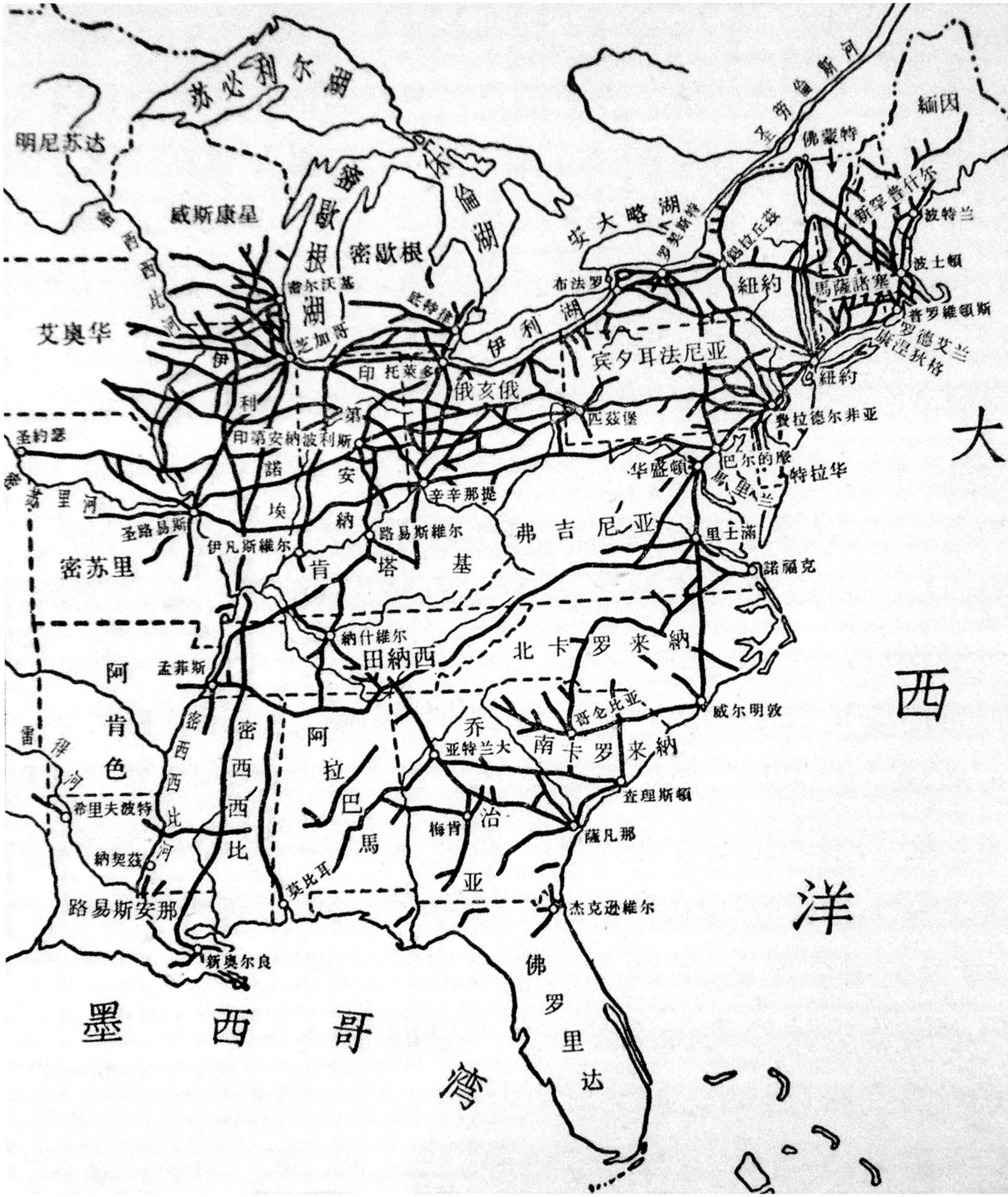

A-T02 1860 年美国铁路示意图。

A1 修路先行 | Taking the Initiative

美国在近代化崛起、西部大开发和美洲大国地位确定的进程中，修路先行，铁路开道具有重要意义。

中美友好关系先驱徐继畬的《瀛环志略》推动了中国人民对新兴美国的友好和向往。1846 年至 1848 年美墨战争使美国成为北美大陆濒临两大洋的大国。1861 年至 1865 年的美国南北战争推动了修筑太平洋铁路。美国移民的西进向远西部地区开拓的需要，以及 1848 年加州金矿的发现，刺激了中国广东珠江三角洲地区的华工加入美国淘金热。美国总统林肯对于最终修筑太平洋铁路起了决策作用，1862 年和 1864 年太平洋铁路法案使修筑太平洋铁路成为现实。

Building railroads was significant in the process of modernization, the development in exploration of the western region and determining the great power status of the United States.

Ying Huan Zhi Lue (World Geography), a book written by Xu Jiyu, a forerunner for the establishing of goodwill between China and the US, had sparked the interest and longing of Chinese people for the new American nation. After the Mexican War in 1846-48, the United States became a country bordered by both the Atlantic and Pacific Oceans on the North American continent. The Civil War between 1861 and 1865 and the westward movement directly promoted the construction of the transcontinental railroad. Moreover, the discovery of gold in California in 1848 had prompted Chinese from the Pearl River Delta area of Guangdong Province to join the "Gold Rush". President Abraham Lincoln made the final decision on building the transcontinental railroad, and the Pacific Railroad Acts of 1862 and 1864 crystallized the policy.

中美友好关系先驱徐继畬和他的《瀛環志略》

Xu Jiyu, a pioneer of Sino-US friendly relationship and his book Ying Huan Zhi Lue(World Geography)

徐继畬（1795–1873），山西五台人，晚清洋务和自强运动的先驱。美国华盛顿纪念塔内镶嵌着 1853 年中国清代浙江宁波府向美国赠送的花岗岩石碑。纪念碑上写有徐继畬 1848 年著《瀛环志略》中一段赞誉美国独立战争和称赞开国元勋华盛顿的文字："按，华盛顿，异人也。起事勇于胜广，割据雄于曹刘。既已提三尺剑，开疆万里，乃不僭位号，不传子孙，而创为推举之法，几于天下为公，骎骎乎三代之遗意。其治国崇让善俗，不尚武功，亦迥与诸国异。余尝见其画像，气貌雄毅绝伦。呜呼！可不谓人杰矣哉。""米利坚合众国以为国，幅员万里，不设王侯之号，不循世及之规，公器付之公论，创古今未有之局，一何奇也！泰西古今人物，能不以华盛顿为称首哉！""大清国浙江宁波府镌 耶稣教信辈立石 合众国传教士识 咸丰三年六月初七。"镶嵌在塔内第 10 级内壁上的这块石碑，是中美早期友好关系的里程碑。

A01 中美友好关系先驱徐继畬画像和他的《瀛環志略》。

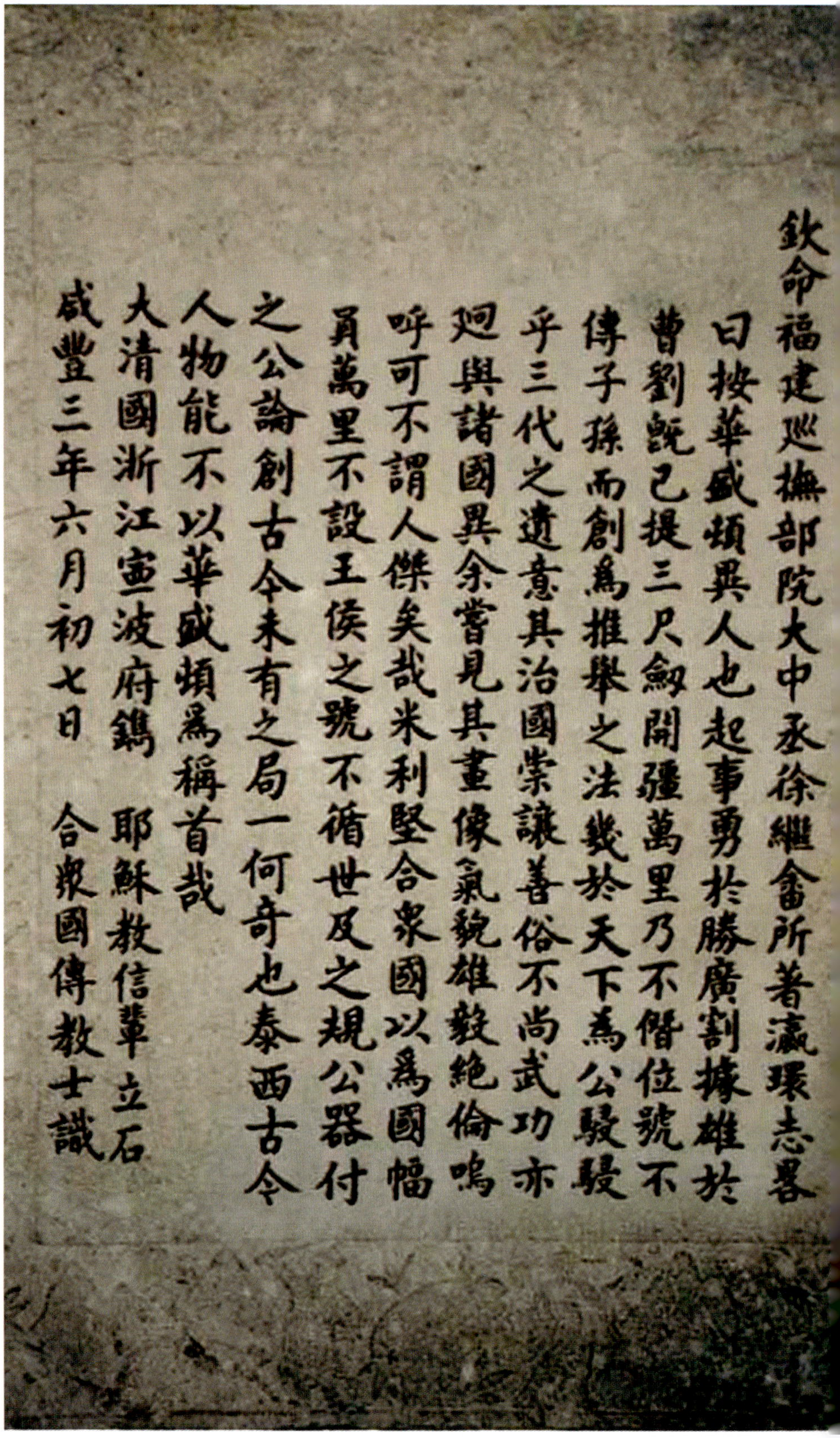

欽命福建巡撫部院大中丞徐繼畬所著瀛環志畧曰按華盛頓異人也起事勇於勝廣割據雄於曹劉旣已提三尺劍開疆萬里乃不僭位號不傳子孫而創爲推舉之法幾於天下爲公駸駸乎三代之遺意其治國崇讓善俗不尚武功亦迥與諸國異余嘗見其畫像氣貌雄毅絶倫嗚呼可不謂人傑矣哉米利堅合衆國以爲國幅員萬里不設王侯之號不循世及之規公器付之公論創古今未有之局一何奇也泰西古今人物能不以華盛頓爲稱首哉

大清國浙江寧波府鐫 耶穌教信輩立石

咸豐三年六月初七日 合衆國傳教士識

A02 美国华盛顿纪念塔内镶嵌着 1853 年中国清代浙江宁波府向美国赠送的花岗岩石碑文字，徐继畬撰写。

美墨战争和美国内战的影响

Impact of Mexican-American War and American Civil War

A03

美国波尔克总统1848年12月5日在致国会的第四个年度咨文中说：“这场战争已经产生和显示了伟大的结果，对我国未来的进步具有不可估量的重要意义。” “它与45年前从法国手中获得的美好领土路易斯安那一样，对联邦其他各州关系十分重要。它使我们的领土沿太平洋海岸在纬度上延伸了10度，在几百英里的海岸线上拥有唯一的既安全又宽广的港口。它的位置使它必定控制与中国，亚洲，太平洋各岛屿、墨西哥西部、美洲中部、南部洲各国以及俄国在太平洋沿岸领土的频繁的贸易。”（源自《美国史译丛》）

A03 北京师范大学历史系、河北师范大学历史系《美墨战争专辑》组编，1984年第1期《美国史译丛》。

A04

美国著名经济史学家福克讷说：“南北战争”对于铁路产生了破坏性和刺激性的影响。当南部的机车和其他设备都已经折旧磨损或是遭到破坏的时候，战争促使北部去修建新的铁路。正是在战争进行的时期和一部分是出于战时的措施，才开始修筑第一条横贯美洲大陆的铁路。然而，在那十年里，许多的建筑工程在1865年以后才开始。1870年时的总里数有52 922英里。”（源自《美国经济史》）

A04 [美]福克讷著《美国经济史》。

A05

西进运动铁路先行

Westward Movement Promoted Railway Construction

张友伦在《美国的独立和初步繁荣，1775–1860》一书中写道：“西进运动对铁路建设的促进作用最为显着，在东西相距 4 500 公里的美国境内要解决大量拓荒者迁往远西部，双向运销西部剩余农产品和东部工业品这样巨大的问题，只能依靠铁路。因此，美国铁路一开始便发展迅速。”（源自《美国通史》）

A05 张友伦主编《美国的独立和初步繁荣，1775–1860》，美国通史第 2 卷，人民出版社 2002 年版。

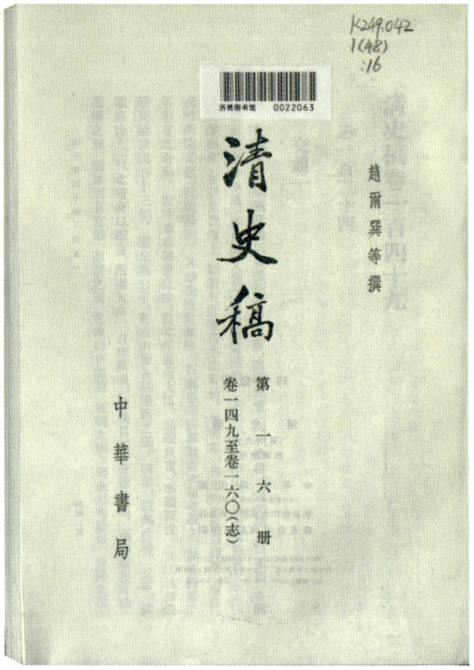

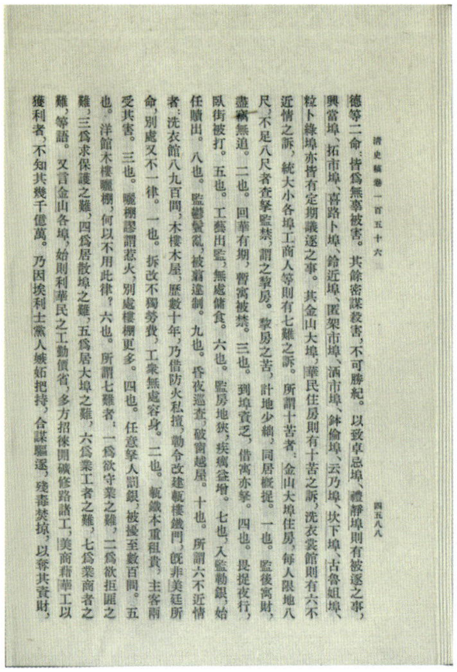
清史稿卷一百五十六　四五八八

德等二命，皆爲無辜被害，不可勝紀。以致卓忌埠、禮靜埠則有被逐之事，興當埠、拓市埠、喜路卜埠、鈴近埠、匿架市埠、洒市埠、鉢倫埠、云乃埠、坎下埠、古魯姐埠、粒卜綠埠亦皆有定期議逐之事。其金山大埠，華民住房則有十苦之訴，洗衣裳館則有六不近情之訴，統大小各埠工商人等則有七難之訴。所謂十苦者：金山大埠住房，每人限地八尺，不足八尺者查拏監禁，謂之黎房。黎房之苦，計地少繩，同居被捉。一也。監後寓財，盡竊無追。二也。回華有期，暫寓被禁。三也。到埠資乏，借寓亦拏。四也。提捉夜行，臥街被打。五也。工藝出監，無處備食。六也。監房地狹，疾癘益增。七也。入監勒銀，始任贖出。八也。監鬱發亂，被箱遠制。九也。昏夜巡查，破窗越屋。十也。所謂六不近情者：洗衣館八九百間，木樓木屋，歷數十年，乃借防火私擅，勒令改建甎樓鐵門，既非美廷所命，別處又不一律。一也。拆改不獨勞費，工衆無處容身。二也。甎鐵本重租貴，主客兩受其害。三也。曬棚謬謂惹火，別處樓棚更多。四也。任意拏人罰銀，被擾至數百間。五也。洋館木樓曬棚，何以不用此律？六也。所謂七難者：一爲欲守業之難，二爲欲拒匪之難，三爲求保護之難，四爲居散埠之難，五爲居大埠之難，六爲業工者之難，七爲業商者之難，等語。又言金山各埠，始則利華民之工勤價省，多方招徠開礦修路諸工，美商藉華工以獲利者，不知其幾千億萬。乃因埃利士黨人嫉妬把持，合謀驅逐，殘毒焚掠，以奪其資財，

A06

华工工勤价省

Chinese Laborers: cheap but diligent, industrious and hardworking

张之洞 1886 年上疏朝廷“金山各埠，始则利华工之工勤价省，多方招徕开矿修路之工，美商籍华工以获利者，不知几千亿万。”（源自《清史稿》）

A06 《清史稿》志第 131 卷《邦交》四：《美利坚》，中华书局，1976 年，第 4 588 页。

A07

A08

A09

A07 1852 年加州淘金华工。
A08 华工在淘金现场劳作。
A09 华工在淘金的版画。
A10 19 世纪五六十年代来加州淘金的华工。

19 世纪美国的淘金潮
The 19th century American gold rush

1850 年，美国加州议会通过了《外籍矿工执照法》，规定每个中国矿工每月须缴纳 20 美元的“营业执照费”。自 1848 年在美国加州萨克拉门托附近地区发现金矿到 19 世纪 90 年代，开采金银矿的浪潮持续了近半个世纪，其中有 1849 年的加州淘金热，19 世纪 50 年代在美国科罗拉多州、内华达州发现金矿，19 世纪 70 年代又在美国爱达荷州、蒙大拿州和达科他州发现了金矿。此外在美国亚利桑那州、新墨西哥州、蒙大拿州还发现了银矿，在美国科罗拉多州、爱达荷州发现了铅矿。在这些采矿地都有华人的足迹。华工还在美国内华达州、俄勒冈州、爱达荷州、蒙大拿州、华盛顿州等“挖金”，并开采铁、铜、水银、朱砂、煤炭、硼砂等。

A10

A11

美国内战时的林肯总统

President Lincoln in the American Civil War

美国总统林肯任期（1861.3.4–1865.4.15）不仅捍卫了美国的联邦统一，而且为废除奴隶制度、促进经济现代化的发展作出了杰出的贡献。1862 年 7 月，林肯总统签署了美国国会通过的建设太平洋铁路法案。1864 年 7 月，林肯总统又签署了太平洋铁路法案的修正案。

A11 美国内战时的林肯总统。

美国总统林肯签署 1862 和 1864 年太平洋铁路法案

The Pacific Railway Acts signed by President Lincoln in 1862 and 1864

1862 年 7 月 1 日美国国会通过了经过修改的第一个建设太平洋铁路法案。7 月 2 日林肯总统正式签署生效。法案规定了联合太平洋铁路公司起自西经 100 度的共和谷南岸和普拉特河谷北岸之间地向西修筑，在南山口越过落基山脉，到内华达准州的西部边界，其后再向西延伸。规定了中央太平洋铁路公司则起自太平洋岸到加利福尼亚州的东部边界，其后再向东延伸。双方铁路建设的延伸可以一直到和另一处线路相衔接为止。

受横贯太平洋铁路修建中巨大的利益驱动，各个铁路公司、承包商和股东间展开了空前激烈的争斗，也一再提出对该法案的多种修正意见。1864 年 7 月 1 日和 2 日参议院和众议院分别同意联合委员会提出的修正议案报告。7 月 2 日林肯总统正式签署生效。

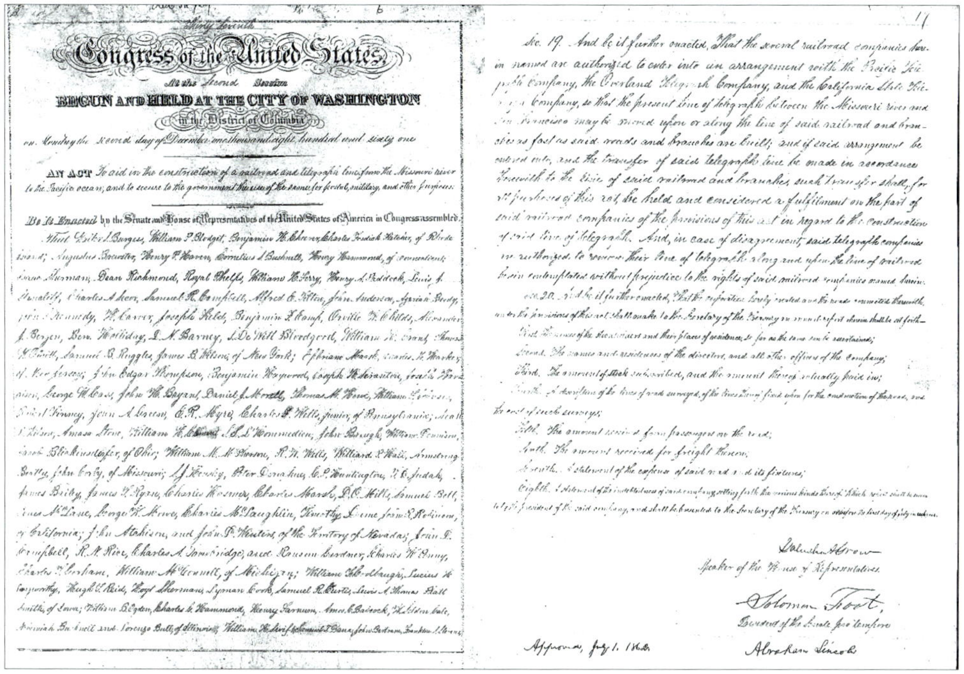

A12

A12 1862 年 7 月 2 日林肯总统签署的第一个建设太平洋铁路法案。

A13 1864 年 7 月 2 日林肯总统签署的太平洋铁路法案修正案。

ACT OF JULY 2, 1864.

[13 Statutes at Large, 356.]

AN ACT to amend an act entitled "An act to aid in the construction of a railroad and telegraph line from the Missouri river to the Pacific ocean, and to secure to the government the use of the same for postal, military, and other purposes," approved July first, eighteen hundred and sixty-two.

Be it enacted by the Senate and House of Representatives of the United States of America in Congress assembled, **{Stock shall be in shares of $100 each instead of $1,000.}** That the capital stock of the company entitled the Union Pacific Railroad Company, authorized by the act of which this act is amendatory, shall be in shares of one hundred dollars, instead of one thousand dollars, each; **{No. of shares one million instead of 100,000.}** that the number of shares shall be one million, instead of one hundred thousand; **{Director must hold 50 shares.}** and that the number of shares which any person shall hold to entitle him to serve as a director in said company (except the five directors to be appointed by government) shall be fifty shares, instead of five shares; and that every subscriber to said capital stock for each share of one thousand dollars, heretofore subscribed, shall be entitled to a certificate for ten shares of one hundred dollars each; **{Restriction as to amount held by one person repealed.}** and that the following words in section first of said act, "which shall be subscribed for and held in not more than two hundred shares by any one person," be and the same are hereby repealed.

SEC. 2 . *And be it further enacted,* **{How books for stock subscription are to be opened.}**That the Union Pacific Railroad Company shall cause books to be kept open to receive subscriptions to the capital stock of said company, (until the entire capital of one hundred mil lions of dollars shall be subscribed,) at the general office of said company in the city of New York, and in each of the cities of Boston, Philadelphia, Baltimore, Chicago, Cincinnati, and St. Louis, at such. places as may be des ignated by the President of the United States, and in such other localities as may be directed by him. **{Manner of subscribing.}** No subscription for said stock shall be deemed valid unless the subscriber therefor shall, at the time of subscribing, or remit to the treasurer of the company an amount per share subscribed by him equal to the amount per share previously paid by the then-existing stockholders. **{Assessments on capital stock.}** The said company shall make assessments upon its stock holders of not less than five dollars per share, **{How paid.}** and at intervals of not exceeding six months from and after the passage of this act, until the par value of all shares sub scribed shall be full paid; and money only shall be receivable for any such assessments, or as equivalents for any portion of the capital stock hereinbefore authorized. **{Capital stock limited to actual cost of road}** The capital stock of said company shall not be increased beyond the actual cost of said road. And the stock of the company shall be deemed personal property, **{Transfer of stock.}** and shall be transferable on the books of the company, at the general office of said company in the city of New York, or at such other transfer office as the company may establish.

SEC. 3 . *And be it further enacted,* That the Union Pacific Railroad Company, and all other companies provided for in this act and the act to which this is an amendment, be, and hereby are, **{Regulates the taking of private property for right of way.}** empowered to enter upon, purchase, take, and bold any lands or premises that may be necessary and proper for the construction and working of said road, not exceeding in width one hundred feet on each side of its centre line, unless a greater width be required for the purpose of excavation or embankment; and also my lands or premises that may be necessary and proper for turnouts standing places for cars, depots, station house[s], or any other structures required in the construction and operating of said road. And each of said companies shall have the right to cut and remove trees and other materials that might by falling encumber its road-bed, though standing or being more than one hundred feet therefrom. And in case the owner or claimant of such lands or premises and such company cannot agree as to the damages, the amount shall be determined by the appraisal of three disinterested commissioners, who may be appointed upon application by any party to any judge of a court of record in any of the territories in which the lands or premises to be taken lie; and said commissioners, in their assessments of damages, shall appraise such premises at what would have been the value thereof if the road had not been built; and upon return into court of such ap praisement, and upon the payment to the clerk thereof of the amount so awarded by the commissioners for the use and benefit of the owner thereof, said premises shall be deemed to be taken by said company, which shall thereby acquire full title to the same for the purposes aforesaid. **{Proceedings to obtain title to right of way, &c.}** And either party feeling aggrieved by said assessment may, within thirty days, file an appeal there from, and demand a jury of twelve men to estimate the damage sustained; but such appeal shall not interfere with the rights of said company to enter upon the premises taken, or to do any act necessary in the con struction of its road. And said party appealing shall give bonds, with sufficient surety or sureties, for the pay ment of any cost that may arise upon such appeal. And in case the party appealing does not obtain a more favor Able verdict, such party shall pay the whole cost incurred by the appellee as well as its own. And the payment into court for the use of the owner or claimant of a sum equal to that finally awarded shall be held to vest in said company the title of said land, and the right to use and occupy the same for the construction, maintaining and operating of the road of said company. Arid in case any of the lands to be taken as aforesaid shall be held by any person residing without the territory or subject to any legal disability, the court may appoint a proper person, who shall give bonds, with sufficient surety or sureties, for the faithful execution of his trust, and who may represent in court the person disqualified or absent as aforesaid, when the same proceeding shall be bad in reference to the appraisement of the promises to be taken and with tile same effect as have been already described. And the title of the company to the land taken by virtue of this act shall not be affected nor impaired by rea son of any failure by any guardian to discharge faithfully his trust, And in case it shall be necessary for either of the said companies to enter upon lands which are un occupied, and of which there is no apparent owner or claimant, it may proceed to take and use the same for the purpose of its said railroad, and may institute proceedings in manner described for the purpose of ascertaining the value of and acquiring a title to the same; and the court may determine the kind of notice to be served on such owner or owners, and may in its discretion appoint an agent or guardian to represent such owner or owners in case of his or their incapacity or non-appearance. But in case no claimant shall appear within six years from the time of the opening of said road across any land, all claim to damges against said company shall be barred. It shall be competent for the legal guardian of any infant or any other person under guardianship to agree with the proper company as to damages sustained by reason of the taking of any lands of any such person under disability, as aforesaid, for the use as aforesaid; and upon such agreement being made, and approved by the court having supervision of the official acts of said guardian, the said guardian shall have full power to make and execute a conveyance thereof to the said company, which shall vest the title thereto in the said company.

SEC. 4. *And be it further enacted,* **{Increases the land grant to 10 alternate see dens on each of road, and the limit to 20 miles on each side of the road.}** That section three of said act be hereby amended by striking out the word "five," where the same occurs in said section and by inserting in lieu thereof the word "ten;" and by striking out the word "ten," where the same occurs in said section, and inserting in lieu thereof the word "twenty.'' **{Secretary of the Interior to withdraw lands within 25 miles of route.}** And section seven of said act is hereby amended by striking out the word "fifteen," where the same occurs in said section, and inserting in lieu thereof the word "twenty-five." **{Defines mineral lands.}** And the term "mineral lands," where ever the same occurs in this act, and the act to which this is an amendment, shall not be construed to include coal and iron land. And any lands granted by this act, or the act to which this is an amendment, **{Land grant subject to pre-emption, but only to the, extent of 160 acres to each settler.}** shall not defeat or impair any pre-emption, homestead, swamp-land, or other lawful claim, nor include any government reservation or mineral lands, or the improvements of any *bona fide* settler on in any lands returned and denominated as mineral lands, and the timber necessary to support his said improvements is a miner or agriculturalist, to be ascertained under such rules as have been or may be established by the Commissioner of the General Land Office, in conformity with the provisions of the pre-emption laws: *Provided,* That the quantity thus exempted by the operation of this act, and the act to which this is an amendment, shall not exceed one hundred and sixty acres for each settler who claims as an agriculturalist; and such quantity for each settler who claims as a miner, as the said commissioner may establish by general regulations: **{Proviso as to timber.}** Provided, *also,* That the phrase "but where the same shall contain timber, the timber thereon is hereby granted to said company," in the proviso to said section three, shall not apply to the tunber growing or being on any land farther than ten miles from the centre of the line of any one of said roads or branches mentioned in said act or in this act. And all lands shall be excluded from the operation of this act, and of the act to which this is an amendment, which were located or selected to be located under the provisions of an act entitled **{Subject also to lands located under act for benefit of colleges agriculture, and the arts.}** "An act donating lands to the several states and territories which may provide colleges for the benefit of agriculture and the mechanic arts," approved July second, eighteen hundred and sixty-two , and notice thereof given at the proper land office.

A13

A2 转危为安 | Huge Numbers of Chinese Workers Employed

这一部分集中说明修筑太平洋铁路为何与何时开始大批使用华工。太平洋铁路修筑的进程中，华工的巨大作用是不可替代的。联合太平洋铁路公司和中央太平洋铁路公司竞赛成败的关键取决于筑路工程的速度。中央太平洋铁路工程缓慢进程和白人劳工对于花岗岩峻岭望而却步，迫使中央太平洋铁路公司领导层改试华工。华工的勤劳、苦干和低薪快速改变了公司领导层的态度，决定大批使用华工。尽管 1864 年已有少量华工在太平洋铁路参加施工，但数据及文献表明大批使用华工的年代是 1865 年。1868 年 7 月清政府与美国政府签订的《中美续增条约》在官方层面推动了大批华工来美。

This section explains why and when Chinese workers were employed on a large scale to build the Central Pacific Railroad. These workers played an irreplaceable role in its construction. The speed of construction was the key to success in the competition between the Union Pacific Railroad and the Central Pacific Railroad. The construction of the latter had proceeded slowly due to the indigenous worker's difficulties when faced with the steep granite mountains. Therefore, the leadership of the Central Pacific Railroad Company changed their attitudes and decided to employ Chinese workers who were hard-working and would also accept lower pay. Although a small number of Chinese workers had already participated in railroad construction in 1864, data and documents indicate that it was in 1865 that large numbers of Chinese workers were employed. The Additional Articles to The Treaty of Commerce Between the United States and China (also known as the Burlingame Treaty) signed in July, 1868 officially promoted the movement of a large number of Chinese laborers to the United States.

中央太平洋铁路公司华工状况大事年表 Chronology of Chinese Laborers in the Central Pacific Railroad Company

- 1861 年 6 月，中央太平洋铁路公司在萨克拉门托成立。这个公司就是后来大量雇用华工修建太平洋铁路的铁路公司。
- 1862 年 7 月 1 日，美国国会通过太平洋铁路法案，中央太平洋铁路公司从加州的萨克拉门托向东修建铁路，联合太平洋铁路公司从密苏里河畔的奥马哈向西修建铁路。
- 1863 年 1 月 8 日中央太平洋铁路公司在萨克拉门托举行破土动工仪式，加州州长利兰 · 斯坦福铲下第一锹土。
- 1863 年 10 月 26 日中央太平洋铁路在萨克拉门托开始施工，27 日铺设了第一根铁轨。
- 1863 年 12 月 2 日联合太平洋铁路公司在奥马哈破土动工。联合太平洋铁路主要由爱尔兰裔劳工组成，早期铁路建设几乎没有华工参加，后期养路、铁路运行有华工加入。
- 1864 年 1 月开始有华工加入中央太平洋铁路公司， 工头 Ah toy 和领班 Hung Wah 带领 21 人开辟达奇弗拉特至唐纳湖的马车道路。
- 1864 年春，华工参与开挖布鲁默深槽这个中央太平洋铁路上的第一个工程难关。
- 1864 年 6 月，达奇弗拉特至唐纳湖的 40 英里马车路完工，这批华工转战布鲁默深槽工地。
- 1864 年 7 月 2 日，美国国会通过太平洋铁路法案修正案，对 1862 年 7 月 1 日的太平洋铁路法案进行补充修正。
- 1864 年 11 月，布鲁默深槽开挖贯通，成为工程建设史上的奇迹。
- 1865 年 1 月 20 日，四巨头之一的查尔斯 · 克劳克说服铁路施工负责人斯特罗布里奇雇用华工，以应付劳工人力短缺。
- 1865 年春 3~4 月间，布鲁默深槽铺轨基本完工，此时工资表上已经记录有 3 306 名华工参与中央太平洋铁路建设。
- 1865 年 4 月，纽卡斯尔铁路木桥完工，华工转战科里坡山谷（Clipper Gap）工地。
- 1865 年 7 月，中央太平洋铁路公司开始从中国广东五邑地区大规模输入铁路建设工人。
- 1865 年秋，华工开始每天三班轮流作业打通西拉内华达山上的 13 个隧道。其中最艰难的是 6 号隧道——1 659 英尺长的山顶隧道。
- 1865 年 10 月，中央太平洋铁路公司向美国总统和内政部长提交报告，赞扬“没有这些华工，这项伟大的国家工程就无法在国会法案规定的时间内完成。”
- 1866 年春，华工在合恩角用绳索吊放树枝编的大筐在悬崖峭壁上钻眼爆破，在坚硬的花岗岩上开辟出 3 英里长的铁路路基。
- 1866 年 4 月 18 日《北加州人报》报道，在科尔法克斯附近的 9 号营地一次意外爆炸事故，导致 6 人丧生，其中 3 名华工。
- 1866 年夏，灰熊岭和移民谷的 1 号、2 号隧道正在施工。
- 1866 年 7 月，从萨克拉门托至达奇弗拉特的 69 英里铁路建成通车，此时华工人数达到 4 000 左右。
- 1866 年 8 月 27 日，华工开始在唐纳关山顶 6 号隧道上方挖掘竖井，移出竖井中的碎石最为艰难，为此将废弃的机车萨克拉门托号上重达 12 吨的蒸汽机拖运到唐纳关山顶，改造为竖井升降机吊运石块。
- 1866 年 9 月 1 日，移民谷隧道贯通。
- 1866 年至 1867 年冬季，是历史上最严酷的冬季，有 44 场暴风雪，唐纳关上平均每场大雪厚度达 18 英尺。尽管如此，华工仍然坚持在隧道内施工，山顶 6 号隧道的劳工几乎全部由华工组成。雪崩造成 11 号、12 号隧道旁的 4 号营地及隧道中的大批华工遇难。
- 1867 年 2 月，华工达 11 000 人左右，其中 8 000 人在各个隧道施工，3 000 人在锡思科以东铺设铁轨。
- 1867 年 2 月 24 日至 3 月 5 日，旧金山的暴徒袭击了波特和湾景铁路公司（Potrero and Bay View Railroad Company）的华工，捣毁并焚烧了华工的宿舍。政府平息了事态，暴徒被罚款 500 美元及 3 个月监禁。
- 1867 年 5 月 5 日《北加州人报》报道，修筑萨克拉门托至瓦列霍（Vallejo）铁路的（一位）华工，因路基塌方遇难，遗体运到旧金山。
- 1867 年 6 月 25 日，中央太平洋铁路数千华工罢工，要求每月工资从 35 美元增加至 40 美元，每日工作时间减少到 8 小时，罢工持续约一个星期，铁路公司停止提供食物，少数华工班组坚持，大多数华工返回工作，最终罢工失败，工资及劳动时间维持原样。
- 1867 年 8 月，124 英尺（约 38 米）深的唐纳关山顶隧道竖井开挖一年后，因为从四个工作面同时掘进，工程进度大大加快，终于将 1 659 英尺长的 6 号隧道打通。
- 1868 年 5 月，中央太平洋铁路已经完成到内华达州里诺的路段。
- 1868 年 7 月 22 日，中美签订《蒲安臣条约》推动大批华工来美国修筑铁路和开发西部。
- 1868 年 8 月 8 日，中央太平洋铁路修建到拉夫洛克。后来这里有华工定居，镇上有唐人街。（现已无华人在此定居，寞山下现有华人墓地。）
- 1868 年 10 月 1 日，中央太平洋铁路修建到温尼马卡，第一列机车“冠军号”行驶进这个小镇。后来有数百名华人定居此地，镇上有唐人街，1902 年在唐人街上盖起红砖建筑一致公堂。镇旁边有华工墓地——先友坟所，1965 年后消失。
- 1868 年 12 月 15 日，停靠在旧金山的大帆船将把 39 箱华人遗骨运回中国。
- 1869 年 2 月 22 日，盐湖城电讯报报道西拉内华达山区正在经历严酷的暴风雪的袭击，导致铁路运输中断。
- 1869 年 4 月，联合太平洋铁路公司总工程师格伦威尔·道奇和中央太平洋铁路公司四巨头之一克利斯 · 亨廷顿经过多次争论，最终确定铁路合龙地点为犹他州的普罗蒙特里高地。
- 1869 年 4 月 28 日，由华工为主力的中央太平洋铁路建设大军，在犹他州大盐湖北岸完成了一天铺设 10 英里铁轨的壮举。
- 1869 年 5 月 5 日《北加州人报》描述了犹他州大盐湖畔铁路基本完工时华工的情况，报道说有 557 名华工组成的“文明之师”（the Grand Army of Civilisation）被派到北部，转战建设北太平洋铁路。仅留下两条铁轨和少量人员准备最后的铁路合龙仪式。
- 1869 年 5 月 10 日，是美国近代史上最重要的一天，太平洋铁路在普罗蒙特里接轨合龙。几名华工包括领班 Hung Wah 受斯特罗布里奇邀请，作为贵宾参加了在他的火车车厢里举办的招待会，进入车厢时受到其他宾客的欢迎。此时大批华工已经转战到其他铁路建设工地，包括加州西海岸铁路和南太平洋铁路，还有一些华工转行从事农业和采矿工作。
- 1870 年 12 月 28 日，近 300 名曾经为中央太平洋铁路工作的华工，乘火车从加州经奥马哈抵达密苏里州圣路易斯，再去德克萨斯州的铁路建设工地。
- 1870 年 1 月 24 日，200~300 名华工被加州和俄勒冈州铁路公司雇用。
- 1870 年夏，休斯敦德克萨斯中央铁路公司解雇了绝大多数华工，原因是华工与爱尔兰劳工因经济纠纷发生冲突，消极怠工。
- 1870 年 6 月，联合太平洋铁路公司开始雇用华人做铁道养路工。
- 1870 年冬，大约 600~700 名华人被阿拉巴马查特努加 (Chatt–anooga) 铁路公司雇用。
- 1872 年，至少 1 500 名华工在俄勒冈州的铁路公司工作。1 800 名华工在华盛顿州铁路公司工作，他们与 900 名白人工人工作生活中相安无事。
- 1873 年，华商陈宜禧在西雅图成为华昌公司合伙人，从事铁路公司劳务、食品加工和贸易，取得巨大成功。1904 年创办新宁铁路公司，1920 年 3 月 138 公里（由广东台山斗山至江门北街）的新宁铁路建成通车。
- 1879 年 2 月 15 日，美国国会通过限制华人移民法案，禁止任何载有超过 15 名华人的船只进入美国。
- 1879 年 6 月 14 日，《弗兰克 · 莱斯利画报》（Frank Leslie's Illustrated Newspaper）报道，当时有 6 000 名华工在德克萨斯太平洋铁路公司工作。
- 1879 年 11 月 18 日，30 多名华工在加州圣克鲁兹山区铁路隧道施工中，因意外爆炸而丧生。
- 1881 年 5 月，南太平洋铁路从洛杉矶建成通往德克萨斯州厄尔巴索的铁路，由原中央太平洋铁路公司主管斯特罗布里奇率领的大约 3 000 名华工施工。

A14 中央太平洋铁路公司华工状况大事年表。

5 条太平洋铁路（1869–1893）

Five railway lines of the Pacific Railroad (1869-1893)

1869 年至 1893 年，美国先后建成了 5 条横贯大陆的铁路干线。它们是：1869 年建成的联邦中央太平洋铁路（中央太平洋铁路由旧金山向东，自萨克拉门托东延；联合太平洋铁路，自芝加哥向西，自艾奥瓦州的康瑟尔布拉夫斯西延）；1881 年建成的圣菲、堪萨斯太平洋铁路和大西洋太平洋铁路；1883 年建成的北方太平洋铁路，自西雅图到明尼苏达州的德卢斯；1883 年建成的南方太平洋铁路，自圣地亚哥到路易斯安那州的施里夫波特；1893 年建成的大北铁路，自奥勒冈州的波特兰到北达科他州的格兰德福克斯。最早的 5 条通向太平洋铁路中有 4 条是用联邦授地补助建筑的，美国横贯大陆铁路对开发西部大平原和落基山区、沟通全国经济有着重大的影响。

A15

A15 五条太平洋铁路（1869–1893）示意图。

利兰·斯坦福(1824–1893)

科利斯·亨廷顿 (1821–1900)

推动中央太平洋铁路兴建的“四巨头”

The "Big Four" who promoted the construction of the Central Pacific Railroad

积极推动中央太平洋铁路兴建的“四巨头”：利兰·斯坦福(1824–1893)、科利斯·亨廷顿(1821–1900)、马克·霍普金斯(1813–1878)、查尔斯·克劳克(1822–1888)。中央太平洋铁路公司的领导层为什么要雇用华工，最初的50位华工是怎样雇用的？这是大批华工参与美国中央太平洋铁路的开始。没有华工的参与，不仅横贯美洲大陆铁路难以提前完成，而且斯坦福的铁路公司可能面临破产，后来的斯坦福大学也难以成立。

马克·霍普金斯 (1813–1878)

查尔斯·克劳克 (1822–1888)

A16 推动中央太平洋铁路兴建的“四巨头”。

A16

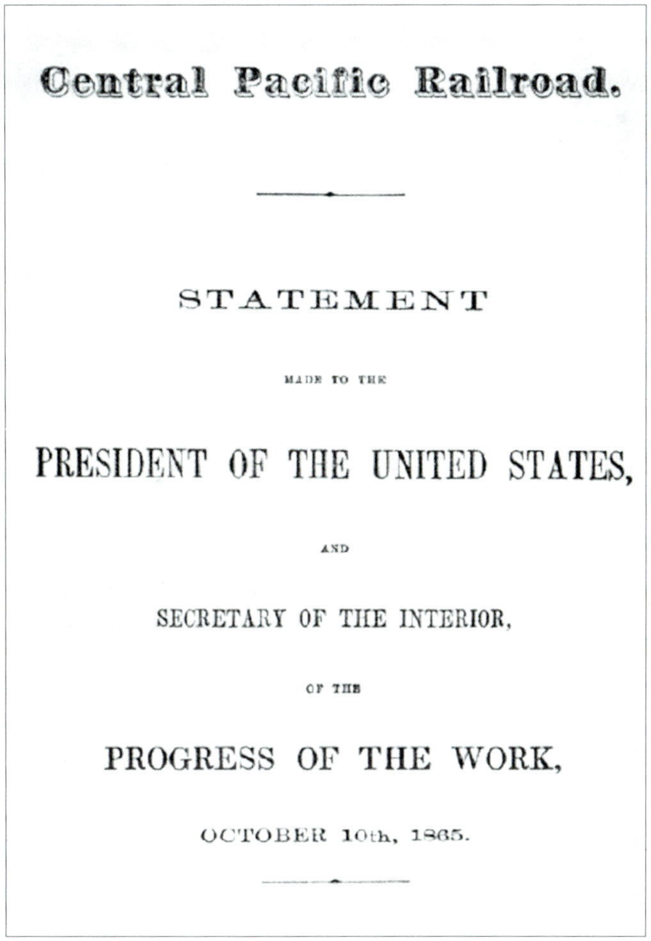

Central Pacific Railroad.

STATEMENT

MADE TO THE

PRESIDENT OF THE UNITED STATES,

AND

SECRETARY OF THE INTERIOR,

OF THE

PROGRESS OF THE WORK,

OCTOBER 10th, 1865.

A17

1865 年 10 月中央太平洋铁路公司向美国总统约翰逊和内政部提交的报告

Statement of Central Pacific Railroad made to President Johnson and the Secretary of the Interior in October 1865

报告说：没有这些华工，这项伟大的国家工程就无法在国会法案规定的时间内完成。华工们安静、平和、勤劳和节俭——准备着且乐于学习修筑铁路所需要的所有各种不同的工作。

A17 1865 年 10 月 10 日，中央太平洋铁路公司向美国总统和内政部长提交的报告。时任中央太平洋铁路公司总裁、美国铁路大王，并曾任加州州长的利兰·斯坦福，1865 年 10 月 10 日向因林肯总统遇刺身亡而接任总统不久的安德鲁·约翰逊和内政部长提交工作报告。报告详细描述了太平洋铁路公司修筑横穿美洲大陆铁路的情况。

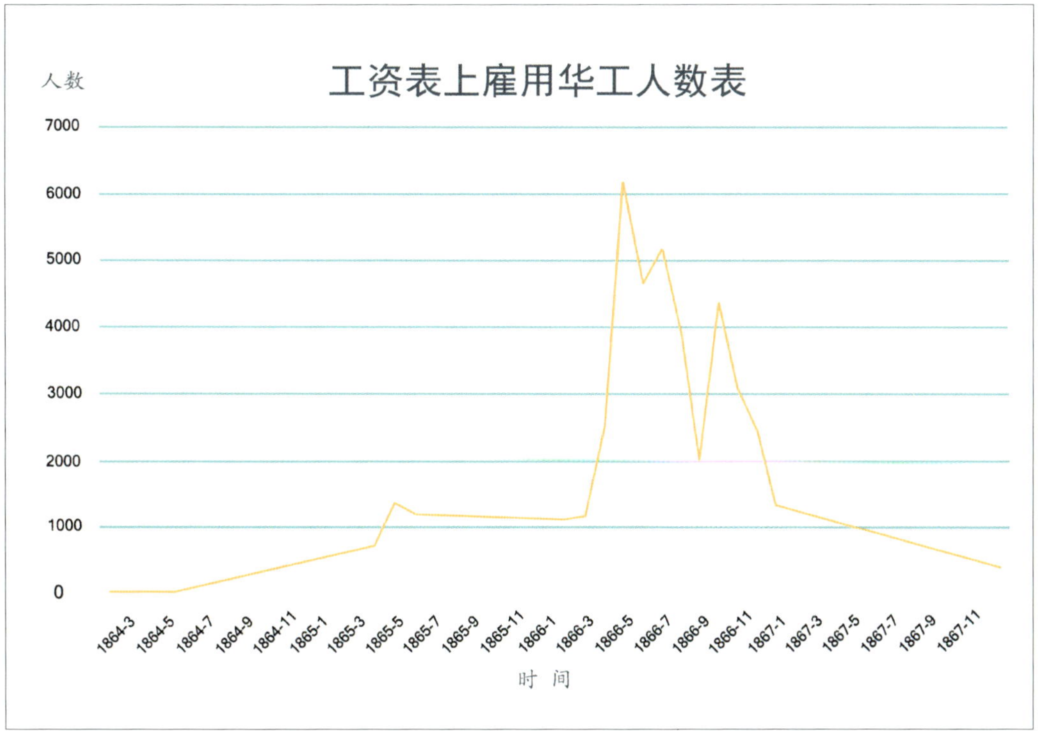

A18

1865 年起大批华工参与修筑中央太平洋铁路

From 1865 large numbers of Chinese laborers were involved in the Central Pacific Railroad construction

1864 年 3 月至 1867 年 11 月间按月比较中国雇员变化情况，1866 年 1 月至 11 月为高峰期。这一时期最多时雇佣了 6 190 名华工，而按日计算 1866 年 4 月有 160 958 个工作日。

A18 中央太平洋铁路华工雇员的变动图显示，1865 年起大批华工参与修筑铁路。各种数据及中央太平洋铁路公司的官方报告表明，大批华工参与修筑中央太平洋铁路开始于1865 年。

《蒲安臣条约》推动大批华工来美

The Burlingame Treaty allowed a large number of Chinese laborers to come to the United States

1868 年 7 月 22 日，美国驻华公使蒲安臣代表清政府在华盛顿与美国政府签订了《蒲安臣条约》。该条约的第五条规定“大清国与大美国切念民人前往各国，或愿常住入籍，或随时来往，总听其自便，不得禁阻为是，现在两国人民互相来往，或游历，或贸易，或久居，得以自由，方有利益。”第六条规定“中国人至美国，或经历各处，或常行居住，美国亦必按照相待最优之国所得经历与常住之利益，俾中国人一体均沾。”这一规定适应了美国对华工日益增长的需要，为中美两国人民的平等交往提供了法律依据，推动了大批华工去美国修筑铁路和开发西部。由于这一条约的签订，前往美国的华侨人数激增，据统计 1868 年至 1870 年前往美国的华侨人数为：1868 年 5 157 人；1869 年 12 874 人；1870 年 15 825 人；1868 年至 1870 年合计 33 856 人。

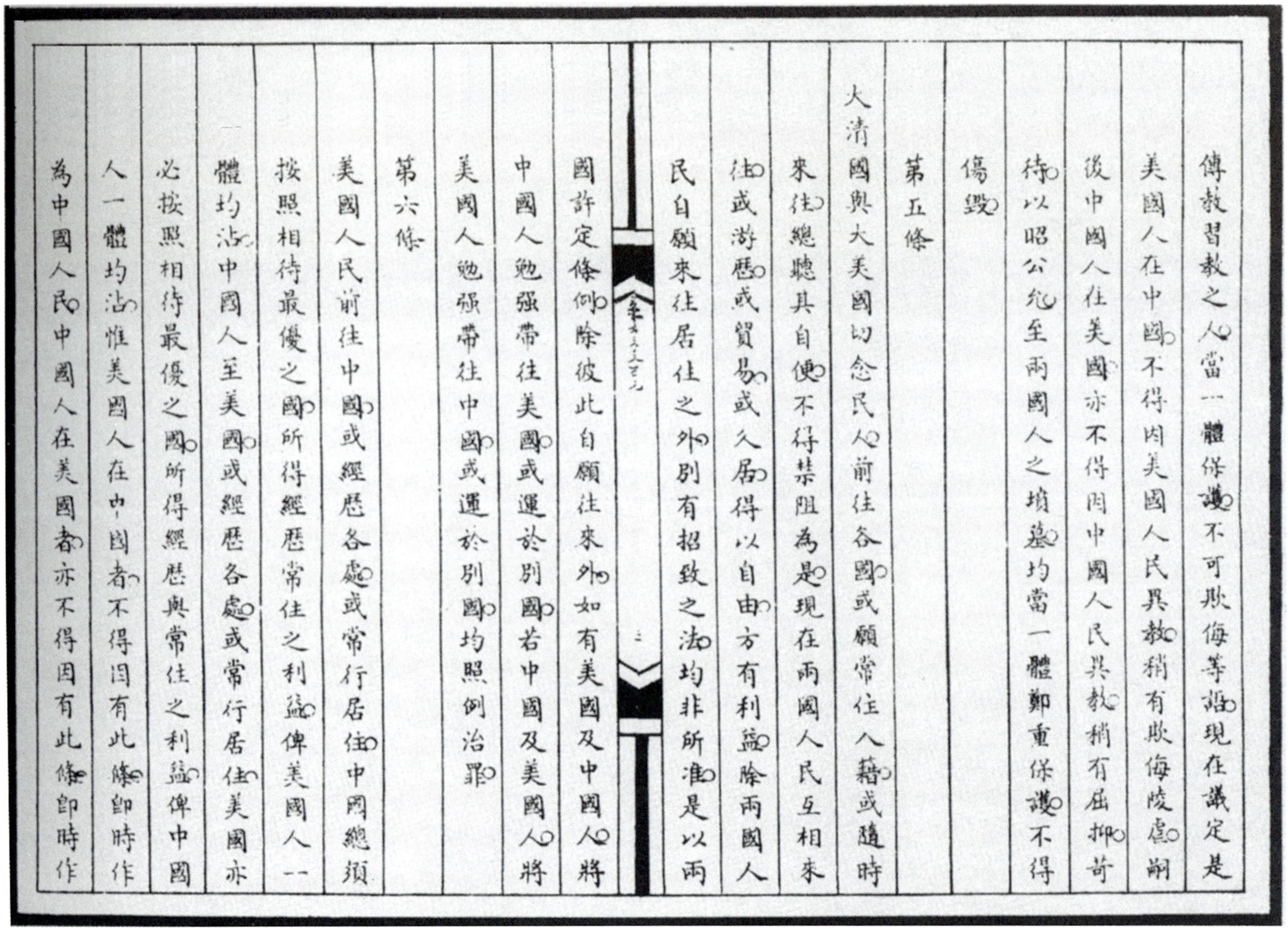

傳教習教之人當一體保護不可欺侮等語現在議定是美國人在中國不得因美國人民異教稍有欺侮陵虐嗣後中國人在美國亦不得因中國人民異教稍有屈抑苛待以昭公允至兩國人之墳墓均當一體鄭重保護不得傷毀

第五條

大清國與大美國切念民人前往各國或願常住入籍或隨時來往總聽其自便不得禁阻為是現在兩國人民互相來往或游歷或貿易或久居得以自由方有利益除兩國人民自願來往居住之外別有招致之法均非所准是以兩國許定條例除彼此自願往來外如有美國及中國人將中國人勉強帶往美國或運於別國若中國及美國人將美國人勉強帶往中國或運於別國均照例治罪

第六條

美國人民前往中國或經歷各處或常行居住中國總須按照相待最優之國所得經歷常住之利益俾美國人一體均沾中國人至美國或經歷各處或常行居住美國亦必按照相待最優之國所得經歷與常住之利益俾中國人一體均沾惟美國人在中國者不得因有此條即時作為中國人民中國人在美國者亦不得因有此條即時作

A19

A19 1868 年 7 月 22 日签订的《蒲安臣条约》推动大批华工来美。

A3 五邑农工 | Migrant workers from Wuyi

这一部分集中说明华工怎样来到美国加州，主要来自哪些地区，有哪些文献资料证实。来到美国修筑中央太平洋铁路的华工主力，大量是来自中国广东台山、新会、开平、恩平等五邑地区的农民。开平等地区的地方志记载了相关基础性的背景资料。1856年极具价值的华工赴美谋生借款买船票的契约，同治元年（1862年）华工去美国淘金筹款的《让贴》，周运中借钱买船票去美国的借据（1898年）等实物，说明这些华工并非全是“猪仔”身份。广东台山山背村保存的陈氏族谱记载陈毛齐1841年故于旧金山文献，《李文庄公家乘》族谱，确认北美铁路华工包工头李天沛、李天宽、李佑芹、李弈德三代家族成员身份，周运中家族的周氏族谱，广东台山县三八镇吉都里余椿中家族书信等族谱村志家书文献，显示了广东五邑侨乡海外移民家族网络的特色。

This section narrates how Chinese workers came to California and where they came from and discusses supporting material. The dominant Chinese labor force that contributed to the construction of the Central Pacific Railroad consisted of workers mainly from Wuyi region, including Taishan, Xinhui and Kaiping. The local chronicles of Kaiping and other areas records basic information regarding the background to Chinese immigration. For instance, the contract of a Chinese worker loaned money in 1856 to buy a steamer ticket to the United States; an IOU of a Chinese laborer in the First Year of Emperor Tongzhi (1862) indicating that he was borrowing money to undertake gold panning in the United States; a receipt showing Zhou Yunzhong borrowed money to buy a steamer ticket to the United States. Such artifacts explain that not all Chinese immigrants to the United States in the 19th century were "Coolies". The death of Chen Maoqi in San Francisco, recorded in the Pedigree of Clan Chen which is preserved by Shanbei Village of Taishan County and the family tree of Li Wenzhuang, confirmed that Li Tianpei, Li Tiankuan, Li Youqin and Li Yide, Chinese labor contractors, were three generations from the same family. The Clan Zhou's Pedigree of Zhou Yunzhong and family letters of Yu Chunzhong, who was from Taishan County, demonstrated the migration networks and family ties of overseas Chinese from Wuyi region.

A20

A20 华莱士·贝克在“淘金热”时的加州矿区为中国工人所摄的一张老照片。这张照片是用所谓达盖尔银版法拍摄的。它被镶在金色的金属框中，外面又套着一个压花的丝绒盒子，包括盒子在内，纵长约9厘米。这位中国男人的姓名和籍贯无人知晓，他的姿势像个“中”字。脸上似乎写满了饱经风霜的历史。挺直腰板，把辫子拉到胸前，手中从容持握住辫子的尾端，身穿的白布褂展示了典型的中国服装。

越洋远航美国的中国广东五邑农民和华人最早集聚的城市旧金山

San Francisco, the city where early migrant workers from Wuyi who voyaged to the United States congregated

19世纪中叶中国劳工乘帆船越过太平洋寻找金山梦。最早成批地来到美国加州的亚裔是来开采金矿的中国人，这些早期中国劳工大都来自广东珠江三角洲的五邑地区。多半是本村和邻村亲友结伴而行。为寻求生计，他们乘“三桅大眼船”航行在波涛汹涌的太平洋上，历尽艰辛来到美国加州旧金山。

A21

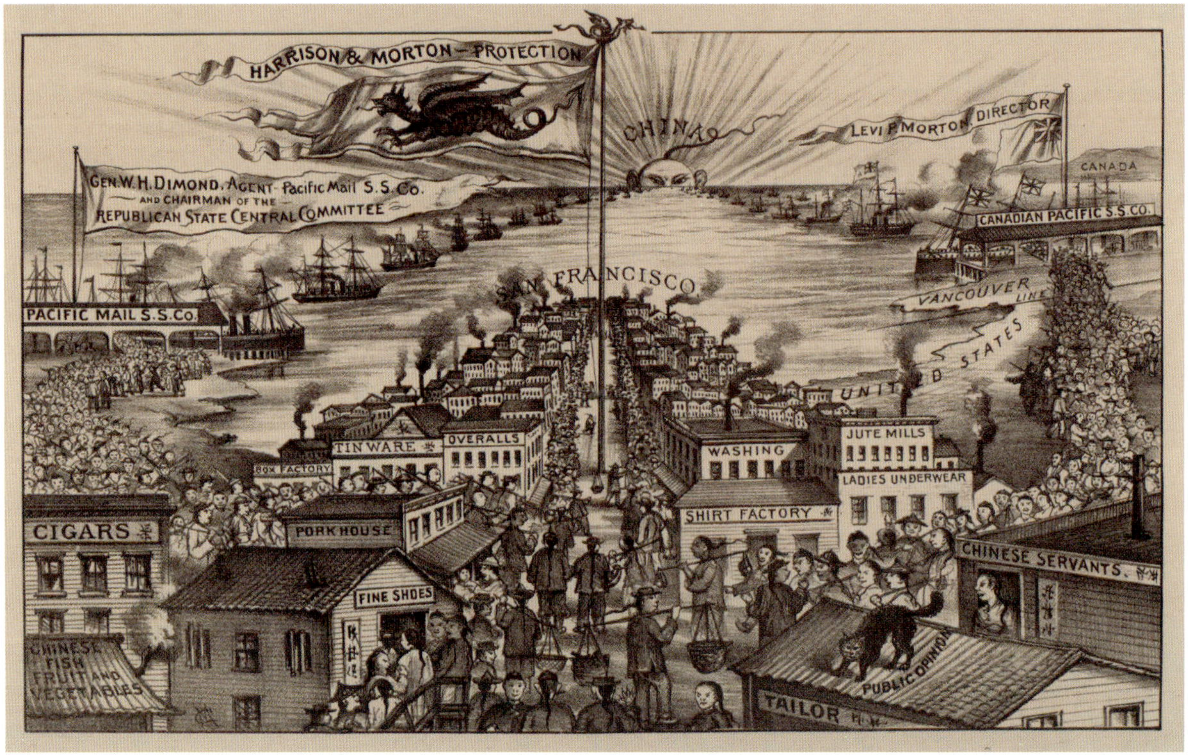

A22

A21 来自中国广东的大批华工乘船来到美国“金山”并向加州其他地区扩散。后来为了有别于新发现的澳洲墨尔本金矿，遂改称“旧金山”。

A22 1851年的旧金山港一瞥。旧金山位于美国加州海岸一个狭长半岛的尖端，美墨战争中归属美国，1847年改名为“圣弗朗西斯科”。1848年美国加州发现黄金，淘金者通过旧金山涌向淘金地，旧金山渔港人口在短短3个月内由300人激增至25 000人。当时旧金山在美国对外贸易额中仅次于纽约、波士顿和新奥尔良。

开平、新会、恩平县志

County annals of Kaiping, Xinhui and Enping

广东新会、台山、开平、恩平四县俗称“四邑”。来自“四邑”地区的华工是一个半世纪前，美国建设中央太平洋铁路和美国西部经济开发的生力军。

开平人富于冒险精神，五洲各地均有邑人足迹；获有巨资者无多，而影响于全邑民之生活者，不能不首推美国及加拿大。

A23/A24 1933年铅印版的开平县志。

A25 北京师范大学图书馆藏《新会县志》（道光），十四卷，清道光庚子（21年，1841）成文书局版。

A26 北京师范大学图书馆藏《恩平县志》十八卷首一卷末一卷清石台修清冯师元等纂清道光五年刊本，成文书局版。

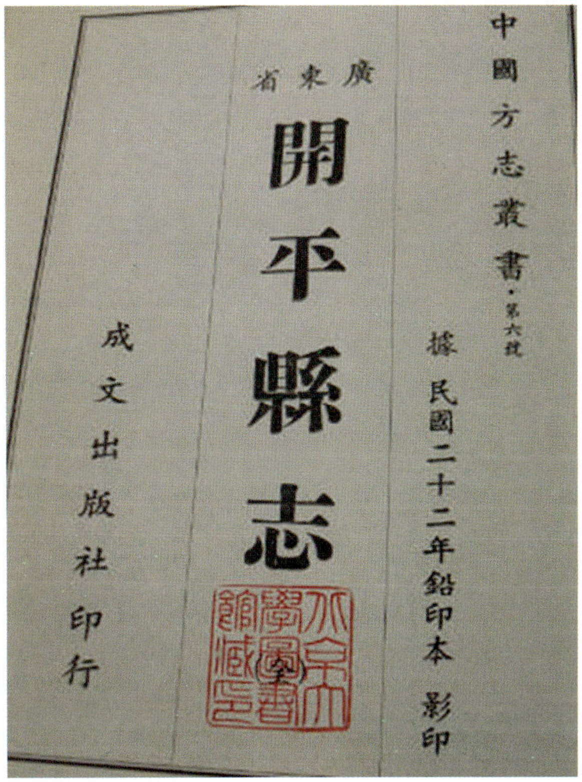
中國方志叢書・第六號
廣東省
開平縣志
（全）
據民國二十二年鉛印本影印
成文出版社印行

A23

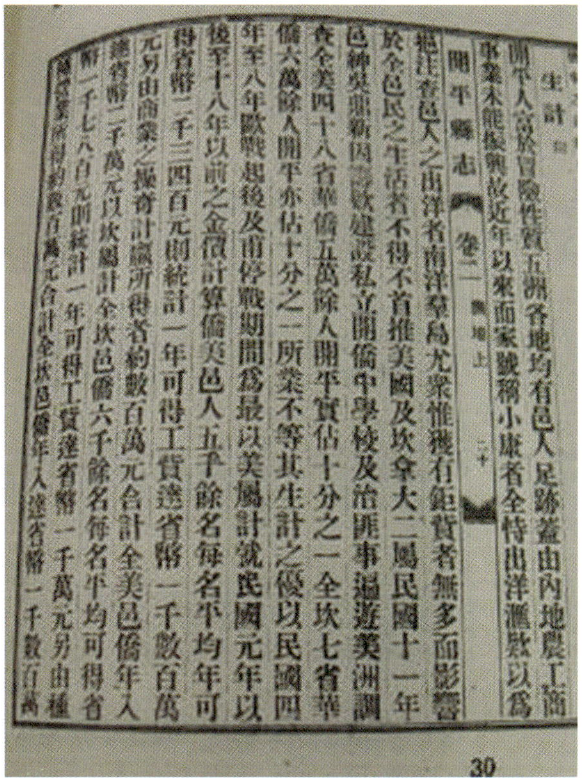
生計
開平人富於冒險性質五洲各地均有邑人足跡蓋由內地農工商
事業未能振興故近年以來面家號稱小康者全恃出洋滙款以爲
開平縣志 卷二 輿地上 二十
挹注查邑人之出洋者南洋羣島尤衆惟獲有鉅資者無多而影響
於全邑民之生活者不得不首推美國及坎拿大二國民國十一年
邑紳吳鼎新因籌款建設私立開僑中學校及治匪事遍遊美洲調
查全美四十八省華僑五萬餘人開平實佔十分之一全坎七省華
僑六萬餘人開平亦佔十分之二所業不等其生計之優以民國四
年至八年歐戰起後及甫停戰期間爲最以美屬計就民國元年以
後至十八年以前之金價計算僑美邑人五千餘名每名平均年可
得省幣二千三四百元則統計一年可得工資達省幣一千數百萬
元另由商業之操奇計贏所得者約數百萬元合計全美邑僑年入
達省幣二千萬元以坎屬計全坎邑僑六千餘名每名平均可得省
幣一千七八百元則統計一年可得工資達省幣一千萬元另由種
植營業所得約數百萬元合計全坎邑僑年入達省幣一千數百萬
30

A24

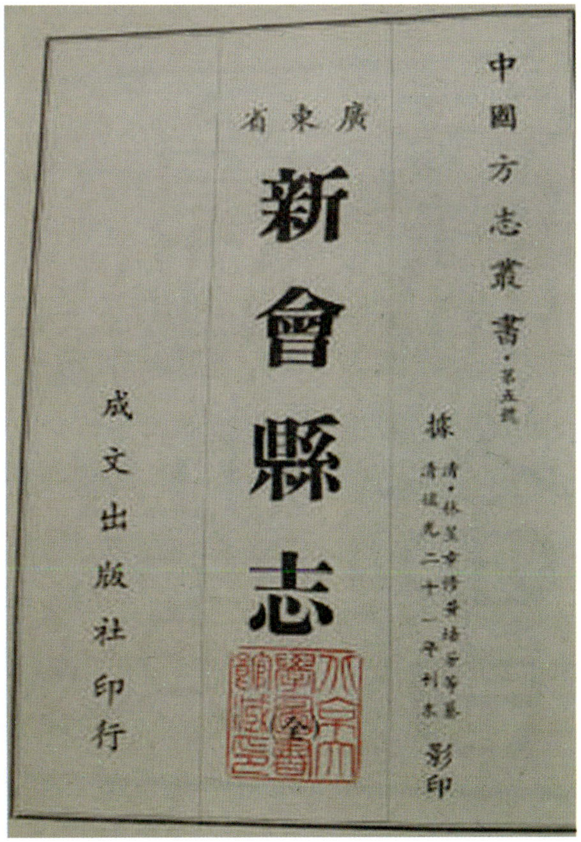
中國方志叢書・第五號
廣東省
新會縣志
（全）
據清・林星章等修 黃培芳等纂 清道光二十一年刊本影印
成文出版社印行

A25

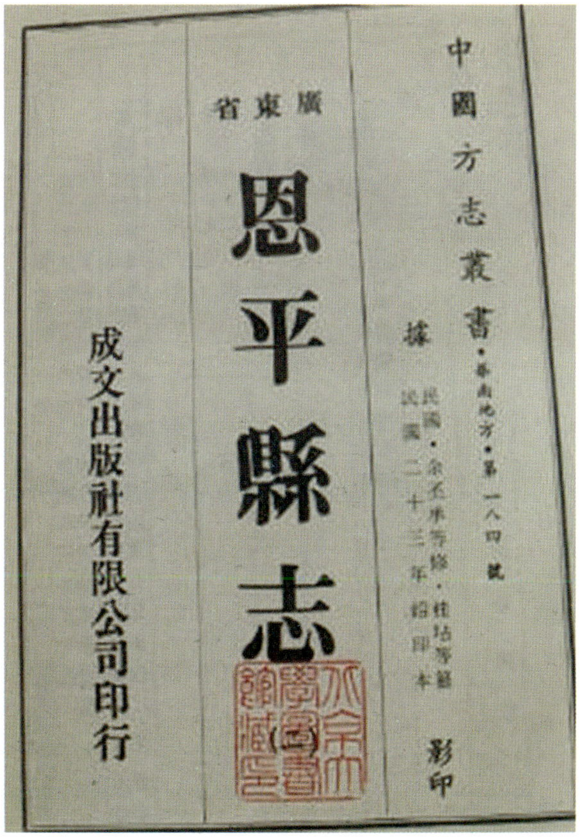
中國方志叢書・華南地方・第一八四號
廣東省
恩平縣志
（二）
據民國・余丕承等修・桂坫等纂 民國二十三年鉛印本影印
成文出版社有限公司印行

A26

五邑等地区方志
Local annals of Wuyi and other regions

据广东台山县志记载清同治二年（1863）至同治八年（1869），二三万华工（多为粤籍人）参加修筑美国中央太平洋铁路。台山县志（1998）版大事记中涉及台山人赴美情况的记载：清道光二十九年（1849）新宁、新会、开平、恩平四县籍华侨在美国旧金山成立四邑会馆；清道光三十年（1850）南海、番禺、顺德三县籍华侨在美国旧金山成立三邑会馆；清咸丰二年（1852）香山、东莞、增城三县籍华侨在美国旧金山成立阳和会馆；清咸丰四年（1854）珠江三角洲一带人民，开始大批被招引至美国加州开采金矿；清咸丰九年（1859）4 月，广东巡抚柏贵贴出告示，准许省内人民与外国人立约出洋；11 月间，广东成立出洋问讯局，处理华工出国事务；清咸丰十年（1860）2 月 18 日，两广总督劳崇光向各国驻广州总领事馆发出准许招工照会。

地方志、乡（村）志、族谱、家谱记载了地方和基层地区及家族的历史演变和社会生活，是传统正史的重要补充，更是研究人口流通、移民变迁、社会生活的重要依据，了解美国铁路华工不能不注意从这些史料中寻找可信资源和线索。问题是当时的地方志往往记叙的是名人富家，对于这些沉默的道钉们的活动很少关注，道光、咸丰、同治、光绪时期（1821—1909）之前编撰的地方志固然不可能涉及这一话题，不过了解背景资料是必要的；咸丰、同治朝编撰的地方志是需要我们特别留意寻找的；清末和民国期间编撰的地方志，1949 年以来编撰的地方志，会不会补上这一事件的相关资料，同样是需要留意的。我国的地方志散见在日本和欧美各地，这些地方志自然也在我们关注的视野之中。所有关于地方志资料的查找集中关注的重点在广东及其所属地区，但是像福建这样的沿海地区的方志也不能放过。

A27　光绪 1893 年新宁县志（清），黄荣熙、林国赓、郑守昌、何福海修纂，26 卷，首一卷。

A28　东莞县志一百二卷首一卷 叶觉迈、陈伯陶等纂修民国十年排印本，成文书局版。

A29　阮玉主撰，广东通志，第 5 册，同治三年据道光二年重刻本，第 330 卷，米利坚国，商务印书馆，1934。

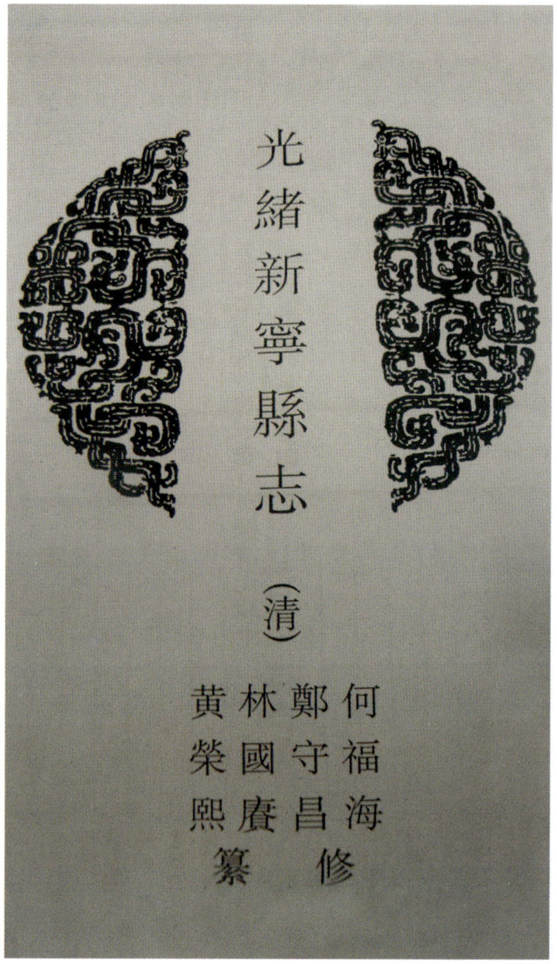

A27

A28

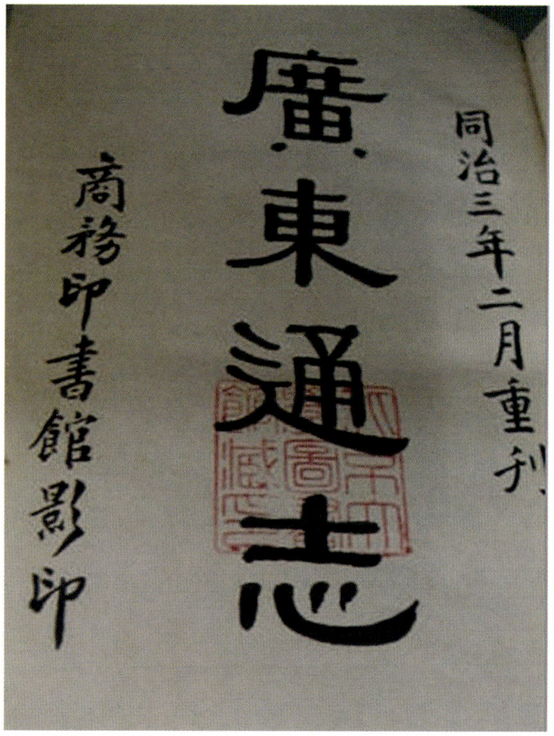

A29

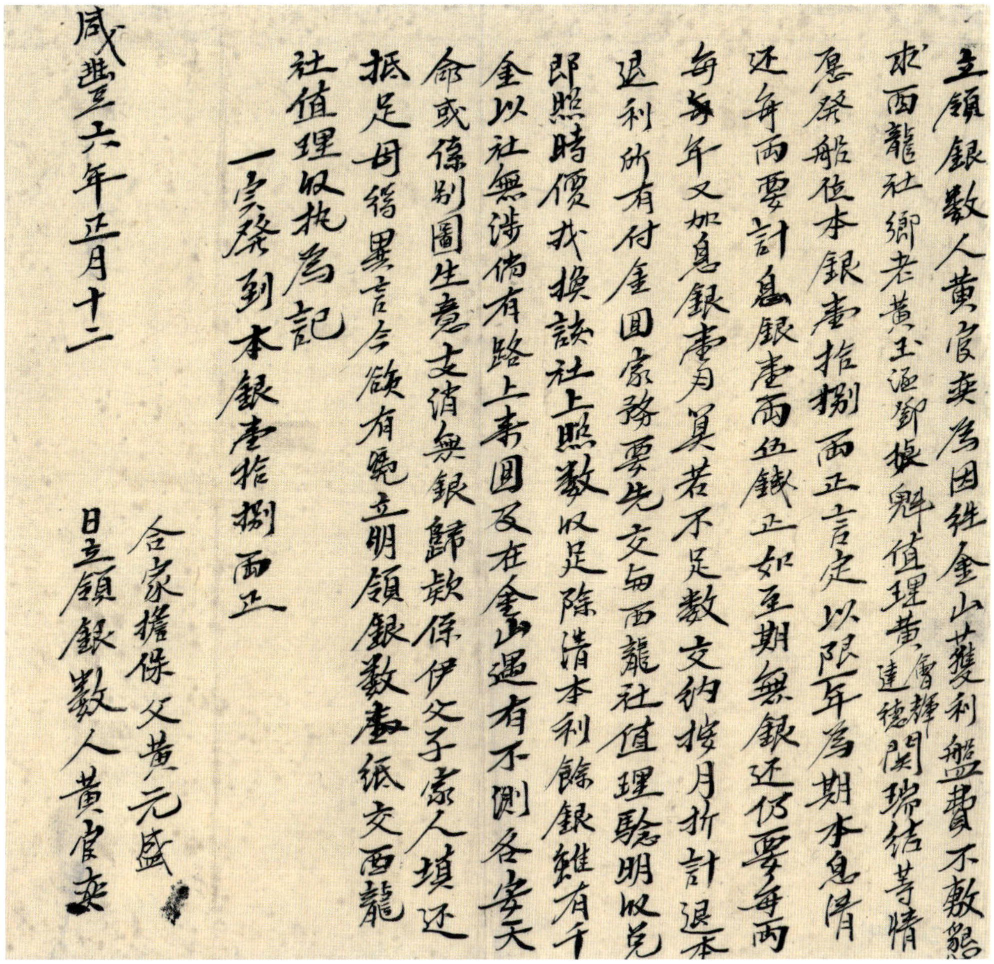

A30

华工身份记载

Identity records of Chinese laborers

A30 1856 年极具价值的华工赴美谋生借款买船票的契约。

华工黄官弈为去美国谋生借款银 18 两买船票的契约，合家担保人为黄官弈父亲黄元盛。买船票的契约言明："本银壹拾捌两整，言定以限一年为期，本息清还，年两要计息银壹两五钱整，如如期无银还，仍要每两每年又加息银一月算。"

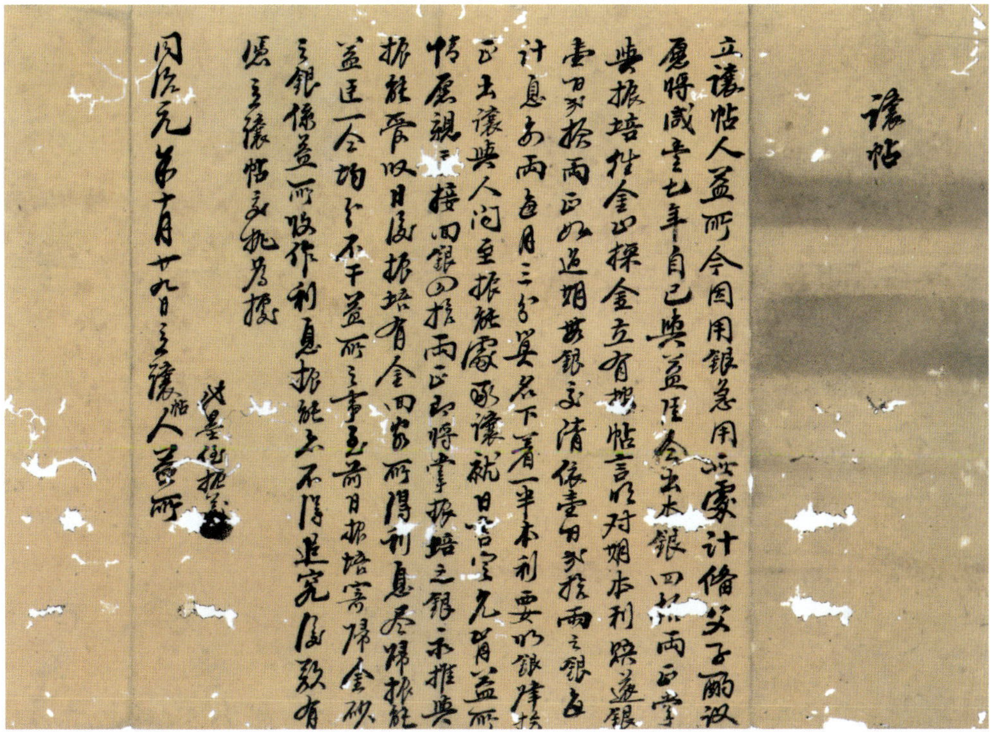

A31

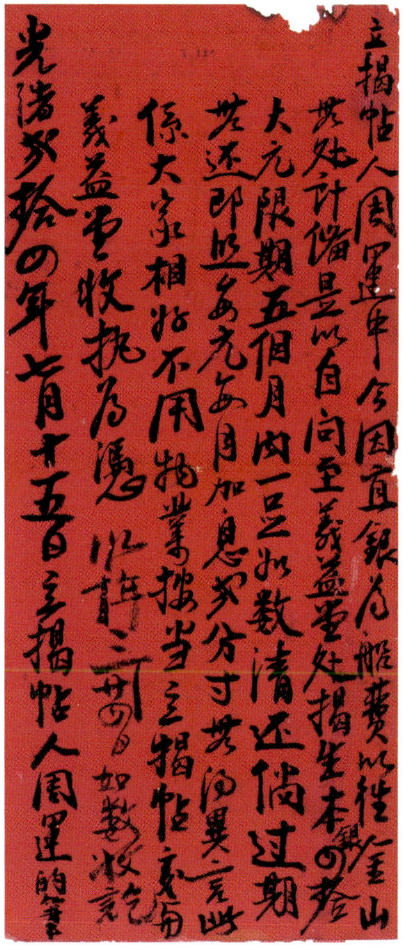

A32

A31 同治元年(1862 年)华工去美国淘金筹款的《让贴》。

A32 周运中借钱买船票去美国的借据（1898 年）。

依据 2005 年初开平塘口镇龙安里周氏家族的 1873 年至 1971 年间纸本文件一批 300 件考，周运中 1874 年 (同治十三年十一月初六日) 生于美国金山大埠，这时距中央太平洋铁路建成已经 5 年，而距 1882 年美国排华法律尚有 8 年。其父周成略情况不详。

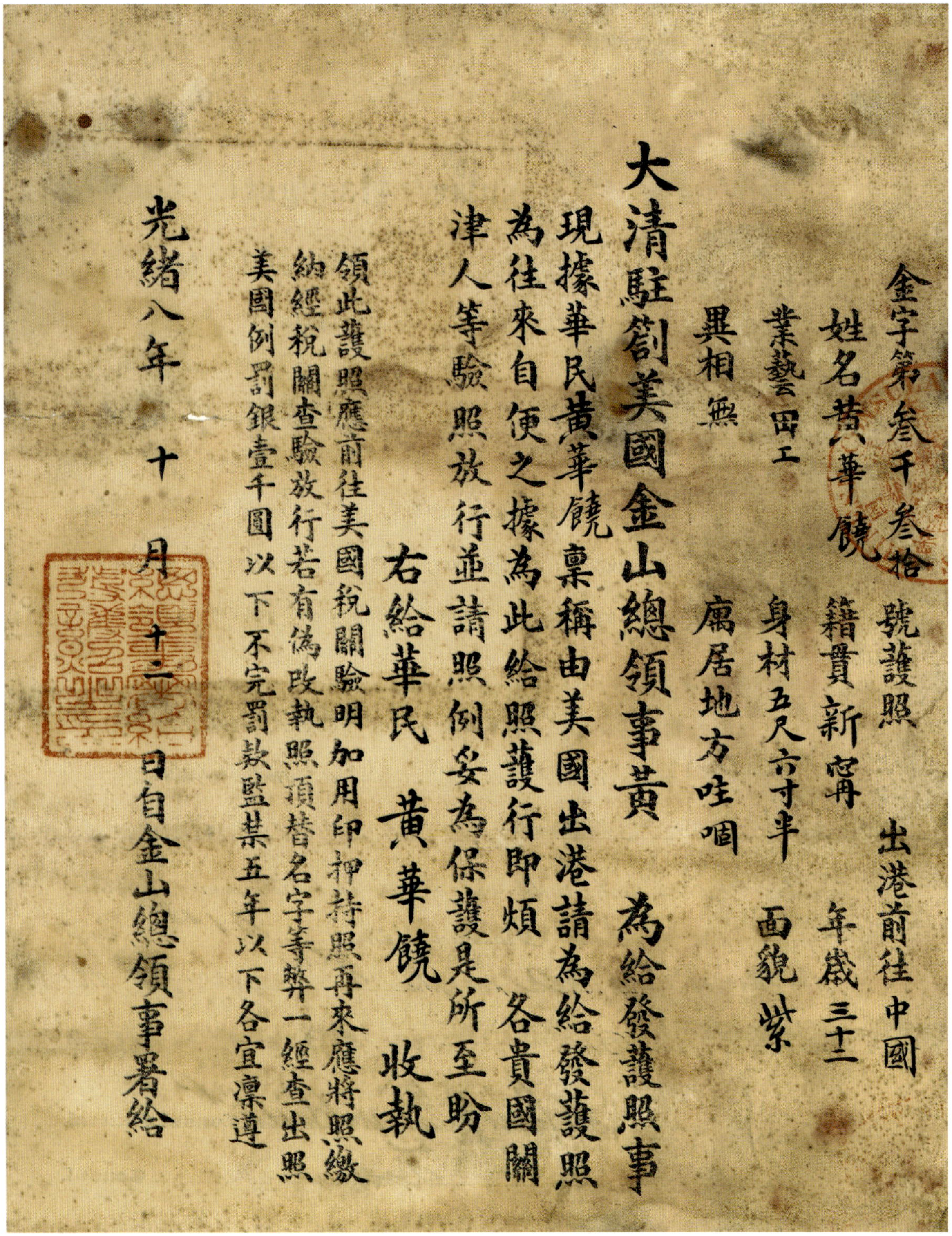
金字第叁千叁拾 號護照
姓名黃華饒 籍貫新寧 出港前往中國
業藝田工 身材五尺六寸半 年歲三十二
異相無 廣居地方唑唱 面貌紫
大清駐劄美國金山總領事黃 為給發護照事
現據華民黃華饒稟稱由美國出港請為給發護照
為往來自便之據為此給照護行即煩 各貴國關
津人等驗照放行並請照例妥為保護是所至盼
右給華民 黃華饒 收執
領此護照應前往美國稅關驗明加用印押持照再來應將照繳
納經稅關查驗放行若有偽改執照頂替名字等弊一經查出照
美國例罰銀壹千圓以下不完罰款監禁五年以下各宜凜遵
光緒八年 十 月 十二 日自金山總領事署給

A33

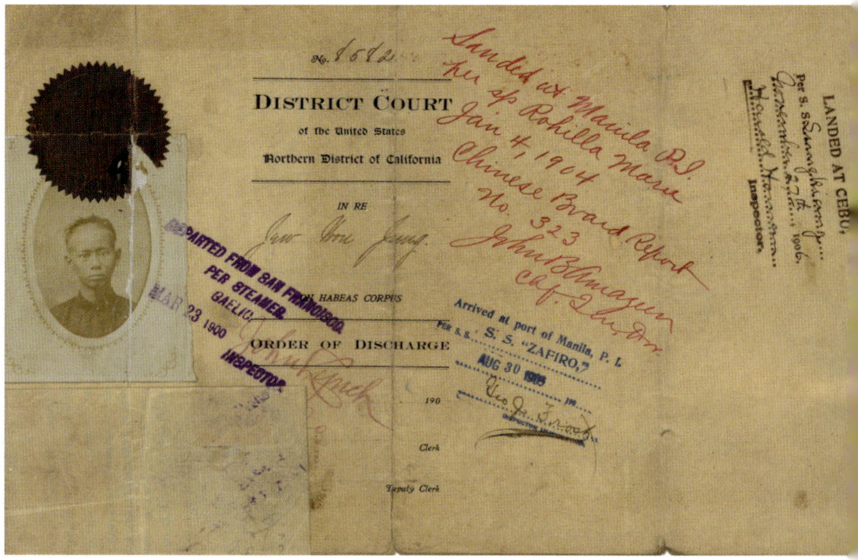

A34

A33 光绪八年（1882 年）10 月 12 日美国华工黄华饶所持的大清驻美国金山总领事署签发的护照。

A34 周运中 1900 年的美国护照。其中的印章时间分别是 1900.3.23，1904.1.4，1905.8.30。

山背村族谱记载

Pedigree of a clan retained in Shanbei village

广东台山山背村保存的陈氏族谱记载陈毛齐 1841 年故于旧金山。

这份珍贵的山背村保存的陈氏族谱中，在第 22 世乾隆庚戌年（1790）至同治癸亥年间（1863）记有“宜相（学淳长子）生三子，长毛齐（毛齐故于金山）”。在第 23 世道光辛丑年（1844）至同治年间(1862—1874)，记有“毛齐（宜相长子）（毛齐号齐宗金山身故）。”

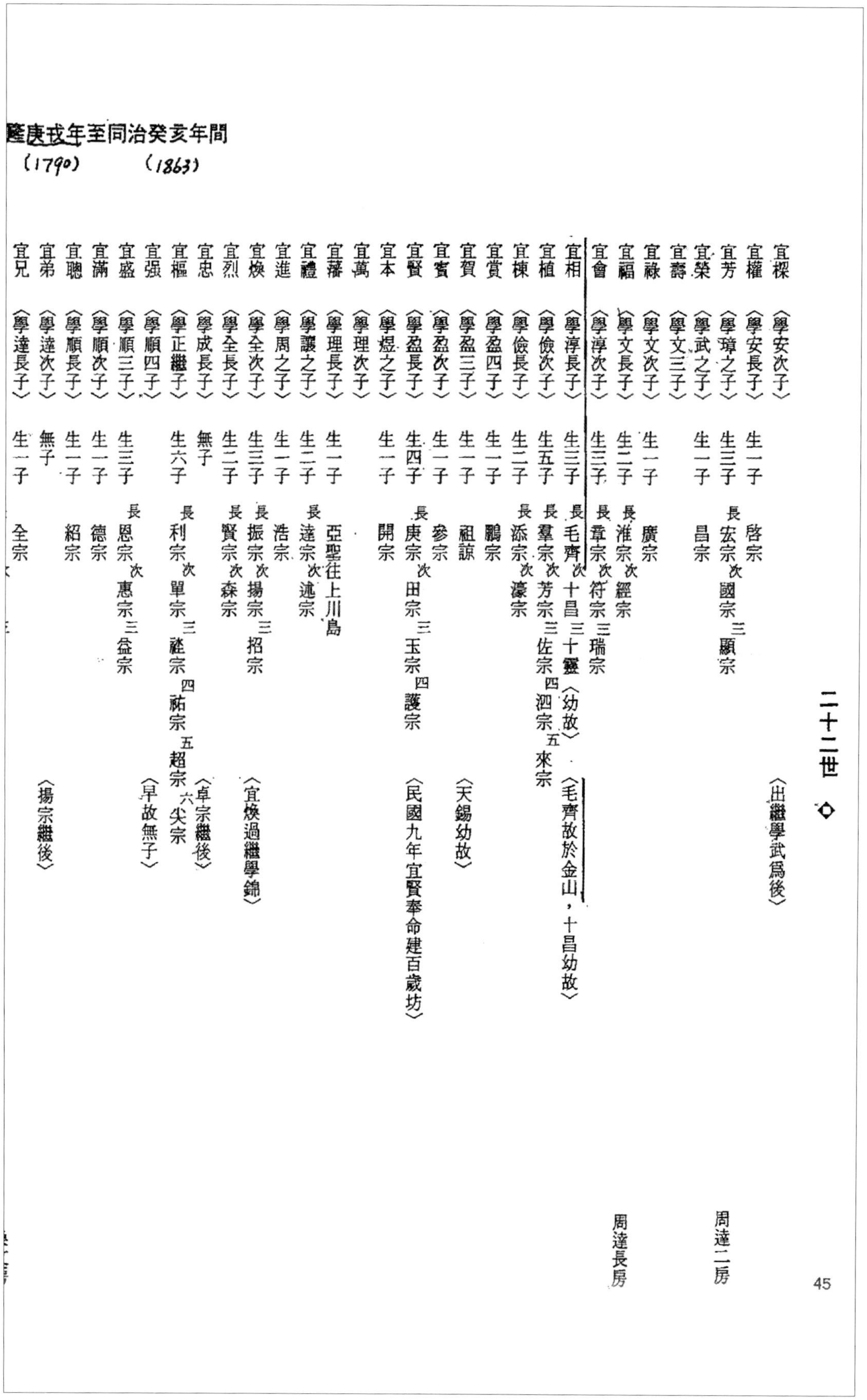

隆庚戌年至同治癸亥年間
(1790) (1863)

二十二世

宜樑〈學安次子〉〈出繼學武爲後〉
宜權〈學安長子〉生一子 啓宗
宜芳〈學璋之子〉生三子 長宏宗 次國宗 三顯宗
宜榮〈學武之子〉生一子 昌宗
宜壽〈學文三子〉
宜祿〈學文次子〉生一子 廣宗
宜福〈學文長子〉生二子 長淮宗 次經宗
宜會〈學淳次子〉生三子 長章宗 次符宗 三瑞宗
宜相〈學淳長子〉生三子 長毛齊 次十昌 三十靈〈幼故〉〈毛齊故於金山，十昌幼故〉
宜植〈學儉次子〉生五子 長羣宗 次芳宗 三佐宗 四泗宗 五來宗
宜楝〈學儉長子〉生二子 長添宗 次濠宗
宜賞〈學盈四子〉生一子 鵬宗
宜賀〈學盈三子〉生一子 祖諒〈天錫幼故〉
宜賓〈學盈次子〉生一子 參宗
宜賢〈學盈長子〉生四子 長庚宗 次田宗 三玉宗 四護宗〈民國九年宜賢奉命建百歲坊〉
宜本〈學煜之子〉生一子 開宗
宜萬〈學理次子〉
宜藩〈學理長子〉生一子 亞聖往上川島
宜禮〈學讓之子〉生二子 長達宗 次述宗
宜進〈學周之子〉生一子 浩宗
宜煥〈學全次子〉生三子 長振宗 次揚宗 三招宗〈宜煥過繼學錦〉
宜烈〈學全長子〉生二子 長賢宗 次森宗
宜忠〈學成長子〉無子〈卓宗繼後〉
宜樞〈學正繼子〉生六子 長利宗 次單宗 三祚宗 四祐宗 五超宗 六尖宗
宜强〈學順四子〉〈早故無子〉
宜盛〈學順三子〉生三子 長恩宗 次惠宗 三益宗
宜滿〈學順次子〉生一子 德宗
宜聰〈學順長子〉生一子 紹宗
宜弟〈學達次子〉無子〈揚宗繼後〉
宜兄〈學達長子〉生一子 全宗

周達二房

周達長房

45

A35

A35 广东省台山县山背村保存的陈氏族谱。

从 17 世（顺治壬午至 1705 康熙乙酉年间）[顺治朝十八年间没有壬午年，顺治元年（1644）为甲申年，距其最近的壬午年是明崇祯十五年（1642）。] 到 1985 年后的第 26 世及 27 世族谱中，详细记载了在美国的族人名字。其中第 24 世（1868 年同治戊辰年至 1875 年光绪乙亥年间，族人记有 8 人在美国，含“连炳（光宗三子）在美国”，“连弟（光宗次子）在美国”，“孔昌（松宗长子）生一子，达群，达群在美国”，“华灵（本宗之子），在美国”，“秀灵（巨宗次子），在美国”，“祖灵（巨宗长子），在美国”，“孔骙（相宗之子），在美国”，“浩源（根宗之子），在美国”。第 25 世（1885 年光绪乙酉年至 1909 年宣统元年己酉年间），记有 12 人在美国，含“琨钊（孔祥长子），在美国”，“琨彬（孔祯次子），在美国”，“北相（孔庭之子），在美国”，“孟家（孔周之子），在美国”，“国南（孔福之子），在美国”，“孟栢（孔森长子），名胜煦，在美国”，“观稔（孔浓长子），在美国，观稔即庭欢”，“观添（孔深次子），在美国”，“观稳（孔深长子），在美国”，“达群（孔迪之子），在美国”，“庭想（孔浓次子），在美国”，“孟翘（孔阜之子），在美国”，“迎春（仕威之子），在美国”。

1930 年至 1985 年后的第 26、27 世族人在美国的记有在美国的有 23 人之多，这里不再叙述。

族谱记载第 20 世（1746 年乾隆丙寅至 1814 年嘉庆甲戌年间）还记有："良缵，生二子，次学进"。第 21 世（1774 年乾隆甲午年至 1857 年咸丰丁巳年间），记有"学进（良缵次子），生一子社保，往南洋"。

梅伟强、关泽峰著《广东台山华侨史》（中国华侨出版社，2010 年 5 月版）第 4 页曾写道："1841 年（清道光 21 年），广海镇背山村陈毛齐（号齐宗）于美国旧金山去世。他是美国华侨先驱者之一。"第 33 页又写道："台山人侨居美洲，是先从美国开始的。""据上川岛《甘氏族谱》记："泽浓公，富于冒险性，以家计相迫，于道光初年（1821 年）搭帆船往美洲焉。又《山背乡志》记："陈齐宗（又名陈毛齐）道光辛丑年（1841 年）故于（美国）旧金山。这是我们目前看到的有关台山先侨最早踏足美国的文字记载材料。"

这部台山山背村族谱告诉我们家族网络对于连续不断的远洋美国潮的重要意义，这里还不包括在美国站住了脚的华人华侨联络在山背村周边附近亲友通过各种方式来到美国的名单。当然，我们无法从族谱来确认这些来到美国的华人华侨是否和铁路华工有着直接和间接的关联，不过这一文献资料为我们提供了广阔的普查探寻奥秘的空间，如果我们获得更多的侨乡族谱，将这些点联成线，再和美中两国海关资料，墓碑石刻，口述采访及其他媒体或会馆档案资料结合起来，有可能由线连成一片的面，为我们取得美国铁路华工源研究的突破。

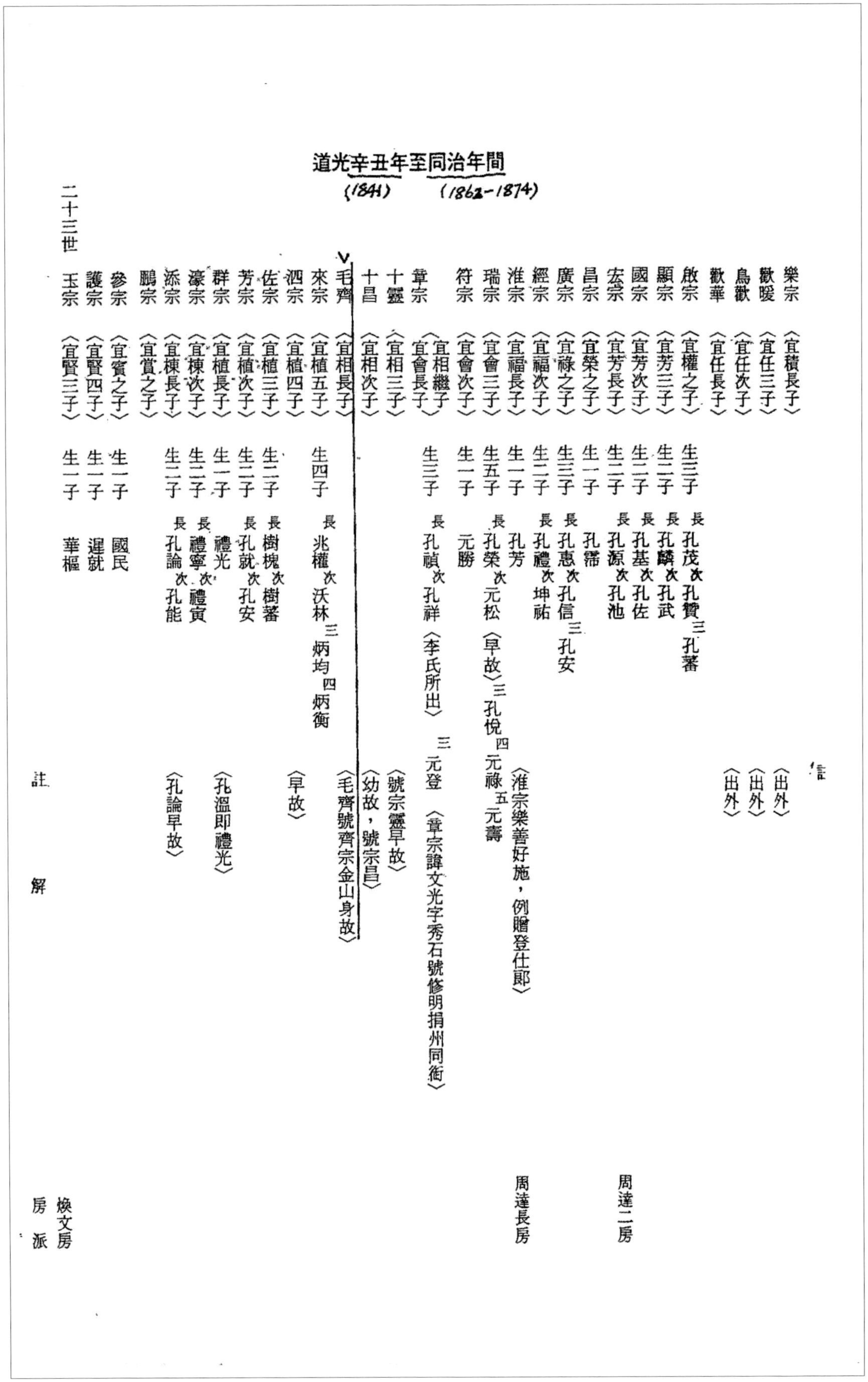
道光辛丑年至同治年間
(1841) (1862-1874)

樂宗〈宜積長子〉〈出外〉
歡暖〈宜任三子〉〈出外〉
鳥歡〈宜任次子〉〈出外〉
歡華〈宜任長子〉
敵宗〈宜權之子〉生三子 長孔茂 次孔贊 三孔著
顯宗〈宜芳三子〉生二子 長孔麟 次孔武
國宗〈宜芳次子〉生二子 長孔基 次孔佐
宏宗〈宜芳長子〉生二子 長孔源 次孔池
昌宗〈宜榮之子〉生一子 孔霈
廣宗〈宜祿之子〉生三子 長孔惠 次孔信 三孔安
經宗〈宜福次子〉生二子 長孔禮 次坤祐
淮宗〈宜福長子〉生一子 孔芳〈淮宗樂善好施，例贈登仕郎〉
瑞宗〈宜會三子〉生五子 長孔榮 次元松〈早故〉三孔悅 四元祿 五元壽
符宗〈宜會次子〉生一子 元勝
章宗〈宜會長子 宜相繼子〉生三子 長孔禎 次孔祥〈李氏所出〉三元登〈章宗諱文光字秀石號修明捐州同銜〉
十靈〈宜相三子〉〈號宗靈早故〉
十昌〈宜相次子〉〈幼故，號宗昌〉
毛齊〈宜相長子〉〈毛齊號齊宗金山身故〉
來宗〈宜植五子〉生四子 長兆權 次沃林 三炳均 四炳衡
泗宗〈宜植四子〉〈早故〉
佐宗〈宜植三子〉生二子 長樹槐 次樹蓍
芳宗〈宜植次子〉生二子 長孔就 次孔安
群宗〈宜植長子〉生一子 禮光〈孔溫即禮光〉
濠宗〈宜楝次子〉生二子 長禮寧 次禮寅
添宗〈宜楝長子〉生二子 長孔論 次孔能〈孔論早故〉
鵬宗〈宜賞之子〉
參宗〈宜賓之子〉生一子 國民
護宗〈宜賢四子〉生一子 遲就
玉宗〈宜賢三子〉生一子 華樞

二十三世
註解
房派 煥文房 周達長房 周達二房

A36 广东省台山县山背村保存的陈氏族谱。

《李文庄公家乘》族谱记载

Genealogical records of Clan Li

广东台山大江镇水楼村的《李乔木公家族史》谱即《李文庄公家乘》族谱，确认北美铁路华工包工头李天沛、李天宽、李佑芹、李弈德三代四人家族成员身份，从而揭示了台山地区海外移民家族网络的特色。《李文庄公家乘》，一套共十六本，李天沛一支在家乘的第四本，叫松庵房支系。在这支系中可以找到李天沛、李天宽、李佑芹、李奕德等人的名字。

A37 松庵房支系家谱封面。

A38 《李文庄公家乘》族谱记载北美铁路华工包工头李天沛。

A39 《李文庄公家乘》族谱记载北美铁路华工包工头李天宽。

A40 《李文庄公家乘》族谱记载北美铁路华工包工头李祐芹。

A41 《李文庄公家乘》族谱记载北美铁路华工包工头李弈德。

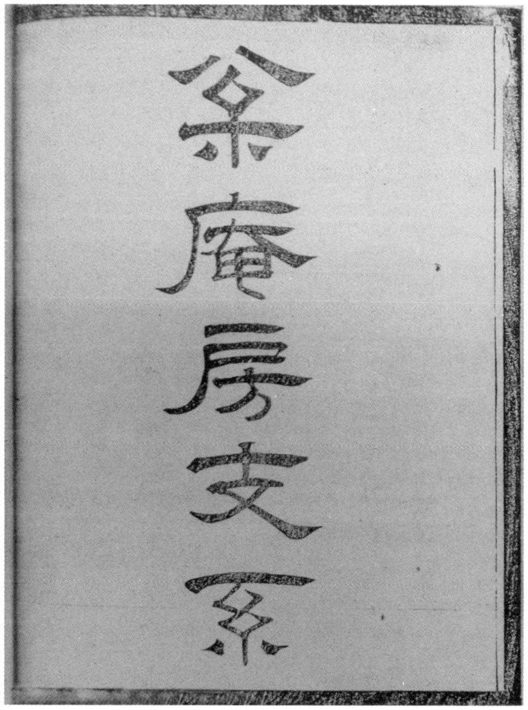

A37

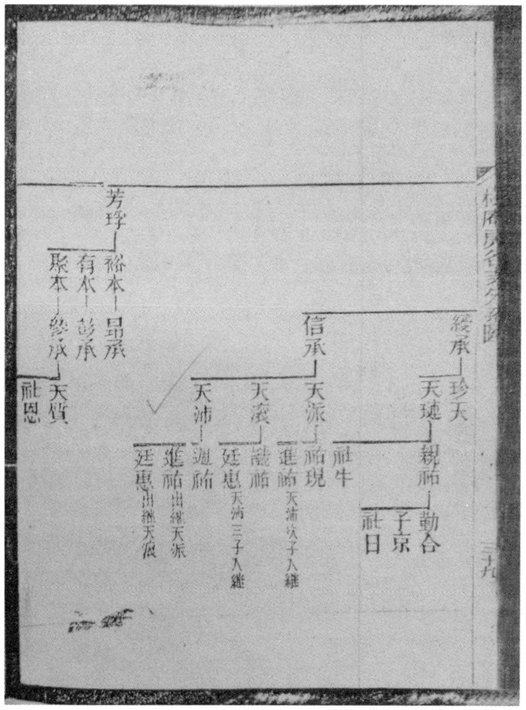

A38

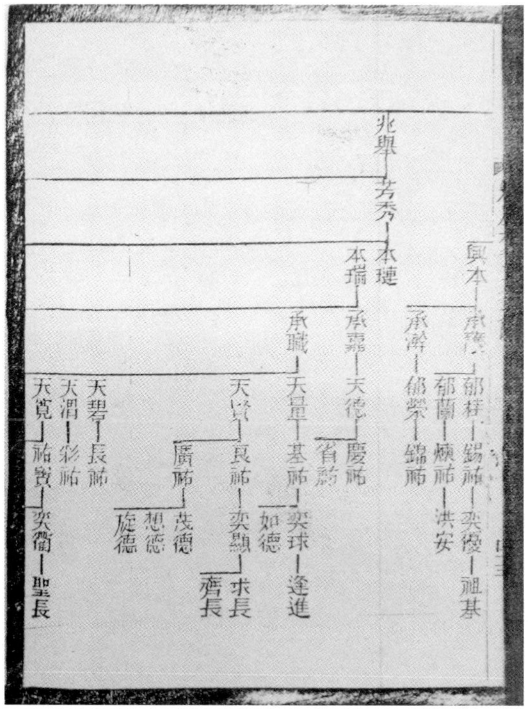

A39

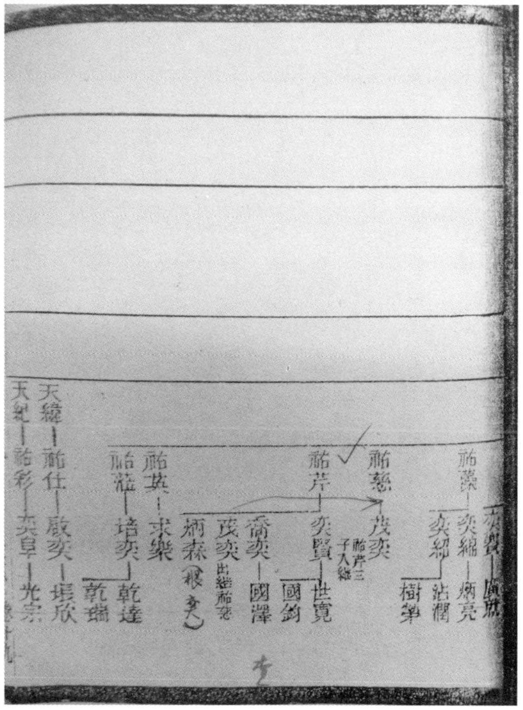

A40

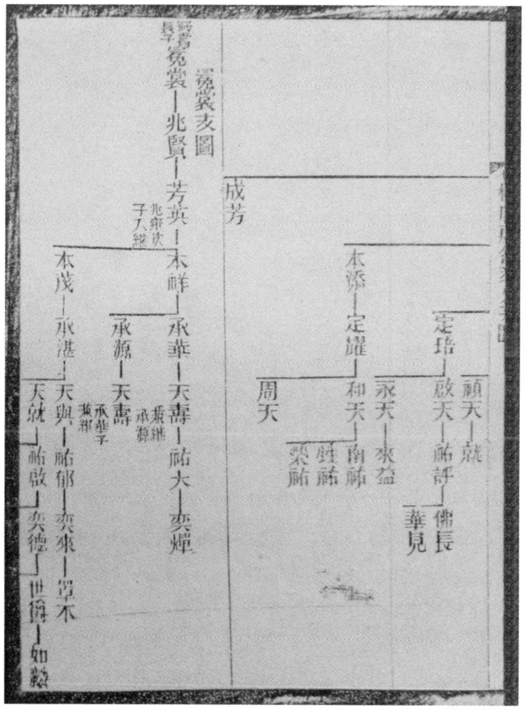

A41

A42

周氏家族国际移民网络

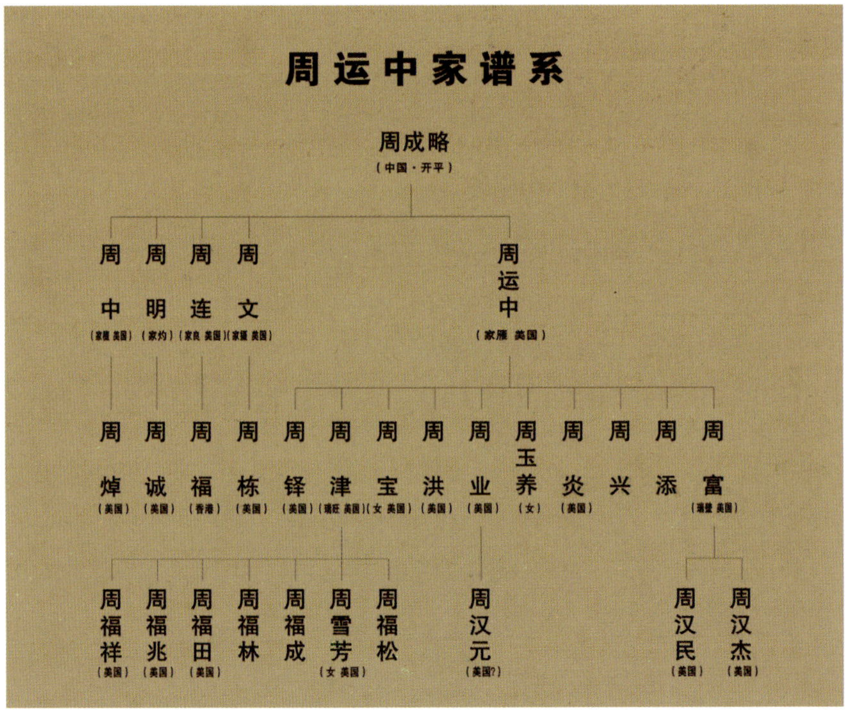

A43

周运中家族族谱记载

Records of Zhou Yunzhong's family tree

A42 周运中家族的周氏族谱。

A43 周运中家族的海外家谱系。

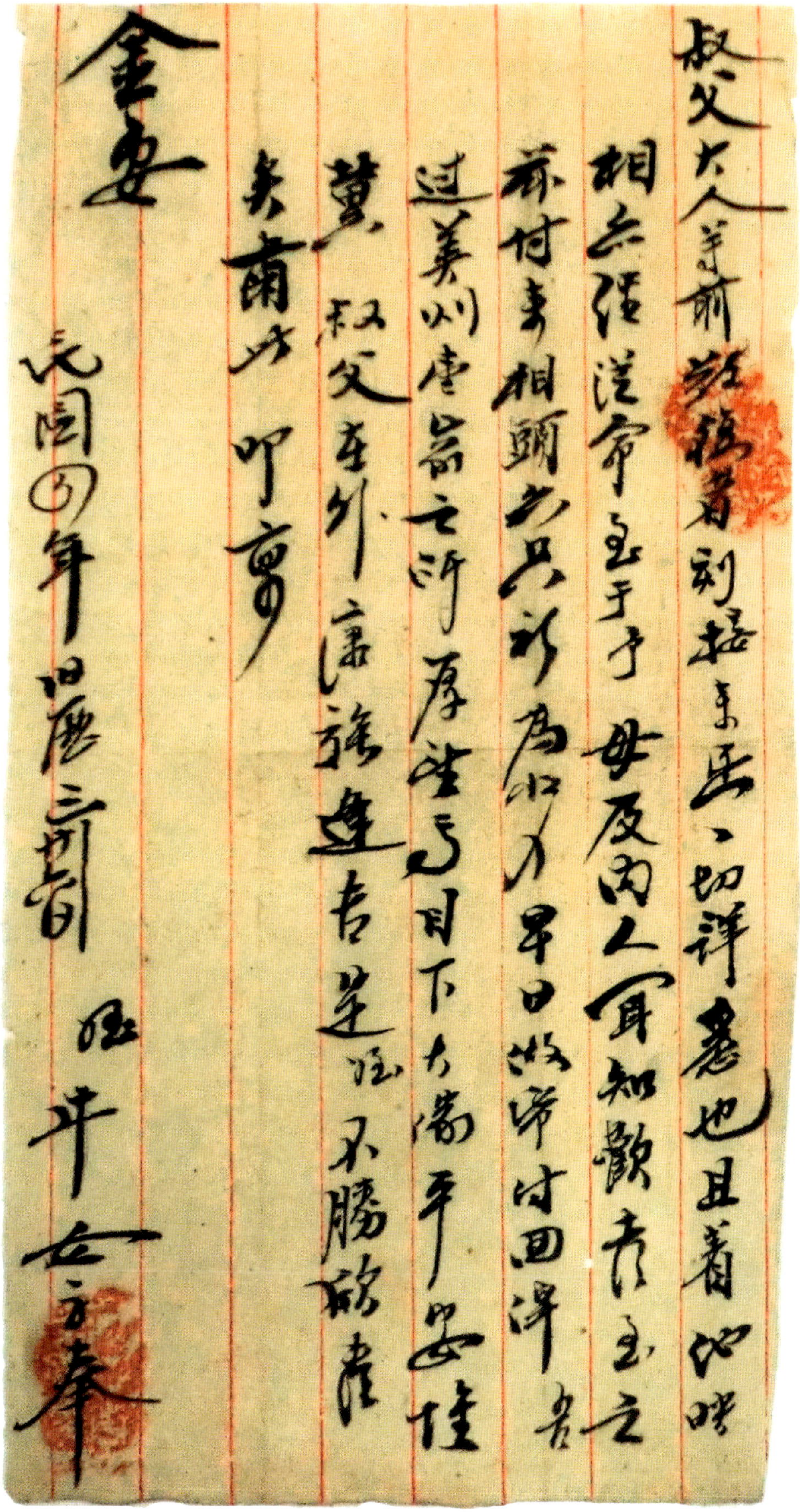

A44

余椿中家书

Yu Chunzhong's family letters

五邑大学侨乡文化研究中心石坚平教授考察五邑大学广东侨乡文化中心收藏的侨乡书信说明，宣统三年（1909）余椿中从美国回唐返乡居住；1911 年春，他离乡返美，而他胞兄余瑞中在信中托其帮助管教其子。民国八年（1919）五六月，余椿中之子余璇和赴美。民国十年（1921）余椿中再次由美回乡。许多书信同时表明作为移民美国的核心人物余椿中，具体帮助了诸子侄成功安排移民美国，含接收来美求财信和求购出世纸信、出世纸递交海关、预支进关费用，制作口供纸，安排比对口供，办理护照纸和船费，安排船位，寻找进关证人，叮嘱证人牢记口供，通知赴美、迎接到客，交付款项等。

A44 民国四年旧历三月二十六日余牛女给叔父的信。

A45 礼拜三余沛和给余椿中的信。

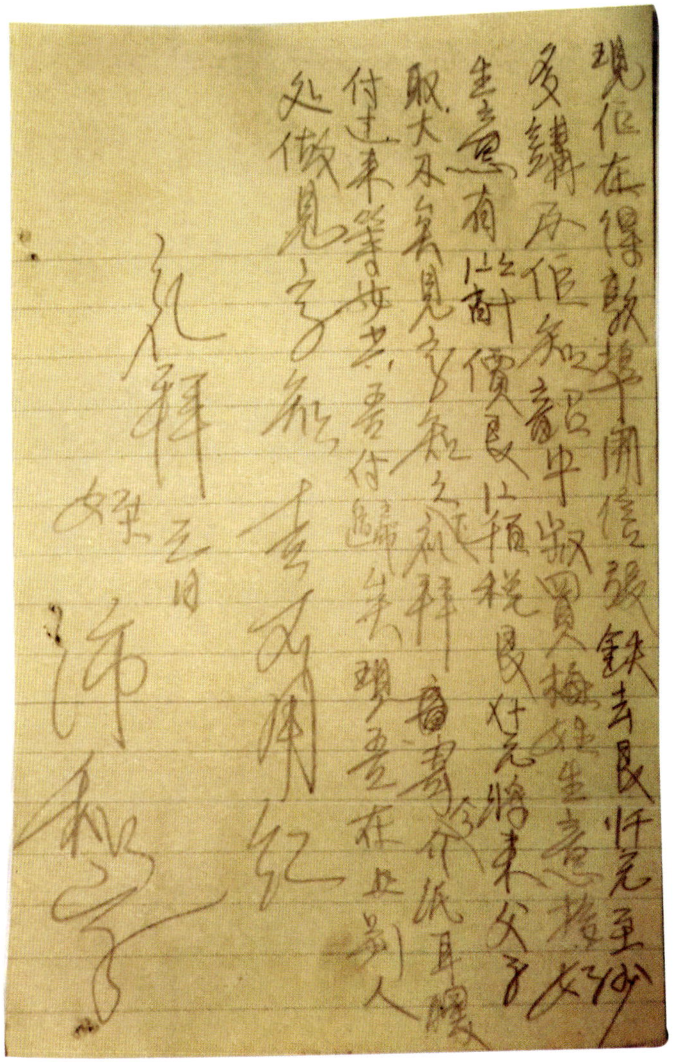

A45

余椿中家书

Yu Chunzhong's family letters

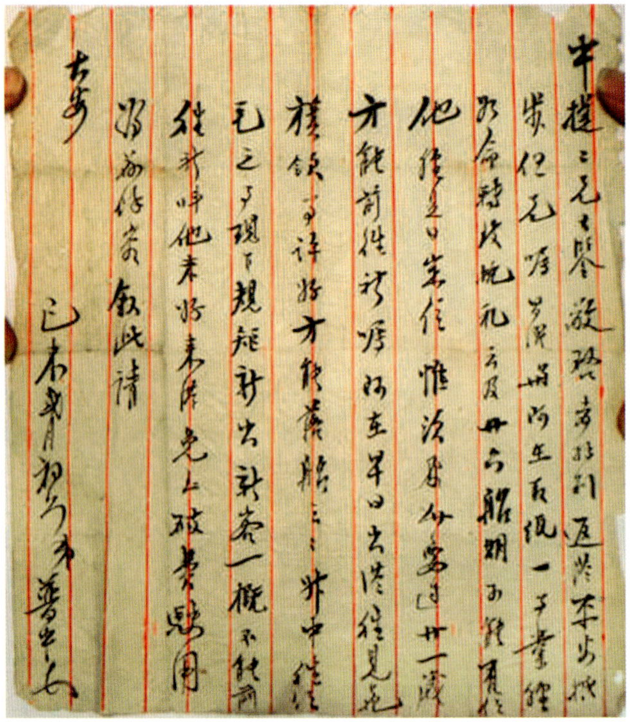

A46

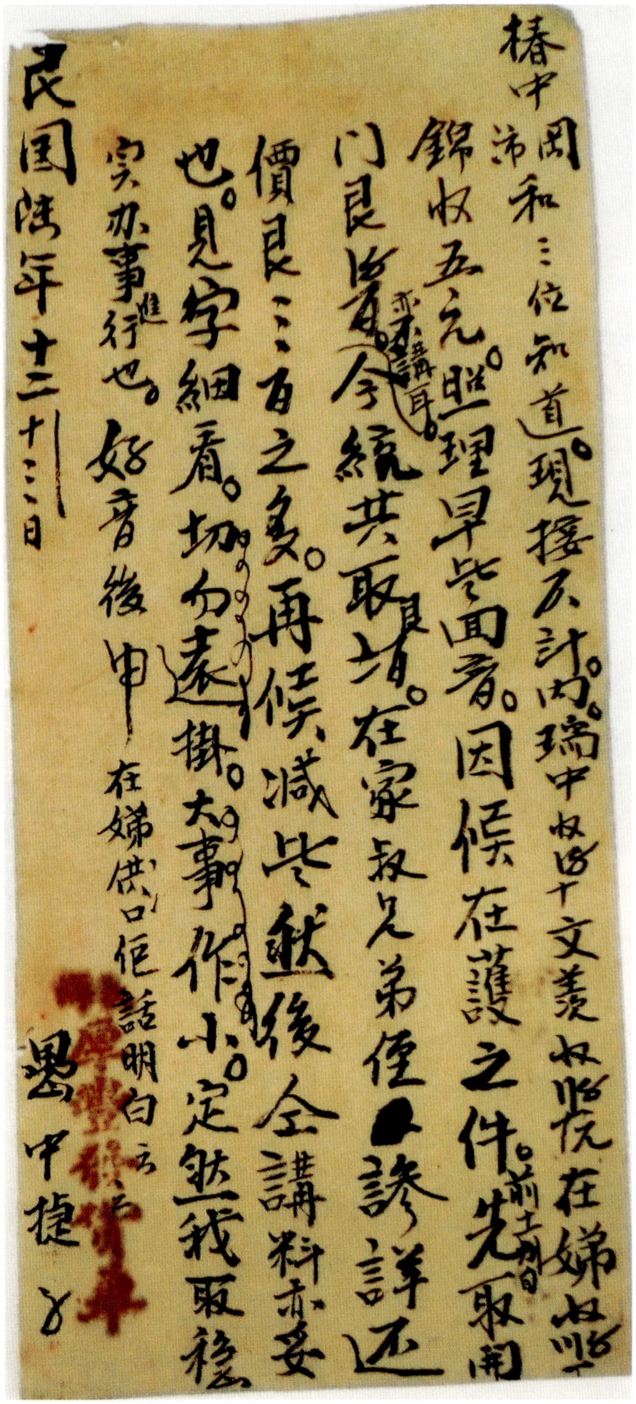

A47

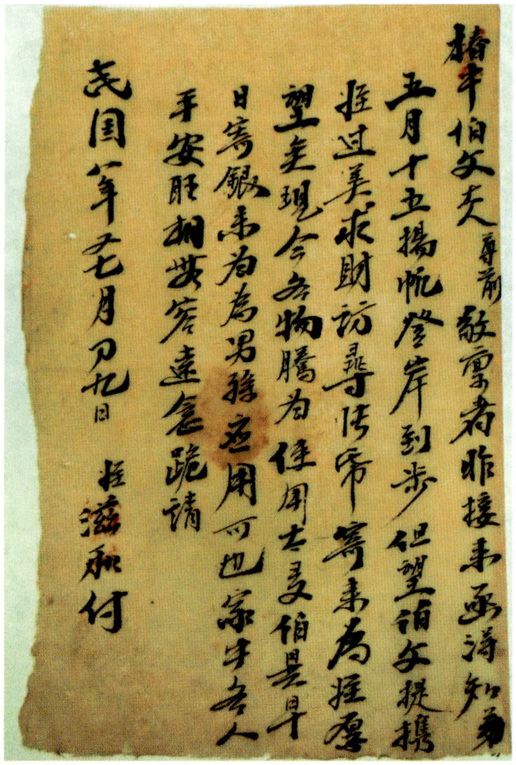

A48

A46 民国八年二月初六余普中给余中杰的信。

A47 民国六年十二月十三日余中捷给余椿中的信。

A48 民国八年七月九日余滋和给余椿中的信。

19 世纪中后期美国华人人口变化

In the late 19th century, Chinese population changes in the U.S.

美国人口普查华人积聚人口多的州

State		1850 年	1860 年	1870 年	1880 年
California	加利福尼亚	7520	34 933	49 277	75 132
Idaho	爱达荷			4 274	3 370
Montana	蒙大拿			1 949	1 765
Massachusetts	马萨诸塞			121	220
Nevada	内华达			3 152	5 416
New York	纽约			29	900
Oregon	俄勒冈			3 330	9 510
Utah	犹他			445	591
Washington	华盛顿			234	3 186
Wyoming	怀俄明			143	914
Arizona	亚利桑那			20	1 030
Hawaii	夏威夷				
Alaska	阿拉斯加				
Pennsylvania	宾夕法尼亚			13	148
Illinois	伊利诺伊			1	209
Other	其他			202	3 074
Chinese Total		7 520	34 933	63 190	105 465

**Source: U.S. Census, 1860-1900*
***Donner Pass (1985) by John Signor, long tim*

A49

A49 1850 年至 1900 年华人积聚人口多的州。

统计数字显示：

美国州 \ 年份	1850 年	1860 年	1870 年	1880 年
加州人口	7 520 人	34 933 人	49 277 人	75 132 人
内华达州人口	–	–	3 152 人	5 416 人
全美人口	7 520 人	34 933 人	63 190 人	105 465 人

参见 2014-09-08 斯坦福大学历史系博士候选人 Joseph Ng 报告美国人口普查 1850 年至 1900 年华人聚人口多的州，U.S.C 1850-1900）。

1852年至1875年中国移民进出旧金山海关的统计
San Francisco: 1852-1875 Customs statistics of Chinese immigrants arrivals and departures

SAN FRANCISCO: YEARLY ARRIVALS AND DEPARTURES (SOURCE #2)
旧金山每年抵港及离港人数

CALIFORNIA STATE SENATE
加州参议院

SPECIAL COMMITTEE ON CHINESE IMMIGRATION.
中国移民特别委员会

萨克拉门托，1878.

SACRAMENTO

1878.

Year. 年	Arrived. 抵港	Departed. 离港
1852	20,026	1,768
1853	4,270	4,421
1854	16,084	2,339
1855	3,329	3,473
1856	4,807	3,028
1857	5,924	1,932
1858	5,427	2,542
1859	3,175	2,450
1860	7,341	2,090
1861	8,430	3,580
1862	8,175	2,792
1863	6,432	2,942
1864	2,682	3,910
1865	3,095	2,295
1866	2,242	3,111
1867	4,290	4,475
1868	11,081	4,210
1869	14,990	4,895
1870	10,870	4,230
1871	5,540	3,260
1872	9,770	4,890
1873	17,075	6,805
1874	16,085	7,710
1875	18,021	6,305
First quarte 1876	5,065	625
Total	214,226	90,089 214,226
Excess of arrivals		124,137

Source: Data collected by T. B. Shannon, SF Collector, in Memorial OF THE SENATE OF CALIFORNIA TO THE CONGRESS OF THE UNITED STATES, 1878, by Creed Haymond

A50

A50 1852年至1875年中国移民进出旧金山海关的统计。

1850 年至 1870 年美国人口中华人人口调整

Chinese population adjustment among the U.S. population in 1850-1870

这一调整数字说明，华人人口登记人口低于抵达和离开旧金山的累积数，如 1860 年累积 34 933 人，而人口普查为 46 334 人；1870 年累积 82 709 人，而人口普查人口为 63 190 人。

美国人口普查 - 调整

- San Francisco Custom House captures all arrivals and departures
- 旧金山海关登记所有抵港及离港
- U.S. Census workers could not reached all migrating workers
- 美国人口普查工作人员可能没有找到所有移动工人
- Chinese population were not comfortable registering in a new land
- 中国劳工可能感觉不安全在新地登记
- SF Custom House tabulations are 33% higher
- 旧金山海关制表比人口调查高出33%
- Therefore, adjust U.S. Census by 33% to reach estimated Chinese Population in U.S. (right most column)
- 因此，调整美国人口普查加33%，达到估计美国华人(最右列)

	抵达旧金山 Arrived SF	离去旧金山 Departed SF	累积 Cumulative	美国人口普查 US Census	美国人口普查 - 调整 Adj. US Census
1850					7 520
1851					
1852	20 026	1 768	18 258		
1853	4 270	4 421	18 107		
1854	16 084	2 339	31 852		
1855	3 329	3 473	31 708		
1856	4 807	3 028	33 487		
1857	5 924	1 938	37 473		
1858	5 427	2 542	40 358		
1859	3 175	2 450	41 083		
1860	7 341	2 090	46 334	34 933	46 334
1861	8 430	3 580	51 184		
1862	8 175	2 792	56 567		
1863	6 432	2 494	60 505		
1864	2 682	3 910	59 277		
1865	3 095	2 295	60 077		
1866	2 242	3 111	59 208		
1867	4 280	4 475	59 013		
1868	11 081	4 210	65 884		
1869	14 990	4 805	76 069		
1870	10 870	4 230	82 709	63 190	82 709
1871	5 540	3 260	84 989		
1872	9 770	4 890	89 869		
1873	17 075	6 805	100 139		
1874	16 085	7 810	108 414		
1875	18 021	6 805	119 630		
1876*	5 065	624	124 071		
1880				105 465	140 268
1890				126 765	168 597
1900				119 050	158 337

*Q176 only

A51

A51 1850 年至 1870 年美国人口中华人人口调整。

A4 历史评价 | Historical Evaluation

一些有代表性的论著高度评价了美国铁路华工的历史性贡献。他们是［美］斯蒂芬·安布罗斯的《美洲大陆铁路》，［美］塞缪尔·鲍尔斯的《穿越美洲大陆》，［美］塞缪尔·埃利奥特·莫里森等著的《美利坚共和国的成长》（1980 年版），以及马克思信（1869 年 8 月）、恩格斯信（1892 年 3 月）和福斯特（1958 年 12 月）信中的评论，引自《美国百科全书》，丁则民主编《美国内战与镀金，1861–19 世纪末》卷 (2002 年《美国通史》第 3 卷）等。

Some representative works will be cited to evaluate the contribution of Chinese workers to the construction of American railroads. The works include: *Nothing Like It In the World: The Men Who Built the Transcontinental Railroad 1863-1869* by Stephen E. Ambrose; *Across the Continent* by Samuel Bowles; *The Growth of the American Republic* by Samuel E. Morison and Henry S. Commager; Related comments in the letters of Karl Marx (Aug. 1869), Friedrich Engels (Mar. 1892), and William Foster (Dec. 1958), quoted from *The Encyclopedia Americana. American Civil War and the Gilded Age,* ed. Ding Zemin (Vol. 3 of *A General History of the United States*, 2002).

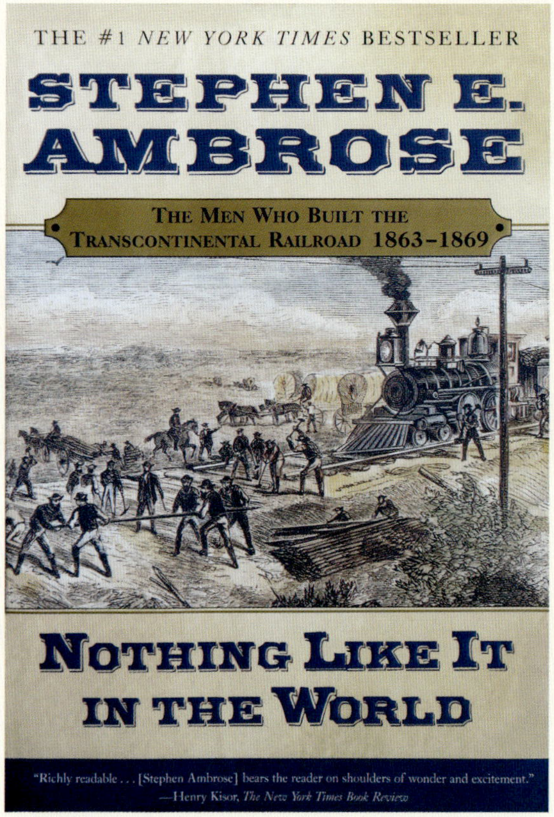

A52

A53

A52 美国著名历史学家斯蒂芬·安布罗斯（Stephen E. Ambrose）在他的《美洲大陆铁路》（The Transcontinental Railroad）专著中盛赞华工在太平洋铁路的贡献在世界上是史无前例的。著名铁路工程师约翰·加洛威在他的中央太平洋铁路公司和联合太平洋铁路公司的《第一条横贯美国的铁路》一书中说：“建设这条横贯大陆的铁路线——全长 2 892 公里，通过大草原和艾灌丛生的大沙漠，穿越落基山脉和高山山脉的山口——无疑是 19 世纪最最伟大的工程奇迹。”

A53 1869 年哈泼斯周刊刊登 1869 年 5 月 10 日中央太平洋铁路完成的图片。

A54

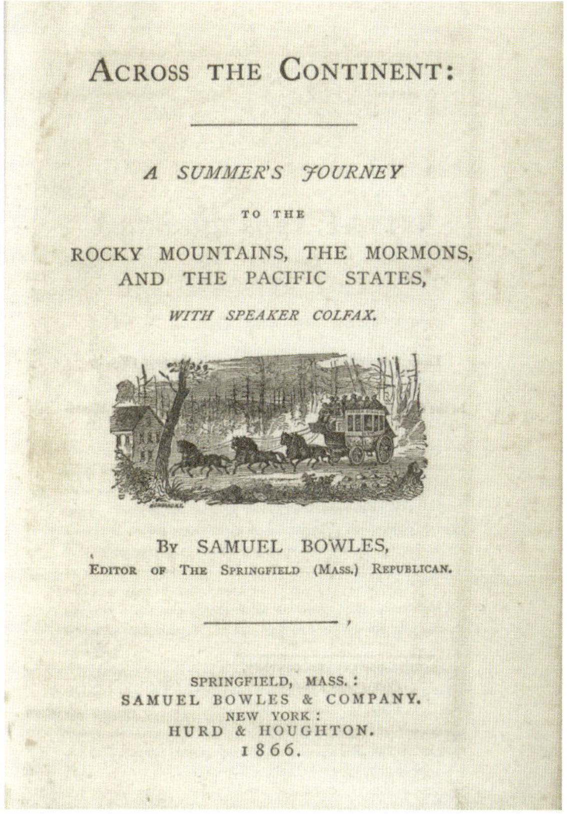

ACROSS THE CONTINENT:

A SUMMER'S JOURNEY

TO THE

ROCKY MOUNTAINS, THE MORMONS,
AND THE PACIFIC STATES,

WITH SPEAKER COLFAX.

BY SAMUEL BOWLES,
EDITOR OF THE SPRINGFIELD (MASS.) REPUBLICAN.

SPRINGFIELD, MASS.:
SAMUEL BOWLES & COMPANY.
NEW YORK:
HURD & HOUGHTON.
1866.

A55

A54 塞缪尔・鲍尔斯 1826 年 2 月 9 日出生于美国麻省斯普林菲尔德，1878 年 1 月 16 日去世，是一位新闻工作者、作家和出版商。

A55 塞缪尔・鲍尔斯《穿越美洲大陆》。书中对修建太平洋铁路的华工给予了可贵的评价：“太平洋铁路正在由中国劳工建造，数千名中国人正在西拉内华达山区的岩石和沙漠地区快速铺设轨道。说实在的，没有他们，这项伟大的工程将不得不拖延几年。他们坚韧勤勉，终日劳作，吃苦耐劳，跟白人做同样的工作，却只获得约一半的薪酬，每个月只有 30 美元而白人却有 50 美元，此外，白人劳工没有华工活儿做的漂亮。……他们善于学习，安静整洁，诚实可靠，整日劳作，从不胡闹。”

A56

A56 [美] 塞缪尔・埃利奥特・莫里森、亨利・斯蒂尔・康马杰、威廉・爱德华・洛伊希腾堡，著，南开大学历史系美国史研究室译，周纪琨校的《美利坚共和国的成长》(天津人民出版社 ,1975 年、1980 年版)。其中有涉及华工建设太平洋铁路和美国排华叙述。“种种障碍得到克服，不仅应归功于道奇和亨廷顿这样一些人百折不回的干劲和毅力，而且还应归功于成千上万劳工的勇气和献身精神，正是那些退伍军人、爱尔兰移民和中国苦力，用他们的健壮结实的双臂，承担了最沉重的那一部分工作。”“19 世纪 60 年代由于修筑太平洋铁路需要劳工，他们的人数有增无已。到了 70 年代之末，仅在加利福尼亚就有将近 15 万中国人，他们生活标准低，劳动时间长，而温柔服贴，从而据说成了对当地劳工的严重威胁。同时，他们牢守中国的生活方式和宗教，他们的外貌、习惯和语言都异乎寻常，而且他们显然是打算携带积蓄返回中国去的，这一切激起了种族偏见。”

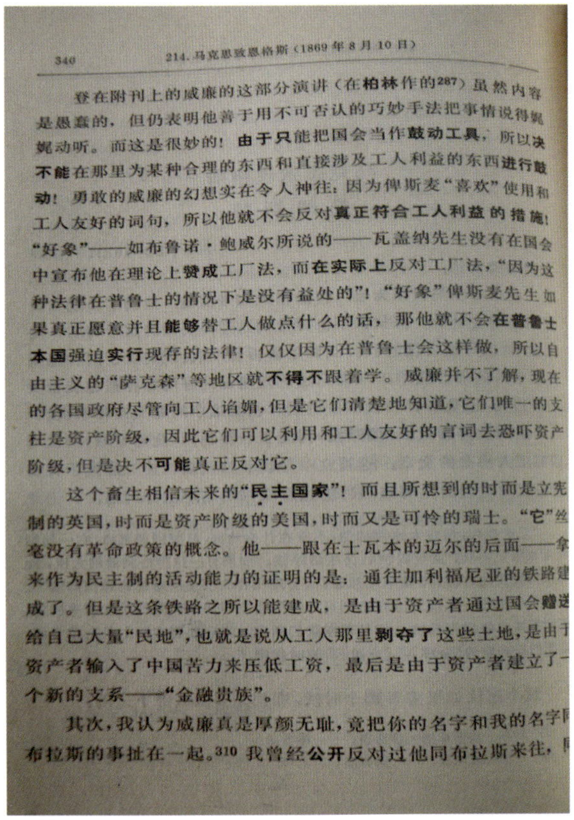

340　214. 马克思致恩格斯（1869 年 8 月 10 日）

登在附刊上的威廉的这部分演讲（在**柏林**作的287）虽然内容是愚蠢的，但仍表明他善于用不可否认的巧妙手法把事情说得娓娓动听。而这是很妙的！**由于只**能把国会当作**鼓动工具**，所以**决不能**在那里为某种合理的东西和直接涉及工人利益的东西**进行鼓动**！勇敢的威廉的幻想实在令人神往：因为俾斯麦"喜欢"使用和工人友好的词句，所以他就不会反对**真正符合工人利益的措施**！"好象"——如布鲁诺·鲍威尔所说的——瓦盖纳先生没有在国会中宣布他在理论上**赞成**工厂法，而**在实际上**反对工厂法，"因为这种法律在普鲁士的情况下是没有益处的"！"好象"俾斯麦先生如果真正愿意并且**能够**替工人做点什么的话，那他就不会**在普鲁士本国**强迫**实行**现存的法律！仅仅因为在普鲁士会这样做，所以自由主义的"萨克森"等地区就**不得不**跟着学。威廉并不了解，现在的各国政府尽管向工人谄媚，但是它们清楚地知道，它们唯一的支柱是资产阶级，因此它们可以利用和工人友好的言词去恐吓资产阶级，但是决不**可能**真正反对它。

这个畜生相信未来的"**民主国家**"！而且所想到的时而是立宪制的英国，时而是资产阶级的美国，时而又是可怜的瑞士。"**它**"丝毫没有革命政策的概念。他——跟在士瓦本的迈尔的后面——拿来作为民主制的活动能力的证明的是：通往加利福尼亚的铁路建成了。但是这条铁路之所以能建成，是由于资产者通过国会**赠送**给自己大量"民地"，也就是说从工人那里**剥夺了**这些土地，是由于资产者输入了中国苦力来压低工资，最后是由于资产者建立了一个新的支系——"金融贵族"。

其次，我认为威廉真是厚颜无耻，竟把你的名字和我的名字同布拉斯的事扯在一起。310 我曾经**公开**反对过他同布拉斯来往，

A57

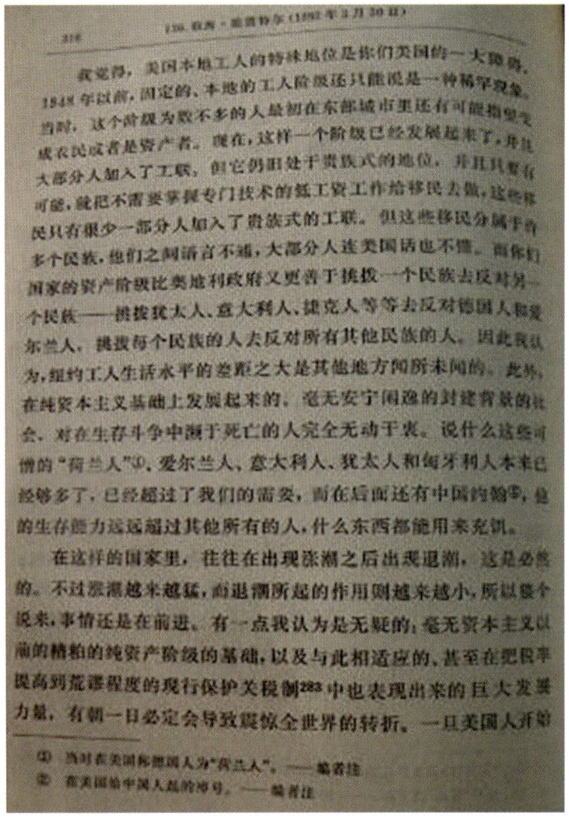

316　136. 致海·施留特尔（1892 年 3 月 30 日）

我觉得，美国本地工人的特殊地位是你们美国的一大障碍。1848 年以前，固定的、本地的工人阶级还只能说是一种稀罕现象。当时，这个阶级为数不多的人最初在东部城市里还有可能指望变成农民或者是资产者。现在，这样一个阶级已经发展起来了，并且大部分人加入了工联，但它仍旧处于贵族式的地位，并且只要有可能，就把不需要掌握专门技术的低工资工作给移民去做，这些移民只有很少一部分人加入了贵族式的工联。但这些移民分属于许多个民族，他们之间语言不通，大部分人连美国话也不懂。而你们国家的资产阶级比奥地利政府又更善于挑拨一个民族去反对另一个民族——挑拨犹太人、意大利人、捷克人等等去反对德国人和爱尔兰人，挑拨每个民族的人去反对所有其他民族的人。因此我认为，纽约工人生活水平的差距之大是其他地方闻所未闻的。此外，在纯资本主义基础上发展起来的、毫无安宁闲逸的封建背景的社会，对在生存斗争中濒于死亡的人完全无动于衷。说什么这些可憎的"荷兰人"①、爱尔兰人、意大利人、犹太人和匈牙利人本来已经够多了，已经超过了我们的需要，而在后面还有中国约翰②，他的生存能力远远超过其他所有的人，什么东西都能用来充饥。

在这样的国家里，往往在出现涨潮之后出现退潮，这是必然的。不过涨潮越来越猛，而退潮所起的作用则越来越小，所以整个说来，事情还是在前进。有一点我认为是无疑的：毫无资本主义以前的糟粕的纯资产阶级的基础，以及与此相适应的、甚至在把税率提高到荒谬程度的现行保护关税制283中也表现出来的巨大发展力量，有朝一日必定会导致震惊全世界的转折。一旦美国人开始

① 当时在美国称德国人为"荷兰人"。——编者注
② 在美国给中国人起的绰号。——编者注

A58

A59

A57 马克思、恩格斯高度赞扬铁路华工，马克思称太平洋铁路的建成是和"输入中国苦力"分不开的。

马克思在太平洋铁路合龙后三个月的信中突出强调了中国苦力对于建成太平洋铁路的贡献。《马克思恩格斯全集》中文版第 32 卷中的马克思致恩格斯的信 (1869 年 8 月 10 日)，信中谈到，"通往加利福尼亚的铁路建成了。但是这条铁路之所以能建成是由于资产者通过国会赠送给自己大量'民地'，也就是从工人那里剥夺了这些土地，是由于资产者输入了中国苦力来压低工资，最后是由于资产者建立了一个新的之系—'金融贵族'。"（32 卷第 340 页）

A58 恩格斯称铁路华工"生存能力远远超过其他所有的人，什么东西都能用来充饥"。

恩格斯晚年去美国考查过，晚年恩格斯对于早年马克思的思想有创造性的发展。1892 年 3 月 30 日他写给纽约的海尔曼·施留特尔的信中谈到在美国的中国移民时的全文是这样说的："在纯资本主义基础上发展起来的、毫无安宁闲逸的封建背景的社会，对生存斗争中的濒于死亡的人完全无动于衷。说什么这些可憎的'荷兰人'、爱尔兰、意大利人、犹太人和匈牙利人本来已经够多了，已经超过了我们的需要，而在后面还有中国的约翰，他的生存能力远远超过其他所有的人，什么东西都能用来充饥"。（38 卷第 316 页）

A59 《美国百科全书》。

《美国百科全书》、《大英百科全书》、《中国大百科全书》、《海外华人百科全书》等权威词典，对美国铁路发展史及华工的贡献均有不同程度的记叙。1860 年美国铁路总长度为 30 626 公里，1870 年为 52 922 公里。美国内战期间，铁路是长距离快速运送部队和军事器材的唯一有效工具，内战结束后铁路发展进入狂飙时期，1890 年铁路总长度增加到 163 597 公里，对于美国近代工业化的完成起了开路先锋的作用，而横贯美国大陆的五条太平洋铁路和华人建设横贯大陆铁路的贡献功不可没。《美国百科全书》（Encyclopedia Americana）关于中央太平洋铁路的论述说："华人筑路参加修建的横贯美国东西大铁路是推动美国成为统一国家的最重要因素。"（23,Vols，220pp)

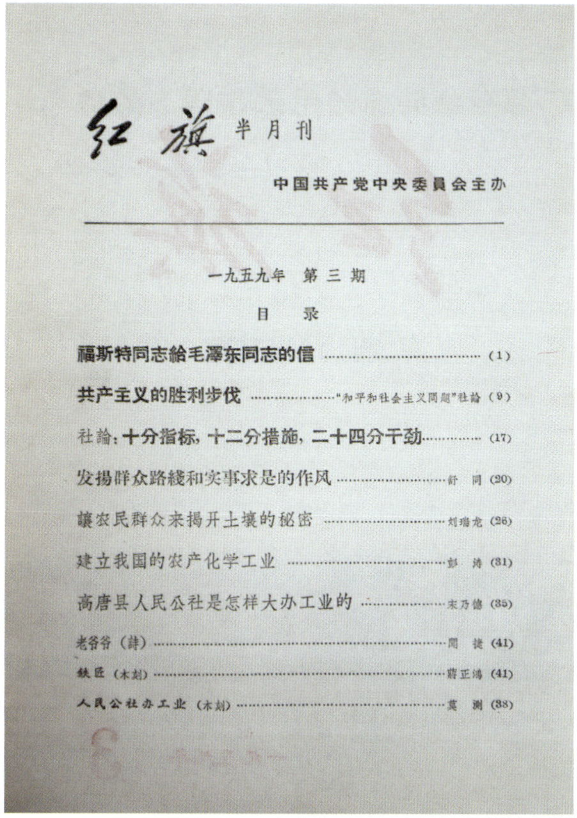

红旗 半月刊

中国共产党中央委員会主办

一九五九年 第三期

目 录

A60

美国历史学家福斯特 1958 年 12 月 19 日给毛泽东的信

A60 《红旗》1959 年第 3 期目录。

美国历史学家和政治家威廉・福斯特，以美共主席的身份在 1958 年 12 月 19 日写信给中共中央毛泽东主席，其中有一段谈及高度赞扬华工开发美国西部的贡献和美国排华的往事。他说：“中国人，主要是工人，在美国西部地区的历史中，起过很大的作用，这一点您无疑是知道的了。他们开始移居到这个地区，是在 19 世纪 50 年代初期，正是加利福尼亚州有名的淘金热盛极一时的时候。从那时以后的几十年间，在美国西部所有的矿山、森林、牧场和工地里，都有他们在工作。他们修建了加利福尼亚州的主要铁路。特别是在 19 世纪 60 年代后期，铺修了美国第一条横贯大陆的‘中央太平洋铁路’的西半段，这是一个英雄的成就。在 19 世纪 80 年代，他们曾经不得不同在‘排华法’被通过时达到极点的沙文主义、威胁恐吓和暴力行为进行斗争。这个法令严格限制的结果，几乎完全禁止亚洲移民入境。这正是美国资本家一贯对待少数民族的特有做法，而最受虐待的是那些肤色不同的人，如美洲印第安人、黑人、日本人、波多黎各人、墨西哥人、菲律宾人等等。在移民的早期，到美国来的中国人一年达十万人之多。现在尽管政府实施着严格限制的政策，美国还有十一万八千左右的中国人。在旧金山、洛杉矶、西雅图、芝加哥、纽约等主要的城市里，都有小块华侨居住区，其中一些有着中国式建筑和习俗的特点。正如您所知道的，这些群众都是深深地为中国的革命所鼓舞的。”

A61

A61 丁则民主编，《美国通史》第 3 卷。

就目前所见国人所著的美国史专著中，充分记叙华工开发北美和美国排华为最的是丁则民先生主编的《美国内战与镀金时代，1861–19 世纪末》（人民出版社 1990 年 6 月第一版），书中第五章内战后涌入美国的移民洪流及其美国发展的巨大作用，其中第二节招募华工开发西部与美国排华暴行（第 159–178）论述比较充分。相比其他美国史著作显得很突出。

书中写道：“在塞拉岭开凿隧道的过程中，冬季经常发生雪崩，工地营篷至少四次被雪崩冲落峡谷，死亡华工约 500~1 000 人之多。中央太平洋铁路公司承担的西段工程异常艰险，而联合太平洋铁路工地承担的东段基本属于平川大地，施工容易得多。所以《斯普林菲尔德共和报》编辑指出，后者的铁路工程与前者‘对比之下，像是儿戏’。在东西两段展开筑路竞赛的最后阶段，华工创造了每天铺轨 10 英里的空前记录。在华工付出巨大牺牲和血汗代价下，中央太平洋铁路终于于 1869 年 5 月在犹他州的普罗蒙特里与联合太平洋铁路接轨，第一条横贯北美大陆、连接美国东西部的铁路而宣告建成。”

B–T01 1866 年夏天，距离萨克拉门托 75 英里普罗斯佩克特山上的工地，华工在 170 英尺高的山崖上打开缺口，构筑路基。

B 开路先锋 TRAILBLAZER

一条铁路，一段往事，吸引本书作者之一李炬四次沿着这条铁路，寻找150年前的美国西部往事的发生地。

1862年，美国南北战争激战正酣，林肯总统签署了修筑横跨美国大陆的太平洋铁路法令。1863年太平洋铁路开始施工建设。

在美国西部，环境恶劣，劳工不足，2年时间中央太平洋铁路公司仅仅修筑30多英里铁路。1864年几乎招募不到劳工。1865年中央太平洋铁路公司开始大规模招募华工，他们吃苦耐劳，铁路修建速度大大加快。

1869年5月10日，是美国历史上具有划时代意义的时刻，第一条横贯北美大陆的太平洋铁路提前完工。经过连续7年协同努力、艰苦奋战，主要由华工和爱尔兰劳工组成的两支筑路大军，在犹他州的普罗蒙特里丘陵会师，两段铁路合龙接轨，其中西段承担最艰巨任务的主力正是特别能吃苦耐劳和具有聪明才智的华工。他们为太平洋铁路贯通给美国经济带来高速的发展，做出了杰出的贡献。

这是一段历史的缩影。在早期美国华人没有话语权的年代，他们生存、创业、发展，以及为美国建设做出贡献的历史，是一段被压抑和隐没的历史。适逢华工参与美国太平洋铁路建设150年之机，探寻这段可歌可泣的历史往事，增进中美两国人民的相互了解，是所有华裔子孙的责任。

李炬开始关注第一条横跨美国大陆的铁路，是一个很偶然的机会。近10年来李炬在美国旅行走了不少地方，很想选择一条横跨美国大陆的路线游览，观赏美丽的风光并深入了解美国社会。曾经计划沿着19世纪60年代形成的驿马快递之路（Pony Express）或19世纪70年代威廉·亨利·杰克逊（William Henry Jackson）探险西部行进的线路走，即将成行的时候，另一条线路引起了李炬更大的兴趣。

这条线路就是1869年建成通车的横跨美国大陆的太平洋铁路，是主要由来自中国广东五邑地区的上万名华工用汗水和生命在恶劣的条件下建成的，去寻访150年前华工在异国他乡修筑铁路的足迹，一定会有所发现，也会很有趣。

李炬开始搜集资料，阅读了黄安年教授编著的《沉默的道钉——建设北美铁路的华工》，搜集到一批19世纪60年代的历史照片，特别是有华工劳作场景的照片，非常想看看照片拍摄的地方，当年华工流血、流汗，留下过他们足迹的地方，以及壮美的山川湖泊等风景。2012年10月，在精心准备后，李炬夫妇一起踏上寻访美国西部华工修筑太平洋铁路的旅途。

一幅照片就是一段历史的缩影，记录下很多难以用言辞描述的内容。李炬曾在美国国会图书馆看到过一批中央太平洋铁路公司的摄影师阿尔弗雷德·哈特（Alfred Hart）19世纪60年代沿着太平洋铁路拍摄的照片，正是这批老照片，吸引李炬进入山川河谷、荒漠丘陵去寻觅，并在这些老照片的相同地点拍摄了对比照片，让我们深切地感受到150年来太平洋铁路的变迁。

李炬在美国搜集了一些相关资料，有多年前出版的太平洋铁路的书籍，有1969年5月纪念太平洋铁路建成100周年的报纸专刊，还在一些图书馆档案馆

拷贝的文献资料。随着对华工修筑太平洋铁路历史的逐渐了解，对这条铁路的兴趣也不断增高。

在沿途寻访的过程中，也曾遇到过一些困难，但总能在关键时刻得到美国民众的热心帮助，因为当他们知道李炬是来自中国专程寻访华工足迹时，那些令他们称道的华工故事，总能娓娓道来说出几件事，并常常伸出大拇指称赞，李炬也沾了百年前华工的光。

李炬沿着这条铁路走过四次。第一次是 2012 年秋天，从盐湖城出发沿着华工修筑的太平洋铁路原始线路，从东向西驾车遍访每一个车站和重要景点。主要目的是沿太平洋铁路游览一番，找到一些 19 世纪 60 年代美国摄影师哈特当年拍摄老照片的地点，对太平洋铁路沿线地理状况有个感性了解。

第二次是 2013 年秋天，从旧金山出发沿着太平洋铁路，一路行进到奥马哈，从西向东把 19 世纪 60 年代中央太平洋铁路公司和联合太平洋铁路公司修筑的铁路做了一次全线寻访，深刻感受到这条铁路在历史上的重要性，直到今天仍然发挥着重要作用。

第三次是 2014 年 5 月，有前两次寻访的经验，李炬做志愿者给广东省侨办专家和南方日报记者赴美沿线采访太平洋铁路华工历史当向导，为他们高效采访和报道出一份力。他们都是来自广东侨乡的华侨史专家，一起旅行中了解到了很多知识。此外沿途特别有意义和风光优美的地方，有人一起去观赏体验也是很开心的事。

第四次是 2015 年 5 月，李炬和朋友们又沿这条铁路寻访，发现多处老照片中记录华工劳作场景的地点，5 月 10 日参加了在犹他州金道钉历史遗迹地举办的纪念活动。

几次沿太平洋铁路寻访，李炬受到很多朋友和老师的鼓励，斯坦福大学“北美铁路华工研究工程项目”的负责人费雪金、张少书、邵东方和希尔顿，对李炬的寻访提供了很多帮助，特别是北京师范大学黄安年教授给予的悉心指导和鼓励，使李炬觉得有一种使命感，要去发现和弘扬更多铁路华工的事迹。感谢《南方日报》美国铁路华工历史采访团给予的帮助。李炬还得到黎强、陈小涟、周楚峤的大力支持，孙龙、钟涛、李伟新及不知姓名的美国朋友们在寻访之路上给予的帮助，在此一并致谢。

这条太平洋铁路沿线也非常适合观光旅游，沿途地貌多样，场景壮阔，山川河谷风光秀丽，沿途小镇历史遗迹保存完好，很多城镇都有早期华人生活的印迹，是到美国深度游的理想线路之一。另外，这条铁路沿线很多地带，无人聚居和人为开发，保持着较原始状态，是适合初级探险体验的好地方。

一条铁路，一段 150 年前的往事，用新老图片展示出来，让更多的人了解这段历史，传播中美交往的历史佳话，是为两个大国的民众增进相互了解的生动素材。150 年前华工能在太平洋铁路建设中发挥重要的作用，今天中国的高速铁路建设水平令世界瞩目，也一定能为世界各国的高速铁路建设提供优质的服务。

B1 加州铁路沿线 | Along the Railroad in California

太平洋铁路开始向东修筑的起点是加州首府萨克拉门托，在加州总长约 130 英里，占中央太平洋铁路公司修建总里程 690 英里的约五分之一，然而太平洋铁路建设总工期 7 年，在加州建设就长达 5 年。因为这里有崇山峻岭，终年飘雪。1865 年初，大批华工投入太平洋铁路建设，从这里开始他们艰苦卓绝的工作。完成了布鲁默深槽的开挖，创造了世界第八大奇迹；在合恩角的悬崖峭壁上开山建路；在环境恶劣的唐纳关峰顶坚硬的花岗岩间开挖隧道。华工用他们的吃苦耐劳和聪明才智，征服了一个个难关，赢得了太平洋铁路公司领导层的信任和社会各界的好评。

本节加州铁路沿线的寻访含旧金山、萨克拉门托、罗克林、布鲁默深槽、奥本、科尔法克斯——合恩角、唐纳关、唐纳湖、特拉基，以及加州和内华达州界附近的 24 号营地等几个主要地点。

Starting from Sacramento, the capital city of California, the Californian section of the Pacific Railway runs for 130 miles, accounting for 1/5 of the total 690-mile-long distance. It took seven years to complete the whole project, five of which were in California due to the mountainous terrain and year round snow. In early 1865, a large number of Chinese workers commenced their arduous work. They completed the digging of Bloomer Cut, and thus created the eighth wonder of the world; they blasted the mountains in order to form a level gradient on the precipitous cliffs of Cape Horn; they dug tunnels through the hard granite at the summit of Donner Pass in extreme weather. With their wisdom and ability to endure hardships, they conquered one difficulty after another, and won accolades from the officials of the Central Pacific Railroad Company and people from all walks of life.

The major explored sites include: San Francisco, Sacramento, Rocklin, Bloomer Cut, Auburn, Cape Horn, Donner Pass, Donner Lake, Truckee and No. 24 campsite near the boundary of California and Nevada.

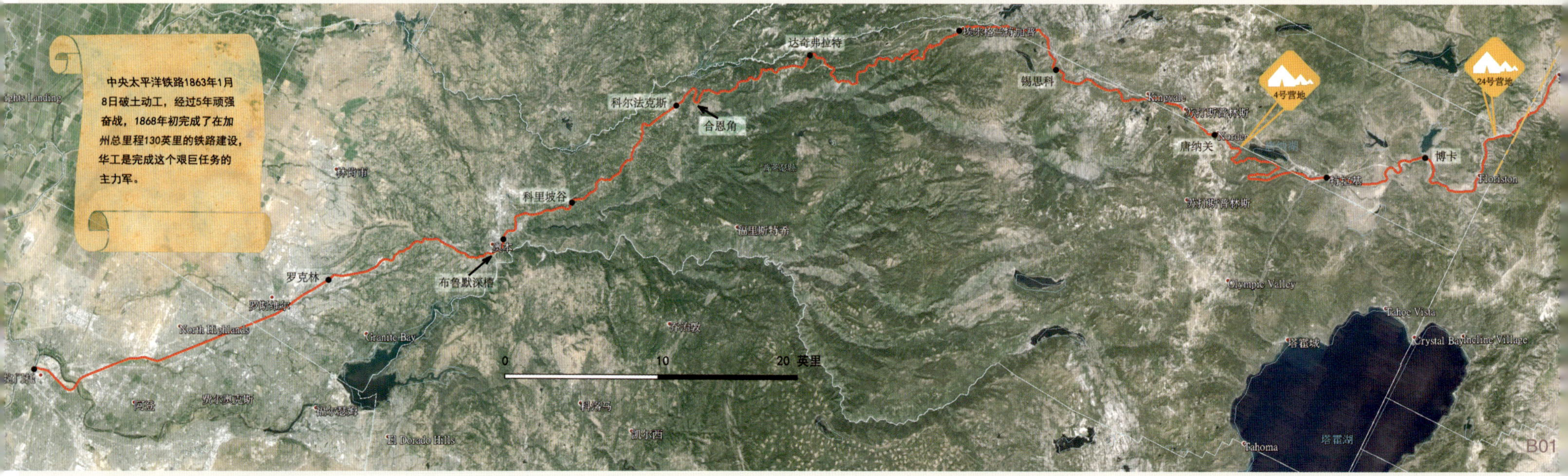

B01 加州太平洋铁路局部图。

B02

B03

B04

B05

旧金山
San Francisco

B02 150年前，很多来自广东五邑地区的华工，经过漫长艰苦的海上漂泊，来到旧金山。

B03 绝大多数抵美华工的第一站就是进入旧金山湾。当年旧金山的金门大桥还没有修建，进到湾里有一座著名的天使岛，后来成为刁难华人入境的伤心岛。

B04 华人华侨先人不会想到100多年后的旧金山，是美国西部最重要的大都市，而湾区的硅谷是华人云集的高新科技代名词。

B05 旧金山唐人街是美国最大的华人聚居社区之一，他们仍然保留着自己的生活方式。生活在唐人街中的很多人是当年铁路华工的后裔。

B06

B07

B06 旧金山有一所斯坦福大学是美国最著名的私立大学之一，创办这所学校的正是 1860 年修建太平洋铁路的“四巨头”之首，曾任加州州长的利兰·斯坦福。

B07 旧金山是太平洋铁路西端的终点，靠近海湾航运便利的铁路沿线，催生了很多大型企业。这是湾区北部小镇克罗克特（Crockett），美国乃至世界最大规模的糖厂 C&H。

B08 旧金山也是 80 号公路西端的起点，80 号公路与太平洋铁路伴行，寻觅太平洋铁路华工足迹的旅程从这里开始。

B08

B09

萨克拉门托

Sacramento

B09 萨克拉门托是加州首府，1861 年 6 月成立的中央太平洋铁路公司总部所在地，中央太平洋铁路 1863 年初开始向东修筑的起点。萨克拉门托虽不是加州的最大城市，但它是 19 世纪 40 年代末淘金者集聚的主要城市。

B10 淘金潮的兴起和太平洋铁路建设的开端，都和这里紧密相连，成千上万的铁路华工，也是以这里为起点奔向太平洋铁路建设工地的。

B10

B11 150 年来，这座老火车站是一个上演了无数离别愁绪和快乐重逢的大舞台。

B12 150 年来，这里的变化不大，老火车站街区几乎保留着原样。圣诞节前，火车司机把古董蒸汽机车开出来，那情景仿佛回到了 100 多年前……

B11

B12

B13

B14

B13 150年前太平洋铁路建设期间，中央太平洋铁路公司聘请专职摄影师哈特拍摄了一批照片。这是在火车站向东拍摄的街景。

B14 现在火车站这一带是历史老城区，街景有了很大变化。

B15

B16

B15 太平洋铁路西端起点的萨克拉门托火车站也是航运码头，从老照片上可以看到当年的繁荣景象。

B16 曾经繁忙的码头和火车站，现在是历史城区的观光点，旅游淡季时非常安静，是追溯历史往事的好去处。

罗克林
Rocklin

B17 罗克林镇位于萨克拉门托东北 22 英里处，此地以盛产花岗岩石料而著称。

B18 火车站附近有一块石料上镶嵌着纪念牌。内容是：第一条横穿美洲大陆的铁路——罗克林——距萨克拉门托 22 英里，1864 年 5 月太平洋铁路修筑到这里。为了翻越西拉内华达山，需要三辆“斯坦福号机车”驱动才能不断爬升，这里曾经有一个车辆段，1908 年 4 月 18 日搬到罗斯维尔（Roseville），在此地西南约 4 英里处。

B17

B18

B19

B19 远处的工棚后边就是那个采石留下的深坑，路边还零散有一些花岗岩石料。太平洋铁路建设初期，铁路铺到罗克林的时候，华工还没参与铁路建设，此时劳动力严重缺乏，太平洋铁路建设陷入困境，推进速度极其缓慢，1864 年正是中央太平洋铁路公司举步维艰的时段。此后的建设过程因为有大量华工的参与，才让中央太平洋铁路公司度过难关。

B20 摄影师哈特拍摄采石矿坑的老照片。照片左上有几头牛，大概是用畜力吊运巨大的石材。

B20

布鲁默深槽
Bloomer Cut

B21 太平洋铁路经过两年的建设，向东推进非常缓慢，仅仅修建了 33 英里，1864 年底至 1865 年初的这个冬季，才到达加州小镇奥本南部不远的地方。很多爱尔兰籍劳工因劳动强度大相继离开，特别是在布鲁默牧场附近，遇上一片难以逾越的高地。后来这里成了太平洋铁路上一个大名鼎鼎的地方——布鲁默深槽。

在劳工严重短缺时，中央太平洋铁路公司的管理层抱着试试看的想法，开始招募了 50 名华工，华工表现出卓越的能力，一开始就啃了一块硬骨头，创造了一项伟大的工程纪录，硬是在不适合修建隧道的土石高地上，开挖出一条约 250 米长、近 20 米深的通道。他们的工具简陋，用独轮车和铁锹，蚂蚁啃骨头的方式，硬把 20 000 多立方米的土石挖开并运走。

B22 B21 老照片拍摄地点 150 年后的变化。

B21

B22

B23

B24

B23 当年布鲁默深槽火车通过时的景象。

B24 多年的雨雪侵蚀，深槽两侧的沉积碎石还不断剥落下来。后来太平洋铁路复线改道至布鲁默深槽的北侧，这里偶有列车经过，从轨道上的光泽看出，这段铁路依然在使用中。

B25

B26

B25 跨越深槽上方有一个排灌引水管，这是当年摄影师哈特拍摄的。

B26 如今这个跨越深槽的引水管已经消失，深槽里面冷风习习。

B27 通往布鲁默深槽的进口处有一个嵌在石堆基座上的纪念标牌。上面记载着：“这项艰巨的工程由一群勤勉耐劳的华工完成，他们用凿子、铁锹和黑炸药，一寸一寸地挖开坚如磐石的黏土黏合在一起的砾岩，壮举完成之时，布鲁默深槽被公认为世界第八大奇迹”。

B27

B28

B29

奥本
Auburn

B28 从布鲁默深槽向东几公里就是加州的小镇奥本（Auburn），小镇清静平和，很多老房子显示了往日的痕迹，老街区的地面和路口有很多展示小镇历史的标牌和纪念碑，很有地方特色，内容是一些骑马、山地自行车、长跑等耐力运动的记录。这里耐力运动比较普及，2003 年 4 月 14 日，奥本市议会郑重宣告奥本为“世界耐力之都”。

B29 在奥本中心的萨克拉门托街旁发现一座有中国特色的老房子，上面挂着的横幅上写着 Preserving the past for the future（珍藏过去 面向未来），近看还有中文字，门上匾书“联英公所”，门两侧匾联书“东南西北遇贵人 春夏秋东行好运”。

B30 在奥本老火车站旁边的场地上，有一个 The Chinese Coolie（中国劳工）推着独轮车的塑像，表现的是打通布鲁默深槽华工劳作的形象。

B30

B31

B32

B33

B34

B31 150年前奥本火车站附近的景象。

B32 奥本现在使用的火车站不在百年前太平洋铁路沿线，新线路在老线路北边，避开了布鲁默深槽。

B33 奥本火车站向东，铁路逐渐爬升进入西拉内华达山区。

B34 现在铁路两侧丛林茂密，B33老照片拍摄的景色被树丛遮掩后很难找到了。

B35

科尔法克斯——合恩角

Colfax-Cape Horn

B35 合恩角位于美国加州西拉内华达山的西侧，1866 年，华工们开始挑战工程中的拦路虎——塞拉岭通道。合恩角坚硬的花岗岩石崖是最难攻克的险关，它的下部是垂直光滑、深达 1 000 英尺（约 305 米）的悬崖峭壁，峡谷底端流淌着美洲人河。加州小镇科尔法克斯（Colfax），位于合恩角下，当年华工在此设有营地，是向西拉内华达山发起冲锋的起点。

B36 如今科尔法克斯漫山遍野都是林木，很难找到当年拍摄小城的开阔地点。

B37 当年哈特在合恩角下的美洲人河谷拍摄了多幅照片，但从河谷向上看，却感觉不到合恩角上修路的艰险。

B38 原来的这座桥是有桥墩的廊桥，如今是一座没有桥墩的吊桥，只供行人通行，不能通行汽车，老桥的西侧建造了一座新桥。

B39 合恩角下美洲人河的景象。

B40 从桥上看远景左侧的高山上，就是当年太平洋铁路最艰难的地方——合恩角，很多华工在这里献出了生命。

B

B37

B38

B39

B40

B41

B42

B41 从山下穿过丛林大约 3 公里，爬山高度 300 多米，终于来到了照片和画面里多次看到的合恩角。朝拜合恩角的路程艰难曲折，但比起当年开山建设铁路华工的艰辛，根本不算什么了。

B42 这里就是 B41 描绘的地方。树木挡住了山谷里的美洲人河。

B43 1869 年，中央太平洋铁路公司的列车经过合恩角时在这里考察和游览。从这里铁路开始进入合恩角最险峻的路段。

B43

B44

B46

B45

B44/B45 铁路右侧是陡峭的山岩，左侧下面是几百米深的河谷。

B46/B47 路基旁边散落一些生锈的道钉，它们代表了 150 年前修筑太平洋铁路的华工，拾起几个，在高高的合恩角上给它们留个影。

B47

唐纳关
Donner Pass

B48 1866年数千名华工进入这一带施工，开凿了隧道，修建了“中国墙”。

B49 在山路上发现两处摄影师哈特拍摄老照片的地方，这个山岩叫做湖景岩，是在通向唐纳关的古道边拍摄的。

B50 1928年在唐纳关古道基础上修通了40号公路，导致山体有些变化，但岩石细节与老照片对应无误。

B51 这块垂直的栅状巨岩下，是当年的古道。

B52 如今这段古道已经废弃。

B53 克雷斯蒂德峰下的铁路隧道口。

B54 远处是隧道口，隐约可以看到“中国墙”。

B48

B49

B50

B51

B52

B53

B54

B55 格兰特峰下的古道。
B56 废弃的古道被树木遮掩，很难发现原来的痕迹。

B55

B56

B57 当年所有建筑隧道的工具和材料，都要用马车从山下经过泥泞的道路运到山顶。
B58 当年数千名华工在这一带开山修路，如今这段铁路也已废弃，山上渺无人迹。

B57

B58

B59

B60

B59 唐纳关上冬天的积雪可以达到10多米厚，直到夏初积雪才逐渐融化。

B60 唐纳关秋色来得早，初雪通常在10月开始，积雪越来越厚。

B61 克雷斯蒂德峰下的木质防雪棚，把铁路保护起来，否则冬季大雪后火车无法通行。

B62 后来防雪棚改成钢筋混凝土建造。

B61

B62

B63

B64

B65

B66

B63 唐纳关峰顶隧道的东口。
B64 这段铁路 20 世纪 90 年代后就被废弃，铁轨也被拆除，路基保持原样几乎没有变化。
B65 唐纳关峰顶隧道东口外的木屋是华工的营地。此时铁路尚未铺轨。
B66 唐纳关峰顶隧道东口今天的景象。

B67

B68

B69

B70

B67 唐纳关峰顶隧道内景。全长 1 659 英尺（约 506 米）。隧道打通之前，隧道里面黑洞洞的，什么也看不到，这是哈特在隧道口借助微弱的光线拍摄的。

B68 峰顶隧道现在的样子。与 150 年前相比，没有什么变化。隧道内凭肉眼几乎看不到细节，慢门拍摄的照片，可以一窥当年华工施工的艰辛。

B69 1866 年秋哈特在 8 号隧道的山顶向西拍摄的 6 号和 7 号隧道东口全景照片，当时已经下过一场雪。

B70 那些木房子就是华工过冬住宿的营地，从照片上可以看到，山顶隧道竖井口上的蒸汽机在工作。

B71

B72

B71 唐纳关 8 号隧道东口外送水的华工形象，是当年摄影师哈特留下的仅有的几张华工特写照片，拍摄于 1867 年夏季。据记载，来自广东五邑地区的华工们组成一个个班组，按照自己的饮食习惯，自己做饭和供水，当时他们都用开水泡茶喝，很少生病。而爱尔兰劳工喝凉水和威士忌，有了戏称太平洋铁路是用茶和威士忌造就的。

B72 为了找到这张照片的拍摄地点，费了不少周折。由于有防雪棚的遮挡，看不到洞口，山上的那棵松树虽已倒伏，却依然顽强地活着。

B73

B74

B73 150 年来这棵松树（见左图）经历了多少风霜雨雪，见证了多少华工英勇顽强的形象，150 年后这棵松树（见右图）好像是低下头向沉默的道钉们致敬。

B74 150 年后摄影师来到这里模仿送水华工的样子在此留影。

B75

B76

B75 华工在用大锤和钢钎分解大块的石头，中间一位华工坐在多半人高的石头上双手把握钢钎，另一位华工用大锤击打钢钎。

B76 这两道石头垒砌的高墙，就是著名的“中国墙”。上面一道墙是防止冬季雪崩破坏铁路的护墙，下面一道墙是把沟壑填埋后形成路基的护墙。

B77 在“中国墙”的山下有一个关于“中国墙”的纪念标牌。

B78 唐纳峰是太平洋铁路翻越的最高的山峰，全年不下雪的时间很短暂，雪棚是不可或缺的，在西拉内华达山里有上百公里的雪棚。

B77

B78

B79

B80

B79 在山上看唐纳湖非常开阔壮观，摄影师哈特当时在这里拍摄了很多风光照片。

B80 这里确实有一种魔力，在不同的季节、不同的时间，景色千变万化。

B81 唐纳关上看唐纳湖日落。

B81

唐纳湖
Donner Lake

B82 唐纳湖位于唐纳关东侧山下，是一个长条形高山淡水湖，水域面积大约4平方公里。

B83 2012年10月22日李炬第一次来到唐纳湖边，也是刚下了一场雪。在湖边停留拍照时，刺骨的寒风立刻把人带进前人的境遇中。

B82

B83

B84

B85

B84/B85
唐纳湖风光旖旎，是加州的州立公园，湖边有一个博物馆，展示很多跟太平洋铁路相关的内容。

B86

B87

B86/B87 远山低洼处就是唐纳关口。

B88/B89 太平洋铁路在唐纳湖南侧山里盘旋向下，从海拔 2 100 多米的唐纳关，下降到海拔 1 700 米的唐纳湖畔。

B88

B89

B90

B91

B92

B93

B90 唐纳湖上阴云密布的景色。

B91 唐纳湖初冬雪后的景色。

B92 太平洋铁路在唐纳湖南侧的山里转了好几个大弯。

B93 唐纳湖冬季经常有暴风雪，气温非常低。

特拉基
Truckee

B94 著名的高山小镇特拉基，街道上保留着很多老建筑，这里是个避暑和滑雪的旅游胜地。

B95 街上有很多旅游纪念品商店，明信片上面有特拉基的老照片，用老照片作为城市的记忆，是一种很好的方式。

B96 1868 年春夏太平洋铁路铺到特拉基，在加州内华达山区铁路沿线，特拉基火车站是一个重要的大站，位于铁路经过的最高点唐纳关正东约 10 公里处，而铁路要在山间蜿蜒攀爬 25 公里，可以看到多台机车等候在这里准备将一列列火车推拉上山。

B97 可以想像当年的车站上一定非常繁忙，如今铁路客运几乎退出了历史舞台，冬季雪后显得很凄凉。

B94

B95

B96

B97

B98 风雪中在太平洋铁路沿线寻找当年的景象，最容易将思绪带到华工艰苦劳作的境况中，最能体会华工的艰辛。

B99 美国北部山区的暴风雪非常严酷，特拉基接近唐纳关峰顶，每年冬季的大雪都对铁路运输造成困扰，机车经常被困在厚厚的雪里，甚至被大雪掩埋。

B100 从特拉基向东，铁路沿着特拉基河铺设，绵延100多公里，一直到内华达州芬利（Fernley）附近，特拉基河才转向北，流入金字塔湖。仅仅从特拉基到芬利的落差就达500多米。

B101 沿着特拉基河谷看铁路、看风光，秋色非常漂亮。

B98

B99

B100

B101

B102 特拉基河滚滚向东流去，在加利福尼亚州和内华达州交界处穿过崇山峻岭，为了寻找摄影师哈特拍摄老照片的地点，我们也来到了这里。

B103 为探寻老照片拍摄地点的奥秘，我们沿着铁路线仔细寻觅，深入偏僻的山谷河流，踏上这条翻越万水千山的征途。

B104 通过新老照片的对比，能够看到 150 年来的变化，感叹沧海桑田的造化神功。

B105 铁路时而在特拉基河的北岸，时而在河的南岸，铁路桥第二次跨过特拉基河的地方，就在加州和内华达州州线的加州一侧。

B106 特拉基河水滚滚流淌，历史上很多开拓者就是沿着这条河谷进入加州。

B107 这里曾经有一块山体延伸到特拉基河边，1867 年至 1868 年太平洋铁路建设到这里的时候，华工们开凿了 15 号隧道。

B108 后来铁路变为复线，把整座小山彻底挖掉，现在仅有一点痕迹可寻。若非背景山体特征印证，很难确定这里曾是 15 号隧道的原始地点。

B102

B103

B104

B105

B106

B107

B108

B109

B110

24 号营地
Camp 24

B109 1867 年太平洋铁路建到唐纳关时被大山和恶劣气候阻碍，在那里要开凿几个隧道并用“中国墙”填埋沟壑，数千华工无法在冰天雪地的狭小工作面上施展，便在这一带设置了一个很大的华工营地——24 号营地，继续向两侧拓展铁路线。

B110 遗憾的是只有文字记录，没有发现拍摄 24 号营地的照片，所以也无法确认营地的具体位置，初步判断 24 号营地可能就在这一带。

B111

B111 一列从旧金山开往芝加哥的“加州微风号”观光客车经过这里，向东轰鸣而过，打破了山谷中的宁静，马上将进入内华达州，我们在加州的行程进入尾声，也将进入这个以赌博业闻名世界的“被雪覆盖的州”。

B2 内华达州铁路沿线 | *Along the Railroad in Nevada*

太平洋铁路在内华达州总长约 450 英里，占中央太平洋铁路公司铁路建设总里程 690 英里的约三分之二，太平洋铁路建设总工期 7 年，在内华达州建设时间不到 1 年。1868 年春夏太平洋铁路华工大军进入内华达州，每天向前推进几英里，铁路沿线有些刚刚形成的小镇还没来得及起名，太平洋铁路建设大军就电光火石般绝尘而去。内华达州铁路沿线多是荒漠，夏季炎热干旱，只有印第安人祖祖辈辈生活在这片荒蛮的土地上，火车汽笛的嘶鸣，打破了他们传统生活的宁静。铁路建设完成后，一批华工留在了内华达州，他们经历了什么样的生活？让我们一点点挖掘那段不平凡的西部往事。

本节内华达铁路沿线寻访含里诺、拉夫洛克、温尼马卡、帕利塞兹、卡林—蒙特洛等几个主要地点。

This section of the Pacific Railway in Nevada is about 450 miles, accounting for 2/3 of the total distance (690 miles), taking less than one year to complete. In the Spring of 1868, the Chinese construction "army" reached Nevada, each day laying several miles of track, and moving on before the newly formed towns were named. This was mostly desert territory; hot and arid in summer and reaching for the horizon on either side of the track. For generations, only the Indians had lived in this wild land. Now the silence and their traditional way of life was broken by the piercing sound of steam whistles. On completion of the railroad, some Chinese workers chose to stay in Nevada. How was their living experience in this state? We will gradually reveal their extraordinary past in the American West.

In this section, the major locations visited along the railroad in Nevada focus on: Reno, Lovelock, Winnemucca, Palisades and Carlin-Montello.

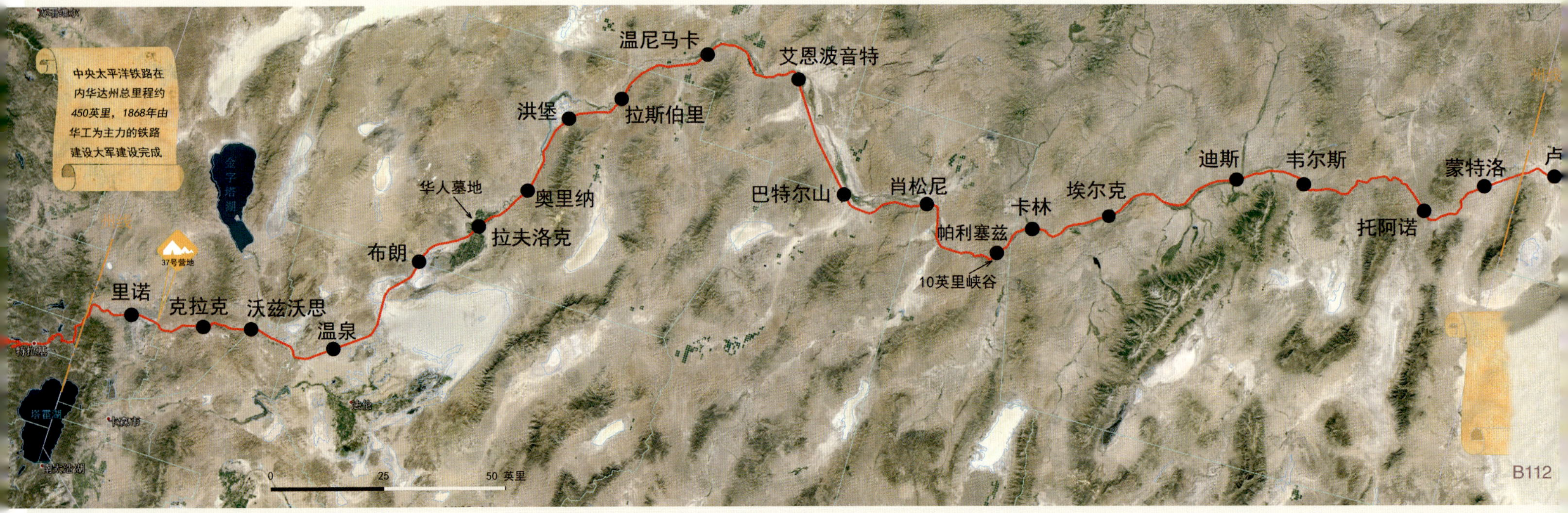

B112 内华达州太平洋铁路局部图。

里诺
Reno

B113 昔日的里诺城。自从1850年前加州发现金矿后，开拓者们前赴后继，铁路的建成，标志着马车担当运输主力的时代成为历史。

B114 里诺是内华达州第三大城市，号称“世界上最大的小城市”。如今的里诺城市设施完备，交通便利，与世界著名赌城拉斯维加斯相似，豪华赌场酒店林立。这个城市还有几个特色：曾经以“离婚业”作为一种产业盈利而著称；城市东边合法的妓院“野马牧场”闻名世界；每年有全美最大的热气球节。这个城市是美国人心目中的宜居城市，近年很多加州人在此购置产业移居此地。

B113

B114

B115 这张老照片是在里诺城向东拍摄的，当年这里有一个37号营地，集结了大批铁路华工。

B116 这张照片也是在37号营地附近特拉基河下游拍摄的，可以看到哈特的摄影车在右侧小道上。

B117 今天这里的样子没有太大变化，只是在铁路左侧的80号公路一直与铁路伴行。

B115

B116

B117

B118

B119

B118 特拉基河下游的白杨谷地。

B119 白杨谷秋色。特拉基河与太平洋铁路并行 110 公里左右，从加州的特拉基一直到内华达州的芬利（Fernley）附近，特拉基河才转向北，流入金字塔湖。

B120 特拉基河下游河岸景色。

B121 这段铁路虽没有高山阻碍，但河流落差 500 多米，沿途有多座桥梁。1868 年上半年华工在这一带山间开路架桥。

B120

B121

B122

B123

B122 印第安华秀部落领地，特拉基河下游欢乐谷景色。

B123 特拉基河、太平洋铁路及 80 号公路基本并行在山谷中。

B124 特拉基河下游欢乐谷景色，为摄影师哈特自西向东拍摄。

B125 沿特拉基河的这条路 1844 年 1 月被约翰·弗里蒙特上尉发现并记录，从此成为西进加州的主要通路，直到 1869 年太平洋铁路建成，马车道逐步被铁路替代。1899 年南太平洋铁路公司接管中央太平洋铁路后，对内华达州这段沿河谷的铁路线路做了截弯取直，1917 年在原马车道上形成了内华达 1 号州道，1920 年成为从纽约到旧金山横跨美国的胜利公路的内华达州路段，1925 年按联邦数字命名法定名为 40 号公路，1958 年后直至今天，是内华达州境内的 80 号公路。从今天的视点来回望 150 年前勘测规划的太平洋铁路，其走向与 80 号公路基本并行，证明当年的勘测规划很准确。

B124

B125

B126

B127

B128

拉夫洛克

Lovelock

B126 太平洋铁路进入洪堡荒原后地势比较平坦，华工建设铁路的速度平均每天几英里，营地每天都在变，很少在一个地方停留超过两天。

B127 在洪堡湖附近的布朗火车站，1868 年华工们在这里安营扎寨。简易的帐篷周边放着一些生活用具，他们都是自己开伙，有专人烧水做饭，月底大家均摊伙食费。

B128 当年的布朗火车站无任何踪迹可寻，荒野里发现一些瓷器和玻璃碎片，还有一些年代很久不知是动物还是人类的白骨。

B129 洪堡平原上夏季炎热干旱，洪堡湖是一片盐碱滩，施工作业及成千上万劳工大军的生活用水都要靠火车从远方运来。

B130 这一带荒原无人居住，偶尔疾驰而过的火车或80号公路上的汽车打破这里的宁静。

B131 80号公路是美国最无趣的公路，长途驾车令人昏昏欲睡，但洪堡平原上的景色动人心魄。

B129

B130

B131

B132

B133

B132 进入拉夫洛克，首先看到的建筑就是老火车站，建成于 1880 年，2002 年翻修。现在这个车站已经没有客运功能了，但这座历史建筑依然保留了下来，作为拉夫洛克历史学会访客中心，保存陈列一些小镇的历史资料。

B133 1900 年拉夫洛克火车站的照片，这座建筑如今被美国内政部列为国家历史地标（National Register of Historic Places）。

B134 2012 年李炬走进拉夫洛克访客中心，贝丝·里德（Beth Reid）女士知道他是为太平洋铁路而来时，热情地介绍了这个铁路车站的历史，介绍陈列的历史资料。图为两人合影。

B135 拉夫洛克访客中心的橱窗里有一张中国人墓地的照片。华人墓地里仅有的一个围栏略有残损，远处美国人墓地里石碑密密麻麻，与华人墓地中间隔着一排树木，显得华人先民在异国他乡的孤苦伶仃。

B134

B135

B136

B137

B136 位于寞山（Lone Mountain）脚下的华人墓地，铁网栅栏围起来的一块墓地里，两排大约 40 位客死异乡的华人墓地可以辨识，实际在这里安息的华人远不只这个数字。

B137 墓地没有墓碑，没有姓名，没有祖籍地和生卒年月。这里很可能是 150 年前来自广东五邑地区建设太平洋铁路的华工及后来定居此地的华人墓地。

B138

B139

B138/B139 墓地显然经过整修，没有访客中心橱窗照片上那种悲凉的感觉。

B140 2014 年 5 月李炬和《南方日报》再寻沉默道钉采访组记者来到拉夫洛克，拉里・迪利奥（Larry DeLeeuw）准备好蜡烛、燃香和烧纸，并特意戴上装饰着长辫的帽子，陪同来到墓地。他讲了一句极富哲理的话，“哪天我们来这里祭奠，哪天就是清明节”。他的这种白求恩式的优秀品德，深深地感动了我们。

B141 迪利奥一直在努力保护中国墓地，他除去荒草并在在墓地周边搭建金属围栏，还按照中国人的祭祀习俗砌了一个烧纸用的砖池。多年来每到清明节前，他就在加州和内华达州的几个报纸上刊登启示，邀请华人来这里共同祭奠华人先辈。

B142 迪利奥还带我们看了他的老朋友弗兰克・张（Frank Chang）的墓地，张先生 1918 年出生在这里，是一位在拉夫洛克成长的华裔，二战中曾参加美国陆军在太平洋岛屿对日战斗。曾经生活在这里的华人陆续都搬走了，弗兰克・张是居住在这里的最后一位华人。

B143 回到拉夫洛克，参观了迪利奥创办的中国博物馆，是一间库房改造的小型博物馆，其实是一个大橱窗，里面陈列着一些来自中国的物件。

B140

B141

B142

B143

B144

B145

B144 迪利奥70多岁，在拉夫洛克和老伴经营旅店，老夫妻刚刚庆祝过50年金婚纪念。这位美国人对中国历史和文化有着狂热的激情，客厅里摆满了中国瓷器和文物。迪利奥凭着对中国文化的热爱和对老朋友的忠诚，独自承担了对华人墓地的维护，并用心收集了许多华人使用过的器物，还从旧金山唐人街及拍卖会上收购了一些，虽然不算很名贵，但它们见证了过去的历史。他很热心传承中国文化，曾无偿捐赠收藏品给周围几个县博物馆和内华达州立博物馆。

B145 在拉夫洛克还有一个著名的地方，法院后面小公园里，有专门安放同心锁的围栏，虽然这里名叫拉夫洛克（Lovelock），中文意思为“爱之锁”，但以前没有这种民俗，在一个说明牌上明确写着：这是跟中国人学的。

B146 告别拉夫洛克继续东进，有一张老照片拍自小镇东边几公里处，水塔后面的帆布帐篷也是华工的临时营地。

B147 当年的水塔早已没了踪影。从拉夫洛克向东开始有一条洪堡河，沿河形成一条绿洲，这附近有一个牧场。

B146

B147

B148

B149

温尼马卡
Winnemucca

B148 1868 年 10 月刚通车时温尼马卡火车站的景象。

B149 现在的温尼马卡火车站的站台。

B150

B151

B150 有记载最早到温尼马卡的华人是1863年随淘金潮来的。1868年9月16日太平洋铁路修到温尼马卡，因修建太平洋铁路最先到来一批铁路华工，他们先期抵达这里平整路基，搭建华工营地。10月1日第一列机车"冠军号"开到这里。铁路建成通车后，有些筑路华工被铁路公司雇用，做铁路养护工，在这里定居下来，直到1900年以后逐渐退休。还有一些华人在这里经营洗衣店和商店。

B151 当年的华工营地现在是小城的居民区。近景草地后面是洪堡河，远景树丛间的草地是开拓者公园（Pioneer Park）。

B152 大批华工中，不时因疾病和工伤有人死亡，在附近荒地里有华人墓地，其位置就在洪堡河以北现在的开拓者公园一带。19世纪80年代华工墓地是用木栅栏围起来的，这幅水彩画就是温尼马卡华人墓地的景象。

B153 B152水彩画作品与1963年9月发表在《沙漠杂志》上的一篇关于温尼马卡华人的文章题头照片右上部分几乎一样，可以看到墓地门框上的四个汉字"先友坟所"。

B152

BAUD STREET WINNEMUCCA

by STANLEY MILLER

ALL abandoned graveyards tend to be lonely, but one on the slopes of Winnemucca Peak is especially so, for the people buried here are not only of a bygone era, but they lie in a foreign land, thousands of miles from their homeland. Al- thrift and industriousness, they sought gold in the surrounding mountains, operated cafes, and performed other types of work. Wives and relatives were sent for, and by 1902, there was sufficient population and confidence in the future that a sizable brick settlements. Eventual razing of Chinatown revealed some traces of underground work, and earth removed for use as fill elsewhere in the city contained a wealth of tiny phials made of thick hand-blown glass. Some were still corked, with traces

B153

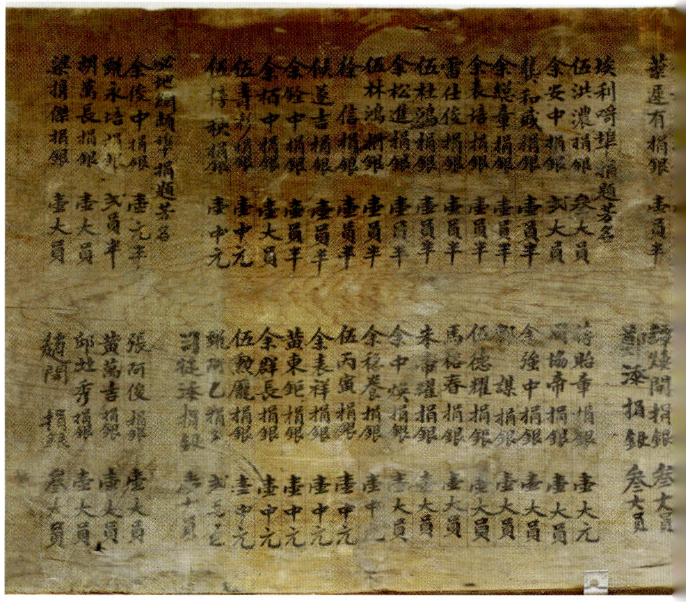

B154

B155

B156

B154 在温尼马卡有一座洪堡博物馆，里面保存了很多记录这里华人历史的文物资料。

B155 博物馆的工作人员介绍铁路华工及唐人街的历史故事。1868 年太平洋铁路建设大军经过这里之后，有华工定居下来，铁路完工后很多铁路华工及家属来到这里，聚居在波特街，形成温尼马卡繁荣的唐人街。美国华裔退休航天工程师赵耀贵先生，退休后投身研究铁路华工历史，他的祖辈父辈都定居在这个小镇。

B156 制作精美的对联匾是 1904 年黄姓族人奉献的，上书“法力彌彰靈通異族，禪緣既悟道超群生”，用朴素的中国式宗教思想，期盼着异族得到教化，异乡游子得到神灵的庇佑。这幅对联匾原来挂在致公堂中，能够完好保留下来也是奇迹。

B157 1902 年以广东五邑人为主的致公堂，募集经费组织人力，在唐人街上盖了一座红砖祠堂，成为当时生活在这里的大约 400 名华人的聚会场所——致公堂，内华达州（包括犹他州）附近华人同乡组织为这座祠堂捐款，落成后还赠送了多个大牌匾，有捐题芳名匾为证，列出了 360 个华人姓名和捐资状况，可一窥当时的盛况。按照 1869 年太平洋铁路完工时华工平均年龄 25 岁计算，到 1902 年，大多数华工也就 50 多岁。这里的 360 个华人姓名中，有些是太平洋铁路建设华工。他们的姓名清晰可见，是一个不可多得的太平洋铁路研究文物资料。

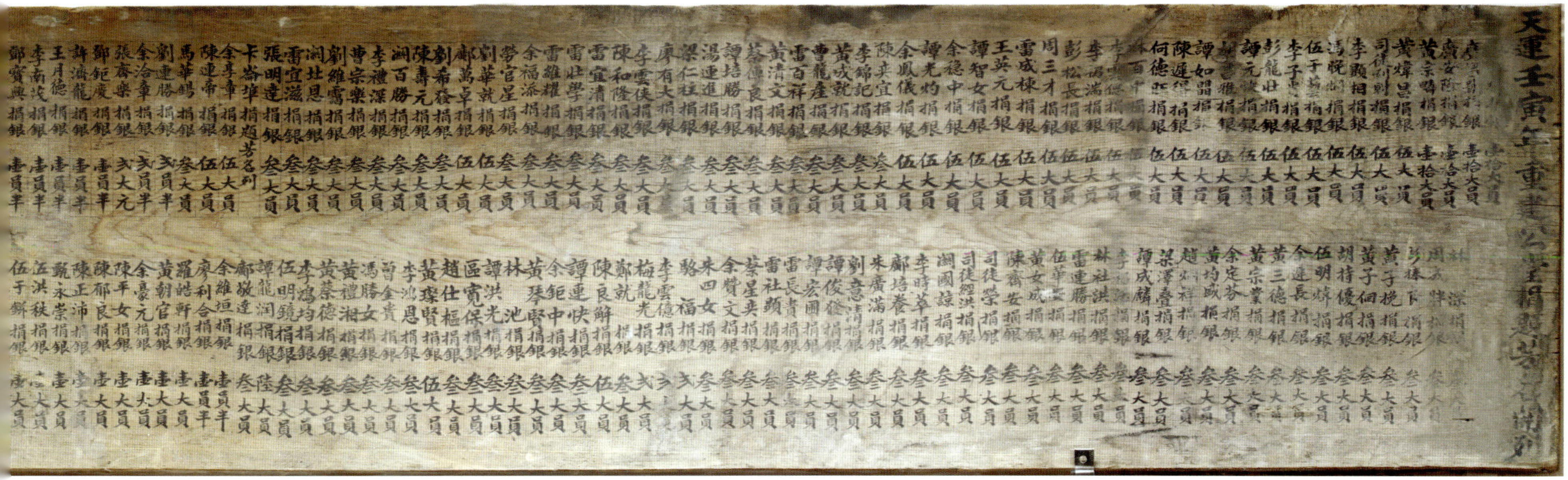

B157

B158

B158 这些匾上共出现 12 个地名，都是按广东话发音汉字标注的，其中 8 个地名试用英文列在括号里，如：埃利嗝埠（Elko）、卡崙埠（Carlin）、挞市古嚕埠（Tuscarora）、葛地埠（Goldfield）、粒络埠（Reno）、抡珠哗埠（Orovada）、委路市埠（Wells）、柯市顿埠（Kelton）；其他 4 个如：咩利近金坑、兵房与硼砂塘、必地纲顿、哆利嗝埠待考证。

有记载太平洋铁路完工后，大批失业华工去塔斯卡洛拉（Tuscarora）的金矿淘金，现在那里还有很多华人曾经生活过的遗迹。在太平洋铁路完工后，记载被解雇华工去向的城镇不多。

B159

B159 早期明信片中台阶上的红砖房就是致公堂的外观。
B160 早期明信片中的致公堂。

B161 1911 年 9 月辛亥革命前夕，孙中山为推翻清政府在美国各地筹款期间，曾来到温尼马卡，在致公堂停留了一天。当时拍摄的老照片显示，致公堂里挂着的匾有“群生”两字，正是现在保存在洪堡博物馆里的这对制作精美的金漆镶嵌牌匾。

B160

B161

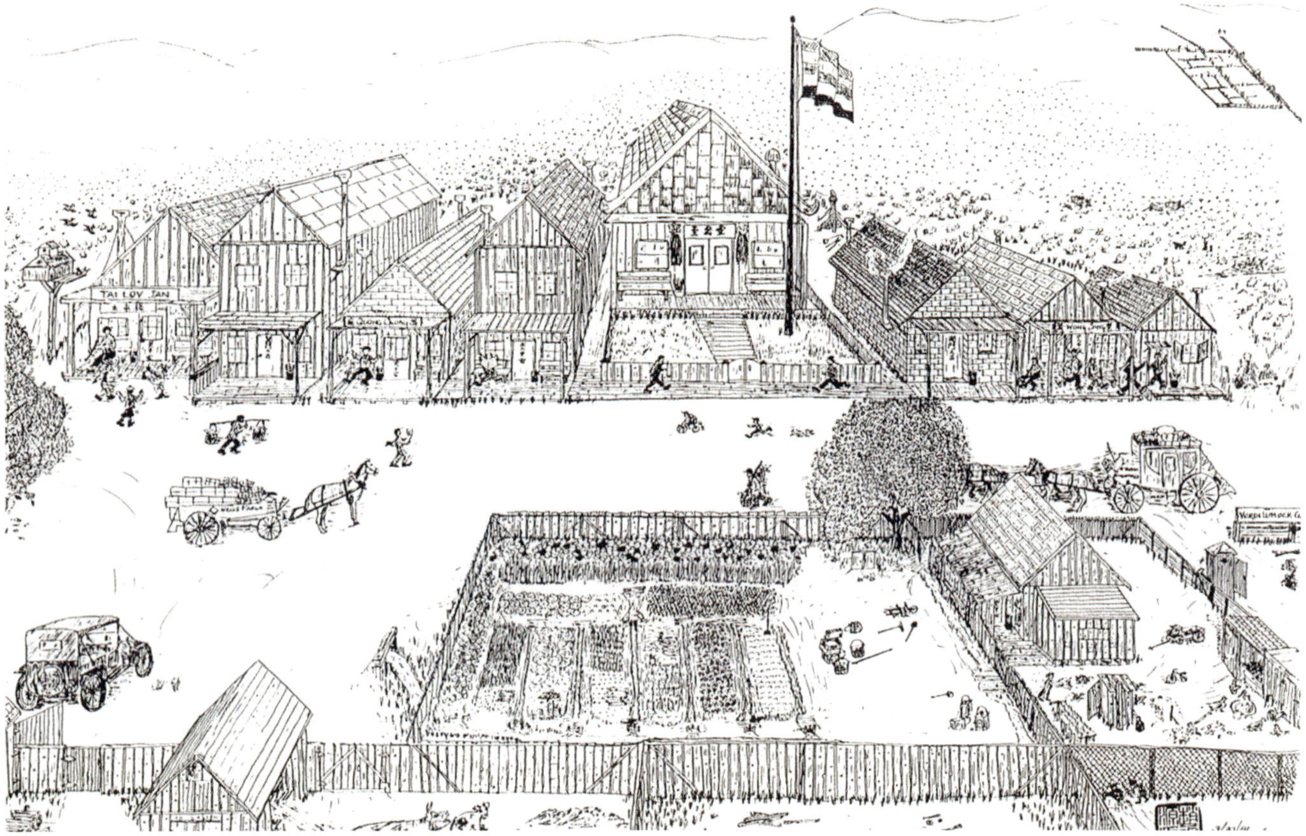

B162

B163

B162 赵福源1981年根据记忆绘制的百年前温尼马卡唐人街上的生活景象图，他的童年1901年至1910年生活在温尼马卡的唐人街。虽然这里曾经有400多华人居住，但妇女只有4人，很少有新生儿，再加上受排华法案影响，多年没有新移民到来，人丁不旺，这些经营小生意的华人，坚守习俗，拒绝与当地文化融合，日渐衰落。

B163 1955年前后，温尼马卡的华人与当地人产生摩擦，因华人多数经营商业，趋利是共同的特性，加州沿海一带更利于发展，他们便逐渐离开生活了80多年的地方，致公堂房产和华工墓地再没有人维护，到1962年，华工墓地（先友坟所）的木栅栏损毁消失，墓碑也不复存在，后来开辟成公园绿地，即今天的拓荒者公园。致公堂因年久失修，破败不堪（如1963年《沙漠杂志》图左下部分），1965年前后随着城镇发展，致公堂被拆除。华侨在一个城镇80多年生存、发展的脉络，就这样销声匿迹了。

B164 1868 年秋天，铁路延伸到温尼马卡东部荒原的铁点（Iron Point）一带，摄影师哈特给这张照片取名为“文明的延伸”。从画面中可以看到，平整过的路基上刚刚铺好枕木，铁轨还没有铺设，电线杆还没有架设，远景巴特尔山（Battle Mountain）隐约可见。

B165 150 年后，这里不再是荒蛮之地，文明早已遍布铁路沿线，更有横跨美国的交通动脉 80 号公路与铁路平行延伸。

B164

B165

B166

帕利塞兹

Palisades

B166 这一带地名叫帕利塞兹(Palisades),意思就是岩壁,距离萨克拉门托 436 英里。岩壁峡谷里洪堡河蜿蜒向西流淌,伴随着铁路穿行其间,这段峡谷有 10 英里长,通常也叫做“10 英里峡谷”。

B167 1868 年 11 月,铁路修建到这个峡谷。摄影师哈特在这一带拍摄了多张照片。

B168 1868 年 12 月,10 英里峡谷东口附近,铁轨和枕木刚刚就位,路基石还没有填充,机车就已经开过来了。

B167

B168

B169

B170

B171

B169 峡谷里非常宁静，秋色最美，洪堡河水缓缓流淌。

B170 洪堡之门。电报线已经连接好，路基上有很多废弃的枕木。

B171 洪堡之门右侧的山体与老照片对比有些改变，因修建复线铁路，把突出的山尖挖掉了。

B172

B172 列车驶入帕利塞兹峡谷。

B173 最初峡谷里的铁路顺着河流、山体而略有弯曲，后来建的铁路截弯取直，更利于火车快速行驶。

B173

B174 高山峡谷里，一条铁路与清澈的溪流并行，这片土地曾经的主人——印第安人正在俯视着不再安宁的山河、不再属于自己的家园。印第安人当初正在做何感想？照片非常具有震撼力，内涵也极丰富。

B175 印第安人站立的山上都是山体碎石滑坡，很难攀登上去，还有标示“私人领地”的铁丝网围栏。第三次我们一行四人进入峡谷，爬上小山包，对比老照片拍照后，感觉位置还是不对，高度不够。这幅照片里的人像是《南方日报》主任记者金强博士。

B176

B177

B178

B179

B176 崖壁上的一个凹洞，也可以称做壁龛（Alcove）。

B177 最初铁路很靠近山崖，新建的铁路减少弯道，远离山崖。

B178 10英里峡谷已经有很多变化，当年的铁路多已废弃，新铁路沿河流两侧又都重建了。

B179 有部分老铁路遗迹湮没在杂草丛生的荒野中，经历着岁月的更迭。老铁轨明显比新铁轨单薄很多。

B180

B180 一本早期画册中的图片有洪堡河及帕利塞兹火车站的景象。

B181 帕利塞兹火车站现在已经完全消失，那片河滩空空如也，只留下远处一个小小的村落。铁路已经改线并增加一条复线，10英里峡谷比最初时增加了几座桥梁和几条隧道。

B181

B182 很少有人光顾此地，山坡草地里时常有大蛇出没。

B183 10英里峡谷的景色是太平洋铁路沿线最美的地方之一，日落时分的光景美不胜收。

B182

B183

B184

B185

B186

B187

卡林－蒙特洛

Carlin-Montello

B184 内华达人口稀少，一些小城市正是因为太平洋铁路而发展起来，也有些小城市随着铁路客运终结、矿山关闭而逐渐消失，如今只剩下一个地名了。1869 年初，铁路建到埃尔科（Elko），这是埃尔科火车站运营后的景象。斯坦福先生带队乘专列去参加铁路合龙仪式时，路过埃尔科时所摄。

B185 埃尔科现在是内华达东北部最大的城市和最繁华的商业、政治中心。照片拍摄于城外西部铁路边，现在的火车站不在这里，在城市中心。

B186 从西向东看埃尔科火车站。这个城市最初有人定居就是 1868 年铁路建设到这里以后，据说城市的名字是克劳克给起的。

B187 埃尔科现有居民 2 万左右，是内华达东北部的民俗文化中心，每年举办一些很有西部特色的文化节。

B188 韦尔斯是内华达州东部较大的城镇，也是 80 号公路与 93 号公路的交叉点。1869 年初太平洋铁路修筑到这里，没有发现在这里拍摄的老照片。

B189 从韦尔斯继续向东，有 30 英里（约 50 公里）铁路在荒原里延伸，道路很难走。有些铁路支线废弃在荒原里，猜测原来是通向矿区的，采矿业凋零后铁路也被废弃。

B190 在托阿诺（Toano）火车站附近有这样的标志牌，是幽默的美国人的恶作剧？随着铁路客运终结、矿山关闭、居民逐渐迁走，这个火车站如今只剩下一个地名了。

B191 在内华达州边缘的蒙特洛（Montello）火车站，也有个扫帚标志，猜猜看它是干什么用的？这里冬季多雪，它是用来铲雪除冰的。1869 年 3 月中旬华工建设铁路经过这里，现在这里是一个只有几十户人家的小村镇，有邮局和一个牛仔酒吧小餐厅。

B188

B189

B190

B191

B192

B193

B194

B192 远处荒原中的铁道线在夕阳映射下闪现一道银光，停车想拍下这一景色时，太阳已经落下地平线。

B193 沿与太平洋铁路伴行的 30 号公路从内华达州马上就要进入犹他州，在内华达州的行走即将结束。

B194 中央太平洋铁路公司在内华达州修建的里程最长，约有 450 英里。

B3 犹他州铁路沿线 | Along the Railroad in Utah

中央太平洋铁路公司修建的太平洋铁路进入犹他州的第一站是卢辛，在大盐湖北岸的丘陵高地上向东北延伸，到普罗蒙特里(Promontory)与联合太平洋铁路公司修建的太平洋铁路合龙，总长约 110 英里，占中央太平洋铁路公司修建总里程 690 英里的约六分之一。1869 年 3 月，铁路大军进入犹他州境内，在犹他州铁路建设工期仅有 2 个月，5 月初就已经完成全部铺轨任务。5 月 10 日与联合太平洋铁路公司修建的太平洋铁路合龙接轨，成了美国近代化新时代的重要标志。大盐湖北岸地势平坦，没有高山大河，不需挖掘隧道。积累了丰富筑路经验的太平洋铁路大军，高速向普罗蒙特里挺进，完成了一天铺轨 10 英里的壮举。

1904 年修通了卢辛捷径，铁路从盐湖中穿到奥格登(Ogden)比原来绕行大盐湖北岸的距离缩短了 40 英里，也减少了翻越普罗蒙特里丘陵山地的艰辛。第二次世界大战期间，由于战略物资匮乏，从 1942 年开始华工在犹他州修建的 100 英里铁轨被拆除，如今仅剩下不足 10 英里铁路。

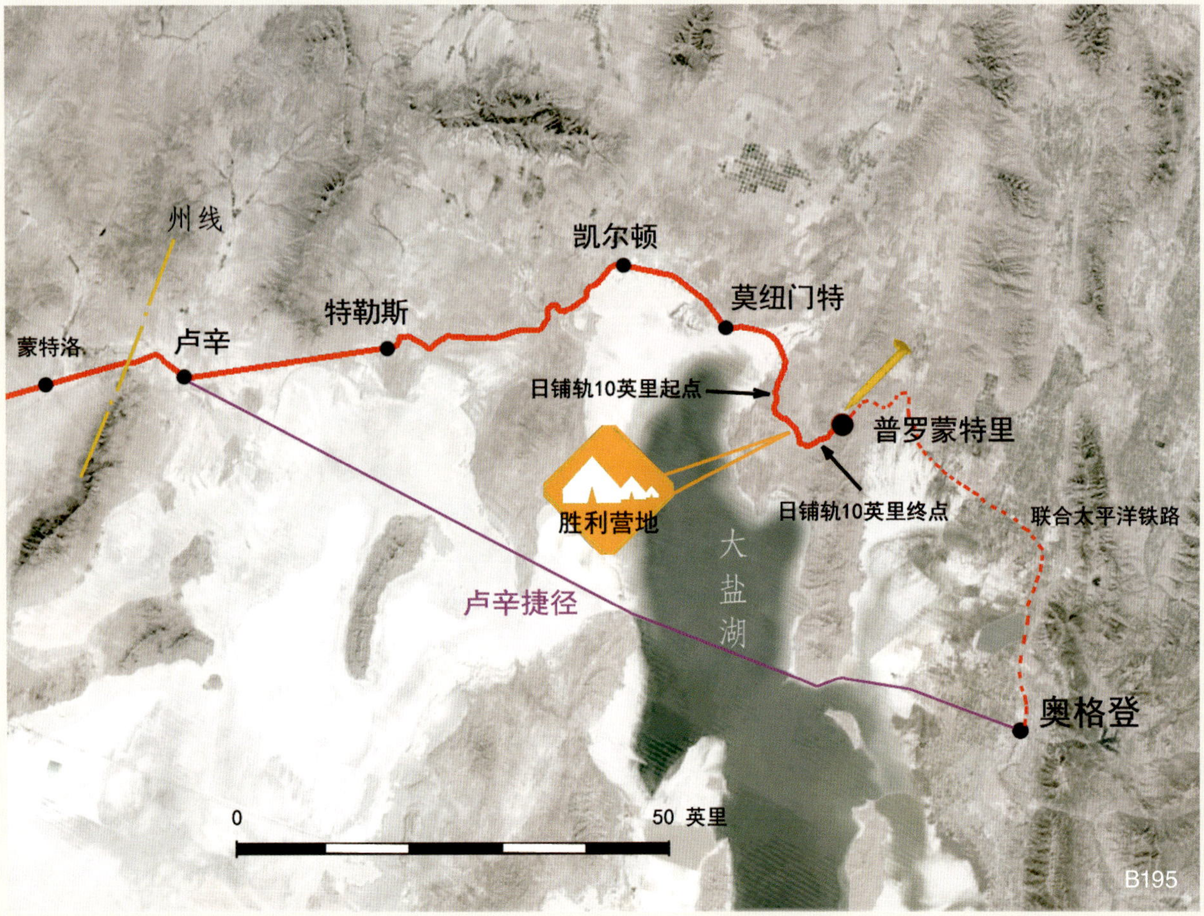

B195 犹他州太平洋铁路局部图。

Lucin is the first stop of the Central Pacific Railroad in Utah. From the hills and highlands of the Great Salt Lake's northern bank, it then extends northeast and joins the Union Pacific Railroad in Promontory. The Utah section is about 110 miles, accounting for 1/6th of the total distance (690 miles). In March 1869, the railroad building force arrived in Utah State and took only two months to complete construction. In early May of 1869, track laying was completed, and the Central Pacific Railroad joined with the Union Pacific Railroad on May 10, a date which became a hallmark for the United States to enter into a new phase of modernization. The North bank of the Great Salt Lake is flat in terrain, without high mountains and deep rivers, and as there was no necessity to dig tunnels, the experienced railroad construction force forged ahead swiftly toward Promontory. On April 28, 1869, 10 miles of track were laid. This was a brilliant feat of engineering. Now, no more than 10 miles of the railroad built by Chinese workers in Utah remain.

When the Lucin Cutoff was completed in 1904, the railroad went through the Great Salt Lake and reached Ogden, reducing the distance from Lucin to Ogden by more than 40 miles, and dispensing with the difficult section across the hills and mountains of the Promontory. During World War II, since 1942, due to the shortage of strategic materials, 100 miles of railway tracks constructed by Chinese workers in Utah were removed, leaving only less than 10 miles today.

B196 距萨克拉门托 669 英里的犹他州大盐湖北岸标志点处散文诗般的景象。这里距铁路合龙处约 20 英里。

B197

B198

B199

B197 这段 100 英里废弃铁路的路基保留完好，还有些枕木在荒原里经受着风雨侵蚀。
B198 特勒斯火车站附近的铁路遗迹。这条路线经过无人区，没有居民和任何设施。
B199 当年修建的木质铁路桥还很完整，看上去依然坚固。

B200

B201

B202

B200 在老的铁路路基上，还完好地保留着很多当年建造的涵洞小桥。老铁路废弃后原路基改造成沙石路，遇到这样的涵洞小桥都要避开绕行，以保护文化遗迹。

B201 特勒斯（Terrace）车站曾经是犹他州北部最大的机车维修服务区，有 8 条铁轨的调度场，直径达 110 米的换轨转盘。特勒斯镇上曾有 1 000 多居民，有一个繁荣的商业区，包括旅店、酒吧、图书馆和浴室。1904 年卢辛捷径开通后，这里逐渐衰落，如今是空无一人的鬼城，只剩下这条很少有车通过的荒野土路。路基旁边很多当年留下来的枕木。这一带是无人区，夏季炎热，冬季寒冷，100 多公里内没有加油站和维修服务点，对穿越这里的车辆是一项严峻的挑战。

B202 李炬在标志点（Monument Point）瞭望。

B203 大盐湖北岸这片荒原景色迷人，有一些死火山和远古留下的地质遗迹，也有一些100多年前地理测绘的人工标志，是一条适合寻幽探密的道路。

B204 摄影师哈特在标志点的小山包上拍摄的照片，远景是大盐湖。斯坦福的专列朱庇特号机车在金道钉合龙仪式前一天下午，带领一些随员和摄影师专程到普罗蒙特里东北21英里的标志点来游览。

B205 犹他州这段铁路都是在荒原里，土石路的路况不好，长约160公里，走走停停需要大半天时间。

B203

B204

B205

B206

B206 广袤的大地上，风云变幻，令人恐惧的暴风雨即将来临。这种气候条件下，最能理解当年修路华工的艰辛。

B207 暴风雨来临，荒野中几个小时见不到人，内心有点恐惧，但无路可退，只能风雨兼程。不时停车观赏沿途的优美风光，大盐湖北岸，很多地带雨后是这样的湿地。

B207

B208

B209

B210 《金色道钉故事》一书的插图

B211 《一天 10 英里》一书的封面

B208 中央太平洋铁路公司完成一天铺设 10 英里壮举后的情景，是目前发现的唯一记录这个事件的影像。地点是 682 英里处的胜利营地（今为 Rozel）。

B209 放大看看 B208 这张照片的局部细节。傍晚，工人们结束一天紧张的工作，创造新的日铺轨记录后，摄影师哈特在车厢顶部用慢门自西向东拍摄。蒸汽机车鸣响了胜利的号角，远处荒地里有临时搭就的浅色帐篷，营地这一带有一条铁路主线，两条旁线，主线南侧的电线杆已经架好，电线还没装上。近景主角是中央太平洋公司前线总指挥斯特罗布里奇（James Strobridge），仔细看远处聚集了很多影影绰绰的人，他们就是华工！他们完成了一天艰苦劳作后，拍照的时候却都躲到远处。

B212

B213

修建太平洋铁路东段的联合太平洋铁路公司，在1868年10月26日创造了一天铺轨7英里的记录。该公司副总经理托马斯·杜兰跟中央太平洋铁路公司的四巨头之一克劳克夸下海口，声称这个纪录没人能打破。克劳克不同意杜兰的说法，两人开始打赌，赌1万美元。直到铁路即将合龙前两个星期，这个赌一直没有输赢，再不抓紧时机，杜兰的预言将成为现实。克劳克催促前线施工总管斯特罗布里奇，安排了这场两个大人物的赌博。

斯特罗布里奇一直在第一线指挥施工，对打破日铺轨7英里纪录充满信心。他挑选了一批华工和几个强壮的爱尔兰劳工，许诺如果完成任务，这一天的工资是平时的四倍，把工人分成两组，一组干活，一组做辅助工作并预备轮换作业。先上的一组牛劲大发，中午饭后拒绝被替换，累计工作12个小时，铺设了3 524根铁轨，总共铺设长度超过了10英里。克劳克赢得了这场赌博，中央太平洋公司也创造了新的铺轨记录。遗憾的是，当时干活的所有工人，只有8位爱尔兰劳工的名字被记录下来，而华工的姓名都被隐去了。

B214

B212 铁路铺轨完成后不久，在10英里铺轨纪录的起迄点，都安放了标志。这是起点标志的老照片（拍摄者和拍摄时间不详），如今这里没有安放标志。

B213 10英里铺轨纪录终点标志的老照片。

B214 现在终点位置有一个标志。

B215 这两块起迄点的老标志牌，分别被金道钉历史遗址纪念地和犹他州先驱博物馆收藏。

B215

B216

B216 金道钉合龙8年后的1877年，利兰·斯坦福聘请艺术家托马斯·希尔（Thomas Hill）用巨幅油画描绘横贯美洲大陆铁路完成时刻的经典场面。托马斯·希尔熟练地运用构图、色彩和画面元素，巧妙地再现了那一历史时刻的场景和气氛。画家用6年时间数易其稿，完成了这幅《最后的道钉》，有些细节是在斯坦福的要求下作了改变。

B217

B217 1869年5月10日，经过2 313天中外劳工的奋斗和流血牺牲，在犹他州的普罗蒙特里高地，中央太平洋铁路公司完成了690英里的铁路建设，和联合太平洋铁路公司铺设的轨道合龙了。华工正在安放最后一根铁轨，等待斯坦福敲进最后一颗金道钉的历史时刻。

B218 1869年太平洋铁路建成通车，铁路将太平洋和大西洋沿岸连接起来，既是美国国家统一的象征，也使美国东西部经济连为一体，开辟了新兴市场。

B219 多年以后，虽然这段铁路完成了它的历史使命，这里不再有滚滚车轮和隆隆汽笛声，但它的历史被永远铭记。1869年铁路运营后，普罗蒙特里是一个重要的客货运枢纽。这里聚集着旅店、酒吧、小赌场和商店，当时报纸报道这个小镇有200座建筑。在铁路建成后最初的几年，客货运列车都要在这里中转，人来人往，小镇上鱼龙混杂，各路黑帮混混如鱼得水，很多旅客这里中转时被敲诈和欺骗。当年一位新闻记者把这里描述为："与沿途其他城镇相比，这里肯定是道德水准最接近地狱的地方"。这里也被描述为"车轮上的地狱"，但居民们似乎过得很快乐，在这个快速崛起的小镇里，大多数人每夜沉浸在声色犬马、歌舞升平中。

B218

B219

B220

B220 1869年5月10日金道钉合龙仪式大合影。右下角隐约可以看到另一架照相机，大概是摄影师哈特的。右上角的美国国旗上当时还仅有20颗星。中间可以看到发报机在一个小桌子上，通过它向全国各地报告了铁路合龙的喜讯。这张照片拍摄的场景成为一个典型画面，以后的所有纪念活动和大量艺术品都是按照这个场景演化的。

B221 1869年金道钉合龙时在场的摄影师不多，其中之一是哈特，另一位是拉塞尔，哈特拍摄的这张照片画面更具现场感，摄影师为我们留下了珍贵的历史影像遗产。

B222 平时这里很少有访客，寒风吹拂着枯草倒向一侧，独自在这一带寻找历史照片拍摄的地点，努力在脑中再现150年前的情景，是一种奇特的体验。

B221

B222

B223

B223 这个典型的场景，自从铁路合龙拍摄第一张照片后，已经成为固定模式。很多艺术作品，是这一重大历史题材的再现。

B224 金道钉历史遗址现在由美国国家公园管理局管理，这里是美国市政工程历史地标。

B225 铁路仅仅在普罗蒙特里有一小段保留着，铁轨和道钉绝大多数时间依旧在沉默着，经历着岁月的风霜。

B224

B225

B226

B227

B226 第二次世界大战期间的1942年9月8日，在金道钉处举行了拆除仪式，之后的几个月里，从科林（Corinne）到卢辛的铁轨被拆掉，仅保留了金道钉处的一小段。这段铁路完成了它的历史使命。二战时期钢材紧缺，这些铁轨作为战略物资，再次熔铸成坦克军舰，为二战胜利作出贡献。照片为拆除仪式时的留影。

B227《我们建造了铁路，铁路成就了美国》。这幅画面真实地反映中国劳工与爱尔兰劳工努力合作，为铁路提前建成，为美国西部开发、东西部经济连结为一体、美国经济进入狂飙发展作出的杰出贡献。

B4 联合太平洋铁路 | The Union Pacific Railroad

联合太平洋铁路公司修筑的太平洋铁路东起内布拉斯加州奥马哈，向西穿越怀俄明州，至犹他州普罗蒙特里，总长约 1 086 英里。

联合太平洋铁路公司的劳工大多是从刚结束的南北战争北方军队退伍的爱尔兰裔军人。爱尔兰劳工身体强壮，个性粗犷不羁，尤以嗜酒闻名，经常给管理层带来困扰。爱尔兰劳工与中国劳工相似的是，他们大多出身农民，同样处于劳工的最底层。不同的是，他们是美国移民，没有语言文化障碍。联合太平洋铁路公司几乎没有华工参与铁路建设，我们仅从普罗蒙特里至奥马哈对铁路沿线做一简单介绍，以便了解太平洋铁路的全貌。

The Union Pacific Railroad began in Omaha, Nebraska, extending westward and joining the Central Pacific Railroad in Promontory, Utah, covering a total length of approximately 1,086 miles.

The laborers of the Union Pacific Railroad Company were mostly Irish Americans and Northern veterans of the Civil War that had just finished. Irish American workers were sturdy, straightforward, unruly and fond of drinking, often causing trouble for company management. In comparison, the Irish were similar to the Chinese in that they were also mostly farmers and underdogs of society, but they differed due to their U.S. residency status and did not face language and cultural barriers. Few Chinese participated in the construction of the Union Pacific Railroad. We will catch a quick glimpse of the Union Pacific Railroad from Promontory to Omaha in order to understand its current status.

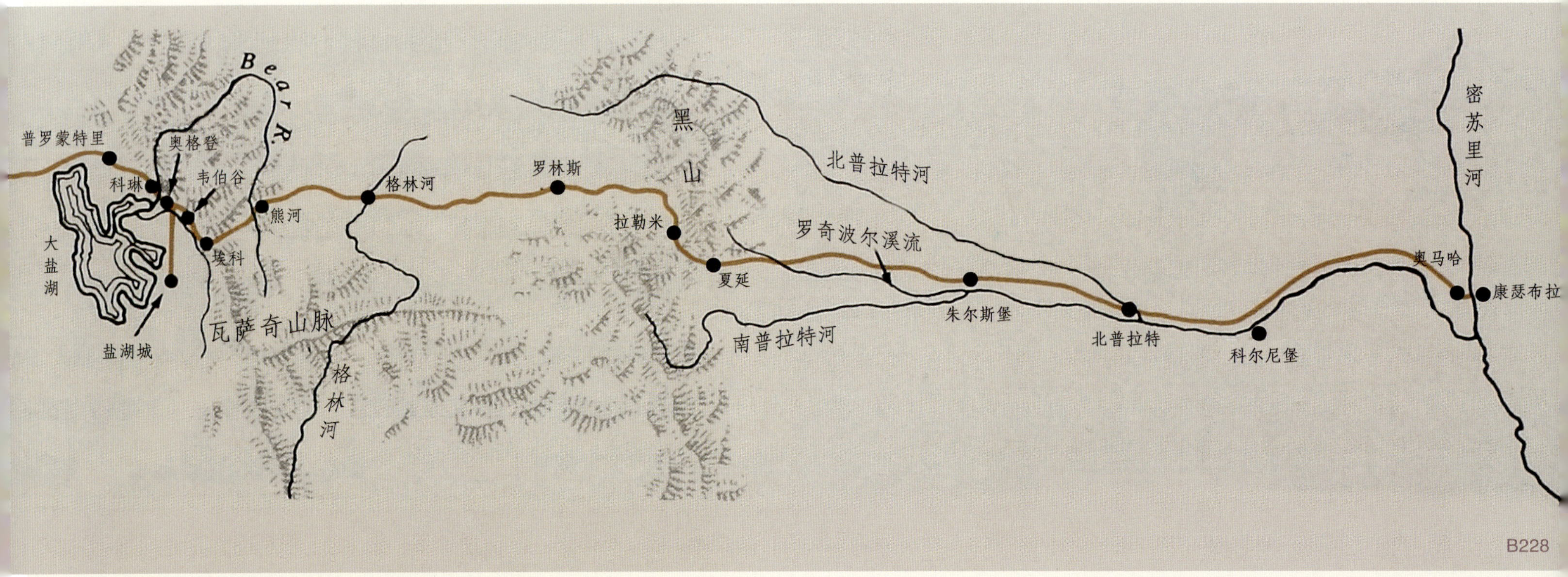

B228 太平洋铁路局部图（奥格登—奥马哈）。

B229

B230

B231

B230 金道钉合龙仪式前，斯坦福乘联合太平洋公司火车参观犹他州奥格登时留影。
B231 奥格登车站旁边草地里，老铁路已废弃在草丛里隐约可见。
B232 犹他州奥格登东部 50 公里的韦伯峡谷 3 号隧道东口及韦伯桥。
B233 山谷里水流潺潺，秋色连波，因开山修高速公路，原来的地貌已经改变。昔日单线铁路桥梁和单孔隧道，已经变为复线，背景的山岩依旧保持着原貌。

B232

B233

B234

B234 怀俄明州太平洋铁路格林河（Green River）火车站上的繁忙景象。

B235 格林河谷风光，远处山脚下是太平洋铁路。

B236 联合太平洋公司铁路修筑在进入犹他州以前，多是一望无际的大平原，施工难度与华工为主力的中央太平洋铁路公司铁路修筑相比，相对容易。但平原地区树木稀少，用于铁路建设的木材非常短缺，老照片可以看出这些枕木质量很差。

B237 怀俄明州太平洋铁路上的罗林斯（Rawlins）火车站。这些城镇都是随太平洋铁路筑路大军的到来而喧嚣一时，也都随着他们的远去而归于沉寂。

B238 怀俄明州太平洋铁路拉勒米（Laramie）火车站。

B235

B236

B237

B238

B239 内布拉斯加州科尔尼（Kearney）附近80号公路上的普拉特河纪念拱门展厅里陈列的太平洋铁路历史资料。

B240 内布拉斯加州北普拉特（North Plate）城西的金道钉塔访客中心，按照道钉形状建设的展示太平洋铁路的博物馆。

B239

B2

B241

B242

B241 内布拉斯加州最东端的奥马哈城，是联合太平洋铁路公司总部所在地，太平洋铁路建设东端的起点，密苏里河将内布拉斯加州和艾奥瓦州分开，这座观光步行桥将两个州连接起来。

B242 位于艾奥瓦州康瑟尔布拉夫斯（Council Bluffs）的联合太平洋铁路博物馆，是美国历史最悠久的铁路博物馆之一，收藏大量实物、图片及公司历史资料，展示太平洋铁路建设历史。

C-T01 1868 年夏天，铁路修筑到内华达州距萨克拉门托 210 英里附近的洪堡平原时，华工与爱尔兰工人铺设轨道时的场景。

C 探寻足迹 TRACKING THE FOOTSTEPS

探寻足迹部分是开路先锋部分内容的拓展。本书序中提出的大多数问题，需要在这一部分里探寻。如美国铁路华工承担了哪些工种，建设了哪些最困难和最危险的施工路段？他们是怎样施工的？他们的工作和生活待遇如何？他们同欧洲白人（如爱尔兰工人）有何不同？他们在美国的生活习俗如何？他们同白人社会如何交往？有多少铁路华工死于修筑太平洋铁路？他们的遗骸是怎样处理的？他们的墓地在哪里？他们的遗骸是怎样运回国内的？美国铁路华工在美国生活怎样？他们和国内家人是如何联系的？迄今有无发现铁路华工的家信？迄今确定的铁路华工的名字有哪些？为何难以发现他们的名字？1869 年 5 月 10 日太平洋铁路合龙时铁路华工在哪里？为何有华工在场的报道甚少？太平洋铁路建成后，铁路华工分别到了哪里？如今我们找到了多少铁路华工的后裔？铁路华工的确切名单有哪些？我们的方志和古籍及政府文献为何很少有铁路华工的记载？迄今发现了哪些涉及铁路华工的族谱、家谱、村志等等。

目前所见在美国的华工营地遗址，考古学家通过营地周边的发掘，寻找当年华工的生活和习俗。华工修筑大军的营地是怎样随着铁路的进度而不断向前迁移的，铁路建成后，这些营地中哪些保留了下来，哪些是在此基础上发展为中国城，哪些则被废弃或者毁于美国的排华运动中迄今还无法恢复原貌。

美国铁路华工在工地的活动，包括当年铁路华工所使用的最简陋的镐、锹、绳等工具，他们所从事最笨重、最基础性的工作：开石和碎石；炸山取石和开凿隧道；取土、运土和垫土；搭建支架、雪棚和建筑墙体；伐木、锯木和运木；轨道运行、机车辅助和护路清道等。华工几乎囊括了铁路修筑过程中所有的基础工程和危险艰巨项目，也涉及技术工种的辅助工作。华工面临的是极其紧迫的工期、开山凿岭与坚固花岗岩石较劲的艰难工作，以及在极其恶劣的气候环境下，用最简陋的工具承担着最艰巨的关键性工程。

华工干着最艰苦和繁重而危险的工作，而他们的薪资却和白人不是同工同酬，和白人劳工每月 35 美元另包食宿相比，华工每月 26 美元不包食宿，且无人身保险，公司也不承担华工家属义务。

透过发掘当年的照片和文物、文献和报刊、口述和传承、绘画和影像，我们可以看出华工在美国底层生活的艰难和辛劳，华人在美国的工作主要是修路采矿、蔬菜种植和销售、餐馆杂货的贩卖、商业搬运和小型商贸等。华人保留

着传统的生活习俗，华人家庭生活说明了在困难的条件下华人族裔得以在美国坚持和繁衍。

散落在美国和我国广东珠江三角洲的美国铁路华工墓地，多数是无名冢，客死美国铁路华工的人数迄今我们无法调查清楚。已知有数千铁路华工先人遗骨，由在美国旧金山等地的华侨组织和慈善机构经由香港东华医院等慈善机构运回广州和五邑地区，至于当年被铁路华工亲人安葬在家乡的墓地则知之甚少。

已经出版的大批政府档案、文献资料，毫无疑问是我们研究美国铁路华工问题的官方视野，也是重要的考察依据。尽管有丰富的档案资料，但是我们尚未看到有关美国铁路华工的档案汇总资料，我们需要从中分别查找和美国铁路华工问题相关的各类信息，这些政府档案、文献资料是否记叙或者遗漏与美国铁路华工相关问题，有待我们仔细探寻。可喜的是在这方面，清代外交档案文献汇编全文数据库为我们提供了数据库查询的范例，全文检索、专题检索、条目检索等均很方便，尤其是通过专题检索可以迅速获得需要的相关信息。

族谱和家谱研究对于我们考察广东五邑侨乡地区的移民海外情况具有十分重要的参考价值。石刻资料含有鲜为人知的具有珍贵史料价值的华人华侨义冢。合作开展广泛的有关华工墓地、墓碑、义冢的普查和追溯研究，也许为美国铁路华工研究开辟一个新的思路，在这方面是大有可为的。

美国铁路华工的文书体现了铁路华工只身远涉重洋来到美国心系家乡的情怀。由于 1906 年旧金山大地震造成进出海关档案的缺失，使一些在美华人只能再以在美出生华裔公民子女之名入境美国，旅居北美华侨根据移民官问话内容，编制的入境应对资料的“口供纸”最长达 4 米，以帮助国内亲友通过移民审查。我国五邑大学有学者专门研究“口供纸”现象和“银信”。

研究铁路华工后裔是探寻美国铁路华工活动的重要组成部分，寻找美国铁路华工及其后裔，是件紧迫而艰难的工作，在国内尤其如此。总的来说，美国铁路华工后裔集中在美国及海外其他地方，目前已经对上百人进行了口述史调查，而国内对于铁路华工后裔的调查刚刚起步。身份确定和活动踪迹的甄别仅仅靠口述是不够的，这里需要中国和美国之间的学术和社会工作者，学术和社会团体之间的合作研究。作为第一步，双方列出迄今为止的美国铁路华工和华工后裔的线索；第二步，遵循先易后难逐步推开的思路，开展逐个深度调查和身份认定的工作；第三步，将口述史成果分卷陆续出版。

C1 铁路营地 | Campsites Along the Railroad

太平洋铁路华工修筑大军的营地在哪里，这些营地是怎样随着铁路的进度而不断向前迁移的。铁路建成后，这些营地中哪些保留了下来，哪些是在此基础上发展为中国城，哪些则被废弃或者毁于美国的排华运动中，我们迄今还难以还原原貌。这一部分集中反映了目前所见的华工营地遗址，如洪堡湖华工营地、10号隧道华工营地遗址、帕利塞兹华工营地遗址、内华达铁路华工帐篷营地下掩蔽处遗址等。

Where are the campsites of the Chinese builders? How did these camps accompany the construction progress? Which campsite was preserved after completion of the railroad, and which developed into a Chinatown - and which were abandoned or destroyed during the Chinese Exclusion Movement? We haven't yet a complete picture. This section introduces the extant campsites of the Chinese railroad workers, including the sites at Humboldt Lake, No.10 tunnel, the Palisades and the underground shelter site in Nevada.

C01 洪堡湖华工营地遗址

C02 10 号隧道华工营地遗址

C03 帕利塞兹华工营地遗址

C04 铁路华工帐篷营地下掩蔽处遗址

C01 洪堡平原上夏季炎热干旱，洪堡湖是一片盐碱滩，施工及饮用水都要从远方运来。在接近拉夫洛克不远的地方，华工们在简易的帐篷里休息。

C02 华工承担开凿隧道等高风险作业，经常遭遇冬春季节的雪崩危险，工地附近的帐篷经常被雪崩冲落到峡谷中，造成华工的伤亡事故。

C03 修筑太平洋铁路的华工的生活是极其艰苦的，铁路施工进程中，华工们就住在建筑工地旁的帐篷里，而老板和工程师们则住在火车上，火车就随着工程进展，沿着临时铺就的铁轨向前推进。

C04 华工在铁轨铺设进程中安营扎寨的简陋生活。

C2 华工工地 | Construction Sites

铁路华工在工地的活动，包括当年华工所使用的最简陋的镐、锹、绳等工具，他们所从事最笨重、最基础性的工作：开石和碎石；炸山取石和开凿隧道；取土、运土和垫土；搭建支架、雪棚和建筑墙体；伐木、锯木和运木；轨道运行、机车辅助和护路清道等。华工几乎囊括了铁路修筑过程中所有基础工程和危险艰巨项目，也涉及技术工种的辅助工作。华工面临的是极其紧迫的工期、开山凿岭与坚固花岗岩石的艰难工作，以及在极其恶劣的气候环境下，用这些最简陋的工具承担着最艰巨的关键性工程。诚如一些美国人在美国国会调查时为华工作证称：“中央太平洋铁路的土方工程有 4/5 是中国人做的。”

This part depicts the activities of Chinese workers on the work sites, and the simple tools they used, including pickaxe, shovels and ropes. They engaged in the most onerous and fundamental work: breaking stones, blasting mountains, opening the way for tracks, digging tunnels, earthmoving, track bedding, setting up scaffolding, snow fences and walls, lumberjacking, sawing, transporting timber, laying track and assisting with the locomotives, as well as clearing and protecting existing tracks. They were involved in almost all the dangerous and arduous engineering projects associated with the procedures of railroad building. And they had to face tight time schedules dictating difficult work such as blasting mountains and ridges in extreme weather. However, equipped with the crudest of tools, they accomplished this most arduous and critical work. As an American testified in the Congressional investigation, "80% of the earth works on the Central Pacific Railroad was done by Chinese."

C05

C05 1863 年铁路建设开工仪式上，中央太平洋铁路公司总经理利兰·斯坦福使用的铁锹，和 1869 年 5 月 10 日斯坦福及联合太平洋铁路公司的副总经理托马斯·杜兰在犹他州普罗蒙特里铁路合龙处敲下最后一颗道钉使用的镀银铁锤。

C06

C07

C08

C09

C06/C07/C08/C09 博物馆展出铁路华工使用的简单工具。

C10

华工开山劈岭取石

Blasting Mountains and Removing Boulders

一位美国学者详尽叙述了华工的艰苦卓绝的壮举："1866 年春天（铁路工程开始 3 年以后）太平洋铁路最后到达了高山区第一个主要的前哨地点，即分水岭。这是一个扶壁状的岩石，在它底层的周围，亚美利加河咆哮着穿过 304.8 米深的峡谷奔流而去。这里没有迂回道路可循，唯一的通道就是越过一个由大石块和角石构成的半圆形横梁。人们用箩筐把华工吊下岩去，他们悬空凿石、钻眼，然后顺着绳索赶快攀登上来，炸药就在他们下面爆炸，炸后又继续下去凿石、钻眼。这样，他们一寸一寸地在悬岩边沿开辟出一条岩石道，其宽度足以供人行走和手推车通过，最后铺上枕木、铁轨。随着华工筑路队向前推进，工程列车紧紧跟随其后，车道极窄，火车的铁抓手和轴颈盖是悬空的。隧道的入口都被罕见的积雪掩埋了，华工的营帐也都埋在雪里。他们挖烟囱和通气坑，白天靠灯笼的光亮过活，大家冻得发抖，缩成一团，他们打通了从营房到隧道入口处的坑道。虽然所需的物料要用蒸汽起重机从 12.2 米处为冰雪覆盖的地面吊下去，而挖出的渣土要用同样的方法运走，这项工作还得继续进行。"

C11

C10/C11/C12 开山劈岭取石的华工。

C12

C13

太平洋铁路险段开凿隧道和山岭工程主要是由华工承担的。中央太平洋铁路公司的四巨头之一查尔斯·克劳克在美国国会调查委员会的证词，赞扬华工承担大量艰巨的土石基础工程富有丰富经验，他说："他们不是建成了世界上最伟大的土木工程——中国的万里长城吗？"

C13 用马车和简陋工具运送土石方的华工。

C14 唐纳山顶营地的华工，用冰雪融化后的水为生活用水。

C15 开凿唐纳山顶隧道中施工的华工。

C14

C15

C16

C17

C18

华工用简陋工具完成最艰难的任务，克劳克对此回忆说：“内华达山西麓有一个危险的断崖，令人望而生畏，故而被称为陆上的‘合恩角’。”“内华达山的‘合恩角’是1866年春所碰到的一个难题，当时工程将要进行到达奇弗拉特了，山顶全是难以开凿的花岗岩，而且谷底的断崖也深达304米。”“通往山顶的坡度是那样的陡峭，以至于马车无法通行，所有的东西都得用手推车运送。挑着扁担的华工一天须以人力搬运500桶黑炸药，至于其他的东西，如粮食和水就更不用说了。”

C19

C16/C17/C18/C19 用马车和简陋工具在铁路工地运送土石方的华工。

C20

C21

华工用手推车运送泥土填埋塞拉岭附近高架桥深谷处的工地，地点是距萨克拉门托62英里的Secrettown处，时间是在太平洋铁路1869年5月10日合龙之后。高架桥1 100英尺（335.28米）长、90英尺（27.43米）高，大批华工完成了填埋峡谷保障高架桥跨越的艰巨任务。

C20 1869年5月10日太平洋铁路合龙后，大批华工从犹他州回到加州，用手推车运送土石填埋木桥处的峡谷。他们仅仅靠简单的工具完成巨大的土石方工程。美国著名史学家比林顿在谈到华工贡献时说："创业者最难办的问题——怎样从边疆地区得到劳动力——有了大量华工才解决了。7 000个留着辫子的工人劈出了筑路地带，当他们用独轮车推土或是躲避炸药包爆炸时，他们的大草帽和摆动的裤腿构成了生动的画面。"

C21 搭建木质防雪棚的华工。

C22

C23

C24

C25

C22/C23/C24/C25 伐木和锯木的华工。

C26

C27

C28

C26/C27/C28 在轨道车和轨道上施工的华工。

C29

C30

C29 铁路工地开凿山岭运送木料和石块的华工。
C30 铺设太平洋铁路的最艰辛地段和白人工头在一个车辆上。
C31 太平洋铁路工程建设施工现场。

C31

C32

C33

C32 铲雪车前的华工。
C33 废弃的铲雪车。
C34 华工参与修筑的防雪棚。

C34

华工辅助铺路施工

Chinese Workers Assisted in the Construction of Side Roads

铲雪车把铁轨上的积雪破挤到两侧，形成一个雪槽可以通行列车。C33 铲雪车前有一位铁路华工，是摄影师哈特老照片里为数不多的眉目清晰的华工照片之一。铲雪车必须由两台以上机车驱动。这个庞然大物长 28 英尺，宽 10.5 英尺，高 13.25 英尺，重达 41 860 磅（约 19 吨），曾由 10 台机车驱动，以 60 英里（约 96 公里）时速在西拉内华达山上高效完成破雪任务，保证铁路畅通。

C35

C36

C37

C35 华工在萨克拉门托附近的铁路工地上施工。

C36 在铁路工地一起干活的除了华工还有来自世界各地的工人，华工和各国工人友好相处。

C37 帕利塞兹附近的华工营地。

C38/C39/C40
铁路工地施工照片。

C38

C39

C40

C3 华工工薪 | Wages

美国铁路华工干着最艰苦和繁重而危险的工作，而他们的薪资却和白人不是同工同酬，和白人劳工每月 35 美元另包食宿相比，华工每月 26 美元还不包食宿，且无人身保险，也不承担华工家属义务。中央太平洋铁路公司的工资发放单、雇用华工的调查统计数字、筑路工人之孙华裔退休工程师赵耀贵（Bill Chew），在萨克拉门托加州铁路博物馆发现了当年修筑太平洋铁路时的华工薪水册，证明了上述结论。此外美国太平洋铁路委员会 J·H·斯特罗布里奇的证言、美国前任驻华公使和前任加州州长弗雷德里克·H·娄的证词、查尔斯·克劳克负责招揽华工的中央太平洋铁路工程承包商的证词等也都证实了这一判断。

Although shouldering the most arduous, onerous and dangerous work, the wages of Chinese workers were much lower than that of white workers. The latter received 35 dollars per month plus board and lodging, while the Chinese were given 26 dollars and no board and lodging. Moreover, they were not covered by insurance. These details are substantiated by the payrolls of the Central Pacific Railroad Company, statistics of employed Chinese workers, and the study done by Bill Chew, a retired engineer and the grandson of a Chinese railroad worker, who studied the payrolls in Sacramento Railroad Museum. The facts are also evidenced by the testimony of J.H.Strobridge, US Pacific Railway Commission, the testimony of Frederick.H. Low, a former US Minister to China and former governor of California, and the testimony of Charles Crocker, a contractor for Central Pacific Railroad Company, who was responsible for the recruitment of Chinese workers.

Testimony of J. H. Strobridge, U.S. Pacific Railway Commission

Year	Chinese	Rate of Pay	White Workers	Rate of Pay
1864	very few	——	1,200	$30 a month
1865	7,000	$30 a month	2,500	$35 a month
1866	11,000	$35 a month	2,500-3,000	$35 a month
1867	11,000	$35 a month	2,500-3,000	——
1868	5,000-6,000	——	2,000-3,000	——
1869	5,000	——	1,500-1,600	——

Note that across Nevada the Central Pacific also employed the local Indians, not refected in the above chart.

C41

C41 美国太平洋铁路委员会 J·H·斯特罗布里奇的证言表明，华工的工资待遇比白人低，和白人相比并非同工同酬。

美国前任驻华公使和前任加州州长弗雷德里克·H·娄的证词："太平洋铁路工程在西拉内华达山脉这一边进行的时候，我是委员之一。他们雇佣中国人的时候，我正在铁路上。他们最初使用白人劳工，后来工程陷于停顿。他们找不到足够的人力。整个工程几乎完全停工。最后由斯特罗布里奇——当时的铁路工程总监，打定主意先使用中国人来推送土车而不准他们干别的。谁想到工作进展之快使他不由得感到惊奇。不到 6 个月工夫他们已经在每一项工作中雇佣了中国人，他们付给中国人每人每月工资 31 元，食宿由中国人自理。而他们雇佣白人每人每月要 45 元，另供食宿。算起来用一个白人每天要用 2 元，而使用一个中国工人只消这个数目的一半。"查尔斯·克劳克这位负责招揽华工的中央太平洋铁路工程承包商的证词说："我们开始雇佣中国人的时候，我们正雇佣大约 800 白人劳工，而那是我们能够雇到他们的最大限度。我们雇佣中国工人之后，我们所用白人劳工非但没有减少，反而增加了。" "当时我们付给白人劳工的工资是每人每月 35 美元另供给膳宿，而付给中国人的工资是每人每月 30 美元，膳宿由他们自理。"

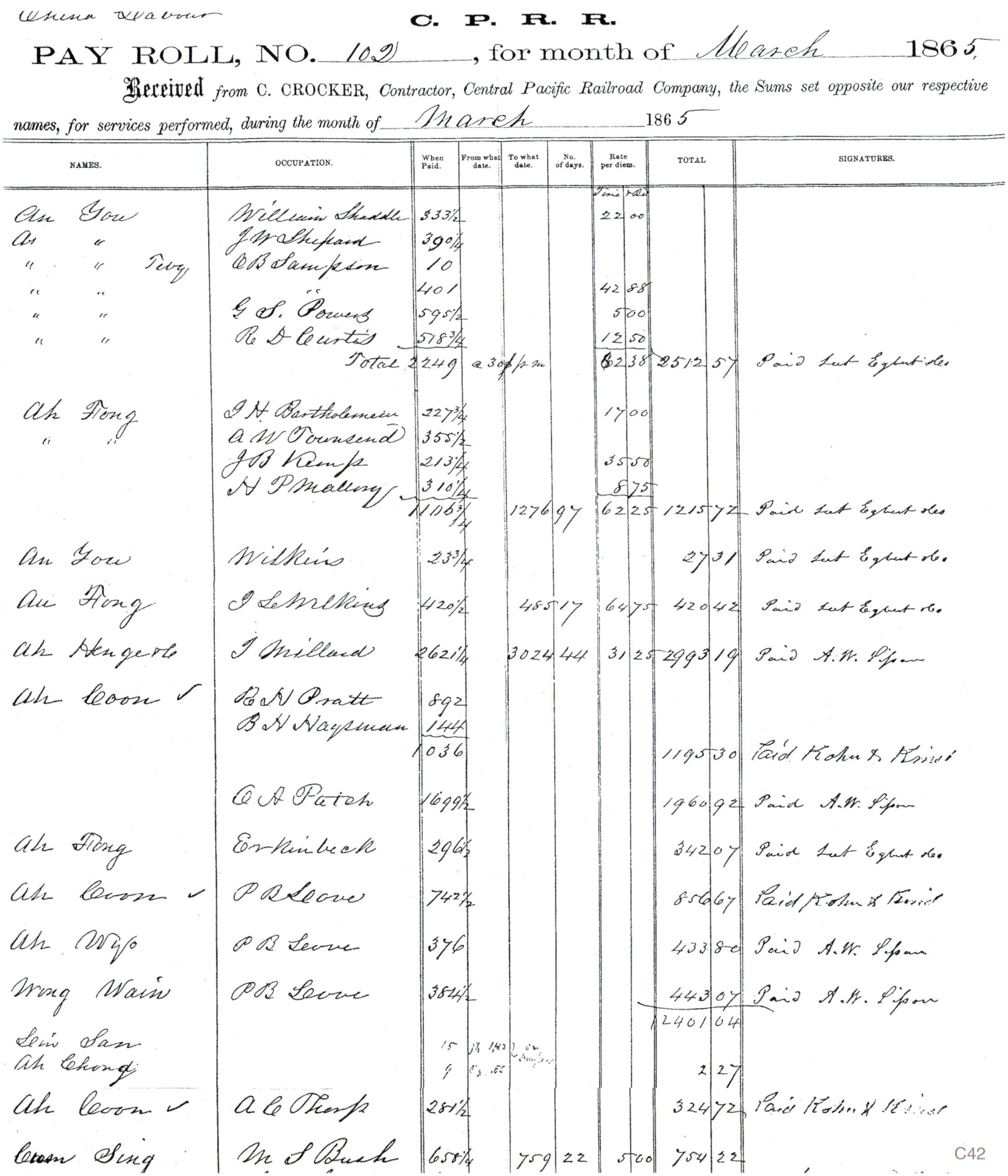

China Labour

C. P. R. R.

PAY ROLL, NO. 102, for month of March 1865

Received from C. CROCKER, Contractor, Central Pacific Railroad Company, the Sums set opposite our respective names, for services performed, during the month of March 1865

NAMES.	OCCUPATION.	When Paid.	From what date.	To what date.	No. of days.	Rate per diem.	TOTAL	SIGNATURES.
Ah You	William Shaddle	333½				22 00		
Ah "	J W Shepard	390¼						
" " Tong	O B Sampson	10						
" "		401				42 88		
" "	G S. Powers	595½				5 00		
" "	R D Curtis	518¾				12 50		
	Total	2249	@ 30$/p m			82 38	2512 57	Paid Let Eghert &c
Ah Tong	J H Bartholomew	227¾				17 00		
" "	A W Townsend	355½						
	J B Kemp	213¼				35 50		
	H P Malloy	310¼				8 75		
		1106¾		1276 97		62 25	1215 72	Paid Let Eghert &c
Ah You	Wilkins	23¾					27 31	Paid Let Eghert &c
Ah Fong	J L Wilkins	420½		485 17		64 75	420 42	Paid Let Eghert &c
Ah Hengerle	J Millard	2621¼		3024 44		31 25	2993 19	Paid A.W. Sisson
Ah Coon ✓	R N Pratt	892						
	B H Hayman	144						
		1036					1195 30	Paid Kohn & Kessel
	C A Patch	1699½					1960 92	Paid A.W. Sisson
Ah Tong	E Kinbeck	296½					342 07	Paid Let Eghert &c
Ah Coon ✓	P B Love	742½					856 67	Paid Kohn & Kessel
Ah Wyo	P B Love	376					433 80	Paid A.W. Sisson
Wong Wain	P B Love	384½					443 07	Paid A.W. Sisson
							12401 64	
Lew San / Ah Chong		15 / 9					2 27	
Ah Coon ✓	A C Thorp	281½					324 72	Paid Kohn & Kessel
Coon Sing	M S Bush	658¼		759 22		5 00	754 22	

C42

C42 1865 年 3 月中央太平洋铁路公司为中国劳工的工资发放单 。

筑路工人之孙华裔退休工程师赵耀贵，在萨克拉门托铁路博物馆发现了当年修筑太平洋铁路时的华工薪水册。他花了几年时间在加州萨克拉门托铁路博物馆地下室旧纸堆中发现了铁路公司当年付给华工的薪水册。他查阅了 1864 年至 1867 年的铁路工人原始工资单，找出约 1 500 个华工姓名，扣除部分重复的名字，约有 900 个姓名是单独的。经过计算他发现薪水较高的是铁匠，每天 1.34 美元，劳工合约商，每天 1.15 美元，工头每天 1 美元，铁路司机、伐木工人都是每天 1 美元，厨师每天 0.66 美元；侍者最少，每天 0.60 美元。扣掉一些“成本”花费，平均每名工人一个月薪水 30 美元，还要偿还来美时的借款、利息、旅费、食物和草药、人头费之后，每月只剩 12 美元了。他还从 1870 年的萨克拉门托的报刊上发现了约 2 万磅人骨的消息，据测算是 1 200 位铁路工人的尸骨，可以确定，当年在铁路修筑过程中，已有大量华工丧命。

Nameless Builders of the Transcontinental Railroad

CHAPTER FOUR

Chinese by the Numbers

Research resulting from the payroll records of the Central Pacific Railroad Company becomes significant because it changes currently accepted historical data concerning the initial employment date and total number of the Chinese employed. The original records are archived in the basement of the California State Railroad Museum in Sacramento.[1]

The basic issues have, from time to time, raised several questions,
which I hope to answer with my findings.

1. When and who were the first Chinese employed?
2. What was the maximum number employed?
3. How was this number quantified and qualified?

Employment of the First Chinese Workers

Four of the most popular books about the building of the Transcontinental Railroad overlooked documents that pointed to the exact date of the hiring of the first Chinese railroad workers.

In Chapter Seven, "The Central Pacific Attacks the Sierra-Nevada, 1865," Stephen E. Ambrose writes in *Nothing Like It In The World*:

In February, a month after Strobridge's all-but-fruitless call

Nameless Builders of the Transcontinental Railroad

Table I. Summary of the Chinese Monthly Employment

Payroll Date	Man-Days Paid	No. of Workers	No. of Headman	Avg. CrewSize
Jan 1864	612	23	2	23
Feb 1864	554	21	2	21
Apr 1864	130	5	1	5
Mar 1865	18,972	730	12	43
Apr 1865	35,311	1,358	13	39
May 1865	31,666	1,218	15	81
Jan 1866	29,116	1,120	55	20
Feb 1866	30,584	1,176	61	19
Mar 1866	65,640	2,525	89	28
Apr 1866	160,958	6,190 (max.)	169	37
May 1866	121,026	4,655	149	31
Jun 1866	134,773	5,184	161	32
Jul 1866	121,926	3,933	119	39
Aug 1866	52,300	2,012	34	20*
Sep 1866	113,337	4,359	216	20
Oct 1866	79,729	3,067	173	18
Nov 1866	63,964	2,460	122	20
Dec 1866	34,478	1,326	85	16
Dec 1867	10,427	401	17	24

Notes:
1. The average crew size for 1866 was 27, and the average for 1864-1867 was 28 men.
2. *Denotes 20 different men working tunnels for three shifts for a total of 60 men.

C43

C43 1876年7月6日美国国会两院通过决议，成立关于中国移民特别调查委员会，在该委员会报告中，列出了1864年1月到1867年12月雇佣中国工人情况，分别说明按月计算、按日计算的工人、工头和杂勤人员数字。该图为美国铁路华工后裔赵耀贵著《横跨美州大陆铁路的无名建设者》中的片断。

C44 华工在美国修建太平洋铁路时发薪日情景。

C44

C4 华工生活 | Life

透过发掘当年的照片和文物、文献和报刊、口述和传承、绘画和影像，我们可以看出华工在美国底层生活的艰难和辛劳，华人的工作除了修路采矿，还从事蔬菜种植、餐馆、杂货、商业搬运和小型商贸等工作。一些考古发现证明了华人在美国保留的生活习俗，华人家庭生活展示了在困难的条件下华人族裔得以在美国坚持和繁衍的状况。曾经和华工住在一起的马克·吐温称赞华工“沉着，平静，温顺而且从不酗酒；很少看见有谁不守规矩，懒惰的华人几乎是不存在的”。

We can understand the hardship and toil of Chinese railroad workers as an underclass in the United States through photos, cultural relics, extant documents, newspapers, oral accounts, inheritance, paintings and videos. Apart from building railroads and mining, they also engaged in planting vegetables, sales, restaurants, grocery stores, transporting and running small trading companies. Gradually, they developed into communities and adapted themselves to American social life. Archaeological finds prove that the Chinese retained their life styles and customs which took root and flourished under very difficult conditions. Mark Twain, who lived with Chinese workers praised them; "calm, gentle and never becoming drunk and violent; rarely seen anyone who does not follow the rules, lazy Chinese almost don't exist."

C45 加州铁路博物馆展示的华工简陋住地及工具箱。

C46 美西西部矿山华工的生活区。自 1848 年在加州萨克拉门托附近发现金矿到 19 世纪 90 年代，开采金银矿的浪潮持续了近半个世纪。

C45

C46

C47

C47/C48/C49　在淘金热时代，加州的中国菜农用扁担和箩筐为矿区的白人和华人提供了大批新鲜的蔬菜。

C48

C49

C50

C51

C50 1898年华工在科特马德拉（Corte Madera）铁路工地上。

C51 淘金时代的华工。

C52 华工挑着一副扁担，寻找金山梦，日复一日，艰难前行。

C52

C53

C53 美国国家档案馆珍藏的历史绘画，显示华工在美国修筑太平洋铁路时自办中餐厨房的场景。

C54

C55

加利福尼亚州的服装业，1870年的产值为2.7万美元，1880年增加到360万美元。有学者称旧金山之烟草、缝纫、制鞋、砖瓦、皮革及木材各业，均雇用大量华工，甚至有80%为华工。

C54 华工在美国从事成衣、服装加工、洗衣等工作占有相当比重。

C55 缝纫机上的中国劳工。

C56 补鞋华工。

C56

C57

华工在加州从事采矿、筑路、垦荒、种植、捕鱼虾、餐饮、制烟、制鞋业、羊毛制品业和家佣服务。梁启超在《新大陆游记》中曾记述："洗衣业是在美华人最重要之职业也。"洗衣业工作时间长、劳动繁重、单调重复、孤单乏味、收入低微，每天工作十几个小时。有这样一首歌谣诉说华人从事"八磅生涯"的艰辛："一把熨斗八磅重，十二小时手不闲。一周干满七天活，挣了一点血汗钱。拣到洗，熨到叠，为了一碗活命饭，辛苦劳累在'金山'"。

C57 杂货铺前的四位光脚搬运华工。

C58 JIM&LOW 公司。

C58

C59

C60

C61

C62

C59/C60/C61/C62 在旧金山唐人街一些商铺使用的商贸代用券。

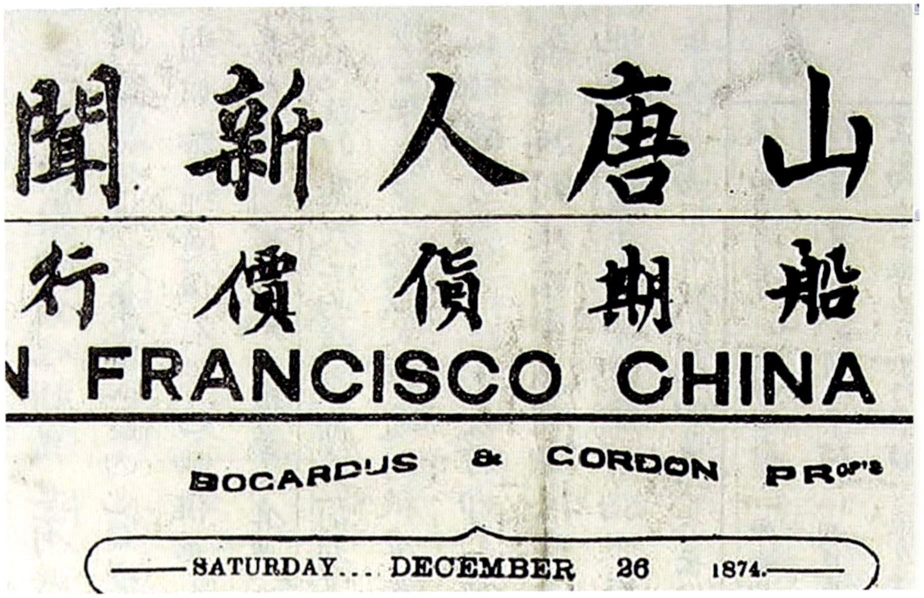

山唐人新聞
船期貨價行
N FRANCISCO CHINA
BOGARDUS & GORDON PROP'S
SATURDAY... DECEMBER 26 1874.

C63

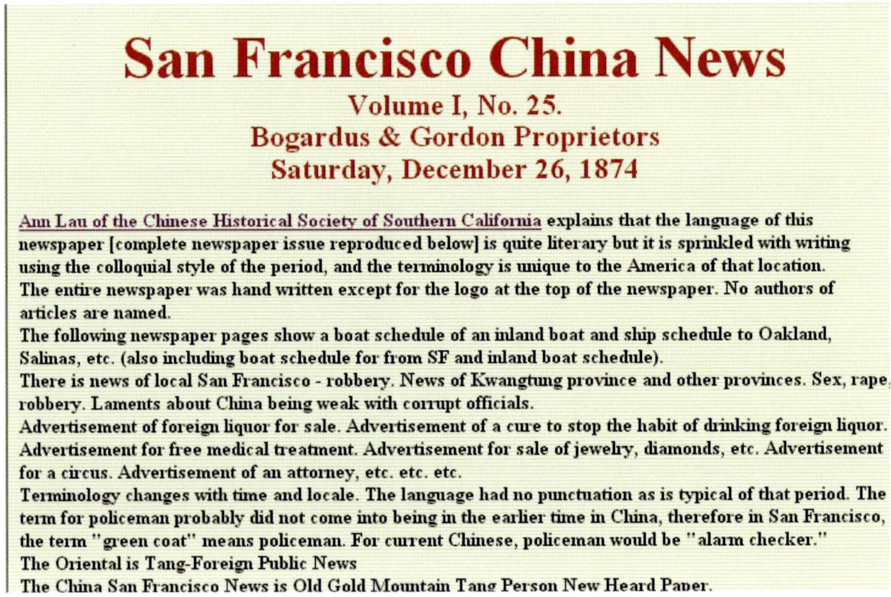

San Francisco China News

Volume I, No. 25.
Bogardus & Gordon Proprietors
Saturday, December 26, 1874

Ann Lau of the Chinese Historical Society of Southern California explains that the language of this newspaper [complete newspaper issue reproduced below] is quite literary but it is sprinkled with writing using the colloquial style of the period, and the terminology is unique to the America of that location.
The entire newspaper was hand written except for the logo at the top of the newspaper. No authors of articles are named.
The following newspaper pages show a boat schedule of an inland boat and ship schedule to Oakland, Salinas, etc. (also including boat schedule for from SF and inland boat schedule).
There is news of local San Francisco - robbery. News of Kwangtung province and other provinces. Sex, rape, robbery. Laments about China being weak with corrupt officials.
Advertisement of foreign liquor for sale. Advertisement of a cure to stop the habit of drinking foreign liquor. Advertisement for free medical treatment. Advertisement for sale of jewelry, diamonds, etc. Advertisement for a circus. Advertisement of an attorney, etc. etc. etc.
Terminology changes with time and locale. The language had no punctuation as is typical of that period. The term for policeman probably did not come into being in the earlier time in China, therefore in San Francisco, the term "green coat" means policeman. For current Chinese, policeman would be "alarm checker."
The Oriental is Tang-Foreign Public News
The China San Francisco News is Old Gold Mountain Tang Person New Heard Paper.

C64

C63 旧金山唐人新闻 1874 年 12 月 26 日星期六船运期货价格广告。
C64 旧金山唐人新闻 1874 年 12 月 26 日星期六船运期货价格广告（英文）。
C65 太平洋铁路货运广告。
C66 1869 年火车货运广告。

C65

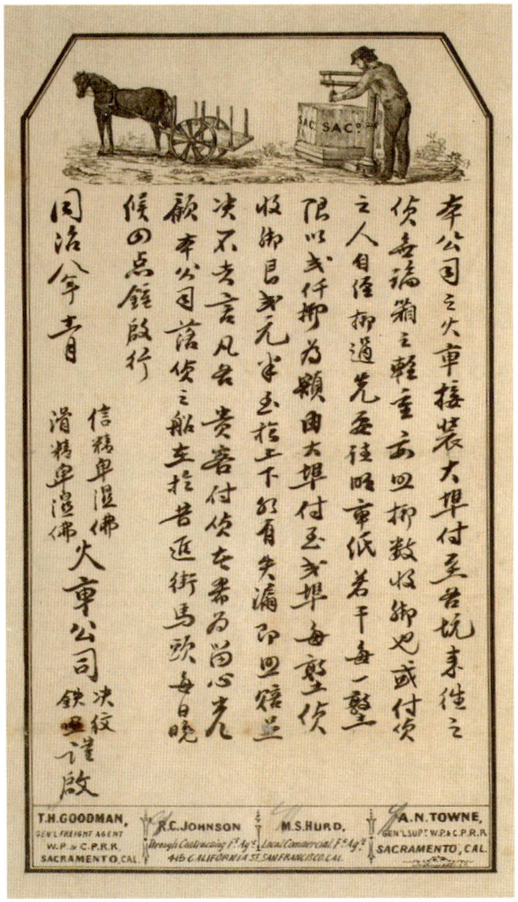

C66

RAILROAD GAZETTEER. 53

SISSON, WALLACE & CO.

GENERAL AGENTS FOR

CHINESE LABOR,

Wholesale and Retail Dealers in

CHINESE GOODS,

GROCERIES,

PROVISIONS, LIQUORS, CLOTHING,

Hardware, Produce, Grain,

And all kinds of Family Supplies.

Well appointed Stores located on lines of Western Pacific, California and Oregon, and Central Pacific Railroads at

Pleasanton, Chico, Truckee, Winnemucca, Carlin, Toano, and Corinne.

We have furnished, and continue to furnish above Railroads with CHINESE LABOR, and are fully prepared to fill orders for this class of labor, in any part of the country.

C67 铁路华人货运广告

Chinese cooks serve

RAILROAD GAZETTEER. 53

COSMOPOLITAN HOTEL,

ELKO, NEVADA,

J. D. TREAT.......... Proprietor

ALL PASSENGER TRAINS STOP AT THIS STATION

25 Minutes FOR MEALS.

MEALS,

75 cts. in Coin, or $1 in Currency.

Any Parties wanting Game, Trout or Chicken Dinners,

By telegraphing ahead will be served in the finest style.

SATISFACTION GUARANTEED.

RAILROAD GAZETTEER. 97

HUMBOLDT HOUSE.

HUMBOLDT STATION, C. P. R. R.

The best Eating Station on the line of the Central Pac. R. R.

Trains Stop 25 Minutes for Meals!

The Table is supplied with all the delicacies of the Season.

I dined at the Humboldt House.

Meals, 75 cents Coin, or $1 Currency.

The finest water east of the Sierra Nevada Mountains, brought from a living Spring, and supplying a beautiful Fountain in the Bar Room.

DANIELS & MEACHAM.......................Proprietors.

4

C68 CPRR 火车站中国食品供应广告

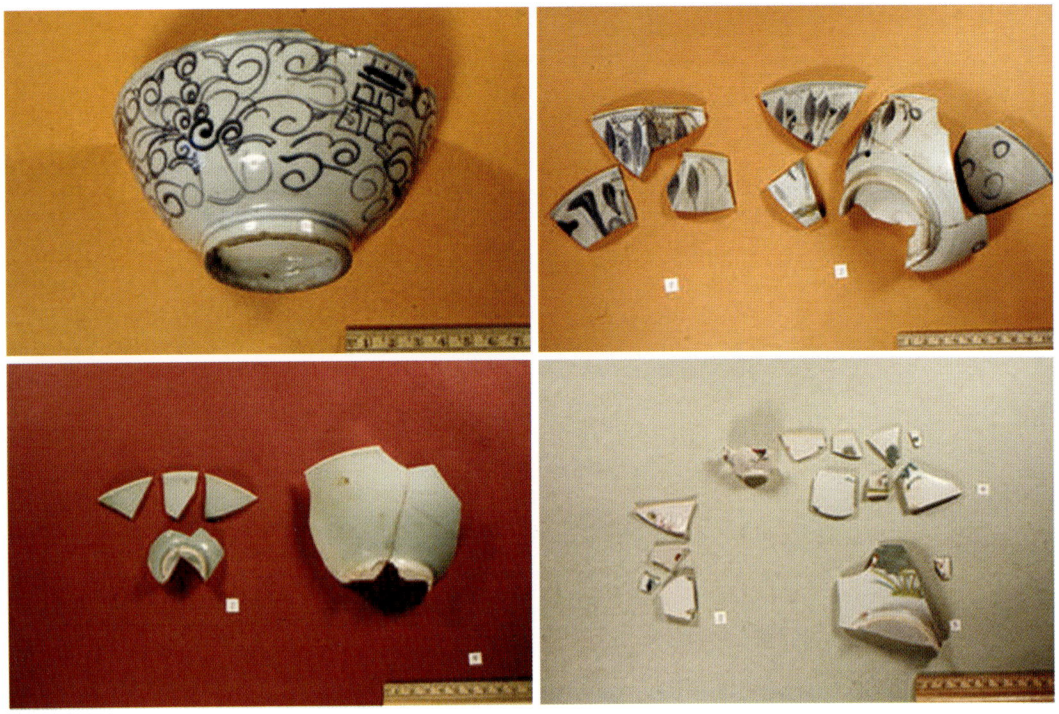

C69

C69/C70/C71 美国考古学者发现的铁路华工的生活残片。

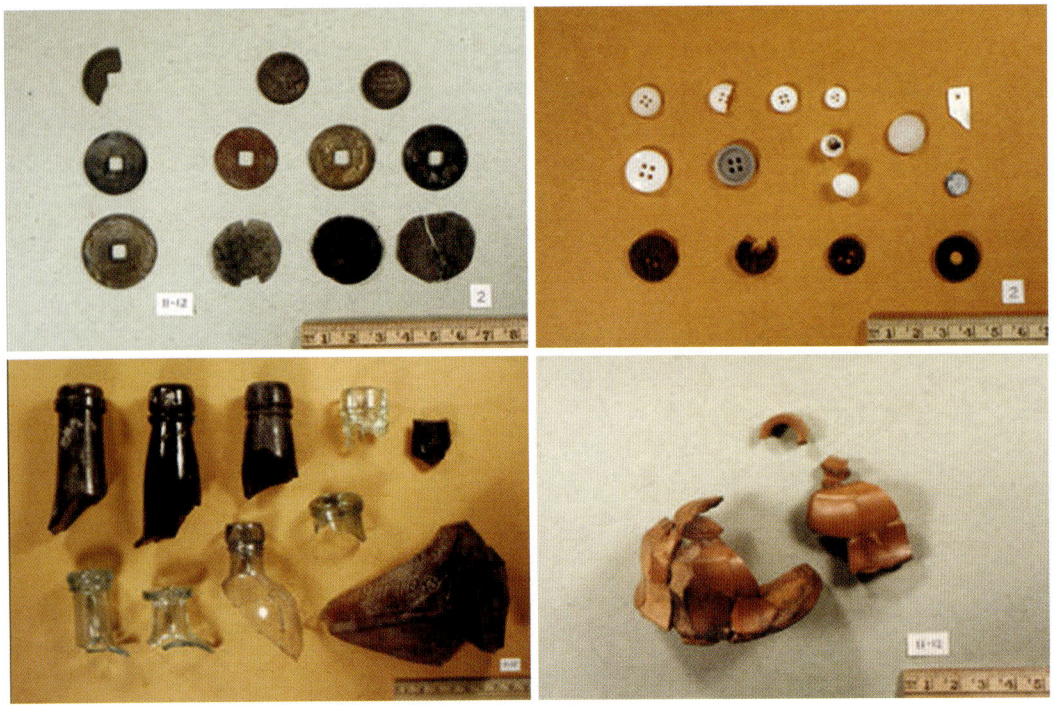

C70

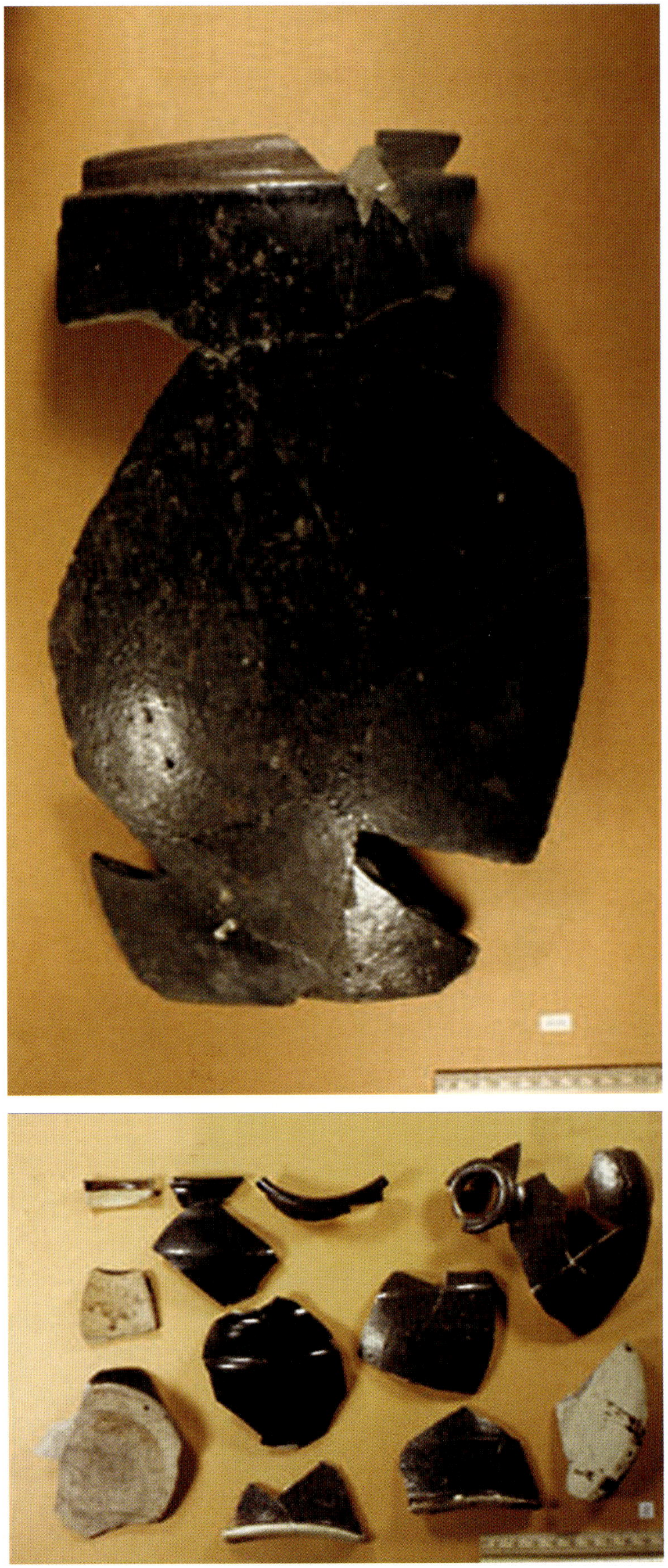

C71

C72

C73

C74

C75

C76

C72/C73/C74/C75 美国考古学者发现的铁路华工的生活残片。
C76 李炬拍摄铁路沿线发现的华工生活残片。

PACIFIC RAILROAD COMPLETE.

C77

C77 美籍华人和白人姑娘喜结良缘。1869 年 6 月 12 日刊登一幅太平洋铁路建成后美国华人与美丽的白人姑娘喜结良缘的图片，这表明尽管主流媒体并不认同，还是存在华人与美国妇女通婚的情况。有关当时华工和白人女子通婚情况尚待深入探寻。

Jim and Chew Fong Low

C78

C78 温尼马卡铁路华工 Jim Low 和他的妻子 Chew Fong Low 两人的照片。
C79 Chew 一家的 10 个孩子。
C80 Chew Fong Low 同孩子的合影。

Chew family of 11 children (INS)

C79

Chew Fong Low and children

C80

C81 铁路小站（纽约大都会博物馆藏油画）

C82 西部往事（电影画面截图）

C5 华工墓地 | Graveyards

系统收集华工墓地资料相当困难，原因是铁路华工先人姓名等基本资讯的缺失，在美国多数是无名冢，如在内华达州拉夫洛克的华人墓地、波特兰的郎花墓地、洛杉矶的华人墓地、加州圣荷塞华人墓地等。已知有数千铁路华工先人遗骨，由在美国旧金山等地的华侨组织和慈善机构经香港东华医院等慈善机构运回我国广州和五邑地区，比较集中的有广东新会的黄坑海槐华侨义冢墓群、金牛山黄 坑鹤嘴华侨义冢等几处，还有广州白云山华侨千人墓等，均为无人认领的群葬墓，而死者的名字等信息同样不很清晰，至于为当年铁路华工亲人安葬在家乡的墓地则知之更少。

These were scattered not only over the United States, but also the Pearl River Delta in China's Guangdong province. It is very difficult to systematically collect information on these graveyards, particularly names and other basic information. Many graveyards in the United States contain nameless Chinese workers, including Lovelock graveyard in Nevada, Long Fir cemetery in Portland and the Chinese graveyards in Los Angeles and San José, California.

What we do know is that thousands of remains were shipped via Tung Wah Hospital in Hong Kong to Guangzhou and the Wuyi region through the auspices of overseas Chinese organizations and charities in San Francisco and other cities. These were then buried in public cemeteries such as the overseas Chinese graveyard at Huangkeng Haihuai in Xinhui, Huangchongkeng Hezui on Jinniu Mountain in Jiangmen and the Baiyunshan Oversea Chinese Graveyards in Guangzhou. However, no one has claimed the remains and names and other information regarding the occupants are not clear. Less known about also, are the tombs in their home towns.

C83

C84

C83 位于拉夫洛克寞山脚下的华人墓地。铁网栅栏围起来的一块墓地里，两排大约 40 余位客死美国的华人在这里安息。墓地都没有任何标记，没有姓名，没有祖籍地和生卒年月。维护墓地的美国朋友相信是 150 年前来自中国广东五邑地区修筑太平洋铁路的华工及定居此地后人的墓地。

C84 盐湖城的华人墓地。

C85 当年华工遗骨在波特兰郎花墓地被发现。150 多年前那里是一片农场，高大的枞树孤独地挺立着。当农场变成了墓园，枞树就成了墓园的标志。墓园的名称也由此而来——Long Fir's Cemetery。

从 1891 年到 1928 年，有 1 000 多名华人劳工被埋葬在这里。当地地方志记载：当时，大部分华工从事着修筑铁路或者挖金矿这样繁重的体力活。在波特兰用来安葬拓荒者先驱的墓地，华工却被要求与他国人隔离安葬。墓区对所有的安葬者都有详细的登记，唯独没有华工的姓名，有的只是为统计人数需要而被加以标注的、一连串的“Chinaman”。

C86 2010 年 3 月 8 日，洛杉矶东部“长青公墓”揭幕一座纪念墙，纪念 19 世纪末参与修筑美国太平洋铁路的华工。纪念墙正面主体呈浅褐色，中央黑底壁面上用繁体汉字刻一副对联：“前人勇拓基备尝苦难，后进应奋发敬慰英灵”，横批“缅怀先贤”，日期记为“公元二零零九年”。上下联之间的区域横书对联的英文和西班牙文译文。

C85 波特兰朗花墓地

C86 洛杉矶长青公墓

圣荷塞华裔先人墓

The Historic Chinese American Cemetery of San Jose

C87 圣荷塞华人墓地。

C88 圣荷塞华人墓部分受毁墙中的祭祀坛。

C87

C88

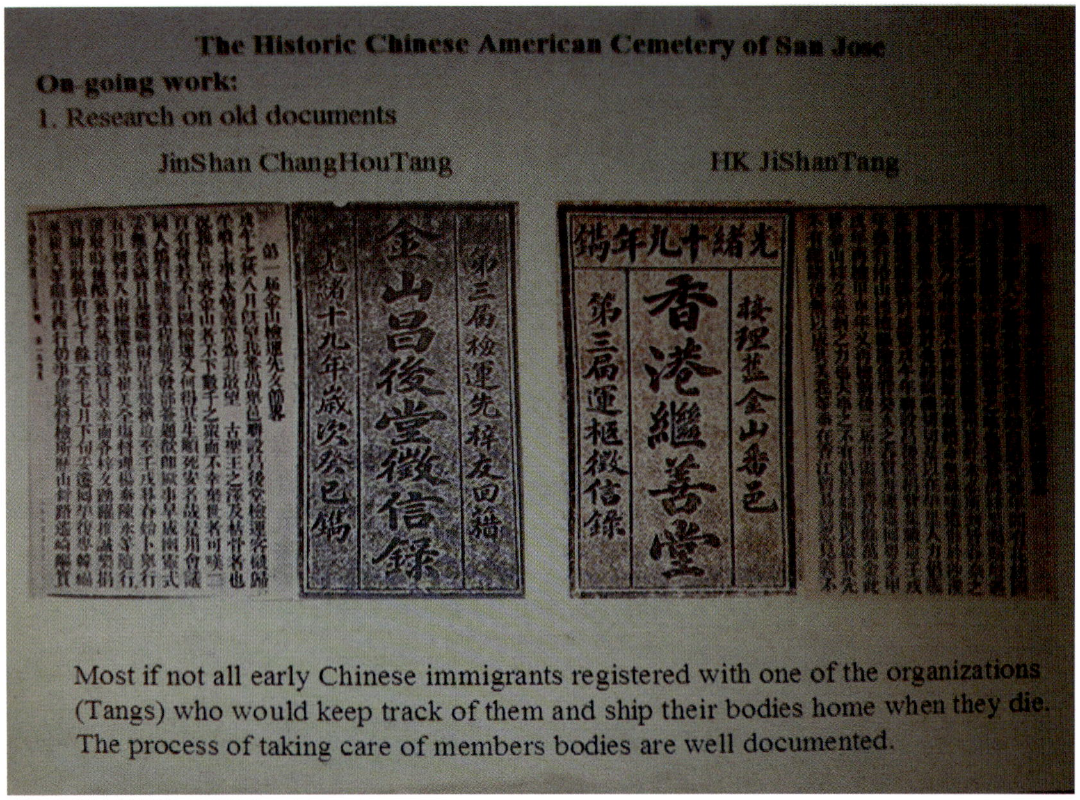

C89

C90

C91

黄坑海槐华侨义冢墓群

Huangkeng Haihuai Public Cemetery for overseas Chinese

C89 1893 年(光绪十九年)香港接理旧金山检运先友回籍节略、第一届金山检运先友节略。

香港接理旧金山检运先友回籍节略

盖我中国人之客于旧金山者始自道光暮年间有花旗国人招徕开矿采金可称致富之地也。我番禺梓里间斯境遇遂趋之如群蚁赴羶焉。然虽扬(原文为杨)州景好未必所到皆春,奈之何其间乃有时运不齐,修短有数,续命无丝,叹遗骸与沙漠荒冢纍纍,念情亲于桑梓,痌瘝切切,是以在埠里人力倡议,举检运维筹于咸丰八年戊午年(1858 年),联设昌后堂,捐资集腋迨壬戌年(1862 年,同治元年),举行沿山搜检艰险备尝。癸亥之春(1863 年,同治二年)买舟运返回粤。至甲戌年(1874 年,同治十三年)在检。甲申年(1884 年,光绪九年),又检,前后三届,共需经费拾余万金。此借金山梓友善举创之力也。夫事之不有倡于始,无以启其先,不有继诸后,无以成其美。我等忝在香江贸易岂忍见义不……

以上左写于光绪十九年(1893 年)香港继善堂(HK JishanTang),接理旧金山番邑,第三届运柩征信堂,(光绪十九年,即 1893 年)。另有文字记载:第三届运检先梓友回籍,金山昌后堂征信录(Jin Shan ChangHou Tang),光绪十九年岁次癸巳镌。

第一届金山检运先友节略

戊午之秋八月,既望我番禺举邑联设昌后堂检运客榇归茔坟土,事本情义当为非敢望　古圣王之泽及枯骨者也。况我邑共客金山者不下数千之众,而不幸弃世者可叹二百有奇,若不计图检运有何得其生顺死安者哉。是用会议同人笃行斯义,章程备及,发部签题,欲即厥事,早成幽灵式土无奈。岁月易迁,瞬尔星霜几换,迨至壬午暮春,始卜举行。五月初旬,入南检迁,特专崔美全场督理杨泰、陈永等随行,……

C90 广东江门市新会区人民政府 2006 年立新会区(县、市)文物保护单位黄坑海槐华侨义冢墓群。

1992 年以来至今在广东新会、台山发现七处义冢。最先发现的是黄坑海槐华侨义冢。葬于 1893 年(清光绪十九年),1993 年重新安葬,共 387 穴,其中男性 362 人,女性 25 人。坐西向东,宽 16 米,深 18 米,站地面积 288 平米。墓群中有石碑三块,其中一块为"义冢"碑,其二为墓葬碑记,第三块为"义冢后土"。

C91 黄坑海槐华侨义冢墓群墓志,上面刻有"金山各阜先友骸骨运回本邑,自光绪十四年至十八年二月,除领回安葬外,尚存三百八十七具,于本年二月二十三日安葬与此。光绪十九年岁次癸巳仲春仁堂谨志"。

据欧济霖先生研究统计，该冢现存386块墓主碑中，名字前带“亚”字的有57人，带“阿”字的有17人，共74人，占墓主总数的19.06%。欧济霖分析，新会方言中，“亚”、“阿”作为名字的前缀是同义的，用于文化水平不高的低层人士之间彼此熟不拘礼的互称。刻墓碑本是一件庄重的事，要用全名，但出现这么多带“亚”、“阿”字的名字，只能理解为不得已——同伴由于文化水平、工作、生活条件的局限，没有记下死者的全名，仅凭相处中的互称做墓碑。欧济霖认为，由此可想而知，这批墓主在国内的社会地位和旅美时期的处境。此外，墓主碑上带“福德”的名字有29个，占7.05%。除“福德梁公”、“福德赵公”、“福德谭公”、“福德诸公”、“福德先姑”5名外，其余24位就以“福德公”为标志，仅能表明死者为男性，连姓氏也没有，实质上是“无名氏”。中国人一贯对死者厚道、尊敬，称之为“无名氏”，难免令人联想到死者的悲惨处境，有些残忍，而“福德”是褒义的，用作这些无名死者代词是恰当的，于是义冢上出现这么多“福德公”，这反映了当年这批客死他乡的同胞生前死后的悲苦，也反映了中国人（新会人）心地善良，对同胞、对乡亲的深情厚意。

C92

C93

C94

C95

C92/C93/C94 广东五邑地区的新会是我国的第一侨乡，迄今在这里先后发现了五处华侨义冢群，这些华侨义冢群成为新会独特的华侨叶落归根的墓地文化研究和一个半世纪左右海外华侨包括铁路华工记忆的重要遗物和历史见证，他们是默默无闻的我国近代史上第一批出洋的农民工，是沉默的道钉和中外文化交流的使者。

C95 欧济霖老人独自在这里守护了15年。

C96 黄坑海槐华侨义冢。1993 年在中国广东五邑重新安葬，共 387 穴，其中男性 362 人，女性 25 人。

C96

C97

金牛山华侨义冢群，民国时期由仁安医院建设。坐北向南，墓穴分三块分布，占地约 1 500 平方米，目前清理发现近 1 373 穴。墓穴型制为半圆形的沙灰冢，红阶石及石质墓碑。半圆形坟头，排列成行，每行 1 至 7 个不等。碑文除标有墓主名字外，一般还标有籍贯、仁安医院接受批次等信息。墓主籍贯除五邑人外，还标有湖南、连县、肇庆、钦州等地名，女性比例较高。该墓群数量多、保存好，为全国罕见，是广东新会现有规模最大的一处华侨义冢群。

C97/C98 广东江门市人民政府 2012 年 12 月 10 日立江门市文化保护单位，金牛山华侨义冢群。

C98 金牛山华侨义冢群碑文

C99/C100/C101 2014年3月27日广东江门市部分人大代表等对华侨义冢群保护问题进行调研。义冢是江门侨乡的殡葬文化，已发现有7处，其中6处集中在广东新会。

C99

C100

C101

旧金山华侨千人墓

Baiyunshan Public Cemetery of a thousand overseas Chinese from San Francisco

广州白云山有座旧金山华侨千人墓，创建于 1871 年的广州首家慈善机构“爱育善堂”，为实现海外华侨落叶归根的遗愿，与美国政府交涉，并于 1887 年派人将旧金山的这批遗骨运回国内，安葬在广州市白云山下横枝岗市胸科医院内，俗称“华侨千人墓”。

旧金山华侨千人墓碑文上记载着：“旧金山故友四百五十七位，妇四百六十七位墓……光绪十三年丁亥仲秋运回粤。”光绪十三年即公元 1887 年，正是太平洋铁路建成和美国大规模排华之后。

旧金山华侨千人墓的遗骸从旧金山集中转运，时间略早于 1893 年的广东新会仁义村黄坑海槐华侨义冢。

C102

C103

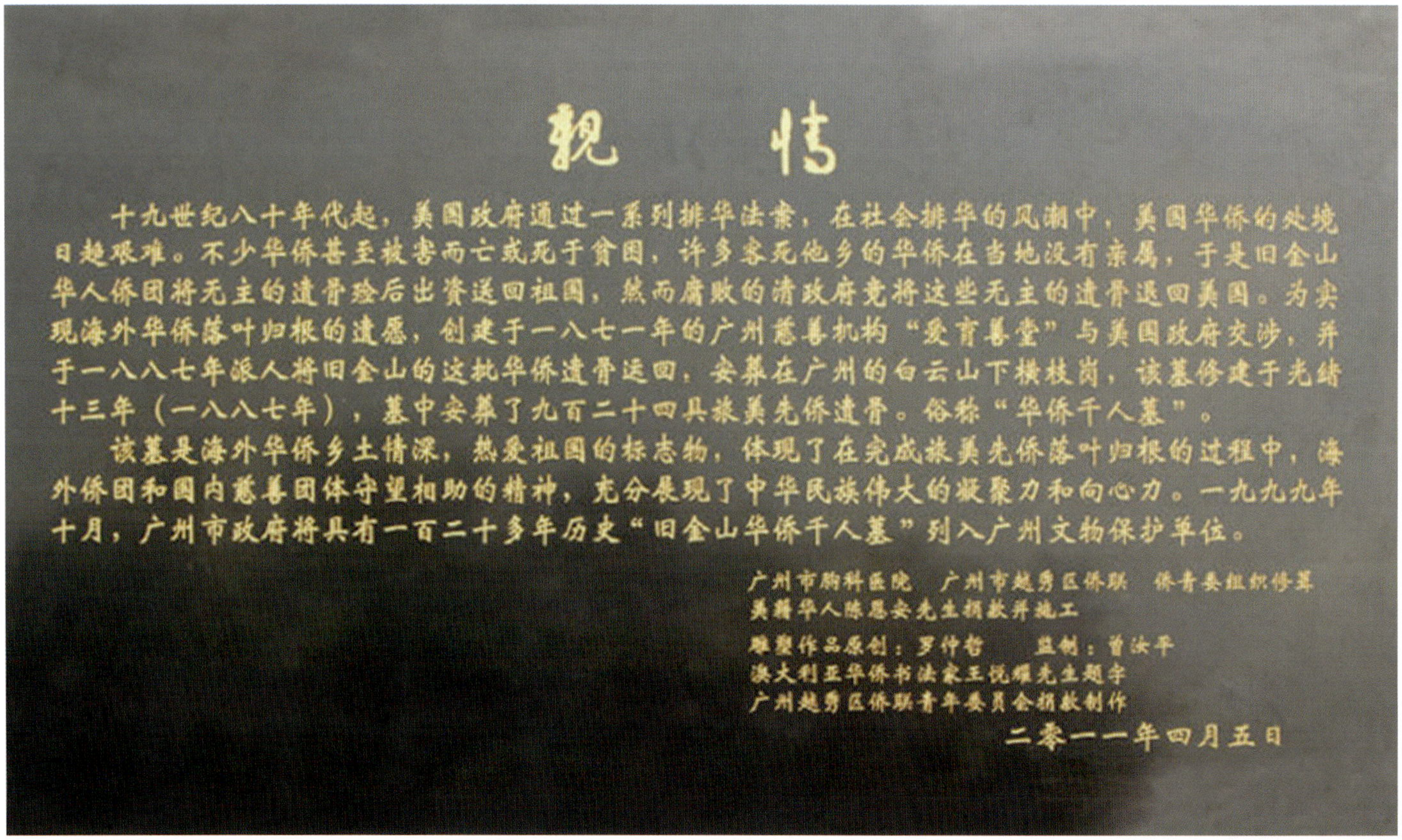

C104

C102 广州市文物保护单位旧金山华侨千人墓。

C103 旧金山华侨千人墓碑文上记载着：“旧金山故友四百五十七位，妇四百六十七位墓……光绪十三年丁亥仲秋运回粤。”

C104 旧金山华侨千人墓碑文。

C105/C106 旧金山华侨千人墓。

C105

C106

华人华侨丧葬习俗
Overseas Chinese Funeral Customs

C107 “执金”是广东话，意为开坟收拾死人的骨殖。美国《哈珀斯周刊》1879年1月25日第77页刊登当年旧金山华人坟场“执金”图片。

C108 加州科尔玛（Colma）的华人葬礼。照片显示华人举行葬礼时的服饰、祭祀的食物和墓地。

C107

C108

潮龙起教授2010年著《美国华人史（1848–1949）》（山东画报出版社）中谈到当年在美国的华人华侨的丧葬习俗“洗骨”（即重新安葬），书中叙述了遗骸辗转运回国内的某些细节。如：华侨社团出面购置坟场，安葬这些死在美国的华侨，并在一定时期内将其遗骸运送回国。如美国番禺华侨1858年成立的金山昌义堂就一直有资助川资、捡运遗骸之善举，并在六山坟场辟有墓地。三邑会馆曾于1898年联合冈川、肇庆、阳和、合和、人和五馆，集资购买了圣马特奥县欢乐谷山地的一大段，以此作为永久坟场，将原葬于旧金山附近林肯公园的乡人坟场迁至此。书中谈到，收集和清理遗骸，并将它们运回死者家乡安葬，被美国华人看做是一件大事。金山昌义堂每年有春秋两祭，每约十年则捡运各埠遗骸回国。由香港继善堂接理，分别转回原籍安葬。该堂首次捡运遗骸于1862年，直至同治二年（1863）三月运柩回港，捡运灵柩258具。1876年番禺昌义堂进行第二届捡运遗骸，计拾得灵柩858具。1893年间，又有第三届捡运先友之举，但因港方主理者移交后人，日久生弊，竟不了了之。

C109

卢礼屏和他的保良局

Lv Liping and the Po Leung Kuk (Society for the Protection of Women and Children)

C109 卢礼屏（1829–1884），生于广东省东莞市虎门镇村头村。1852 年 9 月 30 日，抵达美国旧金山，随后在附近的金矿挖金历经艰险。26 岁回归故里，他不仅广置田地，兴建祠堂，修葺祖坟，还先后在东莞、番禺、南海、广州等地建房置业，而且施医赠药，扶危济困，致力于慈善事业。1872 年，由华人捐资创办的首间华人慈善医院——东华医院在香港上环普仁街诞生。随后，广华医院和东华东院相继建成，后来人们把广华医院、东华东院、东华医院并称为东华三院。按照卢礼屏等人最初倡导的宗旨，一直秉承“救病拯危、安老复康、兴学育才、扶幼导青”的使命和承诺，在中西医医疗服务、教育服务、社会服务等方面发挥了重大的作用。

C110 保良局成立初期全体总理合影。右三为卢礼屏。

“保良局”是继东华医院之后，香港历史最为悠久的慈善机构之一，初时又称“保良公局”，顾名思义，谓之“保护良民，秉照公道”。中央电视台在 1997 年香港回归前夕的大型系列专题片《香港百年》，其中重点提到了卢礼屏（卢赓扬）与南北行公所、东华三院，保良公局的密切关系，高度评价了其百年流芳的善举功德，卢礼屏的慈善公益事业从东华三院成立后，保良公局又是他新的壮举。施善缘的卢礼屏让百年保良在省港慈善界开启了一代先河，使无数流离失所、无家可归者获得了人间温暖，得到了救助。卢礼屏作为保良局创始人时至今日，它重大的社会意义依然闪耀着光辉。

C110

C6 华工文献 | Documents

已经出版的大批政府档案、文献资料，毫无疑问是我们研究美国铁路华工问题的官方视野，也是重要的考察依据。这里列举了陈翰笙主编的《华工出国史料汇编》，台湾“中央研究院”近代史研究所编的《清季华工出国史料（1836-1910）》，以及《美国对华政策文件选编》等文献。

清代外交档案文献汇编全文数据库为我们提供了数据库查询的范例，全文检索、专题检索、条目检索等均很方便，尤其是通过专题检索可以迅速获得需要的相关信息。族谱、家谱、石刻资料、乡土志等很可能含有鲜为人知的史料。合作开展广泛的华工墓地、墓碑、义冢的普查和追溯研究，也许为美国铁路华工研究开辟一个新的思路。

The voluminous published government archives and documents are undoubtedly important material for the study of the issue regarding Chinese railroad workers in the United States. The major references include: *Collection of Historical Material of Overseas Chinese* edited by Chen Hansheng; *Historical Material of Overseas Chinese in the Qing Dynasty, 1836-1910*, edited by the Institute of Modern History, Academia Sinica; *Selected Documents on China-US Relations* compiled by Yan Guangyao and Fang Sheng. The full text database of diplomatic archives and documents in the Qing Dynasty has provided us with answers to queries, and the full text retrieval, topic retrieval, and item retrieval are very convenient. Using topic retrieval in particular, we can quickly obtain related information. Lesser known material may be found in the clan pedigree, genealogy and stone carvings, as well as local records. Collaboratively conducting a general survey and researching the tombs of Chinese railroad workers may turn out to be a new approach to the subject.

C111

C111 《华工出国史料汇编》第三辑《美国外交和国会文件选译》。本书提供比较丰富的中外资料。这是全书十辑中的第三辑，分三部分：第一部分美国外交文件及公档汇编，主要是美国与中国丛刊：条约制度与太平军起义（1842-1860）第十七卷苦力贸易与中国移民；第二部分美国加利福尼亚参议院为调查中国人入境问题而征集的证词汇编；第三部分美国国会参众两院调查中国人入境问题联合特别委员会报告会。”

C112

C112 《华工出国史料汇编》（第七辑：美国与加拿大华工）。本书出版说明中提到：“清代华工出国达千万之多，其中虽有因我国的封建统治下农村破产、民不聊生、自愿出国者，虽大多数系被拐骗、掠贩而去，被称‘猪仔’。在出国途中，备受非人虐待，因而有很多人病死途中，有的跳海自杀，所以把贩卖华工的船只称为‘浮动地狱’。及至到达目的地后，又复受牛马不如的虐待，须操艰苦不堪的劳役。”“美国向西部的开拓，美国、加拿大横贯大陆铁路的修建，均得力于华工。”

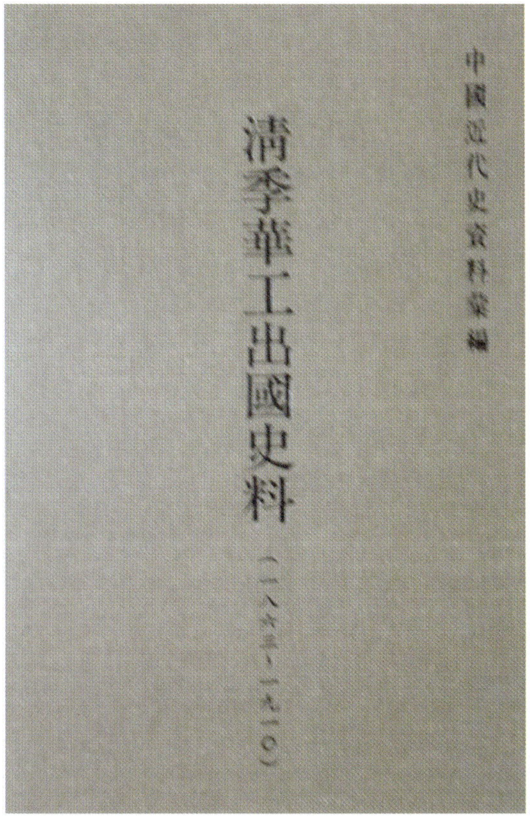

C113

C113 《清季华工出国史料 1863–1910》（中国近代资料汇编）。本史料依据档案馆库藏清季总理各国事务衙门及外务部档案中相关出洋华工之史料编撰而成，时间起自 1863（同治二年），止于 1910（宣统二年），按照国别地区分类。

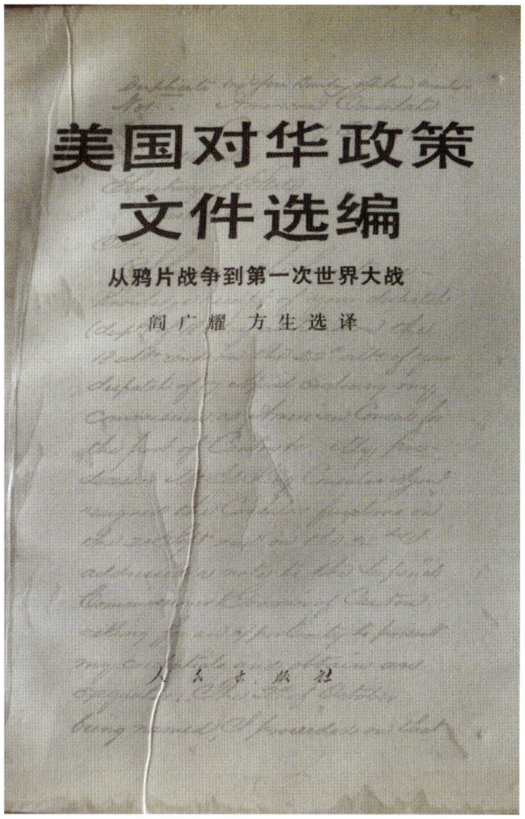

C114

C114 阎广耀、方生选译的《美国对华政策文件选编——从鸦片战争到第一次世界大战（1842–1918）》。杨生茂在本书序言中写道：“本书包括 1842–1918 年间中美关系史中美国官方原始文件 234 篇。据我所知，这样较系统、较全面地选择美国官方原始材料，在我国中美关系史研究中，真可视为创举。”本书第七部分的内容是排斥华工与华人移民（1868.9–1905.12）问题。

C115

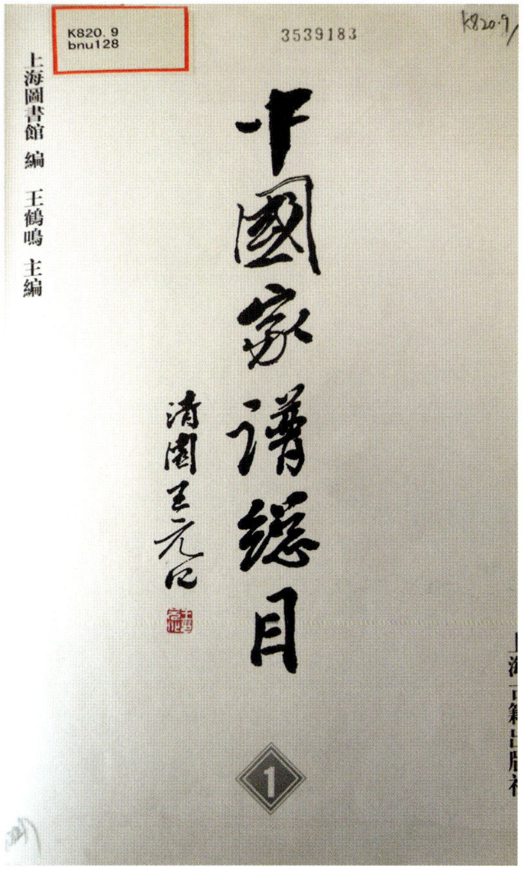

C116

C115/C116《中国家谱总目》。全书 1 200 万字，共 10 册，总计收录了中国家谱 52 401 种、计 608 个姓氏，是迄今为止收录中国家谱最多、著录内容最为丰富的一部专题性联合目录，较完整地揭示了海内外各地区收藏的中国 56 个民族姓氏家谱的基本情况和存世的中国家谱姓氏状况。

《中国家谱总目》涵盖了北宋编纂、流传最广的《百家姓》中收录的绝大部分姓氏，并且还多了 168 个姓氏，其中包括中国各少数民族的姓氏。作为一部提要式的目录，《中国家谱总目》不仅著录了家谱的谱名、责任者、版本年代、册数等，而且还撰写了该家族的始祖、始迁祖、迁徙路线、历代名人等项内容，以及该谱的特色、谱中有价值资料等，以便为读者提供更多有用的信息。

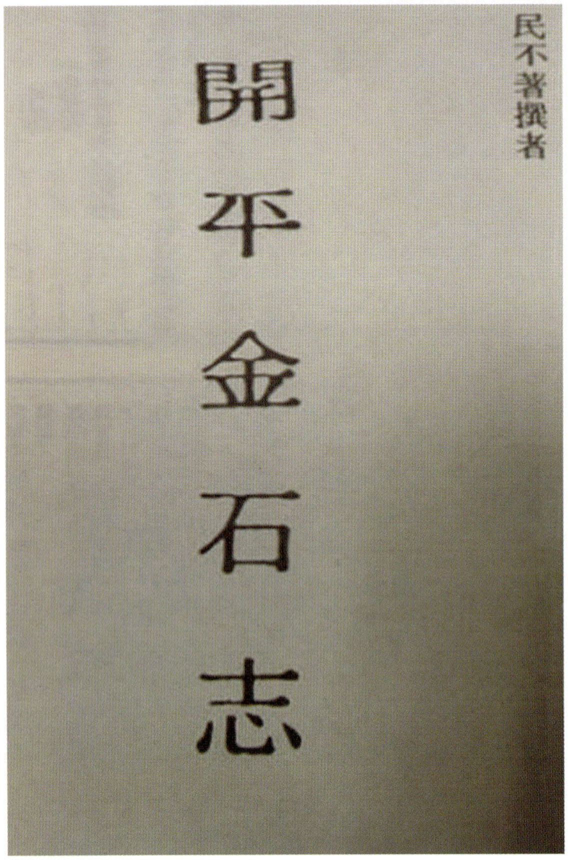

C117

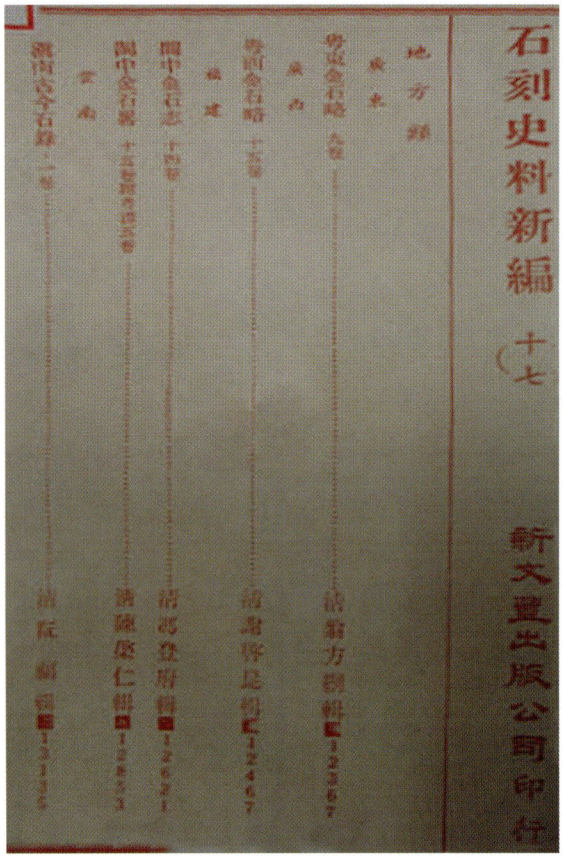

C118

C117/C118 石刻史料。石刻史料从秦砖汉瓦到碑文墓志，上下两千年，内容涵盖中国古代政治、经济、军事、民族、宗教、文学、科技、民俗、教育、地理等各个方面，不仅丰富了中国古代史料文献，而且具有艺术欣赏价值。但是这些石刻并非包罗万象的，受到时间的限制，近代以来的许多石刻似乎并未收入其中，还有像鲜为人知的具有珍贵史料价值的华人华侨义冢，是否收入也有待细心查找，而近代华人华侨的墓刻却是研究华人华侨史的重要史料，我们需要倍加留意。

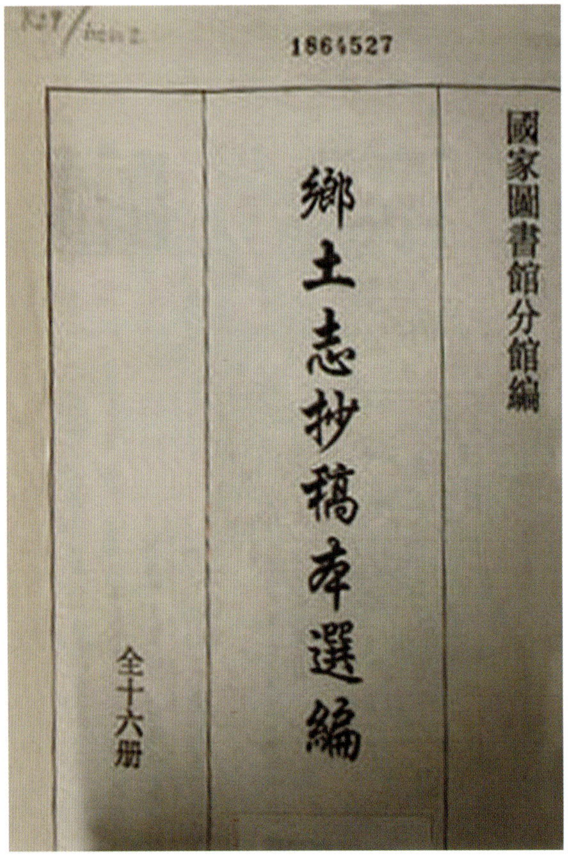

C119

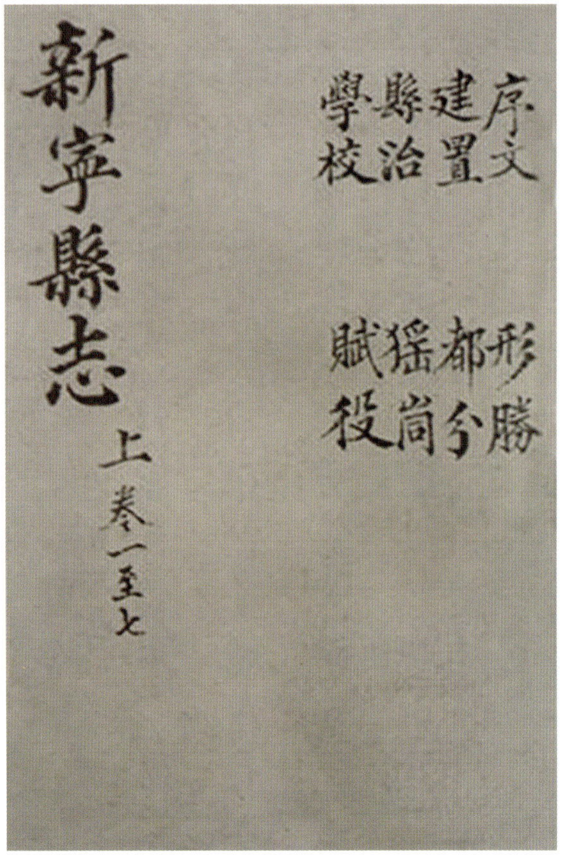

C120

C119/C120 《乡土志抄稿本选编》。乡土志是志书中的一种，与省府州县地方志相比，内容仅涉及历史、地理、格致三大部分。现存乡土志大部分是抄稿本，流传范围有限，但对于了解特定地区例如广东五邑地区涉外传统的乡镇历史地理和风俗就显得非常可贵，期望能够整理开发出更多的乡志来。

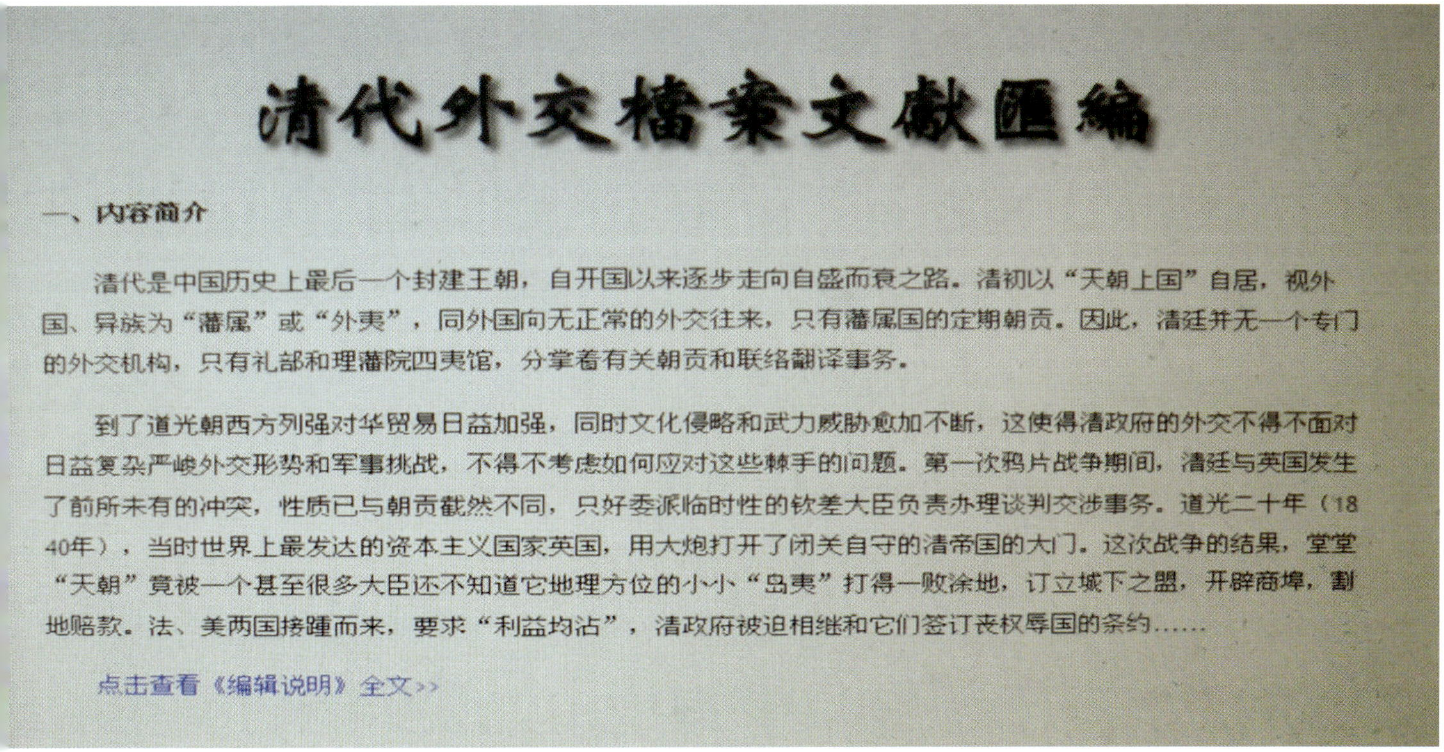

C121

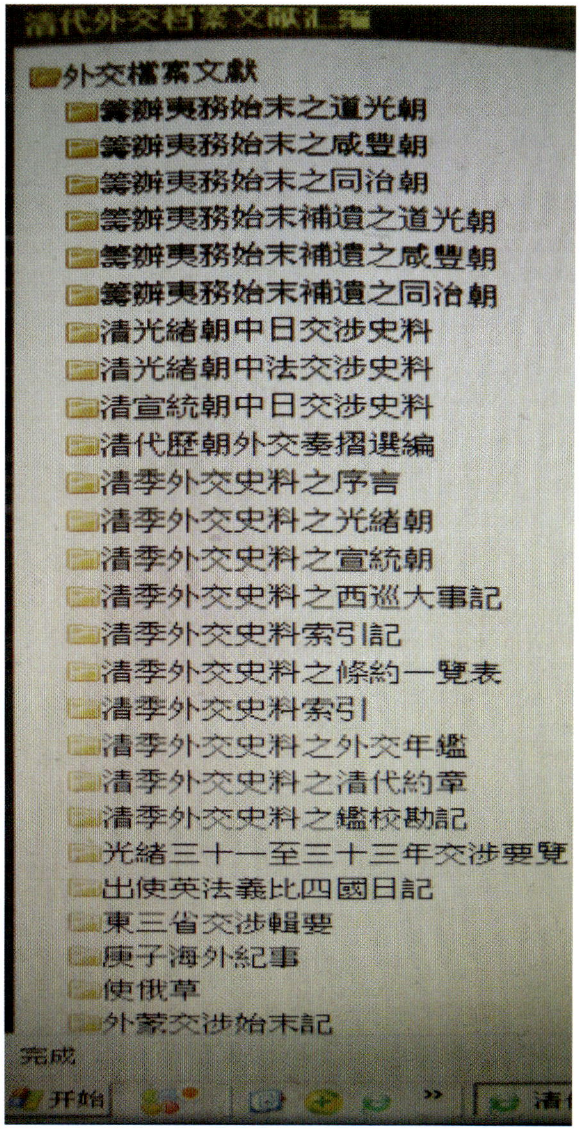

C122

C121/C122 《清代外交档案文献汇编》内容简介及编目。《清代外交档案文献汇编》全文数据库含全文检索、专题检索、条目检索等均很方便，尤其是通过专题检索可以迅速获得需要的相关信息，例如通过排华、华工、美国等专题索引，会很快了解到在这些文献的检索中有哪些是自己需要寻找的，在此基础上再看具体文献篇目，大大提高了查找文献资料的效率。问题在于需要注意检索的文献篇目和准确定位专题的题目和范围及时间，有助于更加集中研究所需的文献资料上。

C7 华工著作 | Books

铁路华工后裔、华裔美国人赵耀贵著《美西大陆铁路的无名建筑者》推动了美国铁路华工史的深入研究。陈勇著《华人的旧金山》用微观方法再现了华人的社会、经济和文化生活。[美]赵汝成、邓武译《旅居者与移民——美国太平洋铁路华工与爱尔兰劳工报纸形象分析》，通过太平洋铁路沿线的媒体报道，披露了华工修路艰辛生活。梅伟强、关泽峰《广东台山华侨史》提供了一些侨乡研究的重要资料线索。《比较、借鉴与前瞻性：国际移民书信研究》论文集，则集中反映了国际书信研究的成果。黄安年的《沉默的道钉——建设铁路的华工》中英文版，《道钉，不再沉默——建设北美铁路的华工》简体版和繁体增订版，从中国历史学者的视角对于北美铁路华工问题研究进行了初步的梳理。

The book Nameless Builders of the Transcontinental Railroad was published in 2004 by William Chew, who is a Chinese American and a descendant of a Chinese railroad worker has enlightened the in-depth study on the history of Chinese railroad workers in the United States. Chinese San Francisco, 1850-1943 by Chen Yong depicts the social, economic and cultural life of Chinese in the city. *WHEN 1,000 WORDS ARE WORTH A PICTURE, How Newspapers Portrayed the Chinese and Irish Who Built the First Transcontinental Railroad* written by Dr. Herman B. Chiu (Zhao Rucheng) and translated by Deng Wu describes the arduous life of Chinese railroad workers by exploring media reports regarding the progress of the CPRR. *Overseas Chinese History in Taishan Guangdong* by Mei Weiqiang and Guan Zefeng has provided some very important reference material for studying the hometowns of overseas Chinese. Essays entitled "*Comparison, Reference, and Perceptiveness: Study on Letters of International Immigrants*" is a collection of the results of research on the international letters of the immigrants. Huang An'nian, a Chinese historian has made a preliminary study of Chinese railroad workers in North America in two research achievements: *The Silent Spikes: Chinese Laborers and the Construction of North American Railroads* (published in both Chinese and English) and *The Spikes No Longer Remain Silent: Chinese Railroad Workers in North America* (simplified Chinese edition and traditional Chinese enlarged edition).

C123

C124

C123/C124 赵耀贵著《美西大陆铁路的无名建筑者》封面和封底。

铁路华工后裔赵耀贵的传世之作“Nameless Builders of the Transcontinental Railroad”（《美西大陆铁路的无名建筑者》），在深入研究美国铁路华工史上具有里程碑意义。他通过山东齐鲁电视台以他的名字在新浪网上开微博，却因健康原因未能坚持下来。他过早地离开了本可在铁路华工研究上更上一层楼的研究。

C125

C125 陈勇著《华人的旧金山》。作者通过大量的英文和中文材料，用微观方法再现了华人的社会、经济和文化生活。本书客观的分析，也让我们走近早年华人的内心世界。这个性别比例严重失调的社区，是一个男人的世界。他们在生活中扮演着多种角色：儿子、父亲、劳工、小店主、烟枪客、票友、嫖客、会馆成员等等。这些角色诠释了他们生命中的悲欢离合、喜怒哀乐。其中第四章 “美国土地上的中国”：阿坤的世界，详细剖析了阿坤来美国生活的详细情况。

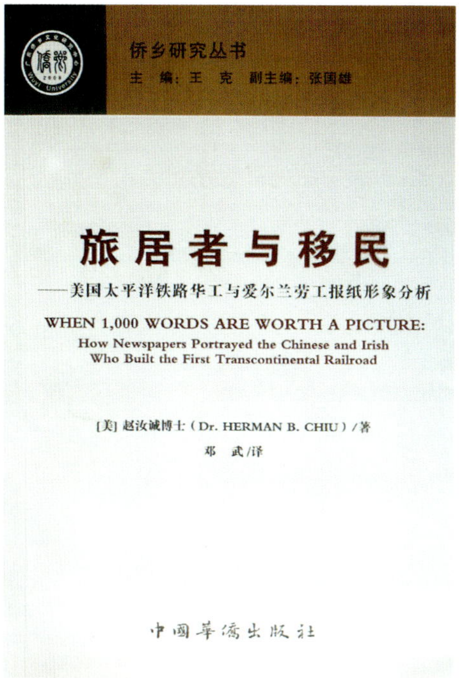

C126

C126 赵汝成著，邓武译《旅居者与移民》。本书以华工当年参与修筑太平洋铁路沿线的地方报纸报道，详尽比较了铁路华工和爱尔兰劳工的形象，尽管当地报纸有大量丑化华工的报道，但还是披露了华工修筑太平洋铁路的事实。

C127

C127 梅伟强、关泽峰著《广东台山华侨史》。广东台山是我国第一侨乡，也是早期去美国人数最多的地区之一。本书为我们提供了一些重要的资料线索并且对早期赴美国的华侨及其贡献进行了梳理，为我们提供了深入研究的广阔空间。

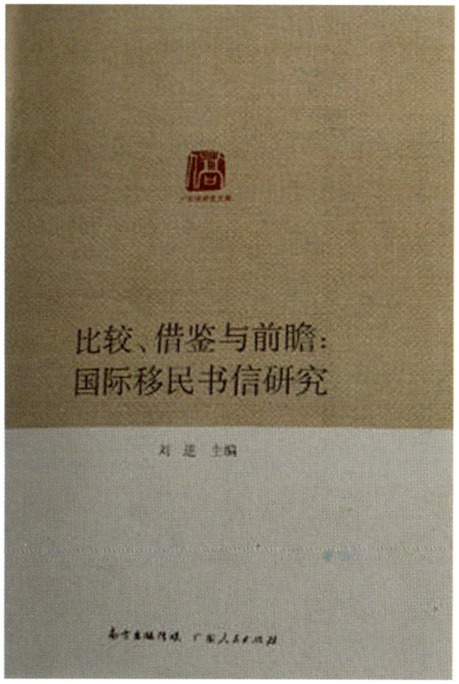

C128

C128 《比较、借鉴与前瞻：国际移民书信研究》。2013 年 12 月在广东五邑大学举行比较、借鉴与前瞻：国际移民书信研究国际学术会议，会后集结出版了《比较、借鉴与前瞻：国际移民书信研究》论文集，汇集了国内外对于 19 世纪末到 20 世纪上半叶广东、福建沿海国际移民书信的研究成果。

C129

C129《沉默的道钉——建设北美铁路的华工》中文版。黄安年编著，五洲传播出版社，2006年。本画册依据许多珍贵的历史图片和较为翔实的文字资料，反映了19世纪中晚期数万华工漂泊海外的坎坷遭遇，展现了一百多年前在北美建设的华工从生存挣扎到立足生根，为当地文明的发展所做出的巨大贡献。

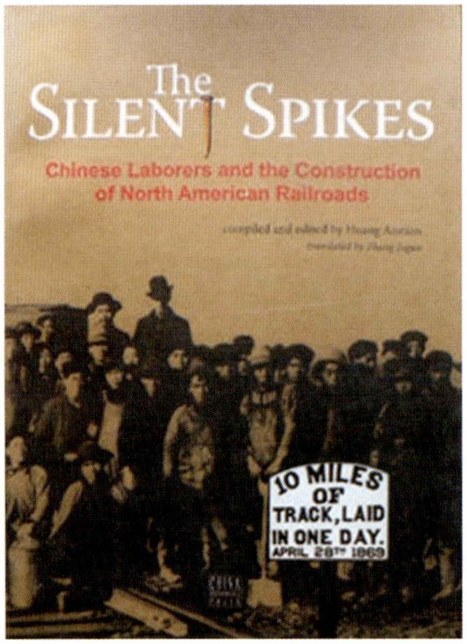

C130

C130《沉默的道钉——建设北美铁路的华工》英文版。黄安年编著，张聚国译，五洲传播出版社，2006年。这是新世纪以来大陆学者第一本以英译著向英语世界介绍建设北美铁路华工的著作，2015年五洲传播出版社将出版修订版。

C131

C131《道钉，不再沉默——建设北美铁路的华工》简体版。黄安年著，白山出版社，2010年。本书收录了31篇文章。开篇《中央太平洋铁路的建成与在美华工贡献》，详尽论述了建成与华工的关系。第2~16篇是对《沉默的道钉——建设北美铁路的华工》详细说明和补充。第17~27篇对铁路华工问题的研究成果和建议。第28~31篇附有四位专家对该书的评论。

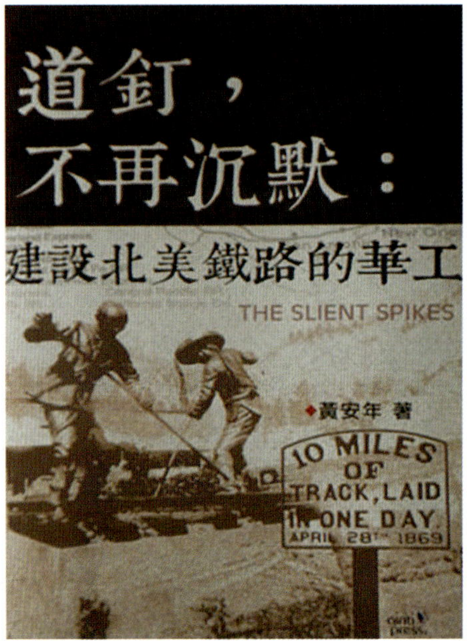

C132

C132《道釘，不再沉默——建設北美鐵路的華工》繁体增订版。黄安年著，台湾华艺学术出版社，2014年。这是在台湾出版的繁体版除了完整保留《道钉，不再沉默》简体版的内容，还增加了最近三年来的相关文章20来篇，包括开展北美铁路华工研究和纪念的短文，呼应美国斯坦福大学开展国际合作计划的倡议等。

C8 华工文书 | Letters

美国铁路华工文书是在美国的铁路华工和国内家人的通信或将侨汇和书信合为银信，寄往国内。1906 年旧金山大地震造成进出美国海关档案的缺失，使一些在美华人只能以在美出生华裔公民子女之名入境美国，旅居北美华侨根据移民官问话内容，编制的入境应对资料的“口供纸”最长达 4 米，以帮助国内亲友通过移民审查。这类文书，是在美国的华人为应对美国移民局审查在中国亲友入境美国而准备的，这是在 1882 年美国排华法颁布后，处于极其困难境地的美籍华人反制美国排华法争取自由移民权利、反对种族歧视的特殊手段，虽然距今已经百年以上，华人谈起此事依然心有余悸，也是有些人难以公开宣称自己就是当年华工后裔的心结之一。

These are the letters, or Yinxin (letters and remittances), sent from the United States to home. In 1906, data regarding Chinese immigrants was destroyed in the San Francisco earthquake, resulting in difficulties for those who wished to re-enter. So some Chinese had to enter the United States using the names of children of Chinese American citizens. Using details based on previous immigration interrogations, Chinese Americans compiled 4-meter long "confession papers" to help domestic relatives and friends pass the immigration review.

These "Paperson" were prepared by American Chinese using details of examinations by the U.S. Citizenship and Immigration Services to help their relatives and friends who wanted to enter the United States. Since the issue of the "Chinese Exclusion Act of 1882" it was also used to fight against racial discrimination towards American Chinese, who were in an exceedingly difficult position, and to stand up for the right of free immigration. Today, Chinese Americans still have qualms when they talk about this episode. It's hidden scars make some of them reluctant to publicly claim they are descendants of former Chinese railroad workers.

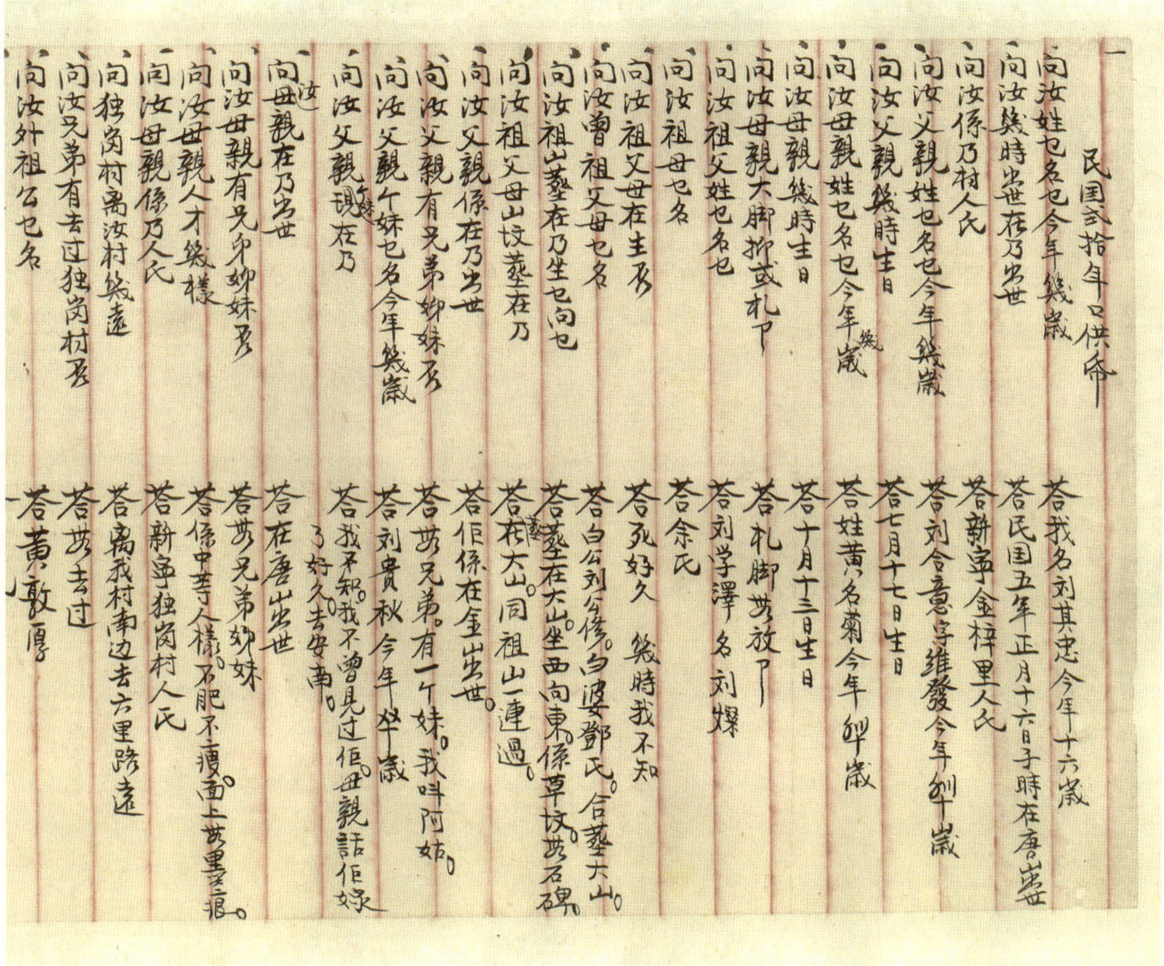

C133 长 4 米的口供纸（节选）

C133 全长 4 米现存最长的“口供纸”是 20 世纪初，旅居北美华侨根据移民官的问话内容，编制的入境培训资料，以便帮助国内亲友通过移民审查。4 米长的“口供纸”上面是问题，下面是答案，毛笔写成娟秀小字，内容庞杂，主要有家庭关系、家居状况、证人关系、相关事件及各类附件等。

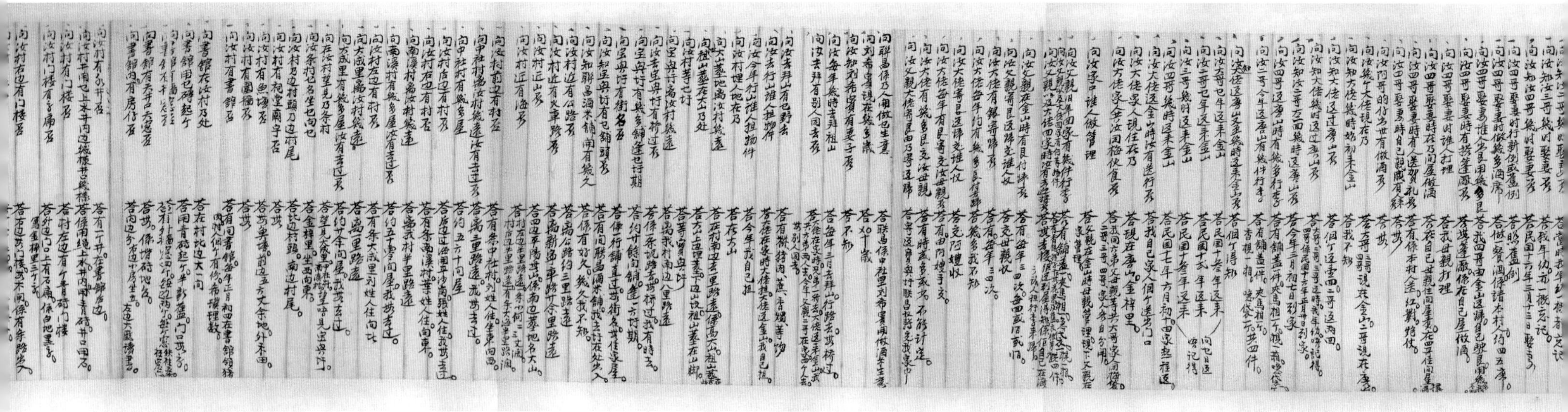

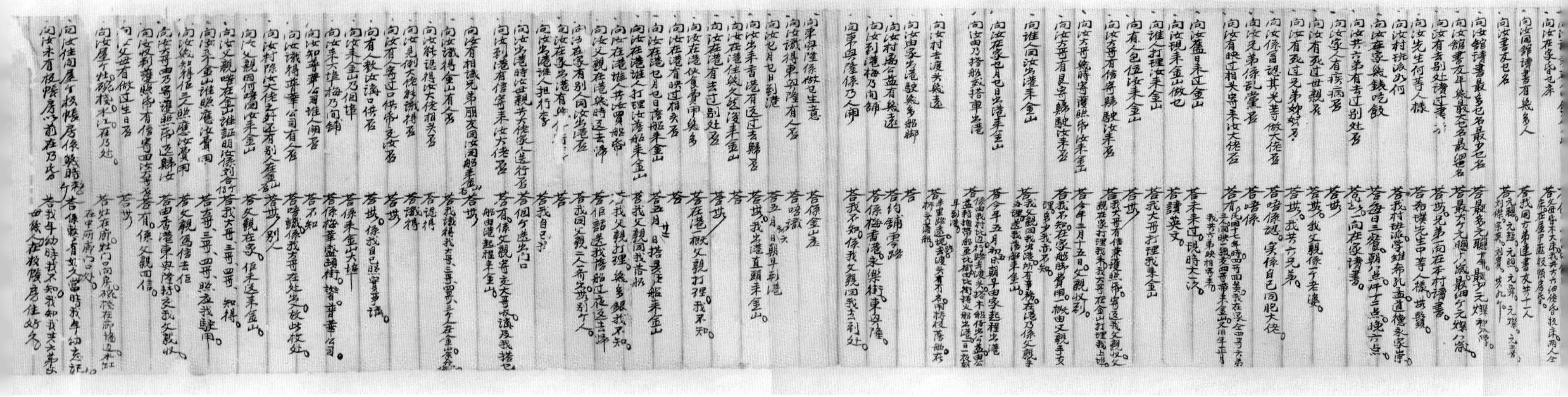

C134 长 4 米的口供纸（全文）

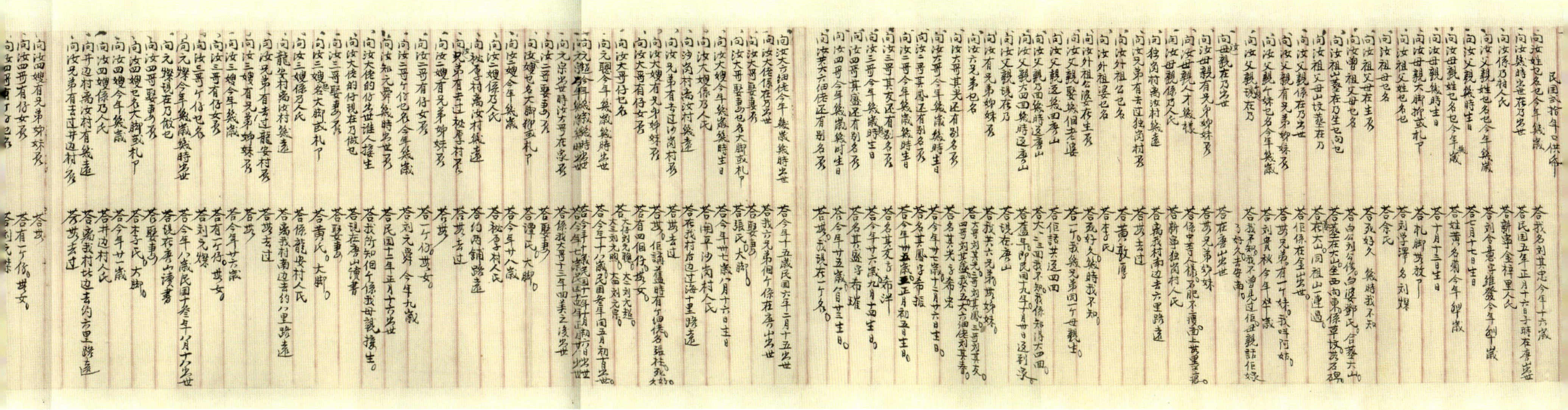

民国贰拾年口供簿

向汝姓乜名乜今年几岁　答我名刘其忠今年十六岁
向汝几时出世在乃出世　答民国五年正月十六日子时在唐山出世
向汝係乃村人氏　答新宁金梓里人氏
向汝父亲姓乜名乜今年几岁　答刘令意字维发今年卅一岁
向汝父亲几时生日　答七月十七日生日
向汝母亲姓乜名乜今年几岁　答姓黄名菊今年卅岁
向汝母亲几时生日　答十月十三日生日
向汝母亲大脚抑或札脚　答札脚无放了
向汝祖父姓乜名乜　答刘学泽名刘煤
向汝祖母乜名　答余氏
向汝祖父母在生冇　答死好久　几时我不知
向汝曾祖父母乜名　答白公刘公修。白婆邓氏。合葬大山。
向汝祖山葬在乃坐乜向乜　答葬在大山。坐西向东。係草坟。冇石碑。
向汝祖父母山坟葬在乃　答在大山。同祖山一连过。
向汝父亲係在乃出世　答佢係在金山出世。
向汝父亲有兄弟姊妹冇　答冇兄弟。有一个妹。我呼阿姑。
向汝父亲个妹乜名今年几岁　答刘贵秋今年卅一岁
向汝父亲识在乃　答我不知。我不曾见过佢。母亲话佢嫁了好久。去安南。
向汝母亲在乃出世　答在唐山出世
向汝母亲有兄弟姊妹冇　答冇兄弟姊妹

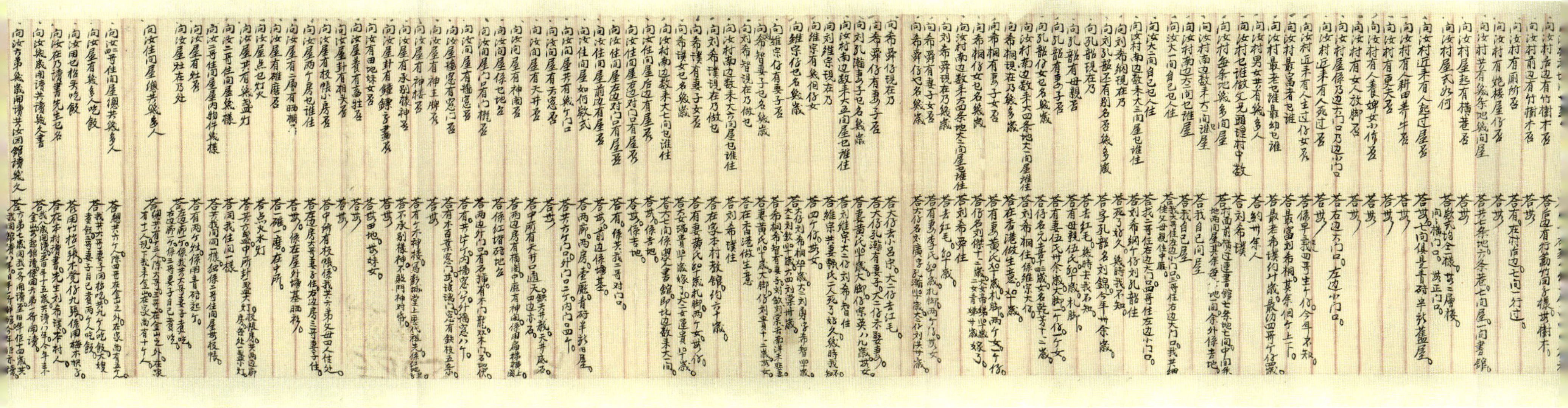

C135 1906 年旧金山大地震惨状

C136 1906 年旧金山大地震使唐人街成一片废墟

1906 年 4 月 18 日，加州旧金山发生里氏 7.8 级强烈地震，并引发大火，绵延数英里将大部分濒临倒塌的建筑烧毁，有千人遇难，数十万人无家可归。大地震使旧金山的唐人街被烧毁，华人损失惨重。频繁的余震使全市半数以上的居民只好在广场、公园里过夜，地震造成的损失超过 2 亿美元。由于华人在 1906 年还不能成为公民，没有选举权，不得购置物业，市长以此为由要求华人迁出旧金山，后来在华裔社区全力争取和侨团首领的斡旋下，华埠得以保留重建权利。大地震使得华人入境资料毁于一旦，从而造成华人再次入境等方面的困难。

2006 年 4 月 Milly Lee 的儿童故事书《地震》，从一个孩子的角度和回忆，记述了一家普通华人在旧金山大地震时的经历。书中描述说，1906 年 4 月 18 日的凌晨，地震将 5 个孩子和他们的父母从床上惊醒，其中一个 8 岁的小女孩就是 Milly Lee 的母亲。父母随即收拾好细软、被子、衣物和简单食物，找来 2 个亲戚和一辆手推车，带着孩子们离开家。当时华埠所有民众都集中在花园角广场，等待天亮，有的准备逃往金门公园，也有许多华人前往屋仑华埠，当时那里只有一个小小的华人聚集区域。天亮了，人们用手扒开一条路，让手推车通过，一大群人就这样手脚并用地爬山越岭。终于到达了为华裔设置的栖身帐篷时，人们才吃到食物、可以睡觉。 由于当时种族歧视严重，出于对人身安全的考虑，很多华人只敢在华埠活动，地震逃难是他们生平第一次走出华埠，认识旧金山。而当时的避难收容所，也是将华人单独隔离开来。当时另外一个严峻的历史事实是，在地震之后的全市重建计划中，华埠最初没有被包括在内。

由于旧金山大地震摧毁了若干官方文件之故，使得一些华人只能以在美土生华裔公民子女之名入境美国。不过他们大多经历了在旧金山湾区的天使岛，从数月至数年不等的漫长等待。在从 1910 年到 1940 年天使岛移民拘留中心挂牌运作的 30 年之间，大约有 5 万华人经此入境。

C137

C138

C139

C140

C137/C138/C139/C140 华工卦命代笔。

C141

C142

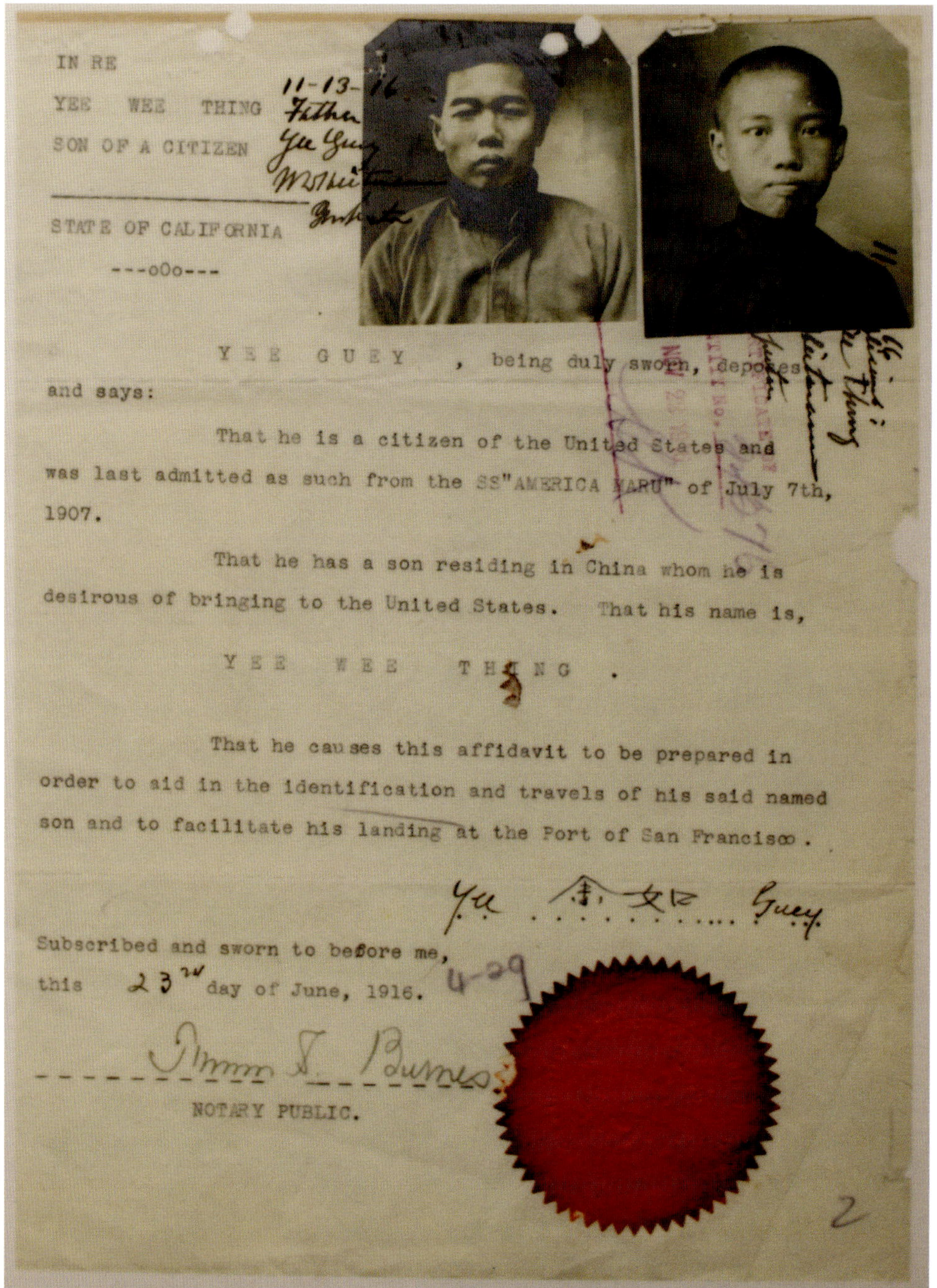

IN RE

YEE WEE THING 11-13-16 Father Yee Guey

SON OF A CITIZEN

STATE OF CALIFORNIA

---oOo---

YEE GUEY, being duly sworn, deposes and says:

That he is a citizen of the United States and was last admitted as such from the SS"AMERICA MARU" of July 7th, 1907.

That he has a son residing in China whom he is desirous of bringing to the United States. That his name is,

YEE WEE THING.

That he causes this affidavit to be prepared in order to aid in the identification and travels of his said named son and to facilitate his landing at the Port of San Francisco.

Yee 余如 Guey

Subscribed and sworn to before me, this 23rd day of June, 1916.

NOTARY PUBLIC.

Affidavit for admission of a possible "paper son," 1916. Though his case was heavily investigated, the young man was finally allowed to stay in the United States.
National Archives and Records Administration, San Francisco

C143

C141 张国雄著，《口供纸（台山历史文化集，第二编）》封面，中国华侨出版社，2007 年 11 月。本书简要叙述了台山华人在美国排华法令后种族歧视反华、排华有增无减的情况下，反制排华争取自由移民的合法权益的特殊现象，从“文书子”现象的出现到口供纸移民演变，以及口供纸的类型、制作、内容和使用都较为清晰地作了介绍，这是华人华侨冲破美国排华、反华的历史文物，也在一定程度上反映了对华移民政策的变化和华人华侨的对策，当然口供纸也生动地反映了台山侨乡的社会生活和文化。

C142 刘进著，《台山银信（台山历史文化集，第三编）》，中国华侨出版社，2007 年 11 月。

C143 余如 1916 年 11 月的纸面子证书。

C9 华工后裔 | Descendants

总的来说，美国铁路华工后裔集中在美国及海外其他地方，目前已经对上百人进行了口述史调查，而国内对于铁路华工后裔的调查刚刚起步。这里列举了在美国和国内的个别铁路华工或疑似铁路华工后裔。随着美国华人地位的提高和对当年铁路华工公正评价的认同，在美国的华人华侨开始回忆这段久远封尘的历史片断。中美相关社团组织也积极展开收集、调查和整理分析工作。美国铁路华工是怎样来到美国的，在美国是怎样活动的，铁路建成后又去了哪里，何时回国或继续留在美国，他们的子女是怎样生活和工作的，如此等等。身份确定和活动踪迹的甄别仅仅靠口述是不够的，需要中国和美国之间的学术和社会工作者，学术和社会团体之间的合作研究。

Generally speaking, the descendants of these Chinese railroad workers are concentrated in the United States and other countries. So far, oral interviews regarding their history has been conducted with more than 100. However, such work in China has just begun. Here are listed some descendants, or possible descendants, of Chinese railroad workers both in the United States and China.

With the improved status of Chinese Americans in American society and their acknowledgement of an impartial evaluation of the Chinese railroad workers, they have begun to look back on the dust-laden history deeply locked in their memories. Relevant societies and organizations, both in China and the United States have been actively collecting and classifying related material and conducting related investigations. How did Chinese workers come to the United States? What did they do in the U.S.? Where did they go after the completion of the First Transcontinental Railroad? Who and when did some of them return to China, and who chose to stay in the U.S.? How was are the life and work of the children of these railroad workers? Oral history records are insufficient to tackle these issues. Cooperative research conducted by scholars, social workers, academia and societies, both in China and the United States is required.

C144 虞容仪芳（Connie Yu）不仅是铁路华工后裔，而且积极从事铁路华工口述史的收集整理和宣传工作，她也是美国斯坦福大学北美铁路华工研究项目后裔口述历史的部门主任，历史学家。

C144 虞容仪芳在新会华工墓地献花

No. 76240　　ORIGINAL.

UNITED STATES OF AMERICA

Certificate of Residence.

Issued to Chinese Laborer, under the Provisions of the Act of May 5, 1892.

This is to Certify THAT Ng Len, a Chinese Laborer, now residing at SAN JOSE, CALIFORNIA has made application No. 74066 to me for a Certificate of Residence, under the provisions of the Act of Congress approved May 5, 1892, and I certify that it appears from the affidavits of witnesses submitted with said application that said Ng Len was within the limits of the United States at the time of the passage of said Act, and was then residing at SAN JOSE, CALIFORNIA and that he was at that time lawfully entitled to remain in the United States, and that the following is a descriptive list of said Chinese Laborer viz.:

NAME: Ng Len　AGE: 41 yrs

LOCAL RESIDENCE: 6th St. Chinatown SAN JOSE, CALIFORNIA

OCCUPATION: Farmer　HEIGHT: 5 ft 6 7/8 in　COLOR OF EYES: Dk Brown

COMPLEXION: Dark　PHYSICAL MARKS OR PECULIARITIES FOR IDENTIFICATION: Scar on right side chin Mole on left jaw

And as a further means of identification, I have affixed hereto a photographic likeness of said Ng Len.

GIVEN UNDER MY HAND AND SEAL this 2d day of May, 189 , at SAN JOSE, State of CALIFORNIA

[SEAL.]

O. M. Welburn
Collector of Internal Revenue,
First District of CALIFORNIA
Robt L. Mayoch Deputy

2—1498

C145 铁路华工后裔

C146

C147

C146 犹他州美华协会会长关玉嫌（Karen Kwan）表示：我母亲的先祖，曾经参加铁路建设，铁路建成后依然在铁路公司工作。这条太平洋铁路是耗尽了华工的心血乃至生命完成的。然而，他们的奉献过去很少被展示。对于美国人特别是美籍华人来说，认识到他们的贡献非常必要。

C147 铁路华工后裔余黄铿娟的父母两个家族都是铁路华工后裔，她的先祖是广东台山县下坪村人，被招工至美国修筑铁路，赴美之前写过契约合同。父亲告诉她，先人当年的工作非常危险，要挑战暴风雪，还要坐着竹篮被吊至半山腰来施工。她说：“我必须要参加这个纪念活动，因为我为先祖感到自豪，要把这段历史告诉给我的后人。”

C148

C148 美国华工后裔作家邝丽莎以写华人故事闻名。具有 1/8 中国血统的她，高鼻梁、长睫毛、红头发，却一直坚持自己的华裔身份，并且用小说讲中国故事。她的首部作品《在金山上》于 1995 年问世，取材于曾祖父邝泗的移民史，备受赞誉，还曾被改编成歌剧上演，让华裔观众想起自己祖辈在美国奋斗的经历。在写作过程中，邝丽莎得知曾祖父并非邝家赴美第一人，其高祖父邝冬水更早来到美国，在修建美国铁路时为广大华工治病。

C149 铁路华工后裔汤慧屏(Fay Hong Andrus)接受《南方日报》记者的采访

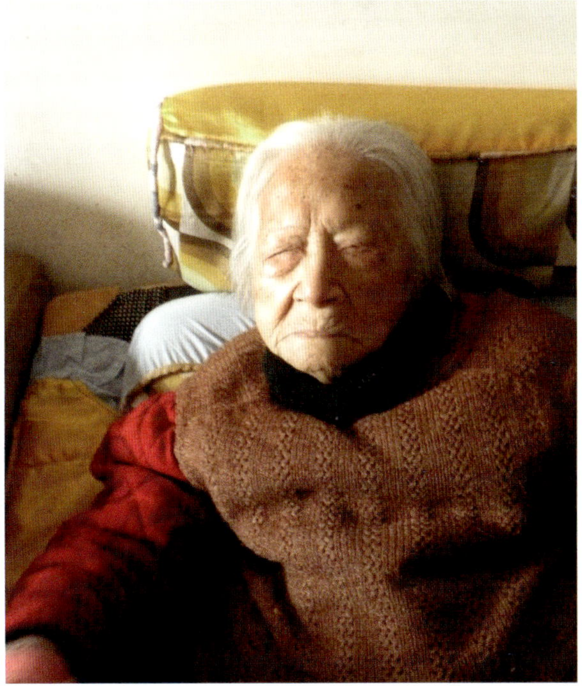

C150 尹华后裔丁品

C151 当年加州伐木工尹华

C150 “金山公”后裔106岁丁品[1907年9月21日(农历)—2013年8月3日(公元)]老人一生经历了光绪、宣统的清末年代、辛亥革命以来的民国时期和新中国成立以来的64年风风雨雨，有着极其丰厚的人生阅历。她目睹了“金山公”尹华先人一家的变迁，“金山公”自美回国省亲期间，赴美护照文件被毁，无法再度赴美，用在美积蓄钱财在东莞家乡购置田产并在虎门开设三层洋楼的饼屋，生意兴旺，当地人称“金山公”，意指是从旧金山来的商人。丁品老人平生喜爱吃饼，也许这个饮食习惯是和“金山公”在虎门开设的饼屋不无关系。尽管老人是文盲，年事已高，平时很少谈起“金山公”的情况，我们还是可以从当年虎门唯一的三层洋楼最大饼店和老人一生的吃饼爱好可以了解一二。

D–T01 1869 年 5 月 10 日，在犹他州奥格登的普罗蒙特里联合太平洋铁路和中央太平洋铁路会师合龙。

D 缅怀道钉 COMMEMORATING THE SILENT SPIKES

缅怀道钉部分展现了美国华工修筑太平洋铁路后遭遇美国政府公开排华的不公正和非人道待遇。虽然1905年，美国有远见的政治家西奥多·罗斯福总统明智地指出："在努力执行排除华工（中国苦力）的政策时，我们国家过去对华人非常不公平，而且已经做了错事，所以最后还是对美本身带来这些后果。"但是，直到20世纪40年代国际反法西斯战争的关键时刻，1943年10月11日，富兰克林·罗斯福总统要求美国国会通过废除《排华法案》。他说："通过废除《排华法案》，我们就可以改正一项历史性错误。""要采取这种早就应采取的措施，以纠正过去对我们朋友不公正的行为。"2014年5月，美国劳工部才将美国铁路华工列入名人堂。不过清除歧视华工的影响，恢复铁路华工的本来面目尚需时日。

为了永远缅怀修筑太平洋铁路沉默的道钉们，美国一些城市和社团组织在许多具有象征意义的地点为他们立碑纪念，表彰华工对太平洋铁路建设的贡献。在犹他州、内华达州、南加州、北加州等地，均有华工纪念碑。每一座丰碑，都铭刻着华人先辈们的功绩，都承载着深厚的情谊。1991年美国伊利诺伊州政府还向中国上海捐赠了一座由三千枚道钉组成的中国铁路工人纪念塔。铁路华工的功绩也被雕塑家们雕塑成系列纪念雕塑作品。远涉重洋寻找金山梦和修筑太平洋铁路的华人华侨，始终心系侨乡，当年参与修筑太平洋铁路又返回祖国的陈宜禧先生，就是典型的事例。

华工对修筑太平洋铁路的杰出贡献是值得称颂的。1919年和1969年，在太平洋铁路建成50周年和100周年之际，均有纪念活动。2014年华工参与建成太平洋铁路145周年的纪念活动，为纪念华工大批参与并建成太平洋

铁路 150 周年活动揭开了序幕。

缅怀道钉部分还展示了美国和中国各类专业纪念铁路华工博物馆的珍贵文物。各个相关社会团体、传统媒体、网络传媒积极参与的缅怀活动。总体说来，中国大陆的北美铁路华工研究，滞后于美国，基本上处于分散性的个别研究上，缺乏规划性、连续性的引导和研究。开展北美铁路华工研究工程，需要中美两国学者间协同努力，进行具体而有深度的研究，以期在原有研究的基础上，突破某些重点、难点和疑点。虽然北美铁路华工的主要活动在美国，但是华工是从中国出去的，有的后来又回到了中国，即使没有回国也和国内有着不同程度的联系。深度研究的难点不仅在于需要继续发掘现有图书馆或民间收藏的文献资料及遗物，而且还包括在现有研究成果的基础上，进一步地厘清如华工陆续来到美国加州的完整资料；华工参加太平洋铁路建设和艰苦生活的系统数据；华工在建成太平洋铁路后的去向如何，有多少人继续留在美国和美国人民相融合，又有多少人回到国内和家人团聚的综合资料，包括中国北美铁路华工的名录；华工建设北美铁路中死亡人数的确认，他们的遗骨都在何处的权威统计资料；中国北美铁路华工的遗物数据的系统收集等等。这些都需要中美学者之间、学术工作者和社会工作者及大批志愿者之间的有效合作。仅仅靠中美两国学者很难完成，需要发动广大华工的后裔、亲友和热心于沉默道钉们的爱好者的共同参与。我们的海关、民政机关、侨联组织、档案馆、博物馆、方志编著机构等社会组织都可以分别做出自己的努力。当年华工遗物散落各地，有心人提供线索有可能变废为宝。为此，我们的媒体、网络机构在推动认识和收集华工资料上更可以发挥不可替代的作用。

D1 美国排华 | Chinese Exclusion Movement in the United States

随着太平洋铁路的建成和美国经济危机的爆发，加州等地掀起了排华浪潮。1880 年 10 月 13 日，3 000 多白人种族主义分子在科罗拉多州丹佛市闹市区包围华人住宅区，造成华人生命和财产损失。在反华浪潮中，Harper's Weekly（《哈泼斯周刊》）等新闻媒体发表许多丑化华人的漫画，影响极坏。1882 年国会通过了《排华法案》，这是美国历史上唯一针对一个国家人民的排斥法案，从而成了美国经济和社会发展史、移民史、政治史和人权记录史上最可悲的记录之一。排华漫画在排华潮中起了十分恶劣的作用，现在这些漫画成了近代史上美国排华的历史见证。1905 年，西奥多・罗斯福总统主张公正地对待华人。1943 年 12 月 17 日，富兰克林・罗斯福签署法令，正式废除《排华法案》。

With the completion of the First Transcontinental Railroad and the start of the American economic crisis, an anti-Chinese wave was fomented. On October 13, 1880, more than 3,000 white racists surrounded a Chinese American community in the downtown area of Denver, Colorado and whipped up a riot that resulted in great loss of life and property of Chinese Americans. During this anti-Chinese wave, news media such as Harper's Weekly published a great number of cartoons that vilified Chinese Americans and which exerted a very bad impact on American society. In 1882, the U.S. Congress passed the Chinese Exclusion Act. This was the only law in U.S. history that targeted and excluded immigrants from a certain country, and marked one of the most pathetic episodes in American political, economic and social history and the history of U.S. immigration and human rights. The cartoons had played a very bad role in the Chinese Exclusion Movement, and are regarded as historical evidence for this shameful period. In 1905, Theodore Roosevelt advocated justice for the Chinese and on December 17, 1943, Franklin D. Roosevelt signed a decree officially abolishing the Act.

D01 1880 年 10 月 13 日 3 000 多白人暴民在科罗拉多州丹佛市围攻约 400 名华人的住宅区，死伤多人，房舍财产损失惨重，清廷驻美公使陈兰彬向美交涉赔偿，美国白宫和国务院不予理睬。

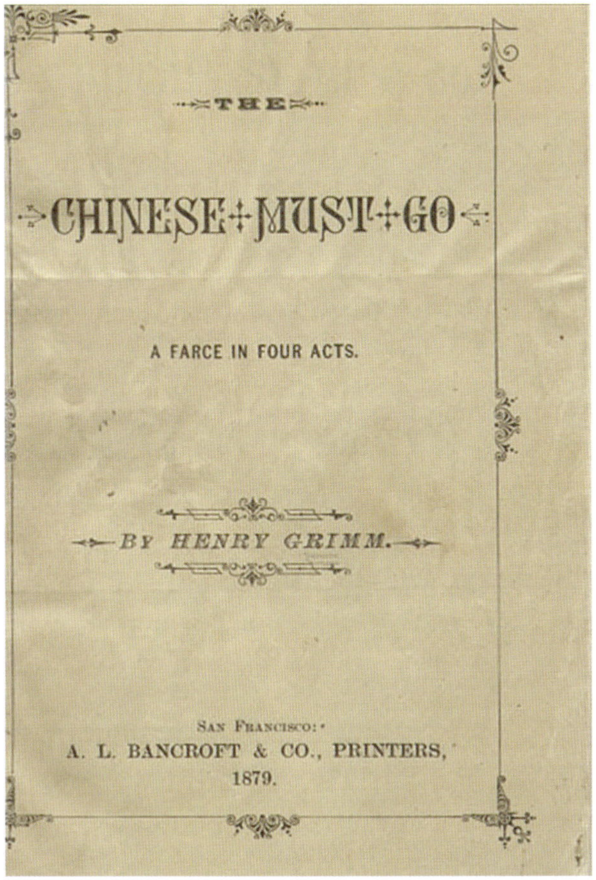

D02

For the Re-Enactment

OF THE

Chinese Exclusion Law

California's Memorial

President and the Congress

OF THE

UNITED STATES

ADOPTED BY

The Chinese Exclusion Convention, called by the Board of Supervisors of the City and County of San Francisco, and composed of 3000 Delegates from State, County and Municipal Bodies, Civic, Labor and Commercial Organizations, held at Metropolitan Temple, San Francisco, Cal., Nov. 21 and 22, 1901.

SAN FRANCISCO, CAL.

THE STAR PRESS JAMES H. BARRY

D03

1882年美国《排华法案》，无论从美国立国之本、美国的人权价值观、美国的自由移民政策、美国的发展与繁荣的角度，还是从华工对美国发展的历史性贡献，华工的遵纪守法、辛勤建设北美的角度，或者从美国法律的角度看，1882年国会通过，经阿瑟总统1882年5月6日签署生效的《排华法案》，都是大错特错的。

1882年《排华法案》规定：10年内不准华人入境；非经正当途径进入美国的华人，依美国法院的裁判驱逐出境；州法院和联邦法院均不得准许华人归化为美国公民等等。这是美国历史上唯一针对一个国家人民的排斥法律，从而成了美国经济和社会发展史、移民史、政治史和人权记录史上最可悲的记录之一，排华法的生效使华人的“美国梦”遭受严重挫折。当时“让中国人抓住美国文明吧：找不到工作，吃不饱肚子，租不到房子，没有选举权”、“自由的殿堂，华人免入”、“中国异教徒”等歧视华人漫画充斥报纸。

D04

D02 1879年旧金山出版一本《华人必须走开！》的排华小册子。这本小册子由Henry Grimm编，班克罗夫特出版社出版。

D03 在反华情绪持续高涨之际，1882年，加州共和党参议员米勒向参议院提议中止华工赴美。这项提案在参院辩论8天，美国西部一带的两党参议员和南方的民主党参议员都支持他，只有东北部的两党参议员反对。参院以29对15票通过排华法案；众院再以167票对66票（55票弃权）通过。1882年5月6日美国总统切斯特·阿瑟签署了国会通过的《排华法案》。当时美国报纸用“欢呼”通栏标题报导这一消息。美国国家档案馆选出美国历史上最重要的100件文献，其中就包括具负面影响的1882年《排华法案》。美国国会图书馆1882年《排华法案》网页上写道：“当1882年国会通过《排华法案》后，中国人的美国梦的大门被最终被‘乓’的一声关上了。”

D04 丑化华人的漫画。

D05

D06

D05/D06 排华漫画。

D07 一幅华人回到中国去的漫画，上面的英文字写着：Best way to get the Chinese back home Stopee Melican Man.

D07

D08

D8 鼓吹太平洋武士驱赶华人的排华漫画。

D9 一幅叫嚷华人滚回中国的排华漫画，上面写着：The Chinese want to go 。

D10/D11 排华漫画。

D09

1885 年 11 月 30 日清政府驻美公使郑藻如向美国国务卿托马斯·贝雅德发出照会，引用 1868 年的蒲安臣条约第 6 款和 1880 年中美《北京条约》第 2 款，中美规定两国人民可享有互惠原则及最惠国待遇的规定，要求美国政府对本案所造成的损失加以赔偿、惩凶，并保护在怀俄明属地及其他美境内华人免遭类似攻击。指出相反美国人在中国一直受到依照中国政府的保护。石泉事件是美国排华运动中最具有代表性的个案之一。美国政府仅仅赔偿华人财产损失，而惨遭杀害的 28 人和 15 名受伤者，一字不提，一文不赔，显示美国政府没有遵守条约的诚意和对于华人生命权的无视。

D10

D11

D12/D13/D14/D15 排华漫画。

D12

D13

D14

D15

D16

D16 被誉为华人中的马丁·路德·金的王清福木刻像。1892 年，美国国会通过将 1882 年的《排华法案》延长 10 年的法案。王清福和一些华人在纽约成立了“美国华人平等权利联盟”，以示抗议。这是历史上最早的华人民权组织之一。1893 年 1 月，王清福代表该组织前往国会作证。他也成为最早到国会就《排华法案》作证的华人之一。

“美国华人平等权利联盟”向美国人民发出了一封呼吁书说：“美国是我们的家”“我们坚信，如想成为美国公民，只要人品好，身体好，就够资格了。”王清福认为，美国社会中的反华情绪来源于美国民众对中国人、中国文化的无知和误解。他在文章和演说中反复强调，美国人民应该了解和尊重中国文化及其道德价值，基督教文明和儒教文明在教人为善的道德原则上是基本相同的；基督教文化不应有独霸心态，不应排斥而是应当接纳其他文化。

D17

D17 着中装的华人王清福，在斯科特·塞利格曼著《美籍华人第一人——王清福卓越的一生》的封面上。

D18

D18 美国排华法生效后，中国移民入境美国极为困难。1887 年华工在旧金山入境时等待海关严格检查的情景。

D19

D19 “天使岛”移民站墙上刻着的一首中文诗。上面写道:“木屋拘留几十天，所因墨例致牵连。可惜英雄无用武，只听音来策祖鞭。从今远别此楼中，各位乡君众欢同。莫道其间皆西式，设成玉砌变如笼。”这类诗词在“天使岛”总共有二三百首。拘禁期间，一些有知识的华裔移民结成了类似“诗社”的组织，通过作诗抒发内心的苦闷，他们将诗作刻在拘禁所的木板墙上。

1910 年至 1940 年，数千名华裔移民曾经被拘禁在旧金山入港口的天使岛，短则几天，长则一两年。1970 年，有人无意中发现了拘禁所木屋内墙上刻有当年被囚禁者留下的诗词。图为“天使岛”移民站墙上刻着的一首中文诗。在海上颠簸数月后，轮船还没有下甲板，移民局检查人员已经到来，他们把乘客分成不同级别。少数幸运者被批准上岸，其他人被带往天使岛，等候检查和审讯。起先移民局将他们集中在太平洋邮轮公司的仓库里，男女分开，隔离审讯。来到岛上，第一关是检查身体。一个亲身经历过的人这样写：“初到时，我们来到羁留站大楼接受身体检查。医生要我们脱光所有衣服。一丝不挂示众乃奇耻大辱，中国人从不这样在大庭广众中裸露。他们检查了一遍又一遍。身体检查之后是每个人单独接受讯问，面对着两名移民检查官，一名翻译员，问答被当场记录下来。为了防止作弊，盘问同个家庭的不同成员时，移民局使用不同翻译员。审问一般进行两三天，移民官提出上百个问题，涉及家庭、住宅、邻居以及个人的具体情况。同样的问题用来盘问家庭的其他成员，以印证他们是否说谎，一旦发现不吻合的地方，就可能导致长期扣留或遣送回国。

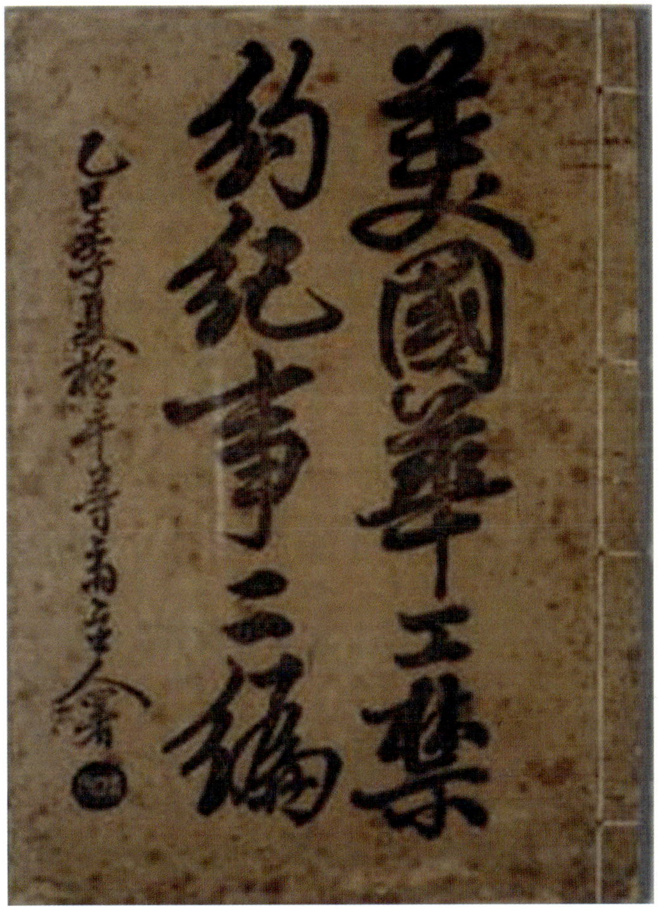

D20

D21

D20 1905 出版的《美国华工禁约记事二编》。梁启超在书中写道："华工之往美，实由美人招之使来也。当加罅宽尼省（按：即加利福尼亚州）除合并美国之时，急于拓殖，而欧洲及本国东部之移民，惮其辽远，来者不多，资本家苦之。及觅得金矿，盛开铁矿，而劳佣之缺乏更甚，是以渡海而求之于中国。今者，加罅宽尼只繁盛，实吾国人民血汗所造成之世界也。何也？无金矿、无铁路则无加罅宽尼，而加罅宽尼之金矿、铁路皆自中国人之手而开采建筑者也。""1877 年（光绪三年），加罅宽尼之产业界，忽入于恐慌时代，一切股票，尽皆下落，全省骚然。贸易不振，工事顿乏，所有工价，随而暴跌。美国工人以其所日不敷事畜，而中国以勤俭之性质，且移往者皆无家属，以低廉工价亦足自给，不惜稍贬以相迁就，古资本家益于用中国人，而美工得业愈少，于是相妒相憎相仇之念，益磅礴于彼等之胸中，全省骚燃矣。未几遂有沙地党者也。"

D21 《艰难的外交》，梁碧莹著，《艰难的外交：晚清中国驻美公使研究》（天津古籍出版社，2004 年版）。其中 3~8 章的细目：第三章 晚清驻美公使的派遣，一多事的华工问题，二蒲安臣对中国遣使的促进，三驻美使领馆的设立，四晚清驻美公使群体；第四章 中国首任驻美公使——陈兰彬，一陈兰彬生平，二"出洋肄业局"监督，三首任驻美公使，四 1880 年中美续修条约五保护华侨权益；第五章 不辱使命的公使——郑藻如，一办洋务的能员，二出任驻美公使，三石泉案交涉，四孙中山的《致郑藻如书》；第六章 "绝域使才"——张荫桓，一从地方官到京官，二第三任驻美公使，二"自禁华工"倡议与订约，四戊戌被捕死后昭雪；第七章 官微籍驻美公使——崔国因，一宦海浮沉话生平，二倡议设议院的第一人，三受命于排华升级时，四坚拒布莱尔使华，五华人入籍论；第八章 汉军红旗出身的公使——杨儒，一九年的外交生涯，二为人瞩目的驻美使团，三 1894 年《华工条约》，四改革华人社会的设想。

D2 纪念碑堂 | Monuments and Memorial Halls

美国一些城市和社团组织在许多具有象征意义的地点，立碑纪念和缅怀铁路华工。1957 年在犹他州金道钉国家历史遗址博物馆旁，建有金色道钉纪念碑。1964 年美国内华达州纪念建州 100 周年，建立了华工纪念碑。1969 年太平洋铁路通车 100 周年时，美国犹他州立碑纪念。1976 年 9 月 5 日，南加州华侨历史学会建立了南太平洋铁路与圣费尔南多大隧道华工纪念碑。1979 年 4 月 28 日，天使岛木屋羁押所举行纪念碑揭幕典礼，黑色花岗岩石碑上刻着“别井离乡飘流羁木屋，开天辟地创业在金门”。2003 年在美国加州圣路易奥比斯波的纪念碑上写着“开路先锋”。每一座丰碑，都铭刻着华人先辈们的功绩，都承载着深厚的情谊。1991 年美国伊利诺伊州政府向中国上海捐赠了一座由三千枚道钉组成的铁路华工纪念塔。

铁路华工的功绩不仅刻写在纪念碑上，还被雕塑家们雕塑成系列纪念雕塑作品。广州美术学院雕塑专家杨学军雕塑了《开路先锋》系列。

Monuments have been set up by many city governments and societies at historically significant places to commemorate Chinese railroad workers. In 1957, a Golden Spike Monument was erected near the Golden Spike National Historic Site. In 1964, on the centennial of the establishment of Nevada State, a monument dedicated to Chinese railroad workers was built. In 1969, on the centennial of the opening to traffic of the Pacific Railroad, a monument was set up in Utah. On September 5, 1976, the Chinese Historical Society of Southern California placed a bronze plaque at Lang Station to honor over three thousand Chinese who helped build the Southern Pacific Railroad and the San Fernando Tunnel. On April 28, 1979, a monument was unveiled in the detention center on Angel Island, and on this black granite monument was inscribed the words: "Drifting away from hometown but detained in barracks; Beginning anew to start a business in San Francisco". Dedication ceremonies were held in San Luis Obispo's Railroad Square on January 18, 2003 for the Iron Road Pioneers statue, which honored Chinese railroad workers and other Chinese immigrants of San Luis Obispo County.

On each monument is detailed the contribution of Chinese railroad workers and the profound goodwill of Chinese people. In 1991, the state government of Illinois donated to Shanghai a memorial tower consisting of 3,000 railroad spikes dedicated to Chinese railroad workers in the U.S. The contribution of these workers was also defined in sculpture, such as the series of 11 by Yang Xuejun, a sculptor of Guangzhou Academy of Fine Arts, which were themed on trailbreakers.

D22

D23

D22 1957 年在犹他州金道钉国家历史遗址博物馆旁的金色道钉纪念碑。1869 年 5 月 10 日，联合太平洋铁路公司与中央太平洋铁路公司在犹他州的普罗蒙特里丘陵合拢，在此敲下了最后一颗道钉。原先此纪念碑在铁路边，后来搬到这里。

D23 1957 年建立犹他州金道钉国家历史遗址博物馆，在铁路边建有金色道钉纪念碑的老照片。

D24

D24 美国内华达州华人功德碑。1964 年美国内华达州建州 100 周年之际，为纪念华工的贡献，在弗吉尼亚市建立了华工纪念碑，碑上写有：内华达之华人，华人先驱 功彰绩伟 开矿筑路 青史名垂。州长宣布，今后每年 10 月 24 日为向华人先驱者致敬日。

D25 1969 年 5 月 10 日，为纪念第一条横贯美洲大陆的铁路建成 100 周年，美国华人历史学会暨旧金山华侨捐赠的标牌：为褒扬先侨丰功伟绩横贯美国铁路完成百周年立此纪念。

D26 1969 年美国第一条太平洋通车 100 周年时，立碑纪念，上面写着：“丰功伟绩，横贯美国。铁路完成百周年，立此纪念。1969 年 5 月 10 日。”

D26

D25

D27 布鲁默深槽纪念碑。离加州小镇奥本南部不远的布鲁默牧场附近，有块难以逾越的高地，这就是布鲁默深槽（Bloomer Cut）。嵌在石堆基座上的布鲁默深槽纪念标牌中译文如下：

布鲁默深槽

其得名缘于此地位于布鲁默牧场。深槽从 1864 年建成以来几乎原样没变。这项艰巨的工程由一群勤勉耐劳的华工完成，他们用凿子、铁锹和黑炸药，一寸一寸地挖开坚如盘石的黏土黏合在一起的砾岩，壮举完成之时，布鲁默深槽被公认为世界第八大奇迹。太平洋铁路的第一辆机车驶入奥本的日期是 1865 年 5 月 11 日。

金西原住民之子协会（Native Sons of the Golden West）主席托马斯·W·佩拉索 1991 年 10 月 12 日立。

D28 唐纳山口纪念碑。纪念碑上写道：

CHINA WALL OF THE SIERRA

Charles Crocker construction chief of the Central Pacific Railroad (CPRR), Contracted for a workforce of Approximately 12 000 Chinese laborers to push the CPRR tracks over its Trans-Sierra crossing on its race fast to a meet with the Union pacific at Promontory UTAH Territory railroad retaining will and fill constructed of Sierra Granite, stand silently above on the pass as a lasting monument to these Asian "master builders" who left an indelible mark on the history of California and the west.

Dedicated August 11,1984
Truckee-Donner Historical Society Inc. chief
Truckee chapter No.3691
E Clampus vitas

D27

D28

D29

D30

D31

D32

D33

D29 19 世纪 70 年代，数千名华工来到美国加州中部沿海小镇圣路易奥比斯波，修筑了通往港口的铁路。2003 年在当地火车站广场树立起一座筑路华工铜雕，名为“开路先锋”，以纪念华工对经济繁荣做出的贡献。

D30 1976 年 9 月 5 日，南加州华侨历史学会建立了南太平洋铁路与圣费尔南多大隧道华工纪念碑。碑文铭刻着：“加州铁路，南北贯通，华裔精神，血肉献功。”英文题词为：“值此路百年纪念之际，谨以此碑敬献给曾参加修筑南太平洋铁路与圣费尔南多大隧道的 3 000 名华工。他们的劳动使加州有了第一条南北大铁道，并改变了加州的历史。”

D31/D32/D33 华工建设加州南北横贯铁路的三幅组图，上图洛杉矶繁华街头的浮雕，其中有纪念华工和美国铁路工人共同修筑太平洋铁路的画面；中图美国洛杉矶繁华闹市街头竖立的历史档案照片，显示华工和美国铁路工人共同修筑加州太平洋铁路的往事；下图美国历史档案照片显示 1881 年至 1884 年间，三位华人翻译和经纪人与美国铁路公司负责人合影。

D34

D35

D34 旧金山天使岛移民局历史纪念碑。当年羁押华人移民的天使岛如今已经成了国家历史古迹。这扇华人当年越过太平洋进入美国的大门，从 1910 年开始到 1940 年大火烧毁拘留所为止，共处理过 100 万件移民案件，包括 17.5 万名华人。1979 年 4 月 28 日，天使岛木屋羁押所举行纪念碑揭幕典礼，黑色花岗岩石碑上刻着“别井离乡飘流羁木屋，开天辟地创业在金门”，这是白手起家的洗衣工李相写下的对联。今昔对比，令人感慨万千。

D35 位于上海广元路、衡山路口街头花园内的中国铁路工人纪念塔。纪念塔 1991 年由美国伊利诺伊州政府捐赠的，用以纪念 13 000 余名为建设美国横贯大陆东西太平洋铁路而献身华工。塔体由当年建设铁路的三千枚道钉实物焊成，联成一线，盘绕而上，成为中美两国友好交往的见证，纪念塔正面用中英文写着：“中国建路工人所作的贡献是连接美国东西海岸并促成其国家统一的一个极重要的因素。本纪念塔用三千枚道钉塑造，以表彰他们的业绩，并象征伊州人民和中国人民之间的持久友谊。美国伊利诺斯州政府赠。州长詹姆斯 R・汤普森 塑造者格洛尼亚・柯南 一九九一年一月六日。”

该塔于 2006 年 9 月改建，并在塔的侧面刻有“道钉绿地 改建于 2006 年 9 月”的字样。

D36 纪念塔碑文。

D36

19 世纪初华工修建美国太平洋大铁路主题雕塑 《开路先锋》系列组雕之一 < 群山之巅 >

作者：杨学军

悬崖峭壁、气壮山河。

作品表现华工高山之巅，开天劈地，不怕酷暑、不畏严寒。

表达穿越美洲天险的中华民族劳动智慧和华夏龙人的豪迈气概。

D37

19 世纪初华工修建美国太平洋大铁路主题雕塑 《开路先锋》系列组雕之二 < 天路 >

作者：杨学军

高山险阻、勇往直前。

作品表现华工肩扛枕木，在塞拉山脉路基上艰难前行。

表达中华民族那种艰韧不拔、吃苦耐劳、无所畏惧的倔强性格和拼博精神。

D38

《开路先锋》系列组雕，作者杨学军，10 幅的主题分别是：群山之巅、天路、落基山脉、合恩角、一封家书、道钉华工、故乡曲、肩并肩、通车喜悦、回家。

2011 年 2 月 14 日，广州美术学院雕塑家杨学军先生在《我为十九世纪那些修建美国太平洋铁路的广东籍华工兄弟们而呐喊》一文中写道：

一座美国大铁路的丰碑，它凝结了至今近一个半世纪前华人在美洲新大陆留下的汗水与泪水，光荣与梦想！

我总有个梦想，梦想有朝一日在我们华人华侨的共同携手努力下，将这件雕塑放大建造在洛杉矶“长青公墓”的华工纪念墙前，成为为举世瞩目的美国大铁路献出鲜血和生命的“华工纪念碑”。上面言简意赅地铭刻着 16 个字：“加州铁路，南北贯通，华裔精神，血肉献功”，以敬慰华工英灵。现在开路先锋的群雕组塑已经安放在中国华侨历史博物馆展出，同时还准备在美国安放。

19 世纪初华工修建美国太平洋大铁路主题雕塑 《开路先锋》系列组雕之三 < 洛基山脉 >

作者：杨学军

天险地悬、风雨同舟。

作品表现华工们在陡峭的山壁上，肩扛枕木，团结协作，艰难前行。

表达那种精诚团结、众志成城、同舟共济、荣辱与共的民族品格和团结精神。

D39

19 世纪初华工修建美国太平洋大铁路主题雕塑
《开路先锋》系列组雕之四 < 合恩角 >

作者：杨学军

穿越天险、浩气长存。

作品表现华工们在悬崖峭壁间，身悬半空、腰系绳索、开山凿石、险象环生。

表达华工先辈，充满智慧、不畏天险、同心合力、创造奇迹，造福人类的英魂气概。

D40

19 世纪初华工修建美国太平洋大铁路主题雕塑 《开路先锋》系列组雕之五 < 一封家书 >

作者：杨学军

明月光、思故乡。

作品表现一位疲惫的华工，在空闲间掏出一份捎来的家信，满面愁容，老泪痕秋，凝望远方。

表达那种漂洋过海，背井离乡，思念亲人，怀念故土的情感。

D41

19 世纪初华工修建美国太平洋大铁路主题雕塑 《开路先锋》系列组雕之六 < 道钉华工 >

作者：杨学军

沉默道钉、生命铸就。

作品表现一位瘦弱的道钉工在烈日下艰辛劳动，一丝不苟，兢兢业业。

表达华工先辈们用汗水和泪水凝结成了美洲的美梦和愿望，用鲜血和躯身铸就成了美洲的财富和丰碑。

D42

19 世纪初华工修建美国太平洋大铁路主题雕塑 《开路先锋》系列组雕之七 < 故乡曲 >

作者：杨学军

沉默无语的时光，仿佛家乡把我召唤。

作品表现海外华工，离乡背井，心身疲惫，在工余饭后的百无聊赖中吹响一曲思乡的情怀。

表达出华夏赤子，怀念故土，思念亲人。亦充满浪漫主义情怀和乐观主义的积极人生态度。

D43

19 世纪初华工修建美国太平洋大铁路主题雕塑 《开路先锋》系列组雕之八 < 肩并肩 >

作者：杨学军

肩并肩，携手向前。

作品表现中国华工与美洲人在劳动中建立友谊，携手并进、情同手足、风雨同舟。

表达出我们居住同一个世界、人民都期待着同一个愿望、同一样友好、同一张满怀希望的笑脸。

D44

19 世纪初华工修建美国太平洋大铁路主题雕塑 《开路先锋》系列组雕之九 < 通车喜悦 >

作者：杨学军

铁路合龙、欢声雷动。

作品表现中美铺路人在美洲大铁路竣工通车那一瞬间的欣喜若狂和激动心情。

表达在经历过艰辛和苦难后的中美人民对美好未来的期待，

凝结着中美人民一个半世纪以来在美洲大陆曾经流下的汗水与泪水、光荣与梦想。

D45

19 世纪初华工修建美国太平洋大铁路主题雕塑 《开路先锋》系列组雕之十 < 回家 >

作者：杨学军

思念亲人、归心似箭。

作品表现中年汉子携同孩儿，背着行囊，满载悲痛和愁怅，

踏上一条遥远、漫长的，但或许能抚平伤痕的回家之路。

表达华工思念故乡、思念亲人、渴望团聚的人生美好情怀。

D46

D3 心系侨乡 | Spiritual Connections with Hometown

远涉重洋寻找金山梦和修筑太平洋铁路的华人华侨，始终心系侨乡，其突出代表就是当年参与修筑太平洋铁路又返回祖国修筑新宁铁路的陈宜禧先生。

据陈宜禧家谱和广东台山历史文化集《陈宜禧和新宁铁路》一书考，宜禧 1860 年 15 岁来美，1865 年参加修筑太平洋铁路，后被委以招雇华工等职务，在美参与铁路工程 40 年，为后来创建新宁铁路奠定了基础。陈宜禧在美 40 年的生涯是怎样度过的，既需要从新宁的乡土资料来发掘，更需要从美国的档案资料中来寻找，解剖好这一个案的意义显然不言而喻。

Those overseas Chinese who pursued their dreams of a "Golden Mountain" in San Francisco and helped build the First Railroad and their homeland on the West Coast were spiritually connected with their hometowns in China. The most outstanding of these was Mr. Chen Yixi, who participated in building the Transcontinental Railroad and then returned to China to help construct the Xinning Railroad.

According to his genealogy and the book entitled "Chen Yixi and the Xinning Railroad" in the "Taishan History and Culture Series", Chen went to the United States at the age of 15. In 1865, he joined in the building of the Central Pacific Railroad, and later was commissioned to recruit Chinese laborers. He was then appointed as assistant engineer and participated in railroad construction for 40 years. This experience in the U.S. had laid a good foundation for his part in the construction of the Xinning Railroad in China. How did he spend his 40 years in the United States? The question has to be found both in the local archives of Xinning and archives in the U.S and the case study has obvious significance.

D47

D47 陈宜禧，1844 年出生于广东台山市斗山镇秀墩乡美塘村，15 岁时在美国一位铁路工程师家里帮佣。1865 年参与修筑太平洋铁路，从杂工做至技术工、管工，直至升任工程师。历时 40 年，他于 1904 年回国，倡议修筑了新宁铁路。新宁铁路从 1906 年的破土动工，至 1920 年 3 月全线通车，历时 14 年，建成铁路长 138 公里，干线从广东台山的斗山镇至江门北街，支线从广东台山的台城至白沙，干线共设车站 37 个。1984 年广东台山县人民政府在为他重立的铜像中有一段话说：“石可破，不可夺其坚；丹可磨，休领褪其赤；陈宜禧爱国爱乡之光辉形象不可灭。为纪念陈公开拓家乡交通之业绩，褒扬其坚忍不拔之奋斗精神。”

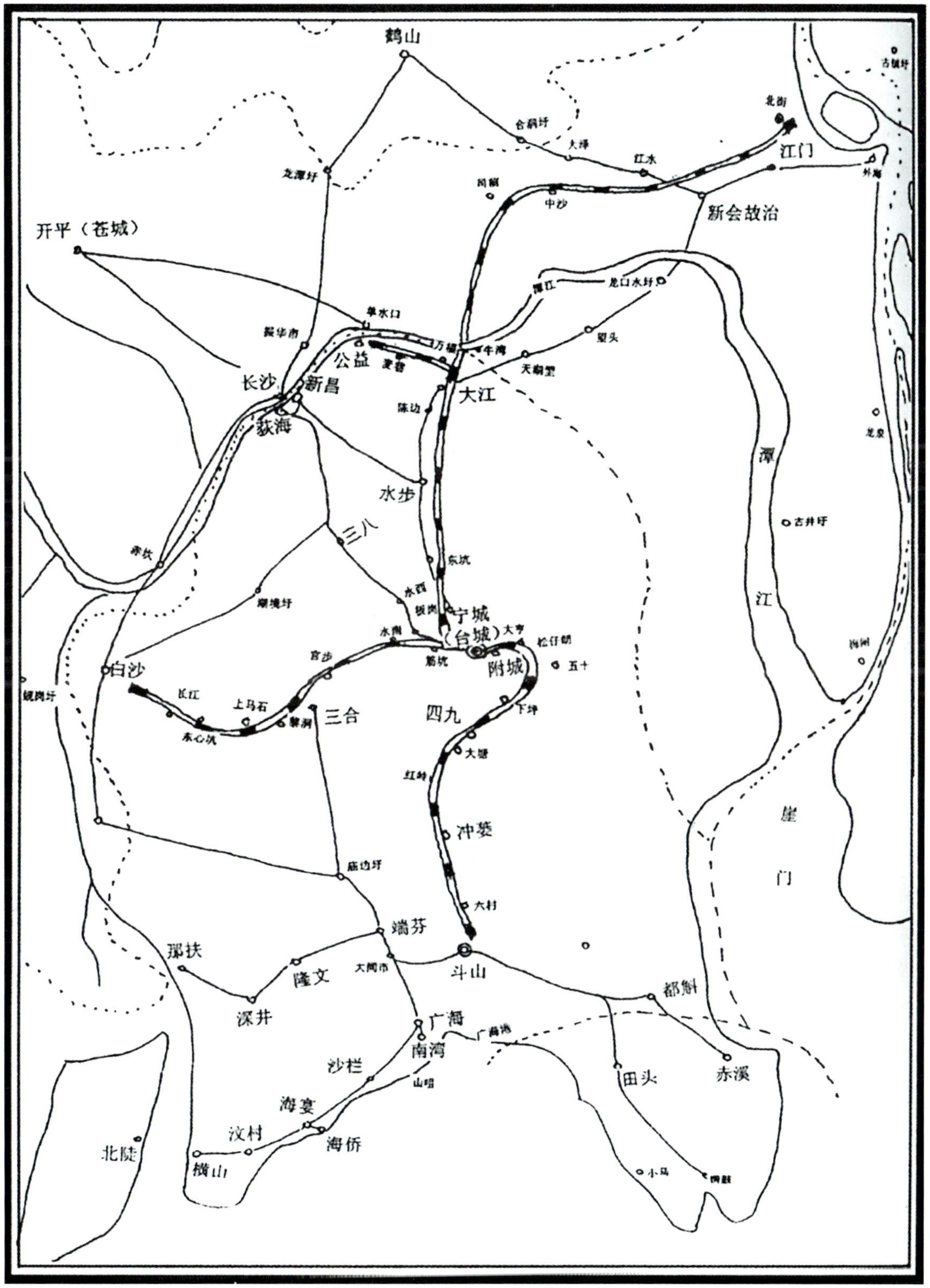

D48

D49

D50

D48 新宁铁路示意图。

D49 陈宜禧和新宁铁路。

D50 《民国时期铁路史料汇编》第 17 册，国家图书馆出版社 2013 年 12 月出版。在第 17 册中有两份与美国铁路华工相关的资料，即商办广东新宁公司民国三年份总结册（1914 年）和新宁公司十七年岁入岁出报告书（1929 年）。近年来，国家图书馆出版社出版了大量稀见方志丛刊及清末民国时期史料汇编，为研究方志和晚清和民国时期的珍稀资料，提供了极大的方便，也为美国铁路华工的基础性研究提供了重要线索。

D4 纪念活动 | Commemoration Events

华工对修筑太平洋铁路的杰出贡献是值得称颂的。1919 年和 1969 年，在太平洋铁路建成 50 周年和 100 周年之际，均有纪念活动。

美国总统吉米·卡特曾高度评价美国华裔对美国的贡献，他对邓小平说："华裔人数之少，与其对这个国家贡献之大，不成比例"。随着改革开放以来中国的持续快速发展和国际地位的极大提高，华工参与修筑太平洋铁路的活动也随之不断升温。这里用相当大篇幅反映 2014 年华工参与修筑太平洋铁路 145 周年的纪念活动，为纪念华工参与并建成太平洋铁路 150 周年活动揭开了序幕。

The outstanding contribution that Chinese railroad workers made to the building of the CPRR is commendable. Commemoration events were held in both 1919 and 1969 on the 50th and 100th anniversaries of the completion of the First Transcontinental Railroad. Jimmy Carter, the former U.S. President who had declared the establishment of normal diplomatic relations between the United States of America and the People's Republic of China spoke highly of the contribution of Chinese Americans to the U.S. At his State Dinner speech on the visit of Vice Premier Deng of China on January 29, 1979, he commented, "There are many hundreds of thousands of Americans of Chinese origin, and their contributions to our society have been even greater than their numbers could possibly suggest."

With the continuing and rapid development of China since the reform and opening up and with the dramatic improvement in the country's international status, the commemoration events for these Chinese workers have constantly increased. In this chapter, the 145th anniversary marking the participation of Chinese workers in building the First Transcontinental Railroad in 2014 was a precursor to the 150th anniversary events extending from 2015 to 2019.

D51

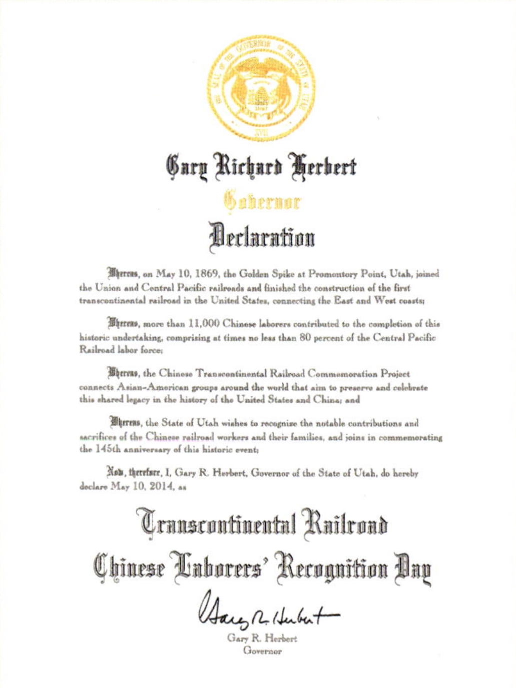

Gary Richard Herbert

Governor

Declaration

Whereas, on May 10, 1869, the Golden Spike at Promontory Point, Utah, joined the Union and Central Pacific railroads and finished the construction of the first transcontinental railroad in the United States, connecting the East and West coasts;

Whereas, more than 11,000 Chinese laborers contributed to the completion of this historic undertaking, comprising at times no less than 80 percent of the Central Pacific Railroad labor force;

Whereas, the Chinese Transcontinental Railroad Commemoration Project connects Asian-American groups around the world that aim to preserve and celebrate this shared legacy in the history of the United States and China; and

Whereas, the State of Utah wishes to recognize the notable contributions and sacrifices of the Chinese railroad workers and their families, and joins in commemorating the 145th anniversary of this historic event;

Now, therefore, I, Gary R. Herbert, Governor of the State of Utah, do hereby declare May 10, 2014, as

Transcontinental Railroad

Chinese Laborers' Recognition Day

Gary R. Herbert

Governor

D52

D51 1919 年 5 月 10 日犹他奥格登第一条横贯北美大陆铁路金色道钉 50 周年纪念会上，有一辆彩车上站立着的 Ging Cui, Wong Fook, Lee Shao 是当年被选中的 8 位中国工人参加最后铺轨中的三位。中央太平洋铁路公司在 1864 年至 1869 年间雇佣了 12 000~15 000 名华工参加太平洋铁路线的平整路基、开通隧道、爆破山腰等工作，并在 1869 年最终完成了第一条太平洋铁路。

D52 2014 年 5 月 9 日犹他州州长签署的法令。南开大学美国研究中心副教授张聚国博士，将犹他州加里·理查德·赫伯特（Gary Richard Herbert）的公告翻译成中文。

州长文告全文如下：

犹他州州长印玺

加里·理查德·赫伯特（Gary Richard Herbert）

州长

公告

鉴于，1869 年 5 月 10 日，在犹他州普罗蒙特里波因特 (PromontoryPoint)，金色道钉 (Golden Spike) 将联合太平洋铁路和中央太平洋铁路连接在一起，完成了美国第一条横贯大陆铁路的建设，将东西海岸连接在一起。鉴于，超过 11 000 名华工对于完成这一历史性工程做出了贡献，最多时占到中央太平洋铁路公司劳力的 80% 以上；鉴于，"华人横贯北美大陆铁路纪念工程"(Chinese Transcontinental Railroad Commemoration Project) 将全球亚裔美国人团体凝聚在一起，旨在保存和彰显美国和中国历史上的这一共同遗产；并且鉴于，犹他州希望承认铁路华工及其家人的卓著贡献和所做出的牺牲，并一起来纪念这一历史性事件的 145 周年；因此，我，犹他州州长加里·理查德·赫伯特，现在特此宣布 2014 年 5 月 10 日为横贯北美大陆铁路华人劳工纪念日。

签名（Gary R. Herbert）

加里·理查德·赫伯特州长

D53

D56

D53/D54 19 世纪铁路华工被载入美劳工部荣誉榜。

D55/D56/D57 2014 年 5 月 10 日普罗蒙特里会师地举行纪念仪式，两辆按当年式样仿造的机车开出来，主办方按当年的仪式，再现历史情景。

D58 这里是中国拱门，一个天然形成的石拱，曾经的英文名字是“China Arch”，经过美国华人社团的不断努力争取，最后改名为“Chinese Arch”。2014 年参加金道钉节纪念活动后，来自美国各地和中国的华人们，又聚集在这里缅怀先辈的丰功伟绩并合影留念。

D54

D57

D55

D58

D59

D59 2014 年 5 月 10 日，犹他州华人社团在这里组织了盛大的纪念活动，来自中国和美国东西海岸的华人同胞，共同纪念华工修建的横跨美国大陆的太平洋铁路建成 145 周年，主持人宣布，首先让参加活动的全体华人合影。

UNION PACIFIC R.R.
119
Nº 119

D60

D61

D60 2014 年 5 月 9 日在犹他州议会大厦，州长签署法令，将 5 月 10 日作为“金钉节”新闻发布会后，铁路华工后裔及部分参加者在议会大厦合影。

D61 华裔美国剧作家张德胜（Richard Chang）展示刚刚创作的歌颂华工的诗作。

D62 铁路华工后裔代表余黄铿娟发言。

D63 美国华文报纸《星岛日报》报道 2014 年 5 月 10 日普罗蒙特里会师地盛况。

D62

星島美西 SINGTAO METRO

Sunset Premier Dental Group
日落區種植牙專科診所
Dr. Liu, D.D.S., M.S.
$2499
415-682-2185

雷景祥植牙假牙專家
Gregory K. Louie D.D.S.
925-837-2390

太平洋鐵路貫通145周年 參加合攏紀念儀式

華人重走兼憑弔華工血淚路

「金道釘儀式」還華工光輝

母親節大優惠
ana furniture

D63

D5 博物展览 | Museums and Exhibitions

在美国除了有加州铁路博物馆、旧金山华人历史博物馆、金色道钉博物馆、内华达华人历史博物馆等，还有太平洋铁路沿线的私人博物馆和各地铁路博物馆。在洛杉矶的亨廷顿博物馆、斯坦福大学博物馆等也有相关华人华侨文献收藏。相比之下，国内的博物馆主要集中在广东江门五邑华侨华人博物馆、广东华侨博物馆、中国华侨历史博物馆等地。

Apart from the California State Railroad Museum, the Chinese Historical Society of America Museum, the Golden Spike National Historic Site in San Francisco and the Chinese American Museum in Nevada, there are also many local museums along the CPRR, as well as private museums and railroad museums in various parts of the United States. Related documents can also be found in the Huntington Art Museum in Los Angeles and the Museum of Stanford University. In China related material can be found in Jiangmen Wuyi Overseas Chinese Museum, Guangdong Overseas Chinese Museum and the Overseas Chinese Historical Museum of China.

D64 坐落于加州首府萨克拉门托的加州铁路博物馆。1937 年，由一群铁路爱好者提议，他们捐赠了自己收藏的 30 个火车头和汽车，成为萨克拉门托铁路博物馆的第一批收藏品，于 1981 年建成。

D65

D65 加州铁路博物馆珍藏的金道钉。

D66/D67/D68/D69 加州铁路博物馆展示当年修筑太平洋铁路的一些场景。讲解员正在为参观者讲述150年前修筑太平洋铁路的故事。

D66

D67

D68

D69

D70

D70 广东江门五邑华侨华人博物馆是我国最具特色的华侨华人博物馆之一，也是收藏华侨华人珍贵文物资料最丰富的博物馆之一。展览分为金山寻梦、海外创业、碧血丹心、侨乡崛起、侨乡新篇、华人之光等6个部分。馆藏实物数量数以及万计，在全国的华侨博物馆中最多。馆藏文物的族谱家谱、海外国际移民图、美国华侨华人书信、赴美口供簿（纸）、银信（侨批）、五邑在美社团（会馆）、新宁铁路、早期五邑侨乡建筑、美国华人生活等不少与美国铁路华工有关。

D71

D71 广东华侨博物馆。

D72 中国华侨历史博物馆。

D72

D6 社团媒体 | Society and Media

追寻与缅怀美国铁路华工需要相关社会团体、传统媒体、网络传媒的积极参与。在当今网络化大数据整合的新时期，铁路华工网站的作用尤其明显，美国中央太平洋铁路历史摄影博物馆网站和美国斯坦福大学北美铁路华工工程研究网站起了带头和示范作用。为纪念华工修筑太平洋铁路 150 周年，中国南方日报集团于 2014 年开展了 150 年后再寻“沉默的道钉”的系列报道。近些年来，国家图书馆等单位举办了专题讲座，广东江门五邑地区的行政立法机构和媒体做了大量有宜的工作。在美国的宁阳会馆也发挥了社团的联络和推进作用。

Commemoration of Chinese railroad workers in the U.S. requires the active participation of related societies and organizations, the traditional print media and the internet. In this era of the internet and integration of a large amount of data, the websites regarding Chinese railroad workers are especially important. The exemplary ones include the Central Pacific Railroad Photographic History Museum (http://www.cprr.org/Museum) and Stanford University's "*The Chinese Railroad Workers in North America Project*" (http://web.stanford. edu/group/chineserailroad/cgi-bin/wordpress). In relation to the 150th anniversary, in 2014 the Nanfang Daily Group has released a series reports on "Looking for the Silent Spikes". In recent years, lectures have also been organized by the National Library of China. The administration and legislation departments and the media in Jiangmen and Wuyi have done a great deal of work. The U.S. Association of Chinese Americans from Ningyang has played an associating and promoting role as a society.

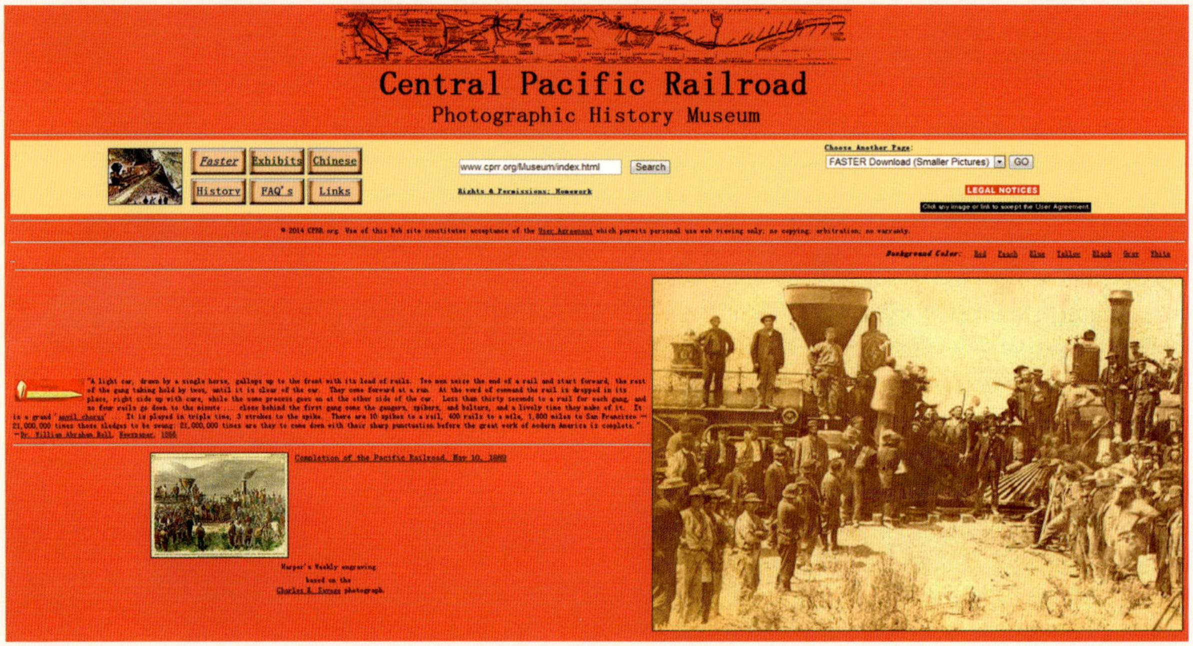

D73

D74

D73/D74 内容丰富的中央太平洋铁路摄影网站。

D75

目前我国还没有类似的全国性的北美铁路华工的专业网站，我们需要有这样的网站，需要有推动建设这样的网站的立项规划、技术支持、可操作的实施和自愿奉献的人员。

D75/D76/D77 斯坦福大学北美铁路华工工程研究网站。

史丹福大學北美中國鐵路工人研究項目

2015年將是北美首條跨州鐵路引進華人勞工參與修築的第一百五十個年頭。這條鐵路在利蘭•史丹福敲下黃金道釘的第一錘後，便正式東西鐵路合軌。對利蘭•斯坦福而言，華人勞工（當時人數始終保持在一萬至一萬五千人左右）在其財富創造與積累的整個過程中功不可沒。正由於他們辛勤的勞動，使得利蘭•史丹福擁有大量的財富用以建立史丹福大學。然而，這些華人勞工卻從未得到過應有的重視，人們對他們的情況也所知甚少，比如，他們為什麼背井離鄉來到美國？在辛勤勞作時有過怎樣的遭遇？在美國，他們如何生活，建立起什麼樣的社群？他們修築的鐵路，對遠在中國的家人有什麼影響？對他們自身又有什麼影響？鐵路修築完成以後，他們有些人回到了中國，有些人去到別處，也有些人留在了美國。他們的生活發生了什麼樣的變化？

D76

誠徵有興趣的學者、機構參與本研究項目，幫助完成在中國當地檔案館、博物館的相關資料搜集工作，以及聯絡那些祖輩曾為華人勞工參與修築鐵路的當地家庭，這些家庭可能仍保存有祖輩們的書信和其他相關文件。同時，亦尋求與中國及其他各地博物館、檔案館、圖書館合作使用電子技術，以分享保存這些無價之寶。

您是否有意成為該研究項目的合作人？您在博物館、檔案館、圖書館相關資料搜集，以及個人家藏資料方面，是否有具體的建議？您或您所在機構的其他同事，是否有意發掘這些材料，並與在此項目中與我們共同合作？

有意者敬請電郵北美中國鐵路工人項目聯繫人 Hilton Obenzinger至Obenzinger@stanford.edu，告知詳情及聯繫方式。

項目組織者包括：史丹福大學歷史系教授、東亞研究中心主任張少書，人文中心 Joseph S. Atha 教授、英文系教授、暨北美研究史丹福項目主任費雪金。他們兩人目前正與布朗大學教授、斯坦福大學校友胡其瑜，及前史丹福大學東亞圖書館館長、現任美國國會圖書館亞洲部主任邵東方籌劃此項目。另外，多名美國及亞洲著名學者亦參與其中。

D77

D78

D79

D80

D81

2014 年 5 月《南方日报》探寻铁路华工足迹之旅。

D78 2014 年 5 月《南方日报》记者采访旧金山华裔市长李孟贤。左起赵扬、金强、李孟贤。

D79 2014 年 5 月《南方日报》记者采访团和旧金山华裔市长李孟贤合影。左起邓博韬、赵扬、李孟贤、金强、李炬。

D80 2014 年 5 月，《南方日报》铁路华工历史报道组访问斯坦福大学东亚研究中心北美铁路华工研究工程项目负责人费雪金、张少书及希尔顿。左起李炬、金强、沈卫红、费雪金、张少书、希尔顿、赵扬。

D81 太平洋铁路旁合影。左起赵扬、沈卫红、李炬、金强在帕利塞兹峡谷合影。

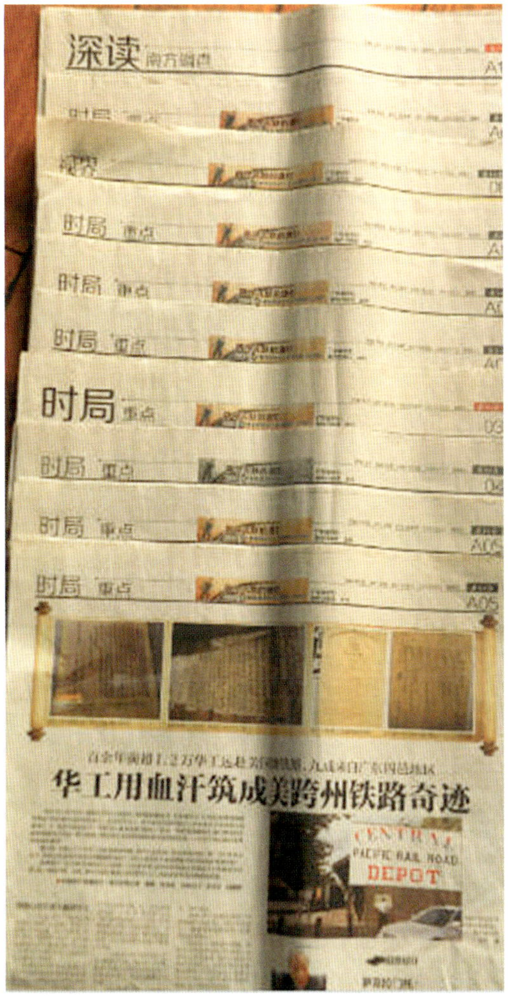

D82

D82 中国《南方日报》2014 年 5 月系列报道。有关系列报道主要内容请见：

*150 年后再寻"沉默的道钉"（5 月 14 日 A01，04 版）。
* 华工用血汗筑成美跨州铁路奇迹（5 月 15 日 A05 版）。
* "我骄傲我是'苦力'的后代"，铁路华工后人赵耀贵 66 岁起研究华工历史（5 月 16 日 A05 版）。
* 特定族裔歧视 华人自此妻离子散，太平洋铁路修成 13 年后，美国国会通过《排华法案》（5 月 17 日 A04 版）。
* 散落五湖四海 2.3 万华工后人难寻，四年研究仅觅得 74 人，"很多人甚至不知自己是华工之子"（5 月 18 日 A03 版）。
* 魂归故里无人识 客死他乡谁守护，修建中央太平洋铁路，仅为打通内华达山脉，就有上千名华工死亡（5 月 20 日 A05 版）。
* 美国报纸对华工充满"傲慢与偏见"；"美国人民应该记住华工的贡献"（5 月 22 日 A05 版）。
* "寻求合作保护的铁路华工历史"（5 月 23 日 A05 版）。
* 寻找当年建筑中央太平洋铁路的华工足迹活动（5 月 25 日 A08 版）。
* 唤醒共同历史记忆以推进中美关系（5 月 26 日 A04 版）。

D83 2007 年本书作者黄安年在国家图书馆做题为《美国崛起的历程》的讲座。

D84 宁阳会馆。会馆往往是海外华人华侨社团组织的集聚地，是海外华人华侨"守望相助、同舟共济、排忧解难、解息内、抵御外侮、自卫自强、求得生存和发展"的需求。在美国的华人 1849 年就在旧金山建立了"四邑会馆"，1854 年（清咸丰 4 年），美国台山籍华侨脱离四邑会馆，建立"宁阳会馆"。这一会馆迄今已经成立 160 年了，而且能够延续至今值得深入研究。

D83

D84

D7 合作攻关 | *Cooperation in Research*

2012 年，美国斯坦福大学东亚研究中心发起全球合作开展北美铁路华工研究项目。与此同时，广东省启动了多卷本的首部《广东华侨史》编修工程，其中就包含有北美铁路华工的项目研究。美国斯坦福大学先后与中山大学、暨南大学、五邑大学等学术机构签订了合作意向协议。2013 年 9 月和 2014 年 9 月先后在台北和广州举行的国际学术研讨活动，就是中美两国学者合作研究意向成果的具体体现。开展北美铁路华工研究工程，需要中美两国间学者协同努力，进行具体而深度的基础性和突破某些重点、难点和疑点的研究。

In 2012, the Center for East Asian Studies at Stanford University launched a project to carry out global cooperation on the study of Chinese railroad workers in North America. Concurrently, Guangdong Province started the compilation of a multi-volume "History of Overseas Chinese from Guangdong", which includes a research project on Chinese railroad workers in North America. Stanford University has signed cooperation agreements with Sun Yat-sen University, Ji'nan University (Guangzhou) and Wuyi University, as well as the compilers of the "History of Overseas Chinese from Guangdong". International symposiums were held in Taipei and Guangzhou in September 2013 and September 2014 and have enabled the cooperation of scholars from both China and the United States. To carry out in-depth study and to break ground in some difficult, significant, or dubious areas, research on the Chinese railroad workers in North America requires the collaboration of scholars from both China and the United States.

D85

D86

D85 斯坦福大学费雪金教授 2014 年 9 月 8 日在中山大学举行的国际会议上做主旨报告。

D86 广东省政府启动广东华侨通史工程。2012 年 11 月 1 日，广东省政府新闻办公室举行新闻发布会，宣布组织力量编修一部系统、权威、科学的《广东华侨史》，预计到 2021 年全面完成。把《广东华侨史》编成在全国乃至世界侨史学界都有权威性、标志性的著作。在国际华人华侨研究领域具有权威性和标志性的广东华侨通史。

D87

D88

D87 2013年9月在台北召开北美中国铁路工人圆桌论坛会。

D88 黄安年与费雪金教授合影。

D89 2013年9月台北北美中国铁路工人圆桌论坛会部分中外学者合影留念。前排左二费雪金，左三胡其瑜，左四张少书，左五希尔顿，左六黄安年，前排右一谭金花，右二金雯；后排右二冯品佳（会议主办方）。

D89

D90

D91

D90 2014年3月26日黄安年访广东五邑侨乡文化研究中心合影，左二滕海区，左三梅伟强，左四黄安年，左五张国雄，左六刘进。

D91 访广东五邑侨乡文化研究中心，黄安年和五邑侨乡文化研究中心梅伟强合影。

D92

D93

D94

D92 2014年9月在广州中山大学举行北美华工与广东侨乡社会国际学术研讨会，开幕式后与会代表在永芳堂前合影。

D93 广东江门五邑大学张国雄副校长向广州国际学术研讨会中外学者介绍最新研究成果。

D94 广州国际学术研讨会，部分海内外学者在广东开平侨乡合影。

D95

D95 本书作者黄安年、李炬合影，这是本书作者 2012 年的首次见面。

后记

本书从2014年4月策划出版到交稿，前后经过整整一年时间。

蒙中国铁道出版社的厚爱，诚邀我和李炬合作撰写一部反映美国华工足迹探寻的图文并茂的叙事性研究作品，既通过大量图片尽可能真实反映当年铁路华工修筑太平洋铁路的足迹，又较为全面地体现国内学人对于美国铁路华工活动的各种探索性成果。如果不是中国铁道出版社的极力促进和提供优质服务，这部作品恐怕是难以面世的。

本书作者对这一问题关注和研究已经多年。书稿从提纲设计到基本完稿，花了五个月的时间，而前期资料积累则有五六年光景甚至更长时间。2014年4月至10月为出版社和作者双方商议阶段，10月28日图书出版合同正式生效。从2014年10月下旬起，我们为图书的出版，投入了全部精力。其间10月初拟定了撰写提纲初步征求意见稿。11月初讨论修改，11月26日向出版社提交了本书的撰写提纲。12月27日向出版社提交了详细提纲，并依据撰写提纲及准备的实际情况提出撰写计划。2015年1月28日向出版社提交书稿初稿，这已是作品的第四稿。3月10日完成了提交出版社稿件，与此同时，出版社开始了紧张的编辑审订和美编设计工作。

需要特别说明的是，在整整五个月的时间里，我们对近万张图片进行了认真的整理、甄别和精选，对于选用的图片在保存原始性的同时还进行必要的品质修补，有的进行重拍，同时对图片来源进行考订。尽管我们使用的许多历史老照片的原创时间已经超过《伯尔尼公约》规定的50年的版权保护期，作为出版物我们有权使用这些图片，然而为了表达我们对原创作者的尊重和收藏单位的敬意，我们依然遵循知识产权保护公约的精神和学术规范，尽可能地与历史图片原创作者或保存图片单位联系取得他们的理解和支持。对于经过多次一再联系迄今仍未回复的图片收藏单位，我们除注明来源外，还储备了一定的费用，一旦信息沟通后即转交给图片收藏单位。同时，我们注明了书中所引图片的各种来源，有的并非来自独家。对于国内近几十年来的图片，绝大多数都获得了使用图片的授权，有的是作者自己拍摄的，有的则是直接引自本书作者的著作或博文。

考虑到适应不同读者的需要，也为了开放性的可持续性研究及资源共享，本书的注释部分包含了大量与历史图片相关的资料和研究成果，仅仅这部分内容就有约10万字，考虑到书稿的篇幅限制，不得不加以压缩，读者可以通过参见博文目录（为压缩版面，博文网址从略，可直接点击黄安年或李炬的博客）或者主要参考书目来进一步查找。本书读者面主要是中文读者，考虑到美国读者的需要，本书目录及各个部分的导语请在南开大学历史学院美国研究中心任职多年的张聚国博士翻译成英文，他也是由黄安年编著的《沉默的道钉》[1]一书英文版的译者。

在著书过程中，我们获得了国内外高等院校和研究机构、博物馆、图书馆、展览馆，以及各类网站报刊，各个相关单位和学者个人的各种形式的支持、鼓励和帮助，包括同意使用他们提供的图片。其中有美国国会图书馆、中央太平洋铁路历史图片博物馆、斯坦福大学东亚图书馆、亨廷顿数字图书馆、加州奥克兰博物馆、美国西部历史博物馆、旧金山博物馆、萨克拉门托加州铁路博物馆、加州大学伯克利分校班克罗夫特图书馆、圣荷西HCAC、唐纳湖移民足迹博物馆、内华达州洪堡博物馆、温尼马卡博物馆、金道钉国家历史遗迹展览馆等。美国斯坦福大学北美铁路华工研究工程共同主持人费雪金(Shelley Fisher Fishkin)教授和张少书(Gordon H. Chang)教授，美国斯坦福大学北美铁路华工研究工程项目副主任希尔顿·奥本泽格（Hilton Obenzinger）博士，美国国会图书馆亚洲部主任暨斯坦福大学图书馆顾问邵东方（Shao Dongfang）博士，斯坦福大学人类学系副教授Barnara L. Voss，斯坦福大学历史学系博士Joseph Ng，斯坦福大学北美铁路华工后裔口述史专家、铁路华工后裔虞容仪芳（Connie Young Yu），内华达大学张素芳（Chung, Sue Fawn）教授，加州

[1] The Silent Spikes, Chinese Laborers and the Construction of North American Railroads, compiled and edited by Huang Annian, translated by Zhang Juguo, China Intercontinental Press, 2006.

大学欧文分校陈勇 (Chen Yong) 教授，ABC 和平基金会董事陈景鸿（George Chin）先生和美国加州圣克拉拉县中国历史文化项目负责人林丽群（Lee Liu Qin）女士、加州美国盐湖城铁路华工后裔余黄铿娟、美国铁路华工研究志愿者张澌国先生，中美交通史研究专家李兆良先生等。

在广东有五邑大学广东侨乡文化中心张国雄教授、梅伟强教授、刘进教授、石坚平教授、谭金花博士、黄海娟博士等；五邑华侨华人博物馆；中山大学梁碧莹教授、袁丁教授等；南方日报集团金强记者、林亚茗记者、赵扬记者；广州美术学院雕塑家杨学军先生、美国旧金山国际友谊与和平志愿者彭志安先生等。

在北京有中国华侨历史博物馆、北京师范大学图书馆、国家图书馆、首都图书馆、北京大学图书馆，以及国家博物馆图书馆馆长黄燕生、采编部主任张志华等。

本书的一些技术问题处理，需要说明：由于两人合著，首次合作，风格不一，求同存异；美国度量衡不同于我国，资料取自中美，不求度量衡制在本书统一；专有人名、地名依据约定俗成，不及之处，力求本书统一；全书简体排版，原作繁体者，保持原貌；在美国各州加入联邦的时间上，加州 1850 年 9 月 9 日，内华达州 1864 年 10 月 31 日，犹他州 1896 年 1 月 4 日，本书则将加入前的准州，统称为州。

最后，中国铁道出版社副总编辑郭宇和本书的其他责任编辑罗桂英、刘颖，美编崔丽芳等付出了巨大的辛劳，没有出版社团队的通力合作，不可能呈现给读者一部印制精美又具社会效益的图书。

深度探寻美国铁路华工的工作还刚刚开始。我们力图说明已经探寻的程度，有的提出了问题，有的提供的论证还有待充实，希望这本书的面世有助于推动我们的深度探寻和中美两国对这一历史事件的更多关注。

北京师范大学历史学院教授 黄安年

写于 2015 年 2 月乙未春节，修改于 6 月付印前

附录

附录 1　中央太平洋铁路的建成与华工的历史性贡献

黄安年（1998 年 6 月）

摘要：19 世纪中叶，美国中央太平洋铁路和联合太平洋铁路接通，成为第一条横贯北美大陆的铁路干线。它把美国经济区域连成一片，标志着美国经济发展开始进入狂飙时期。在这一美国近代工业化历史的重大事件中，成千上万的中国劳工应召参加了最艰巨的中央太平洋铁路的建设。在工程中，他们以中国人特有的吃苦耐劳精神和出众的聪明才智，为筑路发挥了关键性作用，取得了决定性的贡献。他们还付出了惨重的代价，大量华工在高强度、高风险劳动中死亡。然而令人愤慨的是，中国劳工在当时受到了酬金微薄、种族歧视和排华浪潮等不公正待遇。这种现象，甚至引起一些有良知的美国人的不平。今天，正确评价华工的贡献和揭示他们的悲惨遭遇，还他们一个公道，是有助于中美两国发展友好关系的，好在从尼克松以来的美国历届总统都对华人建设美国的贡献加以赞颂，这是令人稍可欣慰的。

130 年前的今天，美国近代工业化历史上具有划时代意义的第一条横贯北美大陆的中央太平洋铁路和联合太平洋铁路，经过包括中国在美华工在内的美国各族人民的连续七年协同努力艰苦奋战，终于比预计时间提前七年完工。1869 年 5 月 10 日下午 2 点多，由加利福尼亚州的萨克拉门托（Sacramento）向东 689 英里与由内布拉斯加的奥马哈（Omaha）向西 1 086 英里的两支铁路大军在犹他州奥格登地区（Ogden）的普罗蒙特里丘陵（Promontory Point in the mountains）处相接，其中承担最艰巨任务的西段主力正是在美国的华工。这一壮举宣告了美国大陆在经济上真正连成一片，标志美国经济发展开始进入狂飙时期，它预示着美国行将成为面向两大洋的经济大国，同时也充分显示了在美国历史上最初的中国移民潮，对于美国经济的发展尤其是加利福尼亚等美国西部地区的崛起，所做出的永志难忘的历史性贡献。

据记载，为了纪念横贯北美大陆东西铁路的历史性大会合，加利福尼亚一位名叫戴维・休斯的富商捐赠了一枚黄金道钉。这枚道钉比一般的道钉要大一倍，直径大约有 6 英寸（15 厘米）多，钉身是用 18K 金铸成。5 月 10 日，中央太平洋铁路董事长、加利福尼亚州州长利兰・斯坦福敲下了这个黄金道钉的第一槌。[1] 具有象征性的这一银槌掠过道钉，落在铁轨旁边电报线的信号器上。该信号器直通华盛顿，全美各地教堂都随之响起了钟声，共同欢庆这历史非凡时刻。[2] 随着铁路的连接完成，铁路旁边的电报线工程也完成了，横贯大陆铁路历史性的会合就这样完成了。[3]

就在这一天，在加州萨克拉门托举行了盛大的庆祝活动，在游行队伍中，竟然连一个华工代表也没有。人们一个接一个走上主席台祝酒，但没有人在庆祝会上提到华工。来自在旧金山市发表演说的纳萨尼尔・贝内特法官，在发言中认为铁路工程的告捷，完全是由于在加州同胞的特有素质所致。他说："在加州人民的血管中，流着四个当代最伟大民族的血液，有法国人敢打敢冲的勇猛劲头；有德国人的哲学头脑和坚定精神；有英格兰人不屈不挠的毅力；有爱尔兰人不知忧愁的火暴脾气。他们各自做出一份恰如其分的贡献。" 贝内特居然只字不提华工所作的贡献便下结论说："一个来源于这些民族并将其最优秀的质量聚集在它自己的生活中的民族，是能够取得任何成就的。"[4]

这时，只有中央太平洋铁路公司的四巨头之一、招募华工的倡议者、加州法官查尔斯・克劳克感到很是尴尬，便十分巧妙地以一句话提醒大家："我愿意提请各位注意，我们建造的这条铁路能及时完成，在很大程度上，要归功于贫穷而受鄙视的，被称为中国的劳动阶级——归功于他们的忠诚和勤劳。" 这一讲话被誉为美国移民史中著名的"一句话历史"。[5]

一些尊重历史真实的美国学者，对美国华工在建设横贯大陆的太平洋铁路的贡献能够持比较客观的态度，他们正确地指出："像贝内特法官那样从无视华工的成就到否认中国人的人权，也就不过相差一小步罢了。""关于建筑中央太平洋铁路的这些衣衫褴褛的广东劳动大军的故事，例如他们怎样被招雇到铁路工程来的，以及他们是怎样翻山越岭穿越内华达高山区的，这段史实在反映加利福尼亚州黄金时代的历史篇章中是相当模糊的。”[6]

笔者提交大会的论文本着尊重历史本来面貌的求实精神，着重论述横贯北美大陆铁路对于美国经济现代化发展进程中的里程碑意义，以及华工对于最终建成这条铁路的历史性贡献，并从中悟出给予中美两国人民富有启迪意义的若干思考。

（一）

论题首先要从第一条横贯北美大陆的铁路兴建谈起。

在美国内战前夕，铁路建设的总长度已经达到 30 000 英里，占当时全世界铁路总长度的一半以上。[7] 但是，美国铁路建设的狂飙时期却在美国内战以后开始的几十年的时期里。[8]

有关建设横贯北美大陆太平洋铁路的主张最初是在 1840 年提出来的，1845 年初，一位与中国经商的纽约商人阿瑟·惠特尼向国会提出建议，要求政府赠地给予筑路公司，以兴建自苏必利湖至俄勒冈地区的铁路，他先后多次向国会鼓动修建到达太平洋沿岸的铁路线。由于 1849 年加利福尼亚淘金热出现的影响，建设这一条横贯大陆的铁路就显得日益迫切。但是在 1850 年人们主张建设这条铁路需要政府的大量财政资助，因此只需修建一条就足够了。又由于地区性的竞争，阻碍了各个利益集团对于首选线路的一致认同。

1853 年国会授权陆军部长戴卫斯负责对密西西比河谷与太平洋沿岸之间的几条线路可行性的勘察。1855 年勘察报告完成，报告提出了四条可供采取的路线，但是国会对于勘察报告并未采取任何行动。美国内战开始后，有关铁路建设线路的选择显得对于北部十分有利。在加利福尼亚州热衷于铁路工程的利兰·斯坦福、科利斯·亨廷顿、马克·霍普金斯、查尔斯·克劳克、西奥多·朱达等人的积极推动下，提出承建加利福尼亚州的中央太平洋铁路线由西向东与另一条由东向西的铁路线相接的申请，这一主张获得国会多数人的支持。[9]

1862 年 7 月 1 日美国国会通过了第一个建设太平洋铁路法案，该法案称“由政府保障援助为用于邮政、军事和其他目的而建设的由密苏里河到太平洋的铁路线和电报线路”。[10] 政府负责赠送大批国有土地和资助大量资金，规定由联合太平洋铁路公司和中央太平洋铁路公司共同承建横贯大陆的太平洋铁路。根据法案，预计这条铁路的建成联合太平洋铁路公司和中央太平洋铁路公司将获得 4 500 万英亩的土地赠给以及约 6 000 万美元的借款。法案规定联合太平洋铁路和中央太平洋铁路建筑各自的起点，联合太平洋铁路公司起自格林威治线西经 100 度的共和河谷南岸和普拉特河谷北岸之间地向西修筑，在南山口越过落基山脉，到内华达州的西部边界，其后再向西延伸。中央太平洋铁路公司则起自太平洋岸到加利福尼亚州的东部边界，其后再向东延伸。双方铁路建设的延伸可以一直到和另一方线路相衔接为止。该法案要求建设快速和安全的铁路线同时完成电报线路的建设。[11]

尽管如此，横贯大陆的太平洋铁路修建开始时仍未能吸收足够的投资。[12]1862 年 10 月 17 日，中央太平洋铁路公司向内政部提出了建设该铁路段的专门报告。[13]1863 年 12 月 5 日美国内政部的报告说，根据 1862 年 7 月 1 日生效的由政府保证建设用于邮政、军事和其他目的的自密苏里河至太平洋的铁路线和电报线，已经开始实施，并发行必要数量的股票，股东们可以得到最充分等保障以满足他们所从事的伟大事业。但是实现这一工程，主要的障碍在于劳动力的大量匮乏，需要大批自由雇员来满足需求。[14]1863 年 6 月 1 日中央太平洋铁路公司向内政部长提交了该公司详尽的年度报告和工程局的设计线路报告，工程设计报告对于铁路修建所经线路作了明确而具体的叙述，并专门说明了穿越塞拉岭（Sierras）艰难山区的线路，报告设想了 5 种不同的线路方案，对于整个线路的地形及其水平落差均作了说明，为铁路施工提供了较好的蓝图。[15]

由于横贯太平洋铁路修建中的十分巨大的利益驱动，各个铁路公司、承包商和股东们之间展开了空前激烈的争斗，也一再提出对该法案的多种修正意见。例如 1863 年 7 月国会众议院曾通过了对 1862 年 7 月 1 日太平洋铁路法案第 14 节的修正案（HR No.190）。[16]1864 年 3 月 16 日，众议院提出了对 1862 年太平洋铁路法案的修正案（HR No.336）。[17] 1864 年 1 月 25 日美国财政部长在致美国第 38 届国会第一次会期的报告中，强调太平洋铁路的兴建的重大意义。报告称：“太平洋沿岸的贸易，它与亚洲的贸易关系，印度和中国贵金属的运输，内华达、犹他、科罗拉多和堪萨斯的人口、矿物和农业生产的增长和发展，得益于联合太平洋铁路和中央太平洋铁路建设的支持。”[18]

1864 年参议院的第 132 号议案提出了对于 1862 年 7 月太平洋铁路法案的修正案，并经历了多次讨论和修正。讨论中对于修正条款的第 1、2、3、4、13、14 节等处均有激烈争论，主要涉及铁路公司期望更多的经济利益。如在 1864 年 5 月 24 日的辩论中，亨德里克斯提出动议修正第 4 节第 10 行，要求政府特许铁路公司获得的土地可以包括煤矿和铁矿地区，这些土地将达 10 万英亩。[19] 至于众议院第 438 号议案关于对 1862 年太平洋铁路法案的讨论，同样充满着讨价还价的争斗。[20] 该议案于 1864 年 4 月 30 日提出，期间经过 6 月 10 日、6 月 16 日、6 月 20 日、6 月 21 日、6 月 22 日、6 月 24 日、6 月 25 日、6 月 27 日和 6 月 29 日的多次磋商。[21]

1864 年 6 月 29 日众议院终于通过决议，要求与参议院代表举行联合会议，以商讨和参议院议案的分歧，取得对联合决议的认同，参议院接受了这一动议。[22]国会两院委员会由来自参议院的詹姆斯·哈伦、L·F·S·福斯特、约翰·康纳斯和来自众议院的撒迪厄斯·斯蒂文斯、J·W·麦考勒格、C·科尔组成。1864年7月1日该委员报告提出修正议案报告。报告详细列出了近30处措辞和内容的修正建议，包括第10节末尾加进有关放宽抵押贷款的规定，在第15节后加上很长一段更有利于铁路公司获得贷款、资助和其他好处的内容，强调中央太平洋铁路在完成规定了加利福尼亚线任务后可以继续向东扩展，直到和联合太平洋铁路相接。[23]

而根据美国国会1864年5月11日的第112号议案（太平洋铁路公司议案参议院第132号），规定了密苏里河至太平洋沿岸的太平洋铁路建设进度每年的里程；加利福尼亚太平洋铁路段1865、1866、1867年每年均为50英里，1865和1866年，每英里可发行96 000美元的债券，1868年自西向的落基山至内华达塞拉岭之间50英里，每英里则为48 000美元的债券。1869、1870、1871、1872、1873年均为每年100英里。1874和1875年为200英里，1876和1877年为100英里，自1868年起，每英里均为48 000美元。[24]

1864年7月1日和2日参议院和众议院分别同意联合委员会提出的修正议案报告。7月2日林肯总统正式签署生效。[25]根据美国国会先后通过的两个太平洋铁路法案，给予了铁路公司和承包商们以更大的实惠。承建的铁路公司有权无偿获得铁路建设用地及其两侧毗连的相关公有土地，包括泥地、石地、林地及其他建筑材料。有权在公有土地上建设车站、铁路建设物、车间、库房、修理厂等。法案规定每铺设1英里路轨另外给予铁路两侧10平方英里的备用地段，并且按首次抵押条件给予贷款，一般每英里可得16 000美元贷款，但是丘陵地则为32 000美元，山区为48 000美元。法案特别提到有300英里路段为多山困难线路，其中150英里路段为落基山脉的自东向西处，另150英里路段为内华达山脉塞拉岭由西向东处。法案规定对这些地段的建设债券应给予加倍的优惠。[26]铁路公司得到的特权不只是修正前的沿线山林采伐权，而且还包括沿线公有地的采矿权。

联合太平洋铁路的起点站是内布拉斯加州的奥马哈，中央太平洋铁路的起点则是加利福尼亚州的萨克拉门托。两个公司一个由东另一个由西相向建筑。新法案把赠地增加了一倍，准予出售面值100美元的股票，数量由10万张增加到100万张。[27]作为条件，铁路公司需交付政府间接抵押债券偿还借款时缴付5%的纯收入，并在运送军队和政府物资时给予50%的优惠。[28]根据两个太平洋铁路法案及其后的建设太平洋铁路的措施，私人铁路公司从政府那里获得的土地赠给总数超过了1.3亿英亩的土地，有的州还额外赠送了他们的4 900万英亩的土地，比整个得克萨斯州的面积还要大。[29]

《太平洋铁路法》的修正法在实施时，提出了一份简要的地质调查报告，该报告把所调查的区域分成山岳地（1英里4.8万元）和溪谷、丘陵地（1英里3.2万元）两部分。大致上红土指应支付4.8万元的山岳地带地质，黑土是指1英里支付4.8万元的溪谷、丘陵地质。根据该法，中央太平洋铁路的铺设路段被指定在萨克拉门托东北方的阿喀特溪流以北的溪谷、丘陵以及山岳地带。[30]继1862年和1864年两个太平洋铁路法案后，国会还通过了一些有关太平洋铁路个别条款的修正案。例如1865年3月3日国会通过了H.R.763号修正案，对于由第2节的一些规定作了修正，规定由中央太平洋铁路承建由加利福尼亚州圣何塞至萨克拉门托一段的铁路线和电报线任务。[31]

但是整个说来，1862年和1864年两个太平洋铁路法案成了横贯太平洋铁路工程的主要立法依据。1864年10月3日，美国土地局局长就加利福尼亚州土地状况提出测量报告。[32]1864年12月5日美国内政部长J·P·厄谢尔向美国总统和国会提交了中央太平洋铁路自加利福尼亚州的萨克拉门托向东修建和联合太平洋铁路由内布拉斯加的奥马哈向西修建横贯大陆铁路的进展情况。[33]

（二）

现在来讨论中央太平洋铁路建设中劳动力这个大难题是怎样解决的。

中国移民美国的第一次高潮是和加利福尼亚地区的开发密不可分的，特别是19世纪50年代前后的加州的淘金地和19世纪60年代的建设横贯北美大陆的太平洋铁路建设工地是中国劳工前往加利福尼亚州的主要聚集地之一。

根据美国官方的移民记录，从1820年至1840年间，来自中国的移民一共只有11人，其中1820年来了1人；1841年至1850年的10年间，也只有35人。只有在1848年在加利福尼亚亚美利加河畔发现黄金的消息传到广东后，中国去美国的人数才开始激增。[34]1852年3月27日广州美国使馆官员伯嘉在致美国国务卿韦伯斯特时说："自1851年1月1日以来移往加利福尼亚的华人不下14 000人，其中从1852年1月1日以后移去的约占半数。从事此项运输的船只已有50～60只商船，而来年移民高潮大有涌向美国之势，因此事与中、美两国有关，对未来展望，构成一新的因素。"[35]1854年3月20日，美国驻华使馆官员麦莲自香港致美国国务卿马西的信件说："从中国去香港去加利福尼亚的移民有增无已。……在广州，旅客经纪已约定大量移民，将在本年不同时期运往加州，我被告知，这个数字不下一万人，而且今年年内还将大大增加。"[36]

据统计1857年已由香港殖民官员颁发证件的移民出口船只，自1857年1月17日至1857年12月15日共有20条船只驶向旧金山，共成年男子 5 273 人，成年女子 513 人，男童 11 人。[37] 而 1858 年 1 月 1 日至 6 月 30 日半年中，由香港开往旧金山市的船只共 15 条，合成年男子 4 634 人，成年女子 186 人。[38] 对此，美国学者认为："中国苦力大有淹没太平洋沿岸之势。1849 年发现黄金以及随之而来的对廉价劳动力的需求，使中国人初次涌入加利福尼亚，1850 年的太平天国大叛乱更促进了这一运动。到 1852 年，太平洋沿岸已有大约 25 000 东方人，随后便以每年 4 000 之数源源而来，19 世纪 60 年代由于修筑中央太平洋铁路需要劳工，他们的人数有增无已。"[39]

根据威廉·L·董所著《中国人在美国》的研究，"1861 年 这一年，又有不少中国人到加利福尼亚。据旧金山市海关记录，新到达的有 8 434 人，回国的有 3 594 人。" "1863 年参加太平洋铁路建设的白种人，经不住艰苦而纷纷离职"。"1864 年太平洋铁路建设的中国劳工共有 4 000 人，成为一股重要的劳动力量，而白种工人只有 1 000 人。" "1865 年 中国劳工在太平洋铁路建设中作出了良好的成绩。公司当局先后在加利福尼亚和广东省继续招募，高峰时期多达 10 000 人。" "1869 年 横贯大陆铁路的完工，是 19 世纪重要的建设成就的标志。这条太平洋中央铁路在建设高潮时，中国劳工占到 90%，约 9 000 人。" "1870 年 随着横贯大陆铁路建设的完成，中国人加速向东部转移，一小部分转入南方。这一年冬天，约有 600 中国劳工参加亚拉巴马和卡大努铁路建设，250 人参加休斯敦和得克萨斯铁路建设。……这一年，在美中国人总数为 64 199 人"。[40]

根据美国学者柯立芝所著《中国移民》一书的统计，在加利福尼亚的中国人，1852 年为 25 000 人，1857 年为 45 000 人，1867 年为 50 000 人，1873 年为 62 500 人。[41] 有学者则研究认为："1860 年中国人在美国有 34 933 人，到 1870 年就有 62 736 人"，"1869 年，据旧金山市海关统计，入境的华人有 14 990 人"。[42]

美国 F·F·希厄尔牧师，曾在美国国会参众两院组织的调查中国人入境问题联合特别委员会上作证说："据我调查所得的资料：自 1852 年 1 月起至 1876 年 4 月 1 日为止，中国人在旧金山港口一处的出入境人数是：出境 90 078 人，入境 214 226 人。在南面的阿斯托利亚港口，还有 16 786 名中国人入境，1 158 名中国人出境。" "值得注意的是我们对于 1852 年以前入境的没有准确数字。一般人的估计是 1852 年以前有 10 000 名中国人进入加利福尼亚。可是《旧金山记事报》于 1874 年 4 月 2 日说：'1852 年以前包括 1851 年全年在内，在旧金山港入境的中国人约有三千至四千。' 但是不管怎样，他们自 1851 年至 1852 年以来，一直占全州人口的一个相当大的比例。据美国人口普查的记录，加利福尼亚人口总数是 92 597 人。"[43]

尽管上面所引的数字有所不同[44]。但是，中国劳工当时迅速涌入加利福尼亚州和横贯北美大陆的兴建，迫切需要廉价而坚韧的中国劳动力是没有疑问的。

诚如本文第一部分所论，1862 年 7 月 1 日美国国会通过的《太平洋铁路法》，授权联合太平洋铁路公司和中央太平洋铁路公司修建的一条横贯东西的铁路干线，东起内布拉斯加，西起加利福尼亚西海岸。联合太平洋铁路公司承建的东段工程多为平原地区，而且有密西西比河作为运输动脉，雇用白种工人（多为爱尔兰移民）施工，进展相当顺利。横贯大陆太平洋铁路的西段工程则是由中央太平洋铁路公司承包的，它所经过的加利福尼亚州塞拉岭和内华达州一带，高山峻岭绵亘，地形复杂，气候恶劣，塞拉岭山区冬季常有暴风雪，沙漠地带夏季干燥炎热，施工条件异常艰险，不少白人工人应聘后不久经受不了恶劣的条件而纷纷离去。西路筑路工程，进展非常迟缓，开工两年之久，铺轨尚不足 50 英里。[45]

根据中央太平洋铁路的数据记载，工程进行到距萨克拉门托的里程如下：1864 年 6 月 4 日 31 英里处的新塞；1865 年 6 月 10 日到 43 英里处的克里帕峡谷；1865 年 9 月 10 日到 55 英里处的科尔法克斯；1866 年 7 月 9 日到 68 英里处的达奇·福拉特；1866 年 11 月 9 日才到 94 英里处的希斯河。[46] 由于公司所获的公债、授地及补贴是按铁路铺轨里程发放的，而国会又没有为铁路的东西两段规定会合地点，因此，建筑这两段铁路的公司为了获得更多的优惠而投入了十分紧张的竞赛，而这一竞赛成败的关键取决于筑路工程的速度，这种速度在相当程度上取决于能否提供适应竞赛需求的劳动大军。当时，联合太平洋铁路在 1866 年春铺轨的进度为每天一英里，以大约八比一的速度远远超过中央太平洋铁路。而中央太平洋铁路为工程进展的缓慢已陷入了绝境。

研究表明"中央太平洋铁路公司的董事们对于使铁路工程陷入瘫痪状态的劳力问题进行了无休止的讨论，该公司曾经十分轻率地打算把联邦在押犯弄来监督劳动，后来还研究过从南部引进自由黑人的问题。"[47] 有人还提出要从墨西哥雇用短工，或者要求政府把内战中俘获的南方叛军士兵放出来充当工人，可见当时情况万分紧急。加州州长、中央太平洋铁路公司董事长利兰·斯坦福深知整座内华达山都是坚硬的褐色花岗岩质地，所以特别找来与刚发明炸药的诺贝尔熟识的瑞典技师，请他从瑞典进口炸药，但是负责施工的库罗卡怕造成山崩，拒绝使用炸药。[48]

在无计可施、万般无奈的情况下，公司四巨头之一查尔斯·克劳克建议雇用华工。但是这一建议遭到了斯坦福的拒绝，因为他在竞选州长时曾对选民许诺要将中国人从加州赶走。当时总监工斯特罗布里奇也斩钉截铁地说："我可不能对华工干的活负责。我不认为他们能够修建铁路。" 克劳克建议斯特罗布里奇不妨先雇用 50 名华工试试看。只是抱着试试看的怀疑心态，少量华工总算被试用了。谁知试用结果完全出乎他们的意料，华工干得异乎寻常的出色。有学者研究说："50名中国人被送到铁路建设工地。他们下了车，看了看周围的深山老林，毫无惊色，从容地搭起了帐篷，吃完一顿米饭加干墨斗鱼回去睡觉。东方破晓，他们早已在工地上手拿镐铲、推着独轮小车开始劳动了。经过工人们12小时的埋头苦干，克劳克和他的工程师们满意而惊讶地看到，工作进度竟如此之快。一些人认为中国人体质虚弱，会累得精疲力竭，半路上就倒下来。现在他们改变了看法，承认中国人确实能吃苦耐劳。"[49]"斯特罗布里奇虽然相信中国人能当好铺路工，但对他们能否干泥瓦活便是怀疑，……克劳克回答说：'他们不是建成了世界上最伟大的泥水工程中国的万里长城吗？'"[50]

于是，他们接着又雇用了3 000名华工，效果同样令人十分满意。斯坦福州长在事实面前不得不改变态度，他遂于1865年10月10日向当时美国第17任总统约翰·约翰逊递呈了一份报告书，报告说："为了解决内华达山工程停滞的问题，我们雇用了一批中国工人，以劳工阶级而言，他们沉着而安静，此外，他们非常勤劳，热爱和平，耐力也比其他民族强得多。这些华人的学习能力令人惊讶，他们很快就学会了未来铁路建设工作中所需要具有的专业技术，而且无论哪一种工作都能在最短的时间内熟练；另外，以工资而言，也是最经济的。尤其值得注意的是，他们彼此的联系非常密切，虽然目前我们已雇用了千名以上的华工，但是我们仍打算以最优厚的条件，通过介绍业者的协助，再增加华工的人数。这是不同于奴隶制的雇用组织。"[51]"没有他们（中国人），要在国会法案所要求的期限内完成这个伟大的国家工程的西段是不可能的。"[52]他还说："这些华人安分守己，忍耐力强，节俭度日，比白人俭朴得多，并从不计较工资的高低"。[53]

到1869年西段全线雇佣的筑路工人将近1万，其中五分之四以上均系华工。著名的史学家比林顿在谈到华工贡献时说："创业者最难办的问题——怎样从边疆小区得到劳动力——则由输入了大量中国苦力而解决了。7 000个留着辫子的工人劈出了筑路地带，当他们用独轮车推土或是躲避炸药包爆炸时，他们的大草帽和摆动的裤腿构成了生动的画面。"[54]

这里需要特别提到的是，由于美国内战的激烈进行，当时有400万青壮年被征入伍，美国的工农业生产各个方面都感到劳动力严重不足。1863年林肯提请国会通过鼓励外国人移居美国的法案，该法案为参议院第125号议案，于1864年2月18日提出，1864年3月2日三读通过。[55]众议院为第411号议案于1864年4月16日提出，6月30日通过。[56]1864年7月4日作为第403号联合议案，参议院通过了鼓励外来移民法的修正案，1864年7月4日林肯总统正式签署了《鼓励外来移民法》。[57]为了加快推动华工进入加利福尼亚州建设，1865年2月18日，国会还正式通过并由总统签署的参议院第407号档，授权建立美国和中国之间的海邮汽船服务事宜。[58]1865年内战结束后，北部资产阶级开始集中大量投资开发西部，修筑横贯大陆的铁路，而开发和建设更需要大批劳工。

在这种情况下，1868年7月22日，美国驻华公使蒲安臣代表清政府在华盛顿与美国政府签订了《中美续增条约》。该条约的第五条规定"大清国与大美切念民人前往各国，或愿常住入籍，或随时来往，总听其自便，不得禁阻，为是现在两国人民互相来往，或游历，或贸易，或久居，得以自由，方有利益。"第六条规定"中国人至美国，或经历各处，或常行居住，美国亦必按照相待最优之国所得经历与常住之利益，俾中国人一体均沾。"[59]这一规定显然是适应了美国对华工日益增长的需要的。由于这一条约的签订，提供了华工赴美的法律系保障，从而推动大批华工去美国修筑铁路和开发西部。

据统计1868年至1870年前往美国的华侨人数:1868年5 157人；1869年12 874人；1870年15 825人；1868年至1870年33 856人。[60]陆鼎元在编辑《各国立约始末记》中写道："华工至美国自咸丰季年(引者按:公元1852年)始，往者皆聚于旧金山，是为加利福尼亚省滨海都会，时初属于美，新得金矿，议开铁路，方利用华工，在香港设招工公司，广务招徕。至同治(引者按:同治年开始于1862年)初，已有万余人，三四年间至者骤多。"[61]中国清政府粤督张之洞在1886年曾上疏朝廷说："金山各埠，始则利华工之工勤价省，多方招徕开矿修路之工，美商籍华工以获利者，不知几千亿万。"[62]

华工在建设689英里长的中央太平洋铁路时的可歌可泣壮举，已为世人所传颂。[63]这里不妨再略举一二：

有史学家称："1865年末到1866年初冬，气温达到历史最低点。早在10月就下起鹅毛大雪，接着的五个月，暴风雪几乎连续不断。地面冰冻如石，路轨和建设铁路全被埋没，上面覆盖冰雪深达15英尺。工程进度十分缓慢。""在40英尺的地下挖掘隧道，3 000多名工人接连数月生活在那里，活像鼹鼠，从工作区要通过距积雪地面很深的漆黑一团的地道，才能达到生活区。这种奇异可怕的生活经常遇到危险。随着山脊上积雪越来越厚，雪崩愈益频繁。雪崩前除了短暂的雷鸣般的隆隆声，没有任何征兆。霎时间，整群工人、整个营房，有时甚至是整个营地呼地一下全被卷走，摔入几英里外的冰雪峡谷，几个月后，工人的尸体才被发现。有时人们发现整组、整组的工人被冻死，他们的双手依然紧紧握着镐头或铲子。"[64]

从1866年夏季开始，华工用一年多时间终于打通阻梗中央太平洋铁路线的塞拉岭长达百里的巉岩通道。奥斯卡·刘易斯对华工开凿这段艰险通道的英勇精神曾作了如下的客观描述："1866年整个夏季，'克劳克的宝贝’（按：指美国华工），大约有 6 000 人，云集在峡谷坡上。他们有的有条不紊地凿着炸开的乱石；有的头戴草帽，排着队，推着小推车，把一车车的碎石卸在峡谷坡地；有的用竹扁担挑着七十磅重的黑色炸药，小心翼翼地走在危险的羊肠小道上。喝上几口随身戴着盛在酒罐里的茶水，那酒罐是白人通行们弃之不再使用的。人们很快发现，中国人擅长做那些钻孔爆破等繁重艰巨的工作。那时，这些是工程的主要工作，因为消融了冰雪早已把山脊上的土壤冲刷一净。”“铺轨工人紧挨在筑路工人的后面。机车推着一串串平板车，车上满载着铁轨、木材、炸药、食物、饮料和更多的工人，向路轨的前端驶去。合恩角犹如一堵花岗岩石墙。它是这一年（指 1866 年——引者）里最难攻克的难关。它的下部是垂直光滑深达 1 000 英尺的悬崖峭壁。百折不挠的华工腰系绳索，身悬半空，用锤子和钢钎先凿出一条险峻的小道，然后再费劲地逐步向里扩展，开出一条行驶车辆的通道。三年以后，当横跨大陆的火车小心谨慎地贴着峭壁慢速向前时，旅客们透过车窗朝下望去，眼前一片茫茫，都十分惊讶。”[65]

美国学者亚历山大·塞克斯顿在一篇专门文章中详尽叙述了华工的艰苦卓绝的壮举：“1866 年春天——铁路工程开始三年以后——中央太平洋铁路最后到达了高山区第一个主要的前哨地点，即分水岭。这是一个扶壁状的岩石，在它底层的周围，阿美利加河咆哮着穿过 1 000 英尺深的峡谷奔流而去。这里没有迂回道路可循，唯一的通道就是越过一个由大石块和角石构成的半圆形横梁。人们用箩筐把华工吊下岩去，他们悬空凿石、钻眼，然后顺着绳索赶快攀登上来，炸药就在他们下面爆炸，炸后又继续下去凿石钻眼。这样，他们一寸一寸地在悬岩边沿开辟出一条岩石道，其宽度足以供人行走和手推车通过，最后能够铺上八英尺宽的枕木。随着华工筑路队向前推进，工程列车紧紧跟随在后，车道极窄，火车的铁抓手和轴颈盖简直是悬空了。”“隧道的入口都被罕见的积雪掩埋了，华工的营帐也都埋在雪里。他们挖烟囱和通气坑，白天靠灯笼的光亮过活，大家冻得发抖，缩成一团，他们打通了从营房到隧道入口处的坑道。虽然所需的物料要用蒸汽起重机从 40 多英尺为冰雪覆盖的地面吊下去，而挖出的渣土要用同样的方法运走，这项工作还得继续进行。”

“1866 年圣诞节，达切·弗拉特的《征信报》报导说：‘一队华工昨晚被大雪掩埋了，在把他们挖出之前，五个人中已死去四个’……筑路队的一部分劳动力越过落矶山的分水岭转移出来。把箱车、敞篷车、机车、铁轨和枕木都装在雪橇里由马队和一长列华工拉着两根绳子越过顶峰，在雪地里艰苦地行进。……填路的华工正在横越内华达州全线的一半路程的地段施工。……在萨克拉门托和通往西斯科的铁路沿线堆积着大量筑路器材和设备。但是唐纳山峰仍巍然不动。”“华工从隧道两头掘进，并在中央打出一个竖坑，然后向两个相反方向施工，他们就这样从四个工作面同时挖掘，一天 24 小时不停轮流换班。打通这一隧道花了 13 个月，最后打通时，已经不是仲夏，而接近秋凉九月了。在铁轨还没有铺完时，冬天又来了。……这第二个冬天的情况比头一年还糟。”“可是，中央太平洋铁路却没有失败。……为了夺回失去的时间，华工筑路队天亮以前就开始干活，天黑以前，还就着艾木篝火发出的闪烁黄光继续工作。铁路工程按每天一英里这种无情的速度，月复一月地向前推进。到了 1869 年 1 月，中央太平洋铁路终于完全伸展到大盐湖盆地。……很明显，华工这两年在山峰上进行令人难以想象的艰苦奋斗，为萨克拉门托的小业主们（按：指中央太平洋铁路的股东）赢得了时间。”[66]

中央太平洋铁路的施工每隔 100 英里就要制服一座 7 000 英尺的高山的阻隔，而联合太平洋铁路的施工则每隔 500 英里才碰上一座山势平缓的 5 000 英尺高的山，到达黑山顶峰的 50 英里的距离内才升高 2 000 英尺。这和中央公司遇见的 20 英里升高 2 000 英尺相比，其坡度则不足为奇。所以《斯普林菲尔德共和报》编辑鲍尔斯指出，后者的铁路工程与前者‘对比之下，像是儿戏’[67]。在塞拉岭开凿隧道的过程中，冬季经常发生雪崩，工地营蓬至少四次被雪崩冲落峡谷，死亡华工约有 500 至 1 000 人之多。在东西两段展开筑路竞赛的最后阶段，华工创造了每天铺路 10 英里的空前纪录。[68]

整个太平洋铁路在穿过洛杉矶山脉的艰巨工程中难题一个接着一个，抢时间又是头等重要问题，华工在攻克难关上屡建奇功。有学者研究说华工“解决了白人知识分子工程师所设想不到的高山运输问题。有一年冬天，风雪交加，气温降到零下 23 摄氏度，工程因运输困难而陷入停顿，工程师们连续商量，也没有善策。这时，有一位华工出来讲了一个故事，顷刻把死棋救了过来，成了全盘皆活。他说：‘昔日我国北京城内铸得一巨钟，重几千斤，欲置于郊外宗庙中，但无运输工具能运此庞然大物者。直到冬天，始有工人建议从城内至宗庙路上，铺一浅沟，灌以水，因天气严寒，滴水成冰，浅沟之水马上成了一冰道，乃置钟于冰上，轻易拉至目的地。’工程师们大喜，乃请华工设计，赶制了一长达 37 英里之雪棚，不但恢复了运输而且还加快了运输。”[69]

日本学者在《铁路大王斯坦福》一书中也这样写道：“由于在内华达山的地势和地质上遭遇了极大的困难，工程一进入山岳地带的希斯可车站后曾一度停顿。主要问题是必须在内华达山的岩石中，挖出一条长达 1 659 英尺（约 498 米）的隧道，而穿越内华达山的隧道共 15 个，全长共达 6 213 英尺（约 1 864 米）”“为了完成这个艰巨的工作，工程雇用了大量华人苦力。1866 年冬天到 1867 年初，由于降雪过多，造成以华人苦力为主的约 1.3 万名的筑路队成员全被困在内华达上东侧斜面的杜拉基溪畔的帐篷中，而千辛万苦运到工地现场的粮食，常因雪崩而随帐篷一起被埋在雪地里，造成大量人员伤亡。”“1866年12月，在内华达山西侧的筑路的华工全部遭到雪难，但内华达山顶的隧道工程仍继续前进。”“雪崩频繁发生，在工程中丧生的华工越来越多，华工在密不通风的积雪中挖洞早烟囱，再挖一个抽取空气的洞，靠着微弱照明的灯笼。在这种情况下，华工们还是在大雪中挖出了一条横向的隧道。”

“克劳克在后来的回忆录中提到：对着隧道中央，从上面投下一根气管，让两组人员顺着中央通气管而下，其中一组是从内华达山的矿山高薪聘来的英格兰掘岩专家，另一组是华人。这两组同时由隧道中央向东、西两侧挖掘，每周测量双方所挖的距离，结果总是华工的进度超前。”[70]“内华达山西侧的斜坡有一个危险的断崖，令人望而生畏，故而被称为陆上的‘合恩角’。”“内华达山的‘合恩角’是1866年春所碰到的一个难题，当时工程将要进行到达奇・福特拉了，山顶全是难以开凿的花岗岩，而且谷底的断崖也深达1 000英尺（约300米）。”“通往山顶的坡度是那样的陡峭，以至于货车马车无法通行，所有的东西都得用手推车推着走。挑着扁担的华工一天须以人力搬运500桶黑色炸药，至于其他的东西，如粮食和水就更不用说了。”“铁锤、凿子和绳子是当时唯一能够用来凿岩的工具。凿岩的时候首先在花岗岩的缝隙里插入铁桩，将绳子结在它的上面。其中一条绳子结在华工身上，另一条绳子用来悬吊装有黑色火药的竹笼，以便爆破岩石，这样就不会发生什么危险的事故。”“克劳克兄弟中的老大乔治说：我们已经完成了在美国铁路史上可算是最艰巨的一项工程。这项工程之所以能这么快取得成功，应该归功于华工们的默默奉献。”[71]

华裔学者陈依范在《美国华人史》中写道：“华工应用了从中国带来的技术，以完成最困难的一段路程——在美洲河峡谷以上2 000英尺的地方修筑花岗岩的扶壁和陡峭的岩石路堤，使铁路越过开普角。峡谷的两侧没有立足之地，不屈不挠的华工用古老的办法，坐在绳索吊着的筐子里，从山顶上放下来，然后悬空用铁锤和橇棍把岩石一点一点地敲掉，开出一段狭窄的通道。然后再艰难地将其扩深，最后在美洲河之上1 400英尺的地方开出了一条铁路路基。”[72]陈依范在谈到华工完成了一壮举时说：“所有这些伟绩都是在机械化时代到来之前完成的。这是用镐、用锹、用铁锤和铁钎完成的，是靠肩挑土筐、单套马车拉土完成的。”[73]

在整个太平洋铁路建设中，华工做出了巨大的牺牲，目前还没有确切可靠的文献材料来究竟有多少华工为太平洋铁路献出了宝贵的生命。在筑路过程中，华工死了多少，根本无记录可查，但是当时报纸不时就会登出开山爆炸事故、雪崩、塌方、坠入悬崖等等的片断消息。[74]克劳克的主要副手詹姆斯・斯特罗布里奇，后来在国会联合调查委员会上作证时说道：“雪崩毁坏了华工的帐篷。在雪崩中，牺牲了大量的工人（指华工）；有许多人的尸体，直到第二年积雪融化以后才发现。”[75]威廉・L・董著《中国人在美国》一书中提到“据现尚健在之老华侨所言，由罗省至夭马（Yuma）一段铁路铺轨工作，因天时酷热，中暑而死之华工达一万人。”[76]

还需要指出，华工的高强度、高风险劳动和他们所得的待遇是很不相称的。他们干的是险工，却与白种工人不同酬。白种工人每月35美元供食宿，华工26美元还不供食宿。华工全部没有人身保险。铁路当局根本不承担对工人家属的义务。在这方面我们下面所引美国国会的听证会上的证词已经足以说明了，限于篇幅这里不再赘述。

（三）

公正地评价中国在美华工建设横贯北美大陆铁路中的历史性贡献，是还清美国历史本来面目的需要，也是推动美中两国人民友好交往的需要。美国华工的巨大牺牲和艰难付出以及他们所得到的不公正待遇是极不相称。随着美国国内尤其是加利福尼亚州排华浪潮的掀起，1876年7月6日美国参议院通过决议，指派三位参议员，会同众议院于1876年7月17日通过决议所指派的三位代表，组成联合委员会，共同调查了中国移民在美国入境的程度和影响。1877年2月27日，美国国会两院调查中国人入境问题联合特别委员会报告书，向美国第44届国会，第2次会议提交，编号为第689号。这份报告现在成了美国当年排华和华工贡献于美国西部开发的历史见证，也是对一份典型的美国式人权听证报告。

尽管报告的整个基调充满了对华工的偏见，但是其中某些内容则明白无误地展现了没有华工就没有美国第一条横贯大陆铁路、横贯大陆铁路建成之时，就是华工遭受更大迫害之始的这一基本事实。报告前言说：“本委员会听到这些证词后，认为可以这样说，加利福尼亚和太平洋沿岸的资源，曾经由于得到中国人民的廉价劳动力，而获致比没有这一因素更为迅速的发展。就物质繁荣而论，太平洋沿岸毫无疑问是最大的受惠者，因为有了中国劳工而大获其利。”“太平洋方面的资源由于利用中国人的劳力，而正在令人满意地得到开发和发展。在作证的其他人员中，那些雇佣大批中国劳工的人们，和在招运他们入境的业务中有利益关系并且从中赚到钱的人们，一致证明中国人入境的后果是大大地增进了太平洋沿岸的物质繁荣。”“生存竞争的规律就是谁能用最少的费用生活，谁就能活得最久；谁最能吃苦耐劳，谁的生存能力最强。”[77]

下面，让我们仔细研究一下来自各方当事人在联合委员会上的证词，都清楚地说明了华工在中央太平洋铁路工程中所起的不可替代的作用和遭受的不公待遇。

加利福尼亚州参议会代表、旧金山市政当局代表弗兰克·璧克斯在1876年7月的一次国会听证会上作证时回忆说："中央太平洋铁路公司需用上万的筑路工人，而如此巨大的需求是本地的劳工市场所不能供应的。于是中央太平洋铁路公司把钱汇往中国，招来他们所需要的工人。""他们当中的多数人是极好的工人。我们如果不承认这一事实是不明智的。""他们是最好的铁路工人。""对于我们国家的劳工人口最危险的事，正在于这些中国人做得太好了。"[78]

加利福尼亚州最高法院法官所罗门·海登菲尔特的证词说："我认为加利福尼亚州的繁荣兴旺实在应当归功于来到此地的中国人所付出的辛勤劳动。我认为如果没有他们，我们的港口就不会有那么多的船，我们的土地上不会有那些四通八达、穿山越岭的铁路，我们大概会因为没有它们而落后许多年。"[79]

美国前任驻华公使和前任加利福尼亚州长弗雷德里克·H·娄的证词说："中国人的劳动对于加利福尼亚州有重大的物质好处。我们这个州所处的地理位置，是偏僻的，……欧洲和美国东部的移民很难来到这里。""加利福尼亚州之初遇到的最严重的人口稀少，劳工缺乏。而中国人的来临为我们解决了这个困难。""就我自己知道，我认为中央太平洋铁路的土方工程约有五分之四是中国人做的。那就是从此地到奥格登的一段。太平洋铁路工程在希拉内华达山脉这一边进行的时候，我是委员之一。他们输入中国人的时候，我正在铁路上。他们最初使用白种劳工，后来工程陷于停顿。他们找不到足够的人力。整个工程几乎完全停了。最后由斯特罗布里奇——当时的铁路工程总监，打定主意先使用足够的中国人来推送土车而不准他们干别的。谁想到工作进展之快使他不由得感到惊奇。不到六个月工夫他们已经在每一项工作中使用了中国人，他们付给中国人每人每月工资31元，食宿由中国人自理。而他们雇佣白种工人每人每月要45元，另供食宿。算起来用一个白种工人每天要用2元，而使用一个中国工人只消这个数目的一半。""我注意到1865年只有3 095中国人入境，1866年有2 242人。1867，1868和1869三年入境人数的增加，我一直认为是修筑太平洋铁路所引起的。铁路公司迫切需要劳工。很多中国人是由铁路公司直接或间接运进来的，是修造铁路的人们拼命争取中国劳工入境的后果。""现在由于大铁路的建成，局势已经完全变了样。""从此以后，我们大概可以得到足够的劳工移民，以代替中国人。"[80]

旧金山各大华人公司所聘法律顾问傅烈秘律师的证词说："我们美国人忠实于自己的进取精神，人民和政府一致要求建造我们国家的那条伟大的交通命脉，太平洋铁路。它不仅把我们自己辽阔领土紧密地联在一起，而且也使欧洲和亚洲，泰西和泰东更接近一大步。""当初我们的参议员萨金在美国国会怎样描绘建造横贯大陆铁路的宏伟前景，和它可能为美国带来的好处。他反复提到使用中国人的劳力帮助修造铁路的必要，和这样办的巨大好处。"[81]

美国六大华人公司所聘法律顾问本杰明·布鲁克斯的证词说："我曾经请加利福尼亚州前任土地测量长官计算一下中国劳工在修建铁路和整治涝洼土地两项，为加利福尼亚所创造的财富价值。他向我举出一个总数289 700 000元，这就是十多万个受雇到这里为白人工作，而不是为中国人做工的中国劳工为加利福尼亚州增殖的财富。中国人并没有把他们全拿走。铁路、田地都将永久留在此地。"[82]

查尔斯·克劳克是个十分重要的人物，这位负责招揽华工的中央太平洋铁路工程承包商的证词说："我们开始修建太平洋铁路的时候工地上完全使用白人劳工。过了一年光景，我们发觉没有办法雇到足够数目的白种工人。铁路工程进展不快，有不能按期交工的危险。我们迫不得已，只能试用中国工人，作为临时应急的办法。我本人和工程监督斯特罗布里奇先生两人，都对中国佬抱有偏见，不太愿意用他们。我们非常彻底地做了广告，用大工钱招来白人劳工。但是我们失败了。我们连八百个也没有招足。我们无路可走，只好找中国工人来试。结果我的想法完全变了。假如我现在包下一件定有期限，我急于想尽快完成的大工程，我一定要雇佣中国劳工。"

"我们在内华达塞拉岭顶峰底下的隧道工程考验了中国工人的能力。这是一条必须从最坚硬、最顽固的花岗岩中开出来的长隧道。我们必须在岩石深处施工。我们决定在山脚下从两面相对掘进，打通整个隧道。公司非常着急想把它打通。它是全部工程中必须尽早突破的一个难关，处在穿越整个山脉的关键位置。公司起初敦促我想办法雇最好的柯尼斯矿工，把他们投入隧道工程，以便早日完工。我照办了。我们到弗吉尼亚城雇到柯尼斯矿区内一些好手，并且额外加工资。我们把他们放在隧道工程的一端施工，而把中国人放在另一端。工程从两端相对向前推进。我们每一个星期天早晨去考察、测量工程进度。每一次中国工人们几乎无一例外地比柯尼斯矿工挖得多，挖得快。"

"我认为我们能够得到中国工人来到我们中间，对于我们国家的物质利益是大有好处的，我相信中国工人对白人工人的影响是有益无损的。它只能形成一种提高，而不是降低白人劳工利益的趋势。正如我前面说过的，我们开始使用中国人的时候，我们正雇佣大约八百白人劳工，而那是我们能够雇到他们的最大限度。我们使用中国工人之后，我们所用白人劳工非但没有减少，反而增加了。""当时我们付给白人劳工的工资是每人每月35美元另供给膳宿，而付给中国人的工资是每人每月30元，膳宿由他们自理。"[83]

美国商人亨利·海特的证词说:“横贯大陆铁路,倘若不是这些中国人,决不能完成得这样快。这条铁路能够如期交工使用,主要应当归功于他们。”[84]

南太平洋铁路公司董事长戴维·D·考尔顿在回答“就你个人自修建南太平洋铁路和中央太平洋铁路以来的经验而论,是不是可以说你雇佣不到白种工人?”的问题时作证说:“我们不能造得那么快。我也没有那么多的把握能在预定限期内完成那么大量的工程。”[85]

伊文思铁路公司董事长威斯特·伊文思在证词中,还有一段精彩的对话,问:“你在筑路工程中一般使用哪种劳工?”答:“在织造、铁路、枕木方面我使用白种工人,在筑路工程中我绝大部分使用中国劳工。”问:“白人劳工不是也能干好中国劳工的工作吗?”答:“请你了解,我试用白人劳工干这件工作,可是失败了。”[86]

至于华工在修建南太平洋铁路和北太平洋铁路以及加利福尼亚支线等铁路中的贡献,同样也为许多证词所写明,这里仅举一例:大农场主威廉·W·贺列斯特在所作的证词中说:“这个州里面各种劳工的好坏,我按自己的经验,把中国工人放在最前列,他们都比别人强些。”“南太平洋铁路修到圣·乔若金河谷流域,以及洛杉矶一带,这条铁路使这一大片地方有人定居,并且发展繁荣起来。而这是用别的方法办不到的。从前在这一片土地上,除去少数几个游牧人放养一些牛羊之外,什么也没有。谁也不能在这片没有生息的荒地上活下去。”有人问:“这条铁路如果没有中国人是建不成的吗?”,他答到:“我看不出他们怎样能够建得成。”[87]

这里要着重提及,美国国会联合委员会1877年2月28日在《关于华人移民入境的报告》中所写的一段话:“太平洋沿岸地区的资源由于有了廉价而听话的华人劳工,已经而且正在以比没有这种劳工时更为迅速的速度进行着开发。”“虽然条件有利于我们自己人民发展和占据我们的太平洋沿岸领土,但是华人在这种占有的竞争中却据有使他们远远走在前头的优势。在美国人挨饿的地方,他们却能维持生活。他们能够为不能提供一个美国人的最低生活必需品的报酬而工作。”“要同他们进行竞争或者排挤他们,美国人必须去做华人不能与之竞争的报酬非常低廉的工作,因为在生存竞争中依赖最少的人,将生存得最为持久。”[88]

1879年2月美国参议院在就众议院通过的《限制华人移民》议案的辩论时,哈姆林参议员坚持认为:“在加利福尼亚的这种华人劳工,已经使该州与没有华工时相比前进了一个世纪。”“华人为他们修建了铁路,开垦了芦苇覆盖的沼泽地;该州已经增加了不可胜数的千百万计的财富。如果没有华工劳动,这些财富今天是不会存在的。”[89]

1882年4月4日,美国阿瑟总统曾发表否决《关于执行有关华人的某些条约规定的法案》的咨文。咨文说:“我们与中国的交往是最近时期的事情。”“只是从我们取得了加利福尼亚并在太平洋建立了一个巨大的贸易中心以来,我们才可以说冲破了古老君主国的藩篱。《蒲安臣条约》是应运而生的。在这种精神的鼓舞下成千上万的华工来到了合众国。谁都不能说这个国家没有从他们的劳动中得到好处。在建设连接大西洋与太平洋的铁路中,他们是主要的出力者。”“如果没有他们,本来是没有人干的。”“经验已经证明,东方的贸易对我们国家的繁荣与影响来说,是个关键。中国对全世界开放贸易的最大受益者,莫过于我们自己的太平洋沿岸各州。加利福尼亚州,特别是它的巨大海港,已经从这一来源获得了巨大利益。受惠于得天独厚的气候,具有无与伦比的港湾,后方是一个富饶而幅员广阔的农业矿业州,再加上整个联邦的财富通过这条铁路都涌到这里;如果我们同亚洲的友好与睦邻关系保持不受干扰,旧金山的前途是无量的。”[90]

对于华工建设美国西部和太平洋铁路的贡献,也一直为马克思和恩格斯所关注。在横贯北美大陆铁路接通后三个月的1869年8月10日,马克思在写给恩格斯的信中说,通往加利福尼亚的铁路的建成是和“输入中国的苦力”分不开的。[91]恩格斯则认为中国移民的“生存能力远远超过其他所有的人,什么东西都能用来充饥”。[92]

现在我们可以而且应该就当年美国国会对于华工入境修筑太平洋铁路等西部开发事业的辩论,作出客观公正的评价。不管作证的人们出自何等动机和理由,不管是主张排华论者或是反对排华论者,其中有几点是相同的。

第一,都认为没有华工,中央太平洋铁路要按期修建成功是不可能的。

第二,都认为华工承担了横贯太平洋铁路工程中最为艰巨的任务,并且付出了极大的牺牲,出色地完成了任务。

第三,都认为华工比起当时别的铁路员工来说是更加勤劳苦干的,他们干得太出色了,因而也是廉价劳动力的最好来源,而这正是华工最终受到歧视和排挤的一个十分重要的原因。

第四,认为政府和经营铁路建设部门对于华工的待遇和白人劳工相比是不公正的。事隔一百多年的今天,我们按照美国自由民主的立国精神,按照美利坚民族的传统精神,按照美国现代化进程中倡导的勤俭奋斗的精神,按照美国作为一个自由移民国家的一贯政策,按照自由市场经济运行的公平竞争规则,按照美国《独立宣言》精神所倡导的人权的价值观,华工无论在哪一方面,都当之无愧地是建设迈向现代化道路的北美大陆大军中的楷模。

然而对于中美两国人民来说,不幸的事情随之发生,1882年美国国会正式通过了排华法案,[93]成了美国现代化历史上、移民史上和人权记录史上可悲记录,以至于直到今天我们仍不愿以过多的笔墨来叙述这段不堪回首的血和泪的经历。[94]前事不忘，后世之师，汲取教训，共同面向未来，是笔者的心愿。

（四）

历史不容篡改，历史的尊严不容嘲弄。历史的进程伴随着深刻的反思。我们再来看看，20 世纪以来，美国政界和社会各界对于华工在美国近代史上遭受不公待遇开始了重新评价。

还在 1905 年 12 月 5 日，西奥多·罗斯福总统在致国会的第五个年度咨文中，主张公正地对待一切阶层和组织，他在谈及排除华人移民歧视政策所造成的严重后果时认为“在努力执行排除华工（中国苦力）的政策时，我们国家过去对中国非常不公平，而且已经做了错事，所以最后还是对美本身带来这些后果。”[95]

但是直到 1943 年 10 月 11 日在国际反法西斯战争的关键时刻，富兰克林·罗斯福总统终于要求美国国会正式通过立法，废除一系列排华法令。他说：“国会和个人一样，也会犯错误。我们要有足够的勇气承认过去的错误，并加以改正。”“通过废除排华法，我们就可以改正一项历史性错误”，“使中国人比某些其他东方人占有较优越的地位，但是，他们对荣誉和自由事业所作的伟大贡献，使他们理应得到这种优惠。”“采取这种早就应采取的措施，以纠正过去对我们朋友不公正的行为”。1943 年 12 月 17 日国会迅速通过并由总统签署了这一法案，美国历史上的耻辱，终于自己开始纠正了。[96]

美国学者 L·L·斯蒂文斯在评论优秀的中国劳工遭受不公正的待遇时写道：“在所有一切十分愚蠢的敌意里面，要数我的那些白种同胞对待我们中国车厢里的旅伴们的那种情绪表现最愚蠢透顶，而且恶劣至极。他们似乎从来不曾注意、倾听或想到过他们，但却是先天地憎恨他们。那些蒙古种人都是他们在那个残酷无情、不讲信义的金钱战场上的仇敌。在五十种行业里，他们都能把工作干得更好而收取报酬更低，这样就使那些白种人觉得，没有任何诬蔑诽谤之词是他们不能照搬以至相信的。他们称他们是讨厌的虫豸，每当看到他们就装出一副喉管里梗塞窒息的样子。”“当我回想这条铁路怎样向前推进，穿越这片荒原和野蛮部落出没之地…… 在这些荒凉的地方，那许多留着辫子的非法入境的中国人怎样同边境歹徒们和来自欧洲的穷汉们并肩干活，在一起谈讲着一种多半是咒骂语的混合方言，……这条铁路似乎是我们生活其中的这个时代的一桩很典型的成就。……如果说它是个传奇，如果说它是一种对比，如果说它是我们所需的英雄行为，那么，特洛伊城对它来说又算什么呢。”[97]

美国 M·R·戴维和 H·P·费尔柴尔德这些著名学者也指出：“美国对华人的历史，是美国人不能引以为荣的事情。”[98]

陈匡民先生在他的《美洲华侨通鉴》谈到中央太平洋铁路的完成时说，该成就“全为华人之功。美记者目睹华工，披荆斩棘，誉为‘美国之真实开路先锋’。”[99]华裔学者陈依范在他的《美国华人史》中醒目地引用了一位美国学者的评价：“如果没有关于试用炸药知识并重视炸药的使用，如果没有中国人在令人目眩的高空贴在几乎垂直的悬崖上干活，如果没有中国人用生命闯过了白人难以忍受的艰苦难关，中央太平洋铁路公司负责的路段决不会建成。如果建成，时间上也要拖得很久。”（R·W·霍华德：《宏伟的钢铁线》）[100]

著名铁路工程师约翰·加洛威在他的太平洋中央公司和联合公司的《第一条横贯美国的铁路》一书中说：“建设这条横贯大陆的铁路线——全长 1 800 英里，通过大草原和艾灌丛生的大沙漠，穿越落基山脉和高山山脉的山口——无疑是 19 世纪最最伟大的工程奇迹。”[101]

莫里森等历史学家在《美利坚共和国的成长》一书中也写道：修筑这条铁路所要“克服的障碍几乎是难以逾越的”，要“同山中的暴风雪和沙漠的酷热作经常斗争”，“这些困难的克服”，“应归因于”包括华工在内的数千劳工的“勇敢和献身精神”，施工中“最沉重的部分都落在他们强壮的肩膀上。”[102]

乔治·F·西华则在《美国的中国移民——论它的社会和经济方面》一书中强调：“中央太平洋铁路公司发觉中国劳工比加利福尼亚本地劳工更为得力，更能使公司获得巨大利润。这使后来承包美国西部地区铁路工程的资本家竞相仿效，引入更多的劳工。”“南太平洋铁路的路线于 1875 年至 1876 年间完工。伊文思先生的门多西诺线于 1876 年完工。这几家公司，在他们施工期间，工地上所用的劳动力，主要是中国工人。”[103]

有的美国学者还正确地指出：“中央太平洋铁路工程告成之后，……铁路公司没有做任何事情来庇护曾经为他们出力的中国人，以免使他们受到群众的暴力攻击。当排华鼓动达到高潮之际，中央太平洋铁路正是加利福尼亚政治中唯一最有实力和最重要的因素；如果它有意义的话，尽可轻而易举地把一切排华活动压下去。”[104]

美国历史学家和政治家威廉·福斯特 1958 年 12 月 19 日写信给中共中央主席毛泽东，高度评价华工对美国西部开发的历史性贡献，信中说：“中国人，主要是工人，在美国西部的历史中，起过很大的作用”，“他们开始移居到这个地区，是在 19 世纪 50 年代初期，正是加利福尼亚州有名的淘金热盛极一时的时候。从那时以后的数十年间，在美国西部所有的矿山、森林、牧场和工地里，都有他们在工作。他们修建了加利福尼亚州的主要铁路。特别是在 19 世纪 60 年代后期，铺修了美国第一条横贯大陆的‘中央太平洋铁路’的西半段，这是一个英雄的成就。”

至于美国关系开始正常化以来，从尼克松、卡特到布什、克林顿总统则对美国华人建设美国的贡献都加以赞颂。记得吉米·卡特在他担任美国总统时曾对邓小平同志说过："华裔人数之少，与其对这个国家贡献之大，不成比例。"[105]这种情况，130年前如此，现在仍然如此。我们没有忘记1997年11月初中国国家主席江泽民访问美国时，谈到"中国同加利福尼亚州的友好交往源远流长。中国移民早就来到美国，并为开发西部作出了巨大的贡献。""许多中国人参加了美国的建设事业"。[106]

历史的经验，值得注意。回顾130年前这段历史，展望跨世纪中美两国人民交往的美好未来，许多经验和教训值得汲取。

第一，美国作为经济大国的崛起和发展，包含着中国人民开发和建设美国的一份贡献，仅仅认为美国的发展是美国的白人及其后裔努力的结果是不符合实际的。作为自由移民的国家，这是美国经济发展、国家兴旺的一个富有特色的优势，离开了各族人民的共同开发，美国不可能保持持续发展的势头。

第二，移民政策是美国经济振兴的生命线之一，中国在美华工在开发美国西部所作出的里程碑贡献是功不可没的，然而美国利益集团恩将仇报，居然在国会通过了历史上对一个国家居民的排斥法令，从而成了对于自由、民主、人权的美利坚共和国的极大讽刺。美国一些政治家们在高喊人权的时候，最好反思一下这段令人难忘的历史。

第三，中国在美国的几代移民承继了先辈们的遵纪守法、勤奋开发和建设美国的优良传统，对美国不断作出了自己的贡献。在今天面向跨世纪、面向欣欣向荣的太平洋、世界上最大的超级大国美国和最大的发展中国家中国应当共同珍惜来之不易的两国人民间的友好交往，并继续加以发扬，这是两国人民和社会各界应该为之奋斗的。130年前中国的劳工在那样极端困难的条件下，越过重洋，建设中美两国人民友谊的桥梁，今天在现代化高度发达的条件下，太平洋理应成为联系中美两国友好合作的更加坚实的纽带。

注释：

[1] 另一说法是："铁路筑成，加州州长斯坦福亲自钉上衔接两铁路的枕木，找来找去找不到。突然，人群中有数个中国工人肩托百年桂树之木，徐徐步至铁轨，然后肃然地把此木安放在两轨之底；从他们之手，美国得以联系。"见陈翰笙主编：《华工出国史料汇编》，第7辑，《美国与加拿大华工》，中华书局，1984年版，第19页。转自陈冠中：《美国华侨血泪史》，香港《明报月刊》，1977年10-11月号。

[2] 美国边疆学者雷·比林顿研究认为："当分段人员相遇时，他们相互错过，相隔不远铺出平行的路基。在华盛顿官员规定两条铁路必须在距离犹他州的奥格登不远的普罗蒙托里接轨后，这场闹剧才算收场。""一个电报员向正在倾听消息的全国发报：'脱帽敬礼！祈祷正在进行。'13分钟以后，由于终于动手接轨而感到如释重负：'我们祈祷完毕，即将钉上道钉。'""那天晚上全国都在举行庆祝：'芝加哥举行了长达7英里的游行；纽约房屋挂出了彩旗，鸣炮100响，并且在'三一节'举行了感恩祈祷；费城敲响了古老的自由钟；布法罗高唱'星条旗'。"载参见[美]雷·艾伦·比林顿著：《向西部扩张——美国边疆史》，下册，商务印书馆，1991年，第300-301页。

[3] 见[美]William Deverell, Railroad Crossing: Californians and the Railroad, 1850-1910, Berkeley: University of California Press, 1993.. 据[日]大森实著，王锦华、李建新译：《铁路大王斯坦福》，中国经济出版社，1991年版，第152-153页载："这轨钉在1892年被拔起，赠给了斯坦福大学，并由查尔斯·库罗卡所创办的银行——库罗卡银行(1986年并入韦尔斯·华国银行)代为保管。""后来为了便于展览，这枚轨钉于1954年再度归还给斯坦福大学，存放在该校的博物馆中。"

[4][美]亚历山大·塞克斯顿著：《19世纪华工在美国筑路的功绩和牺牲》，《太平洋历史杂志》，1966年5月，彭家礼译载于《世界历史译丛》，1979年第4期。然而，人们没有忘记正是这位法官，1850年8月29日在旧金山全体市民欢迎华人大会上说："你们虽然出生并生长在异国的土地上，虽然说另种方言，但今天在这里我们把你们当成亲兄弟。""不论在哪方面，你们都和我们一律平等。"见陈翰笙主编：《华工出国史料汇编》，第7辑，《美国与加拿大华工》，第167页，引自美国学者科立治著：《中国移民》，1920年纽约版。

[5] 邓蜀生著：《美国历史与美国人》，人民出版社，1993年版，第225页。并见刘伯骥著：《美国华侨史》，台湾1975年版，第617页。

[6] 前引文，《19世纪华工在美国筑路的功绩和牺牲》。

[7][美]Colleen A. Dunlavy, Politics and Industrialization: Early Railroads in the United States and Prussia, Princeton: Princeton University Press, 1994.

[8][美]Maury Klein, "The Coming of the Railroad and the End of the Great West", American Heritage of Invention & Technology, 10 (Winter 1995), 8-19pp.

[9] 参见[美]雷·艾伦·比林顿著：《向西部扩张——美国边疆史》，下册，商务印书馆，1991年，第295-297页。

[10] 即"An Act to aid in the Construction of a Railroad and Telegraphy Line from the Missouri river to the Pacific Ocean, and to Secure to the Government the use of the same for Postal, Military, and other Purposes," Approved July 1, 1862.

[11][美]Henry Steele Commager eds., Documents of American History 9th. Vol. 1. No.215. The Pacific Railway Act, July 1, 1862. Prentice-Hall, Inc. Englewood Cliffs, New Jersey, 411-412pp.

[12] 参见[美]雷·艾伦·比林顿著：《向西部扩张——美国边疆史》，下册，商务印书馆，1991年，第297页。

[13]Office Central Pacific Company of California, Oct. 17th 1862. In Executive Documents of the House of Representatives, During the First session of the 38th Congress, 1863-1864, Vol.13, No. 23 Letter of The Secretary of the Interior.

[14] Report of the Secretary of the Interior, Dec. 5, 1863. In Executive Document of the House of Representative, During the 1st session of the 38th Congress 1863-1864. Vol. 6, No. 1, Message of the President of the United States and Accompanying Documents, to the Houses of Congress, Washington,

No. 1 Interior.

[15] Letter of the Secretary of the Treasury, transmitting, In Answer to a resolution of the Senate, a copy of the Report of the Central Pacific Railroad Company, Under date June 1st, 1863, Engineer's Office, To the President and Board of Directors of the Central Pacific R. R. of California, June 1st, 1863. 4–16pp. In Ex. Doc. No.26. 38Th Congress 1st. Session Senate.

[16]No.HR190. A Bill to amend section (14) of an act of July 1, 1862. 201–202pp. In Ibid.

[17]No.HR336. A Bill to amend an act of an act of July 1, 1862. p.391. In Ibid.

[18]38th Congress, 1st Senate Ex. Doc. No.55, Report of the Secretary of the Treasury, p.2, Washington , Government Printing Office, 1864.

[19]In Journal of the Senate of America, being the 1st session of the 38th Congress, read twice and referred, Feb. 24, 1864, p.183; Report with amendments , April 19, 1864, p.346; Considered and made a special order, April 22, 28, 1864, p.359,379; Pending debate, April 28, p.379;amendment reported by Committee on the Pacific Railroad, May. 9, 1864, p.416; resumed and made a Special order, May 16, 1864, p.440; The Senate adjourned, Amy 19,1864, p.453; resumed and amended, May 20, 1864, p.457; resumed May 21, 1864, 462–463pp.; the Senate adjourned, May 23, 1864, p.465; resumed, amend, read and third, and passed, May 24, 1864, 467–469pp.

[20]In Journal of the Senate of America, being the 1st session of the 38th Congress, received, June 25, 1864, p.634; read twice and referred, June 25, 1864, p.648; report with an amendment, June 27, 1864, p.651; considered, report amendment agreed to read the third time, and passed, June, 27,1864, p.653.

[21]In Executive Document of the House of Representative, During the 1st session of the 38th Congress 1863–1864. Vol. 6, No. 1, Message of the President of the United States and Accompanying Documents, to the Houses of Congress, Washington, No. 1 Interior. p.597,p.779,p.826,p.858, p.872,p.873,p.877,892–893pp.

[22]Ibid. June 29, 1864, p.678.

[23]Ibid. July 1, 1864, 707–711pp.

[24]A table showing the number of miles of the Union Pacific Railroad and its connection lines between Missouri river and the Pacific coast required to be built annually by each company, by Senate bill No. 132. In The Miscellaneous Documents of the House of Representatives for the 1st session of the 38th Congress, 1863–1864, Washington, 1864.In One Vol., No. 112, 1–8pp.

[25]In Journal of the Senate of America, being the 1st session of the 38th Congress, July 1,1864, 711; July 2, 1864, 733–734pp. p.740.

[26][美]Henry Steele Commager eds. Documents of American History 9th. Vol. 1. No.215. The Pacific Railway Act, July 1, 1862. Prentice–Hall, Inc. Englewood Cliffs, New Jersey, 411–413pp.

[27] 前引书，《铁路大王斯坦福》，第 77 页。

[28] 前引书参见 [美] 吉尔伯特・C・菲特、吉姆・E・里斯著：《美国经济史》，辽宁人民出版社，1981 年，第 416 页。.

[29][美] Irwin Unger ed. These United States, The Questions of Our Past, third. Ed. Vol.1 Prentice–Hall, Englewood Cliffs, New Jersey, 1986, P.417.

[30] 前引书，《铁路大王斯坦福》，第 77 页。

[31]H.R. No. 763. Feb. 21, 1865, p.206; Feb. 22, 1865, p.214; Feb. 24, 1865, p.229; Mar. 1, 1865, 266–267pp.; Mar. 2, 1865, p.281; March 3, 1865, p.315, p.339.In Journal of the Senate of the United States being the 2nd session of the 48th Congress, Dec. 5, 1864, Washington, 1864.

[32]Report of the Commissioner of the General land Office, Oct. 3Rd. 1864. In Executive Documents of the House of representatives, During the 1st session of the 38th Congress 1864–65 Vol.5, No.1. Message of the President of the United States and Accompanying Documents, to Two Houses of Congress, Washington: Government Printing Office, 1865, 22–24pp.

[33]Secretary of Interior and Postmaster General ,Dec. 5th, 1864. In Executive Documents of the House of representatives, During the 1st session of the 38th Congress 1864–65 Vol.5, No.1. Message of the President of the United States and Accompanying Documents, to Two Houses of Congress, Washington: Government Printing Office, 1865, 9–10pp.

[34] 邓蜀生著：《美国与移民——历史・现实・未来》，重庆出版社，1990 年版，第 209 页。

[35] 陈翰笙主编：《华工出国史料汇编》第三辑《美国外交和国会档选译》，中华书局，1981 年版，第 93 页。转自美国外交档及公档汇编：《美国与中国丛刊》(The American Diplomatic & Public Papers, The United States and China) 第一种：条约制度与太平军起义 (1842–1860 年)(Series 1. The treaty System & Taiping Rebellion)，第 17 卷：苦力贸易与中国移民 (Coolie trade the Chinese Emigration)，戴维斯・居里 (Jules Davis) 主编，第 52 号文件，公文第 27 号。

[36] 同上，第 99 页。转自美国外交档及公档汇编：美国与中国丛刊，第一种：条约制度与太平军起义 (1842–1860 年)，第 17 卷，苦力贸易与中国移民，第 58 号档。

[37] 同上，第 35–38 页。转自美国外交档及公档汇编：美国与中国丛刊，第一种：条约制度与太平军起义 (1842–1860 年)，第 17 卷，苦力贸易与中国移民，第 24 号档。

[38] 同上，第 101–103 页。转自美国外交档及公档汇编：美国与中国丛刊，第一种：条约制度与太平军起义 (1842–1860 年)，第 17 卷，苦力贸易与中国移民，第 60 号档。香港副领事罗伯特致美国国务卿加斯，1858 年 11 月 13 日于香港领事馆，附件《香港政府公报》1858 年 8 月 7 日第四卷，第 168 期。

[39][美] 塞缪尔・伊里亚德・莫里森等著：《美利坚共和国的成长》，下卷，天津人民出版社，1991 年版，第 143 页。

[40][美] 威廉・L・董著，《中国人在美国》，纽约，1974 年，载《外国哲学历史经济摘译》第 127 页。

[41] 陈翰笙主编：《华工出国史料汇编》，第 7 辑，《美国与加拿大华工》，中华书局，1984 年版，第 192–193 页。转自柯立芝 (Mary Roberts Collidge) 著：《中国移民》(Chinese Immigration)，纽约，1929 年版，附录。罗纳德・田垣 (Takaki Ronard) 认为：“到 1869 年，受雇的华人达 1.2 万至 1,4 万人，占该公司所有工人的 90% 以上，成为修筑大陆西部铁路的主力。”见田垣著：《一面不同的镜子：美国多元文化史》(A Different Mirror: A History of Multicultural Americans)，纽约，小布

朗图书公司，1993 年，第 196 页，转自梁茂信著：《美国移民政策》，东北师大出版社，1996 年。

[42] 朱杰勤：《十九世纪后期中国人在美国开发中的作用和处境》,《历史研究》，1980 年第 1 期，转自 [美] 西华德（George F. Steward）著《从社会和经济方面考察中国移民问题》（Chinese Immigration in its Social and Economical Aspects），1970 年纽约 Charles Scribner's Sons 版，第 7 页。

[43] 陈翰笙主编：《华工出国史料汇编》，第三辑，《美国外交和国会档选译》，中华书局，1981 年版，第 278 页，转自该联合委员会于 1887 年 2 月 27 日第 44 届国会，第 2 次会议提交的报告书，第 632 页。

[44] 有关数字和情况还可见成露西 (Lucie Cheng)、波纳切 (Edna Bonacieh) 著：《资本主义制度下的劳工：第二次世界大战前的亚洲劳工》(Labor Immigration Under Capitalism, Asian Workers in the United States Before World War II)，加利福尼亚州立伯克利大学出版社，1984 年。孔深吾 (Kung Shen-woo) 著：《美国生活中的华人》(Chinese in American Life: Some Aspects of Their History, Status, Problems and Contributions),Greenwood Press Published Co,1983 年。蔡石山 (Tsai Shih-Shan Henry) 著：《美国华人的经历》，印第安纳大学出版社,1986 年。Tsai Shih-shan Henry, China and the Overseas Chinese in the United States, 1868-1911, University of Arkansas Press, Fayetteville, 1983. Jack Chen, The Chinese of Americas, Harper & Row, San Feancisco,1980. Chen, Chin-Yu, "San Francisco's Chinatown: A Social-Economic and Cultural History, 1850-1882", University of Idaho,1992. Order No. DA9305262. John H. White Jr., The American Railroad Freight Car: From the Wood-Car to the Coming of Steel, Baltimore: Johns Hopkins University Press,1993. Alan H. Grey, "Roads, Railways, and Mountains: Getting Around in the West," Journal of the West, 33(July 1994),44-53 pp.

[45][美] 宋李瑞芳著：《美国华人的历史和现状》，商务印书馆，1984 年，第 30-31 页。并见邓蜀生著：《美国历史与美国人》，人民出版社，1993 年版，第 223-224 页。

[46] 前引书，《铁路大王斯坦福》，第 126-127 页。

[47] 前引文，《19 世纪华工在美国筑路的功绩和牺牲》。

[48] 前引书，《铁路大王斯坦福》，第 78 页。

[49] 前引书，《美国华人的历史和现状》，第 28 页，转自奥斯卡・刘易斯 (Oscar, Lewis):《四大家族》(The Big Four)，纽约，阿尔弗雷德・诺伯夫公司 (New York, Alfred A. Knopf)，1938 年，第 71 页。

[50] 前引书，《美国华人的历史和现状》，第 28-29 页，转自埃德温・L・萨宾 (Edwin L. Sabin) 著：《太平洋铁路的建设》(Building the Pacific Railroad)，费城，J・B・李平考特出版公司 (Philadelphia, J.B. Lippincott Co.,),1919 年版。陈依范在他的《美国华人史》中写道："总工程师柯蒂斯说，他们是'世界上最优秀的筑路工人'。精明而又雄心勃勃的爱尔兰人斯勒罗布里奇对他们曾经持怀疑态度，现在他们也说他们是'世界上最能干的人。'"载世界知识出版社，1987 年，第 87 – 88 页。

[51] 前引书，《铁路大王斯坦福》，第 127 – 128 页。

[52] 斯坦福在他卸任后，对华工态度有了变化，在遗嘱中附有永久雇佣华工在他产业上工作的条文。直到 20 世纪 30 年代，在他资助创办的斯坦福大学中还有当日修路的华工的后裔在工作。见邓蜀生著：《美国历史与美国人》，人民出版社，1993 年，第 224、239 页，并见 [美] 林露德 (Ruthanne L. McCunn) 著：《在美华人画史》(An Illustrated History of the Chinese in America)，旧金山，1979 年第 32-35 页。斯坦福在他卸任后，对华工态度有了变化，在遗嘱中附有永久雇佣华工在他产业上工作的条文。直到 20 世纪 30 年代，在他资助创办的斯坦福大学中还有当日修路的华工的后裔在工作。

[53][美] T・秦：《加州华人史》，旧金山，1973 年版，第 33 页。转自王旭：《美国西海岸大城市研究》，东北师范大学出版社，1994 年版，第 62 页。

[54] 参见 [美] 雷・艾伦・比林顿著：《向西部扩张——美国边疆史》，下册，商务印书馆，1991 年，第 298 页。据 Mary Beth Norton、David M. Katzman、Paul D. Escott、Howard P. Chudacoff、Thomas G. Paterson、William M. Tuttle, Jr. Eds. A People & A Nation, Houghton Mifflin Company, Boston, Vol.2, 1982, p.443. 7000 名中国劳工在西部山区承担艰巨任务。

[55]No. 125, A Bill to Encourage Immigration. In Journal of the America, being the 1st session of the 38th Congress, Washington, p.165,207. Also see No.125 p.334, p.387. In Executive Document of the House of Representative, During the 1st session of the 38th Congress 1863-1864. Vol. 6, No. 1, Message of the President of the United States and Accompanying Documents, to the Houses of Congress, Washington, No. 1 Interior.

[56]No. HR 411. A Bill to Encourage Immigration, p.533,p.558,p.562,p.918 p.940, 968-969 pp. In Executive Document of the House of Representative, During the 1st session of the 38th Congress 1863-1864. Vol. 6, No. 1, Message of the President of the United States and Accompanying Documents, to the Houses of Congress, Washington, No. 1 Interior.

[57]No.403. A Bill to amend the act entitled "An Act to encourage Immigration", Journal of the Senate of the United States being the 2nd session of the 38th Congress, Dec. 5, 1864, Washington, 1864. p.84.1865 年 7 月 4 日国会又通过了第 746 号档的鼓励外来移民法的修正法。(p.237, p.247.)

[58] No.407.An Act authorize the establishment of Ocean mail Steamship service between United States and China. Journal of the Senate of the United States being the 2nd session of the 38th Congress, Dec. 5, 1864, Washington, 1864. p.193, and see p.96,p.126,p.173,p.185,189-190 pp.,p.192.

[59]《筹办夷务始末》，同治朝，第 69 卷，第 20 页。并见《中外条约汇编》，第 132 页。

[60]《美国历史统计：殖民地时代至 1970 年》，华盛顿 1975 年版，第一部分，第 108 页。

[61] 陆鼎元编：《各国立约始末记》（卷八），《续修条约》（光绪六年）编者按语。

[62]《清史稿》志第 131 卷《邦交》四：《美利坚》，中华书局，1976 年，第 4588 页。

[63] 本文意在还清历史本来面目，无意贬低美利坚各族人民在建设横贯大陆铁路中的作用，美国有的著作认为："近年来，对联合太平洋铁路和中央太平洋铁路的修建工作由许多议论，并且作了比较，往往赞誉后者。据说其理由是中央太平洋铁路首先要克服内华达山脉这一道难关，在财力和物力方面比联合太平洋铁路一端要克服的困难大得多。然而这是一种误解。"是否误解要以事实为依据，事实上，华工遭受历史的精神的"误

解”还少吗？参见［美］贝阿德·斯蒂尔编，张禹九译：《美国西部开发纪实，1607–1890》，光明日报出版社，176页。美国学者马撒·B·米勒(Martha B. Miller)的论文(M.A.)：《中国人和中央太平洋铁路》(The Chinese and the Central Pacific Railroad: An example of Labor and Immigration in the Nineteenth Century), University of Hawaii at Manoa, 1989，值得一读。另一本著作可见苏珊·辛诺特(Susan Sinnot)著：《中国铁路工人》(Chinese Railroad Workers), Franklin Watts, New York, 1994. 以及Yen, Tzu-Kuei著：《中国工人和美国第一条横贯大陆铁路》(Chinese Workers and the First transcontinental Railroad of the United States of America), Ann Arbor, Mich: Xerox University Microfilms, 1977. Young, Alida E., Land of the Iron Dragon, Doubleday, Garden City, N.Y., 1978. Sucheng Chan, Asian American: An Interpretative History, Twayne,1991. Robert G. Lee, "The Origins of Chinese Immigration to the United States, 1848–1882," in the Life, Influence and the Role of the Chinese in the United States, 1776–1960. Ed. Chinese Historical Society of America , San Francisco: Chinese Historical Society of America, 1976. Ping Chiu, Chinese Labor in California, 1850–1880: An Economic Study, Madison: State Historical Society of Wisconsin, 1967.

有关华工开发西部的研究论文，已有多篇文章论述。例如：朱杰勤：《十九世纪后期中国人在美国开发中的作用和处境》，载《历史研究》，1980年第2期。杨国梁：《美国华工于中央太平洋铁路》，载《华侨史论文集》第4卷,1984年。王佩莲：《华工与美国西部的开发》，《北京师范学院学报》，1980年第1期等。硕士学位论文有：麦兆江：《论美国工业化时期铁路建设对经济发展的作用》，中山大学，1986年；李其荣：《功彰绩伟 名垂青史——中国移民在近代美国经济发展中的作用》，华中师范大学，1987年。

[64] 前引书，《美国华人的历史和现状》，第28页，转自奥斯卡·刘易斯(Oscar, Lewis)：《四大家族》(The Big Four)，纽约，阿尔弗雷德·诺伯夫公司(New York, Alfred A. Knopf),1938年，第72–73页。

[65] 前引书，《美国华人的历史和现状》，第30–31页。转自奥斯卡·刘易斯：《四大家族》(Lewis, Oscar, The Big Four, New York, Alfred A. Knopf,1938,74–75pp.

[66] 前引文，《十九世纪华工在美国筑路的功绩和牺牲》。

[67] 前引书，《美国华人的历史和现状》，第32页。

[68] 刘伯骥著：《美国华侨史》，台湾1975年，第614–616页。

[69] 曹德谦、王宓芸著：《美国演义》(1829–1900)，南海出版公司，1991年版，第239–240页。

[70] 前引书，《铁路大王斯坦福》，第133 – 134页。

[71] 同上，第136 – 138页。另见凯思·林·钱(Kathleen Chang)著：《攻无不克的成功者》(The iron Moonhunter), Children's Book Press, San Francisco, 1977. Alexander Saxton, "The Army of Canton in the High Sierra," Pacific Historical Review 35 (1966).

[72][美]陈依范著：《美国华人史》，世界知识出版社，1987年，第89页，转自查尔斯·诺德罗夫著：《加利福尼亚》，坦斯波德出版社,1974年。

[73] 同上，《美国华人》，第96页。

[74] 前引书，《美国历史与美国人》，第223–225页。

[75] 前引文，《19世纪华工在美国筑路的功绩和牺牲》。

[76] 陈翰笙主编：《华工出国史料汇编》，第7辑《美国与加拿大华工》，中华书局，1984年版，第9页。转自威廉·L·董著，《中国人在美国》，纽约，1974年，载《外国哲学历史经济摘译》第127页。纽约1950年版，第45页。陈依范在《美国华人史》中写道：“没有人记录过在这项巨大工程中献身者的名字。人们知道，1200副遗骨被运回中国，埋葬在他们先辈的土地上。”第90页。

[77] 陈翰笙主编：《华工出国史料汇编》，第三辑，《美国外交和国会档选译》，中华书局，1981年版，第239–241页。译自原报告第I—VII页。

[78] 同上，第246–247页。译自原件第12，16–17页。

[79] 同上，第272页，译自原件第504页。

[80] 同上，第254页。译自原件第73页。

[81] 同上，第251–252页。译自原件第37–38页。

[82] 同上，第293页。译自原件第914页。

[83] 同上，第278–279页，转自原件第666–668页。

[84] 同上，第263页，译自原件第294页。

[85] 同上，第276–277页，译自原件第591–592页。

[86] 同上，第278页。译自第720页。

[87] 同上，第283–284页转译自原件第766页。

[88] 阎广耀、方生选译：《美国对华政策档选编》，人民出版社，1990年版，第258–260页。转自马里恩·米尔斯·米勒编：《美国历史上的大辩论》中《国会文件——关于华人移民的调查报告和两院议员的辩论经过(1877–1879年)》，纽约，1913年，第221页。

[89] 前引书，《美国与移民——历史·现实·未来》，第227页。

[90] 阎广耀、方生选译：《美国对华政策档选编——从鸦片战争到第一次世界大战(1842–1918)》，人民出版社，1990年，转译自［美］詹姆斯·理查德德森：《总统咨文与档汇编》，第11卷，第4704–4705页。

[91] 马克思：《致恩格斯的信(1869年8月10日)》，《马克思恩格斯全集》，第32卷，第340页。

[92] 恩格斯：《致劳·拉法格(1982年4月4日)》，《马克思恩格斯全集》，第38卷，第316页。

[93] 有关美国排华活动的论著很多，这里仅列举近年的一篇博士论文：Zhang, Qingsong, "Dragon in the Land of the Eagle: The Exclusion of Chinese from U.S. Citizenship,1848–1943", University of Virginia, 1994. Order No. DA9425704.

[94] 有关美国排华法案及其影响，已有大量中外论着发表，这里不妨再推荐一些论著。Mary Roberts Coolidge, Chinese Immigration, New York: Holt, 1909. Elmer Clarence Sandmeyer, The Anti-Chinese Movement in California, Urbana: University of Illinois Press,1939. Gunther Barth, Bitter Strength: A History of the Chinese in the United States, 1850–1870, Cambridge: Harvard University Press,1964. Alexander Saxton, The Indispensable Enemy: Labor and the Anti-Chinese Movement in California, Berkeley and Los Angeles: University of California Press,1971. Stuart Creighton Miller, The Unwelcome Immigrant: The American Image of Chinese, 1785–1882, Berkeley and Los Angeles: University of California Press, 1969. Shih-shan Henry Tsai, China and the Overseas Chinese in the United States, 1868–1911, Fayetteville: University of Arkansas press,1983.

[95][美]詹姆斯·理查德德森(James Richardson)，《美国总统咨文和档汇编》(A Compilation of the Massages and Papers of the Presidents)，第2卷，第2155–2157页。

[96] 关在汉编译:《罗斯福选集》，商务印书馆，1982 年，第 445 页。

[97][美] 塞缪尔·伊里亚德·莫里森等著:《美利坚共和国的成长》，下卷，天津人民出版社，1991 年，第 37、143 页。转自 [美] 罗伯特·刘易斯·斯蒂文森著:《横越大平原》(Across the Plains), 1879 年版。

[98][美] 董霖 (Tung, William L.):《在美国的华人，1820–1933》(The Chinese in America, 1820–1933), 纽约，1974 年，第 25 页。

[99] 陈翰笙主编:《华工出国史料汇编》，第 7 辑，《美国与加拿大华工》, 中华书局, 1984 年版, 第 47 页。转自陈匡民:《美洲华侨通鉴》，纽约 1950 年版，第 52–53 页。

[100] 陈依范著:《美国华人史》，世界知识出版社，1987 年，第 83 页。

[101] 前引书，《美国华人的历史和现状》，第 31 页，转自 John D. Galloyway, The First Transcontinental Railroad–Central Pacific Union Pacific, New York Wiley & Sons,1955.

[102][美] 莫里森等著:《美利坚共和国的成长》(下), 天津人民出版社，1991 年，第 37 页。

[103] 陈翰笙主编:《华工出国史料汇编》，第 7 辑，《美国与加拿大华工》, 中华书局, 1984 年版, 第 47 页。转自乔治·F·西华著:《美国的中国移民——论它的社会和经济方面》，纽约 1981 年版，第 316 页。

[104] 同上，第 198 页。转自译莎伯拉·勃莱克著:《美国劳工于中国移民》，载《过去与现在》，第 25 期，1963 年 7 月。

[105] 引自香港《明星月刊》，1984 年 8 月号，《洛杉矶今昔谈》。

[106]《人民日报》，1997 年 11 月 2 日、4 日。

说明:《中央太平洋铁路的建成与在美华工的贡献》为黄安年学术论文，提交 1998 年 6 月 10 日在上海举行的“十九世纪下半叶华人在开发美国西部所作的历史贡献与中美关系”国际学术讨论会。全文发表在《河北师范大学学报》1999 年第 2 期，第 97–113 页。本文节选稿发表在北京师范大学历史学系编选的《百年校庆纪念学术文集》, 2002 年《史学论衡》中。并见学术交流网 http: //: www.annian.net/show.aspx?id=141&cid=21。

黄安年的博客 http://blog.sciencenet.cn/blog-415-1113.html; 收入《道钉，不再沉默——建设北美铁路的华工》第 1–38 页，白山出版社，2010 年简体版。黄安年著《道钉，不再沉默——建设北美铁路的华工》第 1–36 页，台北华艺学术出版社，2014 年 8 月繁体增订版。

本文写于 17 年前，本次刊载未作改动。

附录 2　图片来源

文前

T01　李炬 2014 年 12 月制作。

T02、T03　李炬拍摄。

T04　阿尔弗雷德·哈特拍摄。

T05　李炬拍摄。

T06　阿尔弗雷德·哈特拍摄。

T07　李炬拍摄。

T08　阿尔弗雷德·哈特拍摄。

T09　李炬拍摄。

T10　阿尔弗雷德·哈特拍摄。

T11　美国国会图书馆。

T12　李炬拍摄。

A 修路缘由

A T01　阿尔弗雷德·哈特拍摄。

A–T02 [美] 福克讷著《美国经济史》上卷，商务印书馆，1989 年。

A01　徐继畬画像原载黄安年著《沉默的道钉》, 第 16 页, 五洲传播出版社, 2006 年版, 以下来自《沉默的道钉》不再注明出版社及出版年代。

A02　李炬提供。

A03 ~ A05　黄安年提供。

A06 国家博物馆图书馆。

A07、A08　美国加州铁路博物馆。

A09《沉默的道钉》第 23 页。

A10《沉默的道钉》第 20 页。

A11　美国国会图书馆。

A12　美国国会档案中修筑中央太平洋铁路法令影印文本。

A13　美国中央太平洋铁路摄影历史博物馆 (Central Pacific Railroad Photographic History Museum)。

A14　李炬制表。

A15　美国中央太平洋铁路摄影历史博物馆。

A16　美国国会图书馆。

A17　1865 年 10 月中央太平洋铁路向约翰逊总统和内政部提交的报告。

A18　美国中央太平洋铁路摄影历史博物馆。

A19《筹办夷务始末》，同治朝，第 69 卷。

A20　美国加州奥克兰博物馆 (Oakland Museum of California)。

A21　美国国会图书馆; The Banc-roft Library, University of California, 选自 Harper's Weekly, Vol. 20, 1876。

A22　美国中央太平洋铁路摄影历史博物馆收藏自加利福尼亚历史协会。

A23 ~ A26　北京师范大学图书馆。

A27 ~ A29　北京大学图书馆。

A30 ~ A34 广东江门五邑华侨华人博物馆馆藏，2014 年 4 月高东辉先生提供。

A35、A36　五邑大学广东侨乡文化研究中心提供。

A37 ~ 41　五邑大学广东侨乡文化研究中心提供。

A42、A43　广东江门五邑华侨华人博物馆藏。

A44 ~ A48 五邑大学广东侨乡文化中心藏。

A49 ~ A51 美国斯坦福大学历史系博士候选人 Joseph Ng《华人在美移民和居住的地方》(Immigration and Settlement, Chinese in America, 1850–1900) 论文 ,2014 年 9 月 8 日在北美华工与广东侨乡社会国际学术研讨会上报告 , 美国人口普查 1850–1900 华人积聚人口多的州，U.S.C 1850–1900，经 Joseph Ng 同意引用。

A52　李炬藏书。

A53　The Chinese in California, 1850–1925, Item 52 of 149, Harper's Weekly, 1869.

A54、A55　2013 年 11 月 8 日李炬博文。

A56　李炬拍自《美利坚共和国的成长》(天津人民出版社，1980 年版)，黄安年藏书。

A57《马克思恩格斯全集》中文版第 32 卷中的马克思致恩格斯的信 (1869 年 8 月 10 日)，黄安年拍自北京师范大学图书馆。

A58　1892 年 3 月 30 日，恩格斯写给纽约的海尔曼·施留特尔的信(《马克思恩格斯全集》) 38 卷第 316 页，黄安年拍自北京师范大学图书馆。

A59 黄安年拍自北京师范大学图书馆《美国百科全书》(Encyclopedia Americana), 23,Vols, 220pp.

A60 国家博物馆图书馆采编部张志华提供的选自《红旗》1959年第3期。

A61 李炬拍自黄安年收藏丁则民主编《美国通史》第3卷。

B 开路先锋

B-T01 阿尔弗雷德·哈特拍摄。

B01 李炬制作。

B02 ~ B12 李炬拍摄。

B13 阿尔弗雷德·哈特拍摄 No. 235: J St. Sacramento City. View from the Levee. 美国亨廷顿数字图书馆图片编号 photCL 184。

B14 李炬拍摄。

B15 阿尔弗雷德·哈特拍摄。

B16 ~ B19 李炬拍摄。

B20 阿尔弗雷德·哈特拍摄 No. 232: Capitol Granite Quarry at Rocklin, 22 miles from Sacramento，美国国会图书馆图片编号 1s00566。

B21 阿尔弗雷德·哈特拍摄 No. 8: Approaching Bloomer Cut, from the west，美国国会图书馆图片编号 1s00452。

B22 李炬拍摄。

B23 阿尔弗雷德·哈特拍摄 No. 231: Bloomer Cut, near Auburn. 800 feet long and 63 feet high，美国国会图书馆图片编号 1s00565。

B24 李炬拍摄。

B25 阿尔弗雷德·哈特拍摄No. 9: Bloomer Cut, 800 feet long, from middle looking east，美国国会图书馆图片编号 1s00453。

B26 ~ B30 李炬拍摄。

B31 阿尔弗雷德·哈特拍摄 No. 20: Cut near Auburn Station, Placer County，美国国会图书馆图片编号 1s00459。

B32 李炬拍摄。

B33 阿尔弗雷德·哈特拍摄No. 242: West of Clipper Gap, Placer County，美国国会图书馆图片编号 1s00571。

B34 李炬拍摄。

B35 阿尔弗雷德·哈特拍摄No. 35: Depot at Colfax. 500 feet long, 55 miles from Sacramento，美国亨廷顿数字图书馆图片编号 photCL 184 (35)。

B36 李炬拍摄。

B37 阿尔弗雷德·哈特拍摄 No. 229: American River Bridge. Railroad around Cape Horn, 1,400 feet above，美国国会图书馆图片编号 1s00563。

B38 李炬拍摄。

B39 阿尔弗雷德·哈特拍摄No. 230: View on the American River, below Cape Horn，美国国会图书馆图片编号 1s00564。

B40 ~ B42 李炬拍摄。

B43 阿尔弗雷德·哈特拍摄No. 57: Excursion Train at Cape Horn. 3 miles above Colfax，美国加州铁路博物馆。

B44 李炬拍摄。

B45 阿尔弗雷德·哈特拍摄。

B46 ~ B48 李炬拍摄。

B49 阿尔弗雷德·哈特拍摄No. 123: Lakeview Bluff, 350 feet high, from the Wagon Road，美国国会图书馆图片编号 1s00513。

B50 李炬拍摄。

B51 阿尔弗雷德·哈特拍摄 No. 122: Palisades Rocks, with road and teams descending western summit，美国国会图书馆图片编号 1s00512。

B52 李炬拍摄。

B53 阿尔弗雷德·哈特拍摄 No. 237: Crested Peak, from Grant's Butte，美国国会图书馆图片编号 1s00568。

B54 李炬拍摄。

B55 阿尔弗雷德·哈特拍摄 No. 121: Grant's Peak and Palisade Rocks, from western summit，美国国会图书馆图片编号 1s00511。

B56 李炬拍摄。

B57 阿尔弗雷德·哈特拍摄 No. 120: Scene Near Summit Tunnel, Eastern slope of Western Summit.

B58 李炬拍摄。

B59 阿尔弗雷德·哈特拍摄 No. 200: Bluff and snow bank in Donner Pass. Western summit, altitude 1,092 feet，美国国会图书馆图片编号 1s00549。

B60 李炬拍摄。

B61 阿尔弗雷德·哈特拍摄 No. 253: Crested Peak, from railroad. Roof of snow gallery，美国国会图书馆图片编号 1s00578。

B62 李炬拍摄。

B63 阿尔弗雷德·哈特拍摄 No. 118: Summit Tunnel – eastern portal. Length 1,660 feet, on the Western Summit，美国国会图书馆图片编号 1s00509。

B64 李炬拍摄。

B65 阿尔弗雷德·哈特拍摄 No. 199: East portal of Summit Tunnel, and Wagon Road from Tunnel No. 7，美国国会图书馆图片编号 1s00548。

B66 李炬拍摄。

B67 阿尔弗雷德·哈特拍摄 No. 197: Summit tunnel, before completion. Western summit, altitude 7,042 feet，美国国会图书馆图片编号 1s00546。

B68 李炬拍摄。

B69 阿尔弗雷德·哈特拍摄 No. 202: East portal of Tunnels No. 6 and 7, from Tunnel No. 8，美国国会图书馆图片编号 1s00551。

B70 李炬拍摄。

B71 阿尔弗雷德·哈特拍摄 No. 204: Heading of east portal Tunnel No. 8，美国国会图书馆图片编号 1s00553。

B72 李炬拍摄。

B73 (左图)阿尔弗雷德·哈特拍摄，(右图)李炬拍摄。

B74 金强拍摄。

B75 阿尔弗雷德·哈特拍摄 No. 119: Laborers and rocks, near opening of Summit Tunnel，美国国会图书馆图片编号 1s00510。

B76 ~ B78 李炬拍摄。

B79 阿尔弗雷德·哈特拍摄 No. 126: Donner Lake and Eastern Summit, from top of Summit Tunnel, Western Summit，美国国会图书馆图片编号 1s00514。

B80、B81 李炬拍摄。

B82 阿尔弗雷德·哈特拍摄 No. 129: Donner Lake, with Crested Peak and Mt. Lincoln in distance.

B83 李炬拍摄。

B84 阿尔弗雷德·哈特拍摄No. 130: View on Donner Lake. Altitude 5,964 feet，美国国会图书馆图片编号 1s00516。

B85 李炬拍摄。

B86 阿尔弗雷德·哈特拍摄 No. 131: Donner Lake, with Pass in distance. Altitude above lake, 1,126 feet，美国国会图书馆图片编号 1s00517。

B87 李炬拍摄。

B88 阿尔弗雷德·哈特拍摄 No. 205: Railroad on Pollard's Hill, 1,100 feet above Donner Lake.

B89 李炬拍摄。

B90 阿尔弗雷德·哈特拍摄 No. 238: Cloud view, Donner Lake，美国国会图书馆图片编号 1s00569。

B91 李炬拍摄。

B92 阿尔弗雷德·哈特拍摄 No. 261: Railroad around Crested Peak. View from foot of Donner Lake，美国国会图书馆图片编号 1s00585。

B93、B94 李炬拍摄。

B95 明信片。

B96 美国唐纳湖移民足迹博物馆。

B97、B98 李炬拍摄。

B99 明信片。

B100 阿尔弗雷德·哈特拍摄 No. 223: Truckee River, approaching the Eastern Summits，美国国会图书馆图片编号 1s00561。

B101、B102 李炬拍摄。

B103 阿尔弗雷德·哈特拍摄 No. 267: View near the state line. Truckee River，美国国会图书馆图片编号 1s00587。

B104 李炬拍摄。

B105 阿尔弗雷德·哈特拍摄 No. 272: Second crossing of Truckee River. Near Camp 24，美国国会图书馆图片编号 1s00591。

B106 李炬拍摄。

B107 阿尔弗雷德·哈特拍摄 No. 269: Tunnel No. 15. Looking east, toward Nevada，美国国会图书馆图片编号 1s00588。

B108 李炬拍摄。

B109 阿尔弗雷德·哈特拍摄 No. 271: Bridge near state line, 138 miles from Sacramento，美国国会图书馆图片编号 1s00590。

B110、B111 李炬拍摄。

B112 李炬制作。

B113 阿尔弗雷德·哈特拍摄 No. 286: Virginia Street, from the Bridge. Reno.

B114 李炬拍摄。

B115 阿尔弗雷德·哈特拍摄 No. 291: Scene near Camp 37. Lower canyon of Truckee，美国国会图书馆图片编号 1s00600。

B116 阿尔弗雷德·哈特拍摄 No. 292: Below Camp 37, lower canyon of Truckee，美国国会图书馆图片编号 1s00601。

B117 李炬拍摄。

B118 阿尔弗雷德·哈特拍摄 No. 294: Cottonwood Valley. Lower canyon of Truckee，美国国会图书馆图片编号 1s00602。

B119 李炬拍摄。

B120 阿尔弗雷德·哈特拍摄 No. 295: Scene on the bank of Truckee River, lower canyon of Truckee，美国国会图书馆图片编号 1s00603。

B121 李炬拍摄。

B122 阿尔弗雷德·哈特拍摄 No. 300: Pleasant Valley. Lower canyon of Truckee. Scenes in the Washoe Range，美国国会图书馆图片编号 1s00605。

B123 李炬拍摄。

B124 阿尔弗雷德·哈特拍摄 No. 302: Pleasant Valley, looking east. Lower Canyon of Truckee River，美国国会图书馆图片编号 1s00607。

B125、B126 李炬拍摄。

B127 阿尔弗雷德·哈特拍摄 No. 313: Chinese camp,Brown's Station，美国国会图书馆图片编号 1s00615。

B128 李炬拍摄。

B129 阿尔弗雷德·哈特拍摄 No. 315 Water train opposite Humboldt Lake，美国国会图书馆图片编号 1s00616。

B130 ~ B145 李炬拍摄。

B146 阿尔弗雷德·哈特拍摄 No. 318: Lower crossing Humboldt River, 254 miles from Sacramento，美国国会图书馆图片编号 1s00619。

B147 李炬拍摄。

B148 阿尔弗雷德·哈特拍摄 No. 319: Winnemucca Depot. 334 miles from Sacramento.

B149 李炬拍摄。

B150 阿尔弗雷德·哈特拍摄 No. 320: Winnemucca town and peak. 334 miles from Sacramento. Scenes on the Humboldt River，美国国会图书馆图片编号 1s00620。

B151 李炬拍摄。

B152 美国温尼马卡博物馆藏品。

B153 ~ B158 李炬拍摄。

B159 ~ B161 美国内华达大学教授张素芳（Sue Fawn Chung）提供早期明信片。

B162 美国内华达州洪堡博物馆提供。

B163 李炬拍摄。

B164 阿尔弗雷德·哈特拍摄 No. 321: Advance of civilization. End of track, near Iron Point，美国国会图书馆图片编号 1s00621。

B165、B166 李炬拍摄。

B167 阿尔弗雷德·哈特拍摄 No.330: Commencement of a snow storm. Scene east of second crossing of Humboldt，美国国会图书馆图片编号 1s00624。

B168 阿尔弗雷德·哈特拍摄 No. 338: First construction train passing the Palisades. 10 Mile Canyon.

B169 李炬拍摄。

B170 阿尔弗雷德·哈特拍摄 No. 334: Humboldt Gate. Ten Mile Canyon，美国国会图书馆图片编号 1s00625 。

B171 李炬拍摄。

B172 阿尔弗雷德·哈特拍摄 No. 336: Entering the Palisades. Ten Mile Canyon，美国国会图书馆图片编号 1s00627。

B173 李炬拍摄。

B174 阿尔弗雷德·哈特拍摄 No. 340: Indian viewing railroad from top of Palisades. 435 miles from Sacramento，美国国会图书馆图片编号 1s00629。

B175 李炬拍摄。

B176 阿尔弗雷德·哈特拍摄 No. 339: Alcove in Palisades. 10 Mile Canyon，美国国会图书馆图片编号 1s00628。

B177 ~ B179 李炬拍摄。

B180 The Overland Trail from the Golden Gate to the Great Salt Lake Along the Southern Pacific–American Canyon Route via Ogden.

B181 ~ B183 李炬拍摄。

B184 阿尔弗雷德·哈特拍摄 No. 346: Depot at Elko. 468 miles from Sacramento，美国国会图书馆图片编号 1s00631。

B185 李炬拍摄。

B186 阿尔弗雷德·哈特拍摄 No. 347: Elko from the West. 468 miles from Sacramento.

B187 ~ B194 李炬拍摄。

B195 李炬制作。

B196 阿尔弗雷德·哈特 1869 年 5 月 9 日拍摄 No. 353: Poetry and Prose。Scene at Monument Point, North end of Salt Lake. 美国国会图书馆图片编号 1s00634。

B197~B200 李炬拍摄。

B201 南方日报记者拍摄。

B202、B203 李炬拍摄。

B204 阿尔弗雷德·哈特 1869 年 5 月 9 日拍摄 No. 352: Salt Lake from Monument Point. 669 miles from Sacramento. 美国国会图书馆图片编号 1s00633。

B205~B207 李炬拍摄。

B208、B209 阿尔弗雷德·哈特拍摄 No. 350: Railroad Camp near Victory. 10 1/4 miles laid in one day.

B210 《The Story of The Golden Spike》书中的插图。Tom Dunnington 绘制。

B211 《Ten Mile Day》图书的封面。Mary Ann Fraser 绘制。

B212 George Kraus 《High Road to Promontory》（1962）.

B213 李炬翻拍自金道钉历史遗址访客中心陈列。

B214、B215 李炬拍摄。

B216 这幅巨作收藏在美国加州铁路博物馆。

B217 美国联合太平洋铁路公司安德鲁·J·拉塞尔（A. J. Russell）1869 年 5 月 10 日在金道钉铁路合龙处拍摄，原片奥克兰博物馆收藏，李炬从印刷品翻拍。

B218 美国联合太平洋铁路公司摄影师拉塞尔（A. J. Russell）拍摄的立体照片 No. 539：Chinese at Laying Last Rail。李炬翻拍自美国金道钉历史遗迹访客中心陈列展板。

B219 李炬拍摄。

B220 阿尔弗雷德·哈特拍摄 No. 357: The Rival Monarchs. Scene at Promontory Point, May 10th, 1869.

B221 美国联合太平洋铁路公司摄影师安德鲁·J·拉塞尔（A. J. Russell）1869 年 5 月 10 日在金道钉铁路合龙处拍摄。

B222 ~ B225 李炬拍摄（其中 B223 为翻拍）。

B226 美国金道钉国家历史遗迹处陈列，李炬翻拍。

B227 美国金道钉国家历史遗址访客中心收藏，李炬翻拍。

B228 李炬制作。

B229 拉塞尔（A. J. Rus-sell）1868 年初在格林河拍摄，李炬从《Westward to Promontory》(1969) 上翻拍。

B230 阿尔弗雷德·哈特 1869

年 5 月 8 日拍摄 No. 364 : Railroad at Ogden, Wahsatch Range in distance。美国国会图书馆图片编号 1s01671。

B231 李炬拍摄。

B232 李炬收藏的老明信片。

B233、B234 李炬拍摄。

B235 美国国会图书馆，John Carbutt 1866 年 10 月拍摄。

B236 ~ B242 李炬拍摄。

C 探寻足迹

C-T01 阿尔弗雷德・哈特拍摄。

C01 阿尔弗雷德・哈特拍摄 No. 316 End of Track, Near Humboldt Lake 洪堡湖营地。

C02 阿尔弗雷德・哈特拍摄 No. 256 Crested Peak and Tunnel No.10 Eastern Slope of Western Summit.

C03 阿尔弗雷德・哈特拍摄 No. 327 Chinese worked camped Beside their construction train in Nevada.

C04 美国中央太平洋铁路摄影历史博物馆，Chinese Railroad worker Camp. Dugout with tent frame, From Exhibit: alone the CPPR old grade in Nevada August 2005, by G.I. GLaves.

C05 李炬拍摄。

C06 ~ C09 Bill Moyers ed. Becoming American :The Chinese Experience Gold Mountain Dreams.

C10 ~ C12 美国中央太平洋铁路摄影历史博物馆 Central Pacific Railroad-Laborers at work.

C13 阿尔弗雷德・哈特拍摄 No. 199, East portal of summit tunnel, and wagon road from tunnel No.7.

C14 阿尔弗雷德・哈特拍摄 No. 198, East portal of summit tunnel, length 1660 feet.

C15 阿尔弗雷德・哈特拍摄。

C16 阿尔弗雷德・哈特拍摄 No. 85 fort point cut, 70 feet deep 600 long.

C17 阿尔弗雷德・哈特拍摄 No. 53 cut through "Dixie Spur", 64 mail from Sacramento.

C18 阿尔弗雷德・哈特拍摄 No. 71 Building bank across Canon Creek, 87 feet high.

C19 阿尔弗雷德・哈特拍摄 No. 92 Heath's Ravine bank 80 feet high 82 mail from Sacramento.

C20 Central Pacific Railroad Photographic History Museum, Courtesy of Union Pacific Historical Collection.

C21 阿尔弗雷德・哈特拍摄 No. 246 Constructing snow cover scene near the summit.

C22 ~ C25 美国内华达大学张素芳 (Chung, Sue Fawn)2014 年 9 月 8 日在广州中山大学举行的国际研讨会上的报告。

C26 美国中央太平洋铁路摄影历史博物馆。

C27 美国加州奥克兰博物馆。

C28 Bill Moyers ed. Becoming American: The Chinese Experience Gold Mountain Dreams.

C29 Central Pacific Railroad Photographic History Museum 中 CHINESE-AMERICAN CONTRIBUTION TO TRANSCONTINENTAL RAILROAD 的 Houseworth Stereoview #1351.

C30 Denver Public Library.

C31 阿尔弗雷德・哈特拍摄 No. 48, construction photograph taken in 1865.

C32 阿尔弗雷德・哈特在 1868 年前后拍摄的太平洋铁路的照片 No. 239: Snow plow，美国国会图书馆图片编号 1s00570.

C33 李炬拍摄。

C34 The Swackhamer Pacific Railroad Stereograph Collection, c.1870.J.J. Reilly stereoview No. 225. Cape Horn, C. P. R. R. Cal.

C35 California State Library, Sacramento, California; Monterey, CA, Courtesy Scott Hoae

C36 Becoming American The Chinese Experience, Gold Mountain Dreams, DVD.

C37 阿尔弗雷德・哈特拍摄 No. 335, Building water tank, trout creek mountains in distance.

C38 ~ C40 美国内华达大学张素芳 2014 年 9 月 8 日在广州中山大学举行的国际研讨论坛上的报告。

C41 斯特罗布里奇在美国太平洋铁路委员会听证会上的证词（Testimony of J.H. Strobridge, US Pacific Railway Commission, 31319-41pp., as printed in Stuart Daggett: Chapter in the History of the Southern Pacific, p70n）.

C42 选自赵耀贵先生在美国加州铁路博物馆收集的资料。http://www.people.com.cn/GB/42309/42314/3081676.html

C43 选自 1876 年 7 月 6 日美国国会两院通过的决议成立的关于中国移民特别调查委员会的报告中横贯北美大陆铁路名录。

C44 美国中央太平洋铁路摄影历史博物馆。

C45 李炬拍摄。

C46 美国加利福尼亚历史协会（California Historical Society）FN-02346.

C47、C48 美国内华达大学张素芳提供。

C49 Nevada Historical Society 收藏；Nevada State Museum, Carson City

C50 ~ C52 李炬提供。

C53 中国新闻社提供。

C54 Nevada Historical Society.

C55 美国国会图书馆。

C56 Bill Moyers ed. Becoming American :The Chinese Experience Gold Mountain Dreams.

C57 美国中央太平洋铁路摄影历史博物馆。

C58 美国内华达大学张素芳提供。

C59 ~ C62 Bill Moyers ed. Becoming American :The Chinese Experience Gold Mountain Dreams.

C63 ~ C67 Bill Moyers ed. Becoming American :The Chinese Experience Gold Mountain Dreams.

C68 美国内华达大学张素芳提供。

C69 ~ C75 美国斯坦福大学人类学系副教授 Barbars L. Voss: The Archaeology of Chinese Railroad Workers in North America,2014 年 9 月 8 日 提交北美华工与广东侨乡社会国际学术研讨会论文，已经获得 Barbars 授权使用，转自 Pictures A, B, and C are by Paul CHACE.,They are of Summit Site in California on the Central Pacific Railroad.

C76 李炬拍摄。

C77 The Chinese in California, 1850-1925, Item 113 of 149，Harper's Weekly: Harper's Weekly, Vol.13, 1869 年 6 月 12 日，CALL NUMBER，MTP/HW: Vol. 13: 384，The Bancroft Library, University of California, Berkeley，DIGITAL ID，cubcic brk5356;Brown University Library 收藏。

C78 ~ C80 美国内华达大学张素芳提供。

C81 李炬拍摄，美国大都会油画 - 美国康州。

C82 李炬拍摄，美国西部往事 - 电影画面截图。

C83、C84 李炬拍摄。

C85 田涛：《寻找华人先民的遗骨》，《南方周末》2005 年 3 月 3 日。《沉默的道钉》图 125，102 页。

C86 李炬提供。

C87 ~ C89 美国圣荷西 HCAC 提供。

C90 ~ C99 黄安年拍摄。

C100、C101 南方日报记者拍摄。

C102 ~ 105 黄安年拍摄。

C106 南方日报记者金强拍摄。

C107 美国《哈珀斯周刊》1879 年 1 月 25 日第 77 页刊登当年旧金山华人坟场"执金"图片。

C108 美国加州科尔玛（Colma）的华人葬礼。照片显示华人举行葬礼时的服饰、祭祀的食物和墓地。沃顿（Willard E.Worden）摄于 1903 年。美国加州大学伯克利分校班克罗。

C109、C110 李兆良提供并参考多方资料。

C111 陈翰笙主编《华工出国史料汇编》第 3 辑《美国外交和国会档选译》，中华书局，1981 年。

C112 陈翰笙主编《华工出国史料汇编》，第 7 辑《美国与加拿大华工》，中华书局，1984 年版。

C113《清季华工出国史料》1863–1910（中国近代资料汇编），主编吕方上，台湾，“中央研究院”近代史研究所编 1995 年 719+14+40 页。

C114 阎广耀、方生选译《美国对华政策文件选编——从鸦片战争到第一次世界大战（1842–1918）》，人民出版社，1990 年。

C115、C116 黄安年拍自北京师范大学图书馆特藏阅览室的《中国家谱总目》。

C117、C118 黄安年拍自北京师范大学图书馆特藏室《石刻史料新编》。

C119、C120 黄安年拍自北京师范大学图书馆特藏室。

C121、C122 首都图书馆古籍资料室。

C123、C124 张渐国先生 2015 年 3 月 7 日拍摄美国纽约市立图书馆藏书的封面和封底。

C125 陈勇著《华人的旧金山——一个跨太平洋的族群的故事，1850–1943》，北京大学出版社 2009 年 9 月出版，该书封面，由黄安年拍摄。

C126 赵汝成著，邓武译《旅居者与移民——美国太平洋铁路华工与爱尔兰劳工报纸形象分析》，中国华侨出版社，2012 年 1 月。

C127 梅伟强、关泽峰著《广东台山华侨史》（中国华侨出版社，2010 年 5 月版）。

C128《比较、借鉴与前瞻：国际移民书信研究》论文集（2014 年 8 月，广东人民出版社）。

C129 黄安年编著《沉默的道钉——建设北美铁路的华工》（五洲传播出版社，2006 年中文版）封面。

C130 黄安年编著，张聚国译《沉默的道钉——建设北美铁路的华工》（五洲传播出版社，2006 年英文版）封面。

C131 黄安年著《道钉，不再沉默——建设北美铁路的华工》（白山出版社，2010 年 6 月版）。

C132《道钉，不再沉默——建设北美铁路的华工》（台湾华艺学术出版社，2014 年 8 月，繁体增订版）。

C133、C134 广东江门五邑华人华侨博物馆提供并收藏的影印件。

C135、C136 美国国会图书馆收藏德裔摄影家 Amold Genthe 摄，并见《沉默的道钉》，第 100 页。

C137 ~ C140 Bill Moyers ed. Becoming American :The Chinese Experience Gold Mountain Dreams.

C141 张国雄著《历史文化集》（第二编）中国华侨出版社，2007 年 11 月。

C142 刘进著《台山银信》（历史文化集，第三编），中国华侨出版社，2007 年 11 月。

C143 李炬提供，存美国国家档案馆。

C144 ~ C148 李炬拍摄。

C149 南方日报记者林亚茗拍摄。

C150 黄安年拍摄。

C151 李炬提供。

D 缅怀道钉

D–T01 阿尔弗雷德·哈特拍摄。

D01 国务院新闻办公室图片库。

D02 美国国会图书馆，Grimm, Henry，San Francisco, A.L. Bancroft & Co.,1879.

D03 美国国会图书馆网址 http://memory.loc.gov/learn/features/immig/chinese6.html.

D04 ~ D15 美国国会图书馆。

D16、D17 李炬提供。

D18 美国旧金山海关提供。

D19 Imaginechina.

D20 梁启超：《新大陆游记》附录《记华工禁约》。

D21 梁碧莹著《艰难的外交：晚清中国驻美公使研究》（天津古籍出版社，2004 年版）。

D22、D23 李炬拍摄。

D24 张素芳（Chung, Sue Fawn）2014 年 9 月 8 日在广州中山大学举行的北美华工与广东侨乡社会国际学术研讨会上提交的 Tracking the Chinese in two Nevada railroad towns 报告。

D25 ~ D28 李炬拍摄。

D29 丁刚供图，《人民日报》2004 年 04 月 23 日第 15 版。

D30 美国南加州华侨历史学会（Chinese Historical Society of Southern California），美国中央太平洋铁路摄影历史博物馆。

D31 ~ D33 中新网美国洛杉矶繁华闹市街头竖立的历史档案。

D34《沉默的道钉》，第 196 页。

D35、D36 黄安年拍摄。

D37 杨学军 1《开路先锋》系列组雕之一（群山之巅）。

D38 杨学军 2《开路先锋》系列组雕之二（天路）。

D39 杨学军 3《开路先锋》系列组雕之三（落基山脉）。

D40 杨学军 4《开路先锋》系列组雕之四（合恩角）。

D41 杨学军 5《开路先锋》系列组雕之五（一封家书）。

D42 杨学军 6《开路先锋》系列组雕之六（道钉华工）。

D43 杨学军 7《开路先锋》系列组雕之七（故乡曲）。

D44 杨学军 8《开路先锋》系列组雕之八（肩并肩）。

D45 杨学军 9《开路先锋》系列组雕之九（通车喜悦）。

D46 杨学军 10《开路先锋》系列组雕之十（回家）。

D47、D48 广东台山档案局。

D49 戴永洁撰著：《陈宜禧和新宁铁路》，中国华侨出版社，2007 年 11 月。

D50《民国时期铁路史料汇编》第 17 册，国家图书馆出版社 2013 年 12 月出版。

D51、D52 National Archives and Records Administration 和得克萨斯 Amon Carter Museum, Fort Worth.

D53 李炬提供。

D54、D55 新华社记者殷博古拍摄。

D56 ~ D69 李炬拍摄。

D70 ~ D72 黄安年拍摄。

D73、D74 美国中央太平洋铁路历史摄影网站。

D75 ~ D77 美国斯坦福大学北美铁路华工工程研究网站。

D78 ~ D81 南方日报记者拍摄。

D82 黄安年拍摄。

D83 国家图书馆提供。

D84 刘进撰著《台山银信》，第 131 页（中国华侨出版社，2007 年版）。

D85 费雪金教授 2014 年 9 月 8 日在中山大学举行的国际会议上的主旨报告。

D86 2012 年 11 月 1 日侨网。

D87 黄安年提供。

D88 吕启祥2013年9月4日拍摄，黄安年提供。

D89 台北拍摄，黄安年提供。

D90 广东五邑侨乡文化研究中心工作人员拍摄，黄安年提供。

D91 吕启祥拍摄，黄安年提供。

D92 广州中山大学举行北美华工与广东侨乡社会国际学术研讨会会务组拍摄。

D93、D94 李炬拍摄。

D95 吕启祥拍摄。

附录 3　本书注释

A 修路缘由

A01　徐继畬曾任同文馆首任馆长。他所著的 10 卷本《瀛环志略》（五年数十易稿，1848 年出版），为中国近代介绍世界各国历史、地理的概况的专著，被誉为“正眼看世界的第一人。”

A02　华盛顿纪念塔内的这块汉字石碑高 1.6 米，宽 1.2 米，碑石周边刻有僧侣、游龙、武士和精美的花纹，碑文书法工整挺秀。上面刻有时任清政府福建巡抚部大中丞的徐继畬在《瀛环志略》中肯定美国独立战争和称赞华盛顿的文字。1867 年秋，美国第 17 任总统安德鲁 · 约翰逊委托著名画家普拉特，制作了一幅斯图尔特的华盛顿画像的复制品，后来经由美国驻华公使蒲安臣代表美国政府向徐继畬赠送了华盛顿画像。徐继畬在接受美国政府赠送的华盛顿画像复制品时的答词中称“因思贵国华盛顿首建奇勋，创为世法，以成继往开来之功，其必传于世无疑也”。1997 年 5 月 15 日在美国华盛顿纪念塔前南草坪举行了纪念开创中美友好关系的先驱徐继畬及其《瀛寰志略》问世 150 周年的纪念仪式。1998 年 6 月 29 日，美国前总统克林顿在北京大学讲演中提到了徐继畬和这块汉字碑，称它是“150 年前中美两国关系沟通交往的见证”。参见中美友好关系先驱徐继畬的《瀛环志略》，黄安年的博客 /2015 年 1 月 21 日发布。

A03　波尔克总统 1848 年 12 月 5 日在致国会的第四个年度咨文中说：“在不到四年的时间里，得克萨斯合并于美利坚合众国……通过条约获得了新墨西哥和上加利福尼亚地区”，“这几块领土总面积为 1 193 061 平方英里（即 763 559 040 英亩，不包括俄勒冈地区为 851 598 平方英里）”，“比这以前美国全部土地的半数还多，增加了全国面积为 60%。”“包括俄勒冈在内的新增加的海岸线几乎接近扩张前的三分之二”，除去俄勒冈海岸线也“几乎相当于扩张前的二分之一。”这次战争使美国完成大陆扩张的关键性一步，它使美国成为北美大陆濒临两大洋的大国，拥有世界其他大国少有的优越自然条件，并极大地削弱了邻国墨西哥。在咨文中他还证实了 1848 年初金矿的发现，他说“这个地区的金矿丰富，质地好，价值之高，简直令人难以置信。”（第 4 卷第 635-636），见北京师范大学历史系、河北师范大学历史系《美墨战争专辑》组编，1984 年第 1 期《美国史译丛》参见黄安年著《美国社会经济史论》，山西教育出版社，1993 年版。

参见《评詹姆斯 · 波尔克总统的第四个国情咨文谈加利福尼亚》，黄安年的博客 /2014 年 1 月 27 日发布。

A04　美国福克讷著《美国经济史》下册第 23 章 1860 年到 1914 年的运输和交通中开头就写道：在 1860 年以后的半个世纪内，铁路扩展在美国历史上的重要性，我们必须作适当的估计。我国工农业的发展在很大程度上都有赖于国内的运输事业，主要也就是铁道路事业。铁路促进了西部大部分地区的殖民事业。在许多地区铁路首先通过了无人居住的地带，随后才有移民的到来。1860 年时，全国铁路的总里程共有 30 625 英里，其中多数是在 1857 年经济恐慌前几年的繁荣年代里建成的。参见美国福克讷著《美国经济史》下卷第 151 页，1989 年商务印书馆译本。

A05　《美国的独立和初步繁荣，1775-1860》在火车的发明和铁路的兴建子目中写道：“铁路建筑是同蒸汽机车同时发展起来的。1830 年，美国人开始按照英国的标准建造铁路。这一年建成铁路 40 英里，通车里程为 23 英里。1830 年，第一条铁路巴尔的摩—俄亥俄铁路正式通车。到 1833 年，长达 136 英里的查尔斯顿—汉堡铁路已成为当时世界上最长的一段铁路了”1830 年至 1840 年的 10 年间，美国铁路的总长度猛增到 2 818 英里，仅次于英国而跃居世界第二位。1850 年，美国的铁路线已经长达 9 021 英里，超过英国，成为世界上铁路线最长的国家。1850 年至 1860 年，仅密西西比河上游就铺设了 1 万英里的铁轨，使东北部到密西西比河的旅程畅行无阻。同时，密西西比河以西也有两条铁路顺利建成，连接密西西比河和密苏里河的汉尼拔—圣 · 约瑟夫铁路以及连接圣刘易斯与堪萨斯城的密苏里太平洋铁路，为内战以后铁路的大规模迅速发展创造了条件。人民出版社 2002 年版，206-207，273-274。

A06　参见陆鼎元编《各国立约始末记》（卷八），《续修条约》（光绪六年）编者按语。陆鼎元在编辑《各国立约始末记》中写道：“华工至美国自咸丰季年（公元 1852 年）始，往者皆聚于旧金山，是为加利福尼亚省滨海都会，时初属于美，新得金矿，议开铁路，方利用华工，在香港设招工公司，广务招徕。至同治（开始于 1862 年）初，已有万余人，三四年间至者骤多。”《清史稿》志第 131 卷《邦交》四：《美利坚》，中华书局，1976 年，第 4 588 页。黄安年编著《沉默的道钉——建设北美铁路的华工》第 32 页。

A07-A10　1848 年 12 月 5 日，詹姆斯 · 波尔克总统在致国会的咨文中正式公布了这一消息，证实加利福尼亚金矿的发现。从圣弗朗西斯科到洛杉矶，从沿海到内华达山麓，整个地区都喊着：“淘金！淘金！”起初，由于金沙在地表层，所以只要用一个普通的洗脸盆，就可以从沙里淘洗出黄金。那时，平均每人一天能有 20 美元的收入，这相当于美国东部工人日工资的 20 倍。在一个富矿区，人均日收入是 2 000 美元。1849 年原先只有 1.4 万人的加州一下子就涌进了 10 万人。1853 年，淘金热达到顶点，加利福尼亚的黄金产值由 1848 年的 500 万美元增加到 1853 年的 6 500 万美元；1851 年至 1855 年美国的黄金产量几乎占全世界的 45%，美国由此很快地成为世界上最大的产金国。马克思和恩格斯在 1850 年 11 月撰文称“加利福尼亚金矿的发现使美国的繁荣达到了顶点。”在“淘金热”的影响下，华人来美人数激增。

A12　1862 年 7 月 1 日美国国会通过了经过修改的第一个建设太平洋铁路法案。7 月 2 日林肯总统正式签署生效。法案特别提到有 482.7 公里路段为多山困难线路，其中 241.35 公里路段为落基山脉的自东向西处，另 241.35 公里路段为内华达山脉塞拉岭由西向东处。法案规定“由政府保障援助为用于邮政、军事和其他目的而建设的由密苏里河到太平洋的铁路线和电报线路”政府负责赠送大批国有土地和资助大量资金，规定由联合太平洋铁路公司和中央太平洋铁路公司共同承建横贯大陆的太平洋铁路。根据法案，预计这条铁路的建成联合太平洋铁路公司和中央太平洋铁路公司将获得 4 500 万英亩的土地赠给以及约 6 000 万美元的借款。法案规定联合太平洋铁路和中央太平洋铁路建筑各自的起点，联合太平洋铁路公司起自格林威治线西经100度的共和河谷南岸和普拉特河谷北岸之间地向西修筑，在南山口越过落基山脉，到内华达州的西部边界，其后再向西延伸。中央太平洋铁路公司则起自太平洋岸到加利福尼亚州的东部边界，其后再向东延伸。双方铁路建设的延伸可以一直到和另一方线路相衔接为止。该法案要求建设快速和安全的铁路线同时完成电报线路的建设。

A13 由于横贯太平洋铁路修筑中的十分巨大的利益驱动，各个铁路公司、承包商和股东们之间展开了空前激烈的争斗，也一再提出对该法案的多种修正意见。1864年7月1日和2日参议院和众议院分别同意联合委员会提出的修正议案报告。7月2日林肯总统正式签署生效。根据美国国会先后通过的两个太平洋铁路法案，给予了铁路公司和承包商们以更大的实惠。承建的铁路公司有权无偿获得铁路建设用地及其两侧毗连的相关公有土地，包括泥地、石地、林地及其他建筑材料。有权在公有土地上建设车站、铁路建设物、车间、库房、修理厂等。法案规定每铺设1英里路轨另外给予铁路两侧10平方英里的备用地段，并且按首次抵押条件给予贷款，一般每英里可得16 000美元贷款，但是丘陵地则为32 000美元，山区为48 000美元。法案特别提到有300英里路段为多山困难线路，其中150英里路段为落基山脉的自东向西处，另150英里路段为内华达山脉塞拉岭由西向东处。法案规定对这些地段的建设债券应给予加倍的优惠。铁路公司得到的特权不只是修正前的沿线山林采伐权，而且还包括沿线公有地的采矿权。

A15 参见黄安年著《美国的崛起》第366-367页，中国社会科学出版社，1992年版。联合太平洋铁路和中央太平洋铁路路线图和途径地形图（费雪金教授2014-09-08在中山大学举行的国际学术会议上主旨报告）。

A16 1862年斯坦福就任州长时对华工持敌视态度，他称“来自偏远地区的移民毫无疑问将会对优越的种族产生有害影响，并会在某种程度上使那些我们需要的移民受到排斥。能与立法机构协同，通过完成宪法行动来抑制亚洲移民，将是我的极大荣幸。”由于公司所获的公债、授地及补贴是按铁路铺轨里程发放的，而国会又没有为铁路的东西两段规定会合地点，因此，建筑这两段铁路的公司为了获得更多的优惠而投入了十分紧张的竞赛，而这一竞赛成败的关键取决于筑路工程的速度，这种速度在相当程度上取决于能否提供适应竞赛需求的劳动大军。当时，联合太平洋铁路在1866年春铺轨的进度为每天一英里，以大约8 ∶ 1的速度远远超过中央太平洋铁路。而中央太平洋铁路为工程进展的缓慢已陷入了绝境。研究表明“中央太平洋铁路公司的董事长们对于使铁路工程陷入瘫痪状态的劳力问题进行了无休止的讨论，该公司曾经十分轻率地打算把联邦在押犯弄来监督劳动，后来还研究过从南部引进自由黑人的问题。”有人还提出要从墨西哥雇用短工，或者要求政府把内战中俘获的南方叛军士兵放出来充当工人，可见当时情况万分紧急。加州州长、中央太平洋铁路公司董事长利兰·斯坦福深知整座内华达山都是坚硬的褐色花岗岩质地，所以特别找来与刚发明炸药的诺贝尔熟识的瑞典技师，请他从瑞典进口炸药，但是负责施工的库罗卡怕造成山崩，拒绝使用炸药。在无计可施、万般无奈的情况下，公司四巨头之一查尔斯·克罗克尔建议雇用华工。查尔斯·克劳克这位负责招揽华工的中央太平洋铁路工程承包商说：“我们无路可走，只好找中国工人来试。结果我的想法完全变了。假如我现在包下一件定有期限、我急于想尽快完成的大工程，我一定要雇佣中国劳工。”“我认为我们能够得到中国工人来到我们中间，对于我们国家的物质利益是大有好处的。”

参见黄安年《道钉，不再沉默》，第15页，2014年台湾华艺出版社；《最初50位铁路华工是怎样被中央太平洋铁路公司雇用的》黄安年的博客/2014年10月7日发布。

参见《有感于张少书教授谈斯坦福和铁路华工》，黄安年的博客/2014年9月19日发布。

A18 参见《沉默的道钉——建设北美铁路的华工》第87页。《小议大批华工参与建设中央太平洋铁路开始于1865年》，黄安年的博客/2014年6月19日发布。《关于中央太平铁路进度的思考》，黄安年的博客/2014年10月22日发布。

有关华工入境、使用华工等问题的美国国会参众两院调查华人入境问题联合特别委员会报告书(1877年2月27日)所列举部分证人证词资料，请见黄安年博文：美国加州参议院调查华人入境的证词汇编(1876年4月)。

A19 1868年7月22日，美国驻华公使蒲安臣代表清政府在华盛顿与美国政府签订了《中美续增条约》。该条约的第五条规定“大清国与大美切念民人前往各国，或愿常住入籍，或随时来往，总听其自便，不得禁阻，为是现在两国人民互相来往，或游历，或贸易，或久居，得以自由，方有利益。”第六条规定“中国人至美国，或经历各处，或常行居住，美国亦必按照相待最优之国所得经历与常住之利益，俾中国人一体均沾。”第七条规定“中国人欲入美国大小官学，学习各处文艺须照相待最优国之人民一体优待。美国人欲入中国按约指准外国人民住地方设立学堂，中国人亦可在美国一体照办。”这一规定适应了美国对华工日益增长的需要，为中美两国人民的平等交往提供了法律依据，推动了大批华工去美国修筑铁路和开发西部。1868年《中美续增条约》推动大批华工来美，黄安年的博客/2015年1月14日发布。

有关这一条约可参见《中外条约汇编》，第132页；陆鼎元编：《各国立约始末记》(卷八)，《续修条约》(光绪六年)；《中美早期外交史：蒲安臣使团（1868-1872）》，黄安年推荐李定一文，黄安年的博客/2014年7月1日发布。李定一所著《中美早期外交史（1784-1894）》1978年由台北传记文学出版社出版，对他在1961年所著《中美外交史》的第一册作了增补。1997年9月，北京大学出版社出版了大陆的简体版。

A21 当时中国至美国的航行日期都很长，货运吨位价格也特别高。一般来说，在10月至3月间，整个航程需要100多天，在4月至9月间也需要75天左右。他们被安置在暗无天日的船舱下，拥挤不堪，人靠人地一排排紧紧码在船舱底下，没有手脚平摆的位置，船上大多无任何医药设备，人们与饥饿、缺水、污浊的空气、疾病相伴，死亡率极高。其中立有契约劳工与当年已经被明令禁止贩卖的黑奴事实上没有太大区别。他们签订了带有某些卖身条件的契约，来到美国，被人称为“卖猪仔”。

中国移民乘船到达旧金山海港，需等待海关入境检查。19世纪中国人移民美国主要集中于西部由旧金山入境。根据美国官方的移民记录，1820年至1850年间中国移民只有46人，1848年美国加州萨克拉门托下弗雷泽河附近发现金矿。随着圣弗朗西斯科《加利福尼亚人报》、纽约《先驱报》刊载消息，很快传遍了全世界，“淘金热”由此开始。消息传到广东，成千上万年轻劳力乘坐帆船来到金山（Gum Shan 或 Gold Mountain）。1858年1月1日至6月30日半年中，由香港开往旧金山的船只共15条，合载成年男子4 634人，成年女子186人。1854年3月20日，美国驻华使馆官员麦莲自香港致美国国务卿马西的信件说：“从中国去香港去加利福尼亚的移民有增无已……这个数字不下一万名，而且今年年内还将大大增加。”据旧金山海关记录，1861年新到达美国的有8 434人，回国的有3 594人。1869年，入境的华人有14

990名。华人一到加利福尼亚，随即为这里的淘金者建造了住所和家宅。大多数华人只是短期打工，暂居美国，攒够一些积蓄便返回中国，又有新的青壮年男性华工接替。有学者盛赞："没有中国人的帮助，这些淘金者很难在加利福尼亚生活下去"，华工是加利福尼亚等西部金矿区"可以依赖的唯一的劳动力来源"。有人统计19世纪70年代加州华人有15万人，到1882年累计赴美华工30万左右，其中绝大多数是来广东农村的单身汉。根据美国学者柯立芝所著《中国移民》一书的统计，在加利福尼亚的中国人，1852年为2.5万人，1857年为4.5万人，1867年为5万人，1873年为6.25万人。

在19世纪60年代末，远洋美国的华工在船上的生活依然很惨，有学者称："有时这些华人旅客'会像一袋袋粮食那样被塞进底舱'，还有的人被迫全程35—40天待在甲板上。"[美]赵汝衡着，邓武译《旅居者与移民——美国太平洋铁路华工与爱尔兰劳工报纸形象分析》第91页，中国华侨出版社，2012年版转自卫斯理·S·格瑞斯华尔德(Wesley S Griswold)著《巨人们的工程：建造太平洋铁路》（*A Work of Giants: Building the First Transcontinental Railroad*）,McGraw-Hill Co. Inc.,1962,pp118.

参见《沉默的道钉》第19页，选自旧金山海关提供照片，美国国会图书馆。

A22 约1851年的旧金山港一瞥。旧金山位于加州海岸一个狭长半岛的尖端，美墨战争中归属美国，1847年改名为"圣弗朗西斯科"。1848年加州发现黄金，淘金者通过旧金山涌向淘金地，旧金山渔港人口在短短三个月内由300人激增至25 000人。当时旧金山在美国对外贸易额中仅次于纽约、波士顿和新奥尔良。参见《沉默的道钉》第18页。

A23、A24 开平地区的赴美华工，是一个半世纪前建设美国中央太平洋铁路的主力之一，研究历代开平县志版本中的相关记载是美国铁路华工的基础性资料研究的需要。1933年版开平县志第289页："开平人富于冒险性质，五洲各地均有邑人足迹，盖由内地农工商事业未能振兴，故近年以来号称小康者全持出洋汇款，以为挹注查邑人之出洋者南洋群岛尤众，惟获有巨资者无多，而影响于全邑民之生活者，不能不首推美国及坎拿大二属，民国十一年。邑绅吴鼎新因筹款建设私立开侨中学及治匪事遍游美洲调查全美四十八省华侨五万多人，开平实占十分之一，全坎七省华侨六万多人开平亦占十分之一，所业不等，其生计之优……"

参见开平县志与美国铁路华工，黄安年的博客/2014年8月28日发布 http://blog.sciencenet.cn/blog-415-822946.html 参见有关开平县志的一些资料，黄安年的博客/2013年9月18日发布。

参见开平籍华人占1922年美籍华人1/10（开平县志1933年版资料），黄安年的博客/2013年9月18日发布。

A25、A26 《新会县志》[道光]，十四卷，清道光庚子[二十一年，1841]。《恩平县志》十八卷首一卷末一卷清石台修清冯师元等纂清道光五年刊本。

有感于新会县志与美国铁路华工，黄安年的博客/2014年8月30日发布。有感于恩平县志、兴宁县志与美国铁路华工，黄安年的博客/2014年8月31日发布。

A27～A29《广东省志·华侨志》和美国铁路华工研究，黄安年的博客/2014年8月31日发布。

《浏览广东通志》，黄安年的博客/2014年9月2日发布。

http://blog.sciencenet.cn/blog-415-824199.html；《浏览广州府志》，黄安年的博客/2014年9月2日发布。

《广东省志·铁路志不提在海外修建铁路华工》，黄安年的博客/2014年9月6日发布。

台山县地方志编委会，台山县志，广东人民出版社，1998年；参见台山市档案馆、原台山县志编写组，《台山县志》，1963年；参见有感于台山县志与美国铁路华工，黄安年的博客/2014年8月30日发布。

A30 这一份极为珍贵的文献资料。全文如下：

立银数人黄官弈，为往金山获利盘费不敷，恳求西龙社乡老黄玉涵、邓捷魁，值理黄会辉、黄答穗、关瑞结等情愿发船位本银壹拾捌两正，言定以限一年为期，本息清还，年两要计息银壹两五钱正，如如期无银还，仍要每两每年又加息银一月算。若不足数交纳按月折计退本还利所有付金。回家务要先交与西龙社值理验明收兑即照时价找换该社上照数收足，除清本利，余银虽有千金以社无涉。倘有路上未回及在金山遇有不测，各安天命，或系别图生意支消银归款，系伊父子家人填还抵足，毋系异言，今欲有凭，立明领银数壹纸，面叫西龙社值理收执为记。

一定发到本银壹拾捌两正

咸丰六年正月十二日　立

合家担保　父黄元盛

立银数人　黄官弈

参见《1856年极具价值的158年前华工赴美谋生借款买船票的契约》，黄安年文，黄安年的博客/2014年4月17日发布。

A31 为同治元年（1862年）华工去美国淘金筹款的《让贴》，由江门五邑华侨华人博物馆所藏并提供。

让贴内容如下：

立让帖人益所，今因用银急用，无处计备，父子酌议，愿将咸丰七年，自己与益佳，合出本银四十两，正掌与振培，往金山采金，立有据贴，言明对期，本利赔遂。银壹百贰拾两，正好过期，无银交清。依壹百贰拾两之银，每计息，每两每月三分算，名下着一半，本利要明。银库X正出让与人，回至振能处，所让就日，言定允借益所情愿亲交接，同银四拾两正，即将掌振培之银，永推与振能管收，日后振培有金回家，所得利息，尽归振能，益臣一合均分不干，益所之事，至前日，振培寄归金砂之银，系益所收作利息。振能亦不得追究。后款有，愿立让帖交执为据。

代墨侄振义

同治元年十月廿九日立让帖人益所

参见华工去美国淘金筹款的《让贴》黄安年文，黄安年的博客/2014年4月18日发布。

A32 借据上面写着：

立揭帖人周运中，今因宜银为船费以往金山等处计备，是以自问至义益堂处，揭生本银四十大元，限期五个月内一足如数清还。倘过期无还，即照每元每月加息二分寸，无得异言。此系大家相好，不用物业按当立揭帖交与义益堂收执为凭。明年三月二十四日如数收讫。

光绪二十四年七月十五日立揭帖人周运（中）的签书

需要说明的是，在前往美国途中订立船费借据之类的契约是否就是契约奴身份是个要认真界定和甄别的身份认定问题。在美国铁路华工中有多少是"猪仔"的契约奴身份，多少是自由华工身份同样是需要有确实的数字证据来确认的。出国契约华工、运出华工、掠运出洋的苦力是混用的。而契约华工和非契约华工是有区别的，在统计上不能混同，有些是自由移民身份出洋的，或者说，出洋的不全是苦力，苦力中也不全是被掠运的"契约奴"。称华工为猪仔的最早文献来源在哪里？是一些研究美国铁路华工的学者十分关注的问题。9月13日，我在广州二沙头的广东华侨博物馆看到了一处解释："据现有资料考证，'猪仔'一词最早出现于19世纪20年代"。1827张心泰撰《粤游小志》称："……有诱愚民而思贩卖谓之卖猪仔"。1839年林则徐给道光皇帝的奏折："夷船惯搭穷民出洋谋生……当其在船之时，皆以木盆盛饭，呼此等搭船华民一同就食，其呼声与内地呼猪相似，故人曰此船为卖猪仔。"究竟"猪仔"一词是否最早出现于19世纪20年代，而官员的奏折中是否最早建于1839年的林则徐给道光的奏折，尚待进一步厘清。

参见《小议猪仔华工的最早文献

来源》，黄安年的博客 /2014 年 9 月 16 日发布。《从潮汕地区出国契约华工的统计表谈起》，黄安年的博客 /2014 年 9 月 17 日发布。

A33 参见《美国华工黄华饶所持的大清国护照（1882 年）》，黄安年的博客 /2014 年 4 月 21 日发布。

A34 参见《开平周运中 1898 年去美国的借据和 1900 年护照》，黄安年的博客 /2014 年 4 月 22 日发布。

A35、A36 参见《台山山背村陈氏族谱发现的重要价值》，黄安年的博客 /2014 年 10 月 4 日发布。

《有感于台山陈毛齐 1841 年在美国旧金山去世的记叙》，黄安年的博客 /2014 年 5 月 7 日发布。

从台山上岛川甘儒学珍藏的《甘氏族谱》说起，黄安年的博客 /2014 年 5 月 10 日发布。

A37 ~ A41 台山大江镇水楼村的《李乔木公家族史》谱即《李文庄公家乘》族谱，确认北美铁路华工包工头李天沛、李天宽、李佑芹、李弈德三代四人家族成员身份，从而揭示了台山地区海外移民家族网络的特色。《李文庄公家乘》，一套共十六本，李天沛一支在家乘的第四本，叫松庵房支系。在这支系中可以找到李天沛、李佑芹、李奕德等人的名字。

1865 年至 1869 年，是华工应聘参与建筑中央太平洋铁路的高峰期，其间有招聘当地华工的，也有通过美国人和在美华人来中国广东台山、开平、新会等地招聘华工赴美建筑贯州铁路的，当时在美国的李天沛等人就是这样的招聘华工的商人。2014 年 9 月 10 日五邑大学副校长、侨乡文化研究中心主任张国雄教授，向来访的国内外专家学者宣布台山市大江镇水楼村保存的 16 册 46 卷本的《李乔木公家族史》谱即《李文庄公家乘》族谱，完整披露了在建设美国太平洋铁路和加拿大太平洋铁路过程中李氏家族李天沛、李天宽；李佑芹；李弈德等三代（24 ~ 26）包工头的名字。清晰地反映了这三代四人在李氏族谱中的血缘联系，虽然对于族谱中其他成员是否参与太平洋铁路的建设尚待考证，但是已经可以证实的是：第一，探寻北美铁路华工名录需要借助五邑侨乡的族谱、家谱。第二，李天沛、李天宽、李佑芹、李弈德有着太平洋铁路包工头的经历，而他们四人三代却在《李乔木公家族史》谱即《李文庄公家乘》族谱可以找到。第三，台山市大江镇水楼村党支部书记李敬生保存的 16 册 46 卷本《李乔木公家族史》，是由美国李姓同宗族人李振俊寄来。第四，五邑大学侨乡文化中心的专家学者在考察和研究了这部族谱后，证实了第 24 ~ 26 代李天沛、李天宽、李佑芹、李弈德就是当年北美太平洋铁路华工的包工头。第五，深入探寻这谱族谱中的赴美加华人华侨名录，有待于美中两国专家学者和社会各界人士及李氏族谱后人的共同努力。

在北美铁路华工家乡台山五邑地区的族谱被海内外学术机构和民间保存的，并不限于台山大江镇水楼村的《李文庄公家乘》族谱，把这类族谱和北美铁路华工联系起来并加以甄别和确认，绝非轻而易举的事。这不仅需要族谱研究者，社会学历史学工作者的艰辛考察，也需要保存族谱人士和机构的发掘和研究，需要各方协同努力探寻。作为第一步，需要就现已保存的族谱中，寻找 19 世纪中后期在五邑地区繁衍的家族。第二步。寻找这些家族在当代的继续繁衍的后人，通过尽可能发掘文字或实物遗存，以及口述回忆来判定先人中有无当时的铁路华工。

参见："《李文庄公家乘》家谱中松庵房支系记载了招聘铁路华工的李天沛等人"，黄安年的博客 /2014 年 5 月 23 日发布。《从李天沛招聘华工赴美建筑中央太平洋铁路说起》，黄安年的博客 /2015 年 5 月 17 日发布。

《再谈从李天沛招聘华工赴美建筑中央太平洋铁路说起》，黄安年的博客 /2015 年 5 月 17 日发布。

《从北美铁路华工包工头李天沛、李佑芹族谱在台山市大江镇水楼村被保存谈起》，黄安年文，黄安年的博客 /2014 年 11 月 18 日发布。

《台山李天沛、李佑芹族谱研究联想》，黄安年文，黄安年的博客 /2014 年 11 月 19 日发布。

A42、A43 2005 年初开平塘口镇龙安里周氏家族的 1873 年至 1971 年间纸本文件一批 300 件是宝贵的家族史文献资料，资料显示，周运中 1874 年（同治十三年十一月初六日）生于美国金山大埠，这时距中央太平洋铁路建成已经五年，而距 1882 年美国排华法律尚有八年。其父周成略情况不详。对于周运中之父与华工建设北美铁路的关系尚待研究认定。

江门五邑华侨华人博物馆收藏了有关周运中家族的海外移民活动，尽管时间晚于兴建中央太平洋铁路，但是这一活动方式对于探寻五邑地区乡民前往美国提供了参考系。

参见《江门五邑华侨华人博物馆展出的周运中家族海外移民情况》，黄安年文，黄安年的博客 /2014 年 11 月 19 日发布。《周运中家谱和周运中家族海外移民图》，黄安年的博客 /2014 年 4 月 23 日发布。《开平仓东村仓东教育基地行》，黄安年的博客 /2014 年 9 月 12 日发布。《重视探寻美国中央太平洋铁路华工中族谱研究》，黄安年的博客 /2014 年 9 月 13 日发布。《近代五邑侨乡国际移民网络的构建——以开平周运中家族为例》，推荐张国雄文，黄安年的博客 /2014 年 4 月 22 日发布。

《近代五邑侨乡国际移民网络的构建——以开平周运中家族为例》，推荐张国雄文，黄安年的博客 /2014 年 4 月 22 日发布。

A44 ~ A48 2014 年 9 月 8 日，在中山大学举行的北美华工与广东侨乡社会国际学术研讨会上，五邑大学侨乡文化研究中心石坚平教授提交《四邑银信中的乡族纽带与海外移民网络——以广东省台山县三八镇吉都里余氏家族书信为中心的考察》论文。这篇论文虽然考察的时间起自民国初年，不能说明和华工建设美国中央太平洋铁路的直接关联，这些书信实物均很有价值，说明我们的研究需要将美国和国内的研究资料有机联系起来，将书信、口述、家谱、族谱、方志等考察和研究结合起来。但深入追溯余氏家族在美国的活动，获得进一步的资料，有助于从余氏家族的个案解开他们是否可能参与早期美国的淘金或修建太平洋铁路的活动。

参见有感于石坚平教授对台山吉都里余氏家族书信个案调查黄安年的博客 /2014 年 9 月 23 日发布。

A52、A53 美国中央太平洋铁路历史图片博物馆。

参见《沉默的道钉》，第 75 页。

A54、A55 参见李世洞、黄安年等编译，邓蜀生审校《美国 2 500 历史名人传略》第 66 页，东方出版社，1994 年版；维基百科 Samuel Bowles (journalist) 词条。

华工除了承担艰苦的劳动，忍受恶劣自然环境的磨砺，获得了这么好的口碑，然而后面的描述，居然还要受到白人恶棍甚至印第安痞子的欺侮，忍受"人祸"的迫害，这是难以想象的！书里写到：显而易见，西部太平洋沿岸的繁荣对廉价劳动力的需求，远超过对资本的需求。按理说这些中国人会受到各行业的欢迎，鼓励移民并用法律保护他们。相反，我们看到各种偏见和不公使中国人成为受害者。自从他们来到这个国家直到现在，公众一直在争议一个问题，他们是否应该被禁止踏上我们的土地？他们不奢求成为公民，也没有野心成为选民，他们甚至不懂得用法律保护人身和财产的安全，他们人微言轻。比如中国矿工，他们每个月纳税四美元，或一年缴纳五十美元，州县都获得利益，因此他们应受官方派遣劳作，然而，他们受到卑鄙和残忍的恶人盘剥欺压成为受害者。虐待和欺骗一个中国佬，抢劫和拳脚相向，甚至杀死他，这类事件时有发生，中国人忍气吞声而邪恶势力却逍遥法外。可怕的是经常从矿区传来抢劫和肆意谋杀的报道。和中国人有外号一样，白人称中国人为“约翰”，“约翰，过来！把钱交出来！”——省吃俭用积攒下的钱转瞬被敲诈一空，如果反抗就被杀死。更严重的犯罪是恶人对华工一直肆意侵犯和伤害，冒充猎人在树林里以射杀华工取乐。如此残忍却不会受到惩罚；如果“约翰”幸存下来讲述这个悲惨的往事，法官不会听信他。没有人是天生卑贱的，不应该鄙视中国人，不能凌辱他们。罗斯·布朗在一篇有插的文章里，记录了可怜的“约翰”的悲惨境遇，确实真实可信的。一位印第安流浪汉偶遇一位在荒谷淘金的中国人。“这是我的地牌儿，给我50美元。”可怜的龙的传人恳求说：“美国人刚来过，都拿走了，一点儿都没剩下。”印第安人怒不可遏：“我不管什么美国人，给我50美元，否则就杀了你！”罗斯·布朗的《*Washoe Revisited*》。

A56 罗伯特·刘易斯·斯蒂文斯曾写道：“在所有一切十分愚蠢的敌意里面，要数我的那些白种同胞对待我们中国车厢里的旅伴们的那种情绪表现最愚蠢透顶，而且恶劣至极。他们似乎从来不曾注视、倾听或想到过他们，但却是先天地憎恨他们。那些蒙古种人都是他们在那个残酷无情、不讲信义的金钱战场上的仇敌。在五十种行业里，他们都能把工作干得更好而收取报酬更低，这样就使那些白种人觉得，没有任何诬蔑诽谤之词是他们不能照搬以至相信的。他们称他们是讨厌的虫豸，每当看到他们就装出一副喉管里梗塞窒息的样子。”“当我回想这条铁路怎样向前推进，穿越成这片荒原和野蛮部落出没之地……在进行修建的每一个阶段，许多闹哄哄的遍地是黄金、人们寻欢作乐随时酿成命案的临时市镇怎样突然出现，随后又烟消云散，现在仅仅成为沙漠之中的一些路边小车站；在这些荒凉的地方，那许多托着辫子的非法入境的中国人怎样同边境歹徒们和来自欧洲的穷汉们并肩干活，在一起谈讲着一种多半是咒骂语的混合方言，……戴着翎饰的全美世袭领袖（指印第安人）怎样在这个最后的僻静之地听到载着他敌人的“邪恶巫车”呼啸长鸣接着当我继续回想到，这一史诗般的扰攘喧嚣全部都是穿着礼服的绅士们导演出来的，其目的并无什么大的异常之处，也不过发一笔财去巴黎玩一趟而已；——我想起这一切就觉得……这条铁路似乎是我们生活其中的这个时代的一桩很典型的成就……如果说它是个传奇，如果说它是一种对比，如果说它是我们所需的英雄行为，那么，特洛伊城对它来说又算什么呢。”

联合太平洋铁路和中央太平洋铁路都以创记录的时间向前推进，在这场竞赛的最后阶段，两万名劳工每天铺轨多达八英里。如此急切如狂，其主要动机就在于每一个创办人集团贪图获取联邦补助金和土地赠与的最大份额。直到1882年，国会才终于着手管理外来移民，而且即使如此，也只是因为迫于当时迅速变得难以控制的一种局面，即中国苦力大有淹没太平洋沿岸之势。1849年发现黄金以及随之而来的对廉价劳动力的需求，使中国人初次涌入加利福尼亚，1850年的太平天国大叛乱更促进了这一运动。到1852年，太平洋沿岸已有大约25 000东方人，随后便以每年4 000之数源源而来。

在19世纪70年代，在一个爱尔兰裔鼓动家丹尼斯·卡尼的领导下，展开了一场排华运动。这一运动由“加利福尼亚工人党”接手推进达于高潮，要求制订歧视性立法和制止东方人移民继续增长。国会顺应这一要求，于1882年通过了一项在10年间禁止华工入境的法案，后又于1892年和1902年两次展延这一期限，终于成为永久禁止。由于实行这种排华政策，这个国家的华裔居民从107 000人减少到1930年时的75 000人。

参见［美］塞缪尔·莫里森等著《美利坚共和国的成长》叙述美国铁路华工。

黄安年的博客/2014年5月24日发布。

A57 参见《马克思称太平洋铁路的建成是和“输入中国苦力”分不开的》，黄安年的博客/2015年1月15日发布。

A58 参见《恩格斯称中国移民“生存能力远远超过其他所有的人”》，黄安年文 黄安年的博客/2015年1月15日发布。

A59 《美国百科全书》关于美国铁路的记叙，黄安年的博客/2015年1月14日发布。

参见《沉默的道钉》第153页。

A60 参见《沉默的道钉》第152页。另见商务印书馆出版，1961年9月出版的《福斯特同志给毛泽东同志的信》（英汉对照）本，收入了这封信，由叶晓钟注释编。《沉默的道钉——建设北美铁路的华工》第152页。参见《美国历史学家福斯特1958年12月19日给毛泽东的信》，黄安年的博客/2015年1月21日发布。

A61 参见《充分记叙华工开发北美和美国排华的美国史专著》，黄安年的博客/2014年2月18日发布。

丁则民主编《美国内战与镀金，1861–19世纪末》，2002年人民出版社版第170–173页。

B 开路先锋

B01 相关说明详见李炬（Torch）的博客《沿着美国太平洋铁路》博文。

B22 李炬用几个小时在这一带寻找老照片故地，附近是民房和私人领地，没找到正确的路。天色渐晚，几乎要放弃时，一位居住在附近的女士见李炬在此地转了很久，便出门来问是否需要帮助。李炬高兴地告诉她，我来自中国，专程来看这些老照片拍照的地方。她看了老照片，兴奋地说知道那里，居然穿着高跟鞋和整洁的正装，在灌木和草丛间走了几百米带李炬来到这里。一个陌生人，能如此信任并热心帮助，特别是在荒郊野外，李炬内心充满感激，感觉是沾了150年前华工光。她说妹妹在大学教美国历史，也曾来这里考察过。

B30 第一感觉这座雕塑非常粗糙，华工是个五短身材的人，白色雕塑上落满灰尘，脏兮兮的令人感觉不爽。

B35 合恩角是南美大陆的最南端。而我们寻访的这个陆地合恩角，位于美国加州西拉内华达山的西侧，1866年，华工们开始挑战工程中的拦路虎——塞拉岭通道，合恩角坚硬的花岗岩石崖是最难攻克的险关，它的下部是垂直光滑、深达1 000英尺（约305米）的悬崖峭壁，峡谷底端流淌着美洲人河。

寻访陆地合恩角也几经周折，李炬去了三次，前两次都无功而返，第三次才终于登上合恩角。首先经过加州小城科尔法克斯（Colfax），1865年9月1里，太平洋铁路修建到这里。

B82 美国西部开拓史上有段“唐纳党”（Donner Party）的故事。1846年夏天，一个80多人的团队，主要是来自唐纳家族的成员，驾驭着浩浩荡荡的马车队，从伊利诺伊州的斯普林菲尔德出发，向西挺进。10月上旬到达了内华达山脉。此时西行翻越西拉内华达山脉的季节已过，这些开拓者仍然选择了继续前进。10月18日，他们在唐纳湖边安营扎寨。夜里，一场暴风雪阻断了通往山里的路。之后发生了很多极度悲惨、令人毛骨悚然的的故事，最后只有48人活着抵达加州目的地。

B113 1868年铁路建到里诺，具体哪一天修建到的有三种说法：5月13，6月19，7月19。因为有几个主要时间点：华工初到这里平整路基的时间、铺轨后第一列机车到来的时间、还有车站落成的时间以及中央太平洋铁路公司工程验收记录的时间，据维基百科说，里诺车站建成于5月13日。据1868年7月25日《里诺新月报》报道，火车站附近的街道上已经有中餐馆了，不过餐馆厨房的后门在一条主要商业街上，受到报纸的谴责，理由居然是“人们经过中餐馆的后院，会联想到上千种和这间厨房有关的不愉快的东西”。历史学家戴维·贝恩（David Bain）说，那时的里诺是“一些擅自占地者搭起的窝棚和雪地里的木桩子，接下来的一个月里，一百幢房子拔地而起”，从此这个特拉基河的渡口开始不断发展。

B122 华秀部落是北美洲印第安人的一族，曾经生活在内华达州北部一带。

B127 这段铁路刚好南北走向，照片是向正北拍摄，根据光影推测时间是下午3点以后，此时天气干燥炎热，工地上一些工人还在劳作，帐篷里两个炊事员在休息。新铺设的铁轨似乎很不平整，铁路边的那两个框架是临时水塔，水箱还没有就位，架设好的电报线杆上还没有接通电报线。左侧山脚下是卡森洼地（Carson Sink）夏季雨后蓄水的反光。

B131 多年前看美国电影《西部往事》，讲的就是1868年以这一带修建铁路为背景的故事，里面的音乐非常感人，驾车时播放马友友演奏的《西部往事》电影插曲，感觉回到了150年前。

B140 参见《南方日报》2014年5月20日A05版对拉里・迪利奥先生的专访报道，题为《内华达拉夫洛克镇留有至少37个华人荒冢：七旬“中国迷”守墓八年如一日》。他对记者说，其实这里埋葬的可能不仅仅是37人，因为有一些墓隆起的土包早已经被风沙削平。这些无名荒冢已经存在了百余年，他们很有可能是修筑太平洋铁路华工的集体坟墓。“如果不是因修筑铁路而来，这些中国人怎么会进入美国西部小镇，最后葬于铁路附近呢？”2006年，他在这片墓地上建起了焚纸钱的砖槽，以及一个小墓碑。他逢清明节焚香烧纸，祭奠亡灵。为了动员更多人一起来纪念，他甚至8年来都在几家报纸上刊登启示，邀人们清明节来此祭奠。他还告诉记者，曾经有一批在里诺读书的中国留学生来此参加过祭奠，偶尔也有一些华人前来。这里地处偏远地带，所以来此进行祭拜并不容易。每次有人来，拉里都会陪同前往，并免费提供香与纸钱。他说他会用自己的余生守护这块墓地，宣传中华文化，直到他躺到这片墓地的旁边相伴而眠。

B142 荒野里寂静的寞山，华侨先辈们在这里静静地安息了一百多年，今后他们不会寂寞，有热心中国文化的拉里・迪利奥无私地奉献，越来越多西部的华人知道了这里，由衷地感谢这位白求恩式的洋雷锋。如今寞山与湖北咸宁的九宫山成为姐妹山。

B144 迪利奥告诉我们，多年以前他从加州马里斯维尔搬到拉夫洛克，在这里他与镇上唯一的华人后裔弗兰克・张（Frank Chang）成为好友，开始对华人历史有兴趣。拉里刚搬到这里时，华人墓地长期没人维护，样子就像2005年拍摄的照片那样，没有围栏，杂草丛生，一片凄凉。他发现华人是太平洋铁路西段建设的主力军，1868年下半年铁路建设经过这里，之后开始有华人在这里定居下来，20世纪初期华人社区曾经非常繁荣，镇上还有唐人街，后来逐渐搬走了。自从弗兰克・张2004年底去世后，这里已没有华裔居住。

B145 很多人结婚时在这里放一把锁，祈望白头偕老，永远相爱。我刚好见到一家人在这里，夫妻带着两个女儿来寻找多年前结婚时放置的同心锁，经过一番搜索，那位先生兴奋地大声宣告找到了！他的两位女儿欢呼雀跃，之后全家人拥抱在一起。那一刻我深受到他们的感染，祝愿他们家人永远生活在爱之中。

B147 洪堡河是内华达州北部的一条大致东西走向的内陆河，虽然河流不宽，水流不大，但它是美国第五大河流，全长330英里（约530公里），为纪念德国伟大的博物学家亚历山大・冯・洪堡而命名。值得注意的是，当年西进的拓荒者们就是沿着洪堡河走来的，太平洋铁路从拉夫洛克至韦尔斯的铁路线270多英里，都是沿着这条河的全境行进。

B163 这个因太平洋铁路华工而繁荣起来的小镇，在19世纪90年代至20世纪20年代，这里曾有几家中餐馆。其后很少有华人居住，现在又开始有了。李炬曾三次经过这个小镇并留宿一晚，想发现一些华人生活过的点滴遗迹。现在镇子上有两家中餐馆，经营者都是近年从其他地方来的。

B208 也有考证这张照片并非4月28日拍摄，因为当时哈特并没有在工地，而是跟随斯坦福专列在来犹他州的路上。否则他一定会在28日拍摄多张照片。看上去劳工们没有特别疲倦的神态，很可能是5月7日斯坦福专列抵达胜利营地时，让劳工从专列上搬运物资（或慰问品）后，在这里摆拍的一张照片。很多木箱在铁路边堆放着，车头是朝向普罗蒙特里方向。

C 探寻足迹

C02 参见张素芳(Chung, Sue Fawn)，内华达大学教授，*Tracking the Chinese in two Nevada Railroad Towns*，2014年9月8日 北美华工与广东侨乡社会国际学术研讨会论文。

C05 ~ C09 对于华工在筑路工程中的杰出表现，工程承包商克劳克曾在美国国会调查委员会的证词中说：“我们在内华达塞拉岭顶峰底下的隧道工程考验了中国工人的能力。这是一条必须从最坚硬、最顽固的花岗岩中开凿出来的长隧道。我们必须在岩石深处施工。我们决定在山脚下从两面相对掘进，打通整个隧道。公司非常着急想把它打通。它是全部工程中必须尽早突破的一个难关，处在穿越整个山脉的关键位置。公司起初敦促我想办法雇最好的柯尼斯矿工，把他们投入隧道工程，以便早日完工。我照办了。我们到弗吉尼亚城雇到柯尼斯矿区内一些好手，并且额外加工资。我们把他们放在隧道工程的一端施工，而把中国人放在另一端，工程从两端相对向前推进。我们每一个星期天早晨去考察、测量工程进度。每一次中国工人们几乎毫无例外地比柯尼斯矿工挖得多、挖得快。”铁路公司在一份公报中说，1865年春，当中央太平洋铁路线延伸到内华达塞拉岭地区两条河流分水岭处时，需要建筑长335.28米，高27.43米的高架桥。大批华工完成了填埋峡谷、保障高架桥跨越的艰巨任务。许多历史学家和社会学家在谈到华工在太平洋铁路施工的壮举时说：“所有这些伟绩都是在机械化时代到来之前完成的。这是用镐、用锹、用铁锤和铁钎完成的，是靠肩挑土筐、单套马车拉土完成的。”

C12 克劳克在回忆录中提到：“铁锤、凿子和绳子是当时唯一能够用来凿岩的工具。凿岩的时候首先在花岗岩的缝隙里插入铁桩，将绳子结在它的上面。其中一条绳子结在华工身上，另一条绳子用来悬吊装有黑色火药的竹笼，以便爆破岩石，这样就不会发生什么危险的事故。”“克劳克的同事说：我们已经完成了在美国铁路史上可算是最艰巨的一项工程。这项工程之所以能这么快取得成功，应该归功于华工们的默默奉献。”1866年冬天到1867年初，由于降雪过多，造成以华人苦力为主的约1.3万名的工作队成员全被困在内华达山东坡的特拉基河畔的帐篷中，而千辛万苦运到工地现场的粮食，常因雪崩而随帐篷一起被埋在雪地里，造成大量人员伤亡。1866年12月，在内华达山西侧的工作的华工全部遭到雪难，但内华达山顶的隧道工程仍继续前进。雪崩频繁发生，在工程中丧生的华工越来越多，华工在密不通风的积雪中挖洞凿烟囱，再挖一个抽取空气的洞，靠着微弱照明的灯笼。在这种情况下，华工们还是在大雪中挖出了一条横向的隧道。

C13 位于内华达州塞拉岭海拔758.04米的和恩角中央太平洋铁路施工工地，列车边施工边通行。坚忍不拔的华工受中央太平洋铁路公司招募来这里从事开山凿岭的艰苦工作。他们要在两座大山的悬崖陡壁之间，运来大量土石填平山谷，开凿数百米隧道穿过高山，用最简陋的工具承担着最艰巨的关键性工程。从1866年夏季开始，华工用一年多时间打通了阻梗中央太平洋铁路畅通的塞拉岭长达百里的悬崖峭壁。有历史学家对华工开凿这段艰险通道的英勇精神作了如下叙述："合恩角犹如一堵花岗岩石墙。它是这一年(指1866年)里最难攻克的难关。它的下部是垂直光滑深达304.8米的悬崖峭壁。百折不挠的华工腰系绳索，身悬半空，用锤子和钢钎先凿出一条险峻的小道，然后再费劲地逐步向里扩展，开出一条行驶车辆的通道。三年以后，当横跨大陆的火车小心谨慎地贴着峭壁慢速向前时，旅客们透过车窗朝下望去，眼前一片茫茫，都十分惊讶。" 历史学家在叙述时还说："大约有6 000人，云集在峡谷坡上。他们有的有条不紊地凿着炸开的乱石；有的头戴草帽，排着队，推着小推车，把一车车的碎石卸在峡谷坡地；有的用竹扁担挑着七十磅重的黑色炸药，小心翼翼地走在危险的羊肠小道上。喝上几口随身带着盛在酒罐里的茶水，那酒罐是白人同行们弃之不再使用的。人们很快发现，中国人擅长做那些钻孔爆破等繁重艰巨的工作。那时，这些是工程的主要工作" "铺轨工人紧挨在筑路工人的后面。机车推着一串串平板车，车上满载着铁轨、木材、炸药、食物、饮料和更多的工人，向路轨的前端驶去。"

参见美国国会图书馆，Harper's Weekly, Vol. 11，December 7, 1867.

C16 选自美国国会图书馆。

C17 选自美国中央太平洋铁路摄影历史博物馆。

C30 参见《沉默的道钉》第51页。

C31 选自美国中央太平洋铁路摄影历史博物馆。

C32 在西部内华达山地的施工现场，面对暴风雪的困扰，这铲雪车派上了大用场，对于绝大多数华工来说，恐怕还是用最简便工具来扫雪。日本大森实所著的《铁路大王斯坦福》(1991年中国经济出版社出版)谈到了引进铲雪车来解决令人困扰的严重积雪问题。书中说："山麓隧道已经开通，现在可以用火车来运输各种有盖或敞棚的车辆，将大批工程材料送到下个隧道工地的现场。寒冬腊月在一步步地逼近，只要一到降雪期，地上便会到处都积着厚厚的雪，用人力无法清楚干净，机械除雪机是在蒸汽引擎上加装推进器。但是引进这种除雪机后，却仍然无法解决内华达山顶所面临的积雪问题。没有办法，蒙塔左只好再次引进12辆附有30英尺(约9米)大铲、犹如庞大的军舰一样的除雪车。"(第138-139页)见《内华达唐纳隧道工地的铲雪车》，黄安年的博客/2014年11月28日发布。

C33 铲雪车是中央太平洋铁路公司著名的"本大叔"(Uncle Ben)——机车设计工程师本杰明·韦尔奇(Benjamin Welch)设计的。2010年李炬在美国东部的一个小站上见到过这个钢铁怪物，当时还不明白它是干什么用的。参见《美国太平洋铁路上的中国劳工(二)(2014-10-3021:54)》http://blog.sina.com.cn/liju59；《华工在中央太平洋铁路工地铲雪车前》，黄安年的博客/2014年11月16日发布。

C41 斯特罗布雷奇谈工资，参见《沉默的道钉》第86页。

C42 参见，William F. Chew's data found in his Table 1, p.45.

The following graph was prepared from William F. Chew's data found in his Table 1, p.45 (maximum is 6,190 Chinese workers, with 160,958 man-days paid in April, 1866):

See William Chew's Rebuttal Errata See William Chew's Rebuttal The following graph was prepared from William F. Chew's data found in his Table 1, p.45 (maximum is 6190 Chinese workers, with 160958 man-days paid in April, 1866):. Chinese Monthly Employment] 1864.3-1867.12 华工工资变动，参见《沉默的道钉》，第87页。

C43 美国国会参众两院调查华人入境问题联合特别委员会报告书，第44届国会，第2次会议，报告编号第689号，1877年2月27日刊布(Reportof the Joint Special Committee to investigate Chine Immigration, 44thCongress, 2nd Session, Report No. 689, Feb. 27, 1877)前言中提到："美国人如果想和中国人竞争，并从而赶走他们，就必须降低到和中国人相等的水平，甚至必须降到比这还低的水平。美国人只有做出非常低廉的劳动，以使中国人没有办法和他们相比，才能成功。因为，生存竞争的规律就是谁能用最少的费用生活，谁就能活得最久；谁最能吃苦耐劳，谁的生存能力最强。

中国人在这里，阻碍了白人移民进入太平洋案沿岸各州。这在证词中已经十分清楚地表示出来。其原因大概都是由于中国人以他们的廉价劳动力，几乎独占了此地的农业和机器业操作岗位，因而使白人移民当中比较贫苦的阶级，难于找到足够维持生活的职业。"

1864.1-1867.12 华工工资，参见《沉默的道钉》，第87页。

C44 参见《从铁路华工后裔赵耀贵发现铁路公司的华工工资单说起》，黄安年的博客/2014年5月18日发布(http://blog.sciencenet.cn/blog-415-795471.html)；《为铁路华工后裔自豪的赵耀贵，揭开了美国铁路华工人数之谜》，黄安年的博客/2014年5月18日发布。

C47 中国人在他们本国劳动所可能得到的报酬，每人每月不过3元至6元。收入很低，穷人恐怕要在他们当中占大多数。那些没钱来此地的中国人便向他们的亲戚朋友借。这些人来到此地之后，挣到工钱还清债务之后，又寄钱回家资助在家乡的亲友搭船到美国来。这种办法和来自欧洲的入境移民，特别是早期的移民完全相同，并没有什么特别值得奇怪之处。

无疑有过许多事例表明此地的六大公司(会馆)或有钱的中国人都曾汇款回中国招人来到这里，并且把招到的人作为自己手下的人，向需要劳工的主顾，出雇或出赁。公司(会馆)或出钱的人则以中间人或代理人的身份从中取利。中央太平洋铁路公司需用上万的筑路工人，而如此巨大的需求是本地的劳工市场所不能供应的。于是中央太平洋铁路公司把钱汇往中国，招徕他们所需要的工人．我想这就是他们来此地的办法。

中国人实在是非常好的劳工。他们是好的农业工人．他们是好的铁路工人。也有许多中国人是很好的家庭侍仆。

弗兰克·M·壁克斯的证词，——美国国会参众两院调查华人入境问题联合特别委员会报告书(1877年2月27日。

黄安年的博客/2014年12月25日发布。

C48 参见美国加利福尼亚历史协会，Chinese Foundry Worker at Selby Smelting, Sa Francisco. Courtesy of California Historical Society, FN-16166.

C49 《沉默的道钉》第22页，参见美国加利福尼亚历史协会，Chinese Foundry Worker at Selby Smelting, Sa Francisco. Courtesy of California Historical Society, FN-16166；约1860—70年代(Chinese America Placer Miner, circa 1860s-70s, Courtesy of Nevada Historical Society)http://dmla.clan.lib.nv.us/docs/MUSEUMS/reno/his-soc.htm；美国内华达大学张素芳教授提供。

C53 美国国家珍藏的历史绘画档案，显示华人在美国修建太平洋铁路时自办中餐厨房的艰苦往事。

C55 参见1860加利福尼亚清史杂志(Huchings California Magazine)《沉默的道钉》第28页。

C56 陈匡民1950年评论说："然1948年之发现黄金百年纪念，同时亦为华人移来加州百年纪念。盖1848年，黄金于黄人，同时出现，使美国西部发展，突飞猛进。加州之有今日，固由于黄金之发掘，然华人纷至沓来，胼手胝足，使一片荒芜土地，于极短期间，成为富庶之农业区，华人之贡献可谓大矣。”“美国人开发西部只英勇事迹，固可歌可泣，然华人劳其筋骨，饿其体肤，日夜勤劳，贡献亦大。掘金狂潮结束以后，华人多转经营洗衣业，盖美西开辟之时，西人多为单身汉，妇女颇少，当时报纸记载称：华人之努力，使白人衣冠整齐，被褥清洁……”“太平洋铁路之建筑，筑路工人百分之九十为华人.该铁道得提早完成者，全为华人之功.美记者目睹华工，披荆斩棘，誉为美国真实开路先锋。当时华工每月工资仅30元，奔走于山崖水泽之间，并冒印第安人袭击之危险，以完成美西大铁道，以及无数小铁路之敷设。”“华人在San Joaquin填低洼之湿地，使成为肥沃之农田，又筑高沙加免度Sacrament河岸，使两旁土地，无泛滥之灾，宜于耕种。华人并以广东之蔬菜种子，试植于田园之间，以提倡农作。1860年后，加州农业，一日千里，遍地葱葱可爱。历史学家称：加州果树种植之发展，如无华工之勤劳，则将延迟二十五年。加州渔业为华人所首创，凡加州港湾河溪之间均有华人之渔网，尤以Monterey、Capitola、山咀山及旧金山等地为中心，大量鱼虾海草运回中国。华人在Napa、Sonoma山区，复栽葡萄，酿成美酒，自爱内地草原，养牲畜家禽亦众。”

“旧金山之烟草、缝纫、制鞋、砖瓦、皮革及木材各业，均雇用大量华工，甚至有百分之八十为华工者。然华人究以手工业为文化传统，故加州之冶铁业，无华人工作其间。美西初期工业，农业之开辟，华工之贡献颇大，然美国人歧视有色人种，故华工之处境，极为艰苦，所受艰苦，所受待遇，亦极残酷。”

参见《陈匡民：加州华工史》，黄安年的博客/2015年1月12日发布Http://blog.sciencenet.cn/home.php?mod=space&uid=415&do=blog&id=858715.

C69～C75 美国斯坦福大学考古系Barnara L.Voss 2014-09-08学术报告显示华工使用的碗具，中国钱币和纽扣等。

参见Promontory丘陵东的华工营地发现的陶制碎片，见2014-09-08费雪金主旨报告。

C85 朗花墓地是波特兰城内最早、最大的纪念墓园；有四任州长和六任市长安葬在这里；墓园内除了葬有美国本土的移民先民外，还有日本、俄国、爱尔兰、中国等国家的移民先民。2003年地方政府决定将的郎花墓地大楼和停车场作为商业用地拍卖，此举遭到郎花之友的强烈反对。中华会馆保存的中两本中文名册记载了从1891年至1928年埋葬在朗花墓地的华人，以及两次拣骨后返回故乡的亡灵，人们相信朗花坟场的大楼或停车场下很可能还残留有华人的遗骸。协商决定于2005年1月11日开工挖掘查实是否存在遗骨。政府行政官员道歉说：“过去的历史曾经给华人带来了伤害，是一个错误。今天我们的责任就是，用最高度诚意的关心和敬意尊重华人，尊重亚裔社团的意见，纠正所发生的错误。”1月19日继续开挖，在大楼前的空地位置，4英尺深的土层里，历史终于显露出了它真实的一面：棕红色的已经化成粉状的线条清晰地勾勒出棺木的形状，长度和宽度的比例都不大，上面有一些白色的粉末。考古专家推测棕红色的粉末可能是腐朽的棺木木屑，白色的粉末是原来棺木两边的金属把手。轻轻拨开白色粉末，立即看到已经变成褐色的排成一列的两截骨头。考古专家怀疑它们是孩子的手臂骨——前臂和后臂两截。在场的中国人亲眼见证了历史，那些与自己同出一源的先民的遗骨，被深埋在地下，没有亲人来探视，没有纪念的墓碑，他们差一点就被历史遗忘，现在是到了应该为他们想想的时候了。

波特兰朗花墓地，《沉默的道钉》102页。《华工遗骨在波特兰的报导Portlands Old Chinese Burial Grounds》，张益池先生提供，黄安年的博客/2013年7月14日发布。

C86 参见《洛杉矶发现百具华工遗体》(04/18/2006)时代商报文发表：北海人/2005年7月3日；学术交流网/美加华人华侨/2006年4月18日转发。《洛杉矶墓园将把用做路基的华人墓碑交还华裔社区》(06/09/2006)人民网/2006年04月29日；学术交流网/美加华人华侨/2006年6月9日转发。《千里孤坟话凄凉》(04/06/2007)，学术交流网/美国华人华侨/2007年4月6日转发。

《洛杉矶纪念修铁路华工纪念墙揭幕(组图)》大洋网－广州日报时间：2010-03-10 。

《洛杉矶揭幕纪念墙纪念早期建太平洋铁路华工》，2010-03-10东方早报。

《美国建纪念墙悼“华工血泪”将埋百具华人遗骨》(07月14日，3)，姜琼编辑，学术交流网/美加华人华侨/2013年7月13日发布。

《美国华工遗骸纪念墙——血泪的祭奠》，2010-03-12来源：中国商业电讯。

C87 参见《有感于陈景鸿先生保护19世纪末圣荷塞华人墓遗址建议》，黄安年的博客/2014年9月27日发布。1867年3月5日出版萨克拉门托Daily Union有关华工死于雪崩的报道。参见费雪金2014-09-08主旨报告PPT27,65)；1881年五位死于建造德州和太平洋铁路华工的墓碑(见费雪金2014-09-08主旨报告PPT27,84。

C90 参见《新会华侨义冢：探寻魂归的故里》2006-3-15 8:50江门日报。

江门退休教师欧济霖：潜心研究华侨义冢的先行者。

C91 参见《目睹第一侨乡新会华侨义冢》，黄安年的博客/2014年3月28日发布。

《新会仁义村黄坑海槐华侨义冢387穴观察(GO PRO HERO 3版)》黄安年的博客/2014年3月29日发布。

《新会仁义村黄坑海槐华侨义冢387穴观察(NIKON版)》，黄安年的博客/2014年3月29日发布。

《目睹第一侨乡新会华侨义冢》，黄安年的博客/2014年3月28日发布。

C101 座谈中，专家学者建议，要加大对华侨义冢的保护力度；作为中国第一侨乡，可建碑纪念；每年清明节，政府可组织对五邑先侨的公祭活动。同时，应创造条件，积极申报成为省、国家级文物保护单位。南方都市报2014年4月4日。

参见《全市已发现7处华侨义冢人大代表、专家学者建议加强保护和研究》，推荐江门人大网报导，黄安年的博客/2014年4月3日发布。《新会华侨义冢保护工作调研座谈会掠影(2014年3月27日)》，黄安年拍摄，黄安年的博客/2014年4月4日发布。

《新会金牛山(黄冲坑鹤嘴)华侨义冢1 508穴观察》，黄安年的博客/2014年4月3日发布。

《新会金牛山(黄冲坑鹤嘴)华侨义冢1 508穴观察(GO PROHERO 3版)》黄安年的博客/2014年4月5日发布。

2014年3月27日江门市人大部分成员对华侨义冢群保护问题进行调研，黄安年摄于2014年3月27日。《全市已发现7处华侨义冢人大代表、专家学者建议加强保护和研究》，推荐江门人大网报导，黄安年的博客/2014年4月3日发布。

C106 参见《再谈探寻广州白云山华侨千人墓》，黄安年的博客/2014年6月17日发布。

《广州白云山华侨千人墓照》，黄安年的博客/2014年7月4日发布《目睹广州白云山上旧金山华侨千人墓》，黄安年的博客/2014年9月13日发布。

C107 “执金”是广州话，意为

开坟收拾死人的骨殖。参见《从百年前重新安葬客死美国华侨的照片谈起》，黄安年的博客/2014年6月20日发布。

C108 另据《申报》报道，1926年，有轮船自美西雅图抵沪，“运到灵柩420具，皆侨美华人之回籍安葬者，该柩皆从芝加哥运出，该美境华侨无主灵柩，多先寄厝芝加哥，每十年运回一次”。

C109 卢礼屏，名赓扬，23岁随本乡数人远涉重洋，于1852年9月30日，抵达美国旧金山，随后在附近的金矿挖金历经艰险。三年后，金矿基本挖完。卢礼屏返粤时26岁，回归故里后，他不仅广置田地，兴建祠堂，修葺祖坟，还先后在东莞、番禺、南海、广州等地建房置业，而且施医赠药，扶危济困，捐资给蒋光鼐的祖父蒋理祥兴办虎门溥善堂、育婴堂，他毕生致力的慈善事业从此开始发端。多年来，东华三院一直为市民提供适切的服务；尤其于开埠早期，东华为无数低下阶层的市民提供如赠医施药、义学、施棺赈灾等福利。东华的赈济服务摆脱了宗亲、乡籍、方言等传统社会的局限，发展出殖民地慈善机构的本土特色；华东义庄为海外华人办理原籍安葬，这是落叶归根的中华传统之延续，是独一无二的人性化福利服务，亦凸显了东华成为具有国际声望的慈善机构。

C110 参见《从淘金华工到近代慈善事业先驱卢礼屏》，黄安年的博客/2014年11月23日发布。

C111 陈翰笙主编的《华工出国史料汇编》（第三辑：美国外交和国会文件选译）由中华书局，1981年3月第1版，314页，23.5万字。《华工出国史料汇编》（第三辑）提要，黄安年的博客/2010年10月31日发布。

C112 《华工出国史料汇编》（第七辑：美国与加拿大华工）主编陈翰笙中华书局1984年3月第1版27.5万字。本书提供比较丰富的中外资料。这是全书十辑中的第七辑分二编：第一编 美国的华工（18项）第二编加拿大的华工（3项），最后附有索引。参见《华工出国史料汇编》（第七辑）提要，黄安年的博客/2010年10月31日发布。

C113 美国部分资料已经编入《中美关系史料》（同治朝）、《中美关系史料》（嘉庆、道光、咸丰朝）、《中美关系史料》（光绪朝）的，不重复收入。美中关系文件的时间是从1880年开始的。参见《清季华工出国史料：1863-1910》提要，黄安年的博客/2013年10月15日发布。

C114 美国排斥华工和华人移民（1868.9-1905.12）文件目录。参见《美国对华政策文件选编——从鸦片战争到第一次世界大战》提要，黄安年的博客/2014年6月24日发布。

C115、C116 《中国家谱总目》，2009年7月14日由上海古籍出版社正式出版。《中国家谱总目》首次将全世界范围内的中国家谱汇编成目，为全球华人寻根问祖提供了一份完整“路线图”。《中国家谱总目》还打破了历年来家谱编目的惯例，将1949年以后出版的新修家谱收编入目，下限定在2003年（个别的有重要学术价值的稀姓除外）。从家谱的视角寻求华人移民海外的路线图，也试图寻找北美铁路华工的蛛丝马迹。参见《浏览中国家谱总目》，黄安年的博客/2014年7月13日发布。

《中华族谱集成》，1995年由巴蜀书社於1995年出版，其中李氏第十册下半部收录《李文庄公家乘》四十六卷首一卷，清代李萼荣等修，光绪二十八年（1902年）刻本，原装16册，1675页。

C117、C118 台湾新文丰出版公司出版的1997年印《石刻史料新编》1982年第2版。北京书同文公司则结合书籍本身之宏富内容，利用多年积累的电子典籍制作之高新技术，推出了一款数字化典籍精品——《中国历代石刻史料汇编》全文检索版，对于我们快速检索所需石刻资料十分有用。

参见《石刻史料新编》浏览，图29，黄安年的博客/2014年7月13日发布。

C119、C120 国家图标馆现藏各地乡土志（风土志）250余种，以抄本及稿本居多，兼有石印及铅印等各种版本，参见《乡土志抄稿本选编提要》，黄安年的博客/2014年7月9日发布。

C121、C122 数据库的清代外交档案含：筹办夷务始末之道光朝；筹办夷务始末之咸丰朝；筹办夷务始末之同治朝；筹办夷务始末补遗之道光朝；筹办夷务始末补遗之咸丰朝；清光绪朝中日交涉史料；清光绪朝中法交涉史料；清宣统朝中日交涉史料；清代历朝外交奏折选编；清季外交史料序言；清季外交史料之光绪朝；清季外交史料之宣统朝；清季外交史料之西巡大事记；清季外交史料之索引记；清季外交史料之条约一览表；清季外交史料之索引；清季外交史料之引文年鉴；清季外交史料之清代约章；清季外交史料之鉴校勘记；光绪31年至33年交涉要览；出使英法义比四国日记；东三省交涉辑要；庚子海外记事；使俄草；外蒙交涉始末记；语冰阁奏议；中越勘界电稿；中俄交涉记；中西记事；中日议和纪略；附录。

参见《在首图看清代外交档案文献汇编全文数据库》，黄安年的博客/2014年7月9日发布。《清代外交档案文献汇编全文数据库中含华工条目》，黄安年的博客/2014年7月10日发布。

C123、C124 “我的祖父、曾祖父辈都参与过修建美国跨州铁路。在过去，除此之外，我对别的一无所知。感谢赵先生，他所做的海量研究有抢救性的意义。”梅宇元说。参见介绍华工建设太平洋铁路后裔赵耀贵出版的《美西大陆铁路的无名建筑者》，黄安年的博客，2007年4月11日发布2014年5月16日南方日报发表南方日报特派美国记者：曹斯、林亚茗；实习生：白晨晖撰写的报道《铁路华工后人赵耀贵66岁起研究华工历史——“我骄傲我是‘苦力’的后代”》，报道说：身为铁路华工后人的赵耀贵，是《横贯大陆铁路的无名建设者》（*Nameless Builders of the Transcontinental Railroad*）的作者。曾为美国宇航局工作的他，在退休后执着于揭开这段尘封的历史。他深入走访，用翔实的数据、证据纠正了过去许多对铁路华工的不准确说法。同为铁路华工后人的梅宇元感叹，赵耀贵所做的海量研究有抢救性的意义。遗憾的是，赵先生在前不久去世了。不过，我们仍从他的书中获取了许多宝贵史料知识。

赵耀贵根据1864年至1867年间现存的工资记录建立了完整的数据库，并通过剔除重复名字等操作，计算出了23 004人这个惊人的答案。这位有40年航空工程职业生涯的工程师，从此开始了为期5年多的研究，他在加利福尼亚州、内华达州和犹他州的博物馆、图书馆中查找资料，通过多个渠道找到华工后人交谈，最终完成了《横贯大陆铁路的无名建设者》的写作。由于从1864年至1867年年底有29个月的工资记录已遗失不见，他认为，约23 000名劳工只是一个最保守的估算，但已远超一些报道中估计的约10 000人。

1997年参观金钉国家历史遗址时，赵耀贵已66岁。之后几年，他四处奔波，投入了大量精力完成了《横贯大陆铁路的无名建设者》一书。他在一次采访中坦言，“从一开始我就知道这本书不是盈利的书，因为读者不会太多，而成本却很高，但我觉得义不容辞，因为它展示了美国历史的一部分。”

在书的序言中，赵耀贵在表达了从研究中所获得的个人的满足感之外，还提到了两点促使这项研究得以成文的原因：“首先，让大众更多地认识到中国人对于美国的发展所作出的贡献，这是我的目的。其次，写这本书是为了纪念我的祖父赵荣贵，我骄傲我是‘苦力’的后代。”他在书中诉说，记录铁路华工的故事是铭记华人吃苦耐劳精神的一种方式，而这种精神遗产至今引领着美籍华人前行。因此，他写下这本还原当年华工筑路历史的书，希望这本书中的事实能唤醒第二代、第三代甚至是第四代华裔美国人。

参见从赵耀贵谈《华工贡献美西铁路新发现》想到的，黄安年的博客/2014年12月15日发布。

《为铁路华工后裔自豪的赵耀贵，揭开了美国铁路华工人数之谜》，黄安年的博客/2014年5月18日发布。

《从铁路华工后裔赵耀贵发现铁路公司的华工工资单说起》，黄安年的博客/2014年5月18日发布。

C125 陈勇著《华人的旧金山——一个跨太平洋的族群的故事，1850-1943》，北京大学出版社2009年9月出版。

参见《华人的旧金山》提要，黄安年文 黄安年的博客/2014年11月23日发布。

《有感于陈勇教授报告有待发现和认识的华工在太平洋铁路的经历》，黄安年的博客/2014年10月3日发布。

C126 参见（美）《旅居者与移民——美国太平洋铁路华工与爱尔兰劳工报纸形象分析》提要，黄安年的博客/2014年5月7日发布《最初50位铁路华工是怎样被中央太平洋铁路公司雇用的》，黄安年的博客/2014年10月7日发布。

《铁路华工是怎样抵达中央太平洋铁路工地的》，黄安年的博客/2014年10月10日发布

《关于中央太平铁路进度的思考》，黄安年的博客/2014年10月22日发布。

C127 参见《广东台山华侨史》中有关台山华侨在美国的记载，黄安年的博客/2014年5月8日发布。《广东台山华侨史》近代大事记中有关美国的记载（1911年前），黄安年的博客/2014年5月8日发布。《广东台山华侨史》中有关主要参考书的记载，黄安年的博客/2014年5月8日发布。

《广东台山华侨史》近代大事记中有关美洲华侨华人精英的记载，梅伟强、关泽峰著，黄安年的博客/2014年5月26日发布。

C128 《比较、借鉴与前瞻：国际移民书信研究》提要，黄安年的博客/2015年1月6日发布。

C129 参见《沉默的道钉——建设北美铁路的华工》画册特点及在相关领域的价值，黄安年的博客，2007年4月4日发布。《沉默的道钉——建设北美铁路的华工》编著尾声的影辑，黄安年的博客/2007年11月29日曹德谦《美国演义》（第六版）讲述美国铁路华工的故事，黄安年的博客/2014年5月24日发布。

参见《充分记叙华工开发北美和美国排华的美国史专著》，黄安年的博客/2014年2月18日发布。

C131 参见《道钉，不再沉默——建设北美铁路的华工》（台湾繁体版）封面，黄安年的博客/2014年3月23日发布。为最早赴美的中国农民工群体摇旗呐喊——读《道钉，不再沉默：建设北美铁路的华工》，梁碧莹文 黄安年的博客/2014年10月28日发布。

喜读《道钉，不再沉默》台湾增订版面世，张聚国文 黄安年的博客/2014年10月28日发布

还原历史本貌，用史实伸张公平和正义——读黄安年的《道钉，不再沉默》，李沣文 黄安年的博客/2014年11月21日发布。

《一部史书一座丰碑》（江门日报版），江门日报发布梅伟强文 黄安年的博客/2014年11月13日发布。中美共享历史的辉煌篇章：读黄安年教授的《道钉，不再沉默：建设北美铁路的华工》，王立新文 黄安年的博客/2014年11月26日发布。一个历史学家的情怀——读黄安年教授《道钉，不再沉默》有感，李红梅文 黄安年的博客/2014年11月29日发布《侨报》专访《道钉，不再沉默》作者黄安年实录（全文版），黄安年对话杨阳、元桥 黄安年的博客/2014年12月6日发布书评：《沉默的道钉——建设北美铁路的华工》，黄心雅、刘芳礽（台湾）文，黄安年的博客/2014年12月25日发布不一样的历史——读《道钉，不再沉默：建设北美铁路的华工》。

推荐梁茂信文 黄安年的博客/2015年1月16日发布。

欧济霖著，新会华侨义冢（新会地方史丛书第八辑的书籍），2007年。

C134 本书作者2014年3月25日和9月10日，两次参观广东江门五邑华人华侨博物馆看到了这一珍贵展品。

五邑大学张国雄教授撰有《台山口供纸》（中国第一侨乡历史文化集第二编）（2007年中国华侨出版社）专门叙述了这个问题。“这本小册子虽然只有不到5万字，却简要叙述了台山华人在美国排华法令后种族歧视反华排华有增无减的情况下，反制排华争取自由移民的合法权益的特殊现象，从“文书子”现象的出现到口供纸移民演变，以及口供纸的类型、制作、内容和使用都较为清晰地作了介绍，这是华侨华人冲破美国排华、反华的历史文物，也在一定程度上反映了对华移民政策的变化和华侨华人的对策，当然口供纸也生动地反映了台山侨乡的社会生活和文化。参见http://blog.sciencenet.cn/blog-415-796450.html.

文书子（paperson），有的翻译成“契纸儿子”或者“纸面儿子”，是在美国的美籍华人为应对美国移民局审查自己在中国的华人亲友入境美国准备文书，从文书上看，显示自己的直系亲属中国来美探亲，由于自己是美国公民，因为顺理成章的自己的文书子也就是美国公民了，尽管事实上很可能两者之间并无直系的血缘关系。这是在1882年美国排华法颁布后，处于极其困难境地的美籍华人反制美国排华法争取自由移民权利、反对种族歧视的特殊手段，而1906年旧金山大地震后，移民局档案的缺少，也为文书子的盛行客观上创造了有利条件。

这一问题是在特定历史条件下出现的现象，是美籍华人在当时困难条件下的被迫反应，虽然距今已经百年以上，华人谈起此事依然心有余悸，因为也是难以公开宣称自己就是当年华工后裔的心结之一。解铃还需系铃人，唯有美国政府公正对待华人，还华工一个历史公道，解除华工后裔的各种顾虑，美国铁路华工的真实历史才有望重见天日！

参见“文书子”现象是华人反种族歧视的特殊手段，黄安年的博客/2014年5月20日发布。

《从中国华侨博物馆展出现存最长四米的“口供纸”说起》，黄安年文 黄安年的博客/2014年12月6日发布。

祖籍台山的美国同源会洛杉矶分会会长梅宇元说：“我家的本姓是黄。曾祖父是铁路华工，《排华法案》出台后，因为是劳工家庭，处境岌岌可危。当时，‘梅’（Moy）姓在美国从商的较多，比较安全，我也成为了梅家的‘契纸儿子’。”不过，为了让后人记住祖先的姓氏，梅宇元及他的子女均保留着‘Wong’（黄）作为中间名.（南方日报2014年5月17日04版）“出生于广东省中山赤水坑村的莫景胜，也是顶着别人的姓氏来到美国的。‘我的祖父于1885年来美国修建铁路，他是我们家族中移民美国的第一人。’”

C135、C136 参见《沉默的道钉》，第100页。

C141 参见《台山历史文化集第二编口供纸提要》，黄安年的博客/2014年5月21日发布。

《江门五邑华侨华人博物馆展出的余氏家族谱系》，黄安年的博客/2014年11月19日发布。

C142 还在1877年美国加州议会文件中就提及华人的侨汇。这里说的显然是在加州经济中占有重要地位的华人将在美国挣得的血汗钱汇往中国国内。广东档案馆现存1883年的侨批，据称是申遗文本上说是现存最早的侨批之一，这份侨批是否直接与美国铁路华工相关有待甄别。在美国的华工大都文化水平较低，他们和在国内家人的通信和汇款往往通过从事代笔的华人来进行的。然而我们迄今尚未发现19世纪六七十年代来自加州地区华

工寄往国内的书信文件，在有关研究或介绍侨批、银信之类的书籍中也没有提及。2013 年 6 月，中国侨批档案成功申报世界记忆遗产，构成本次“申遗”主体的 16 万件广东侨批，主要散见与民间。其中一些部分很可能流传于海外，原因之一是华侨家属和亲友往往携带美国来信证实相互之间的关系。所以收集和发掘侨批和银信的工作需要海内外有识之士共同努力来做。

参见探寻美国铁路华工中“侨批”档，黄安年的博客/2014 年 6 月 18 日发布。刘进著，五邑银信（历史文化集，第三编），广东人民出版社，2009 年 11 月。

C143 上面写着：

That he is a citizen of the Unites States and was last admitted as such from the SS "American NARU" of July 7th 1907.

That he has son residing to the United States that his desirous of bringing to the United States.

That his name is YEE WEE THING.

That he causes this affidavit to be prepared in order to aid the identification and travels of his said names son and to facilitate his landing fort of San Francisco.

Subscribed and sworn to before me.

This 23th day of June, 1916 .

C145 广义地说，19 世纪中叶以来参与建设美国铁路各项工种和辅助工作的华工后人，均可视为美国铁路华工后裔。迄今究竟有多少华工参与建设美国铁路，有多少人回到中国国内，有多少人继续留在美国谋生，现在有多少美国铁路华工的后人，依然是需要继续探寻的难题。

为什么如此艰难？最重要的是涉及身份认定，而身份认定关系国籍和家史，由于绝大多数华工处于弱势地位、文献资料的失缺，美国持续六七十年的排华潮，使得本已留存很少的文字和记忆更加模糊起来，要寻根问底地甄别其难度可想而知。

尽管如此，美国和中国的学者和沉默道钉的揭秘者们从来没有放弃，他们锲而不舍地寻找的努力终究会逐步解开这块既沉痛又神秘的迷团。

美国斯坦福大学的美国铁路华工研究工程的团队说，他们已经联系到百十位铁路华工后裔的姓名；个别华工后裔在报刊和博文中披露自己的华工后裔身份，还有一些媒体在采访报道中提到了个别华工后裔，这些线索需要进行核实和甄别。

锲而不舍地寻找美国铁路华工后裔，黄安年的博客/2014年5月20日发布。

C149 南方日报表 2014 年 5 月 23 日 A05 版刊登报道。

我很庆幸我在早些年写了《在金山上》。20 多人对我写那本书提供了帮助，但到现在他们仅剩下 2 人还活着。我写书的时候，姑奶奶都 80 岁了。25 年过去了，很难再听到更多关于淘金、建铁路、早期中国城的事情了。我认为，这段历史对年轻的华裔一代来说非常重要，因为他们中的不少人对自己勇敢的祖辈们一无所知。

参见《从美国华工后裔作家邝丽莎说开去》黄安年的博客 /2015 年 3 月 22 日发布。

C150 参见 19 世纪中叶加州伐木工后裔 106 岁丁品老寿星在京无疾而终，黄安年的博客/2013 年 8 月 4 日发布。

《悼 “金山公” 后裔 106 岁丁品老人》，黄安年的博客 /2013 年 8 月 8 日发布。

《呼吁美中合作开展铁路华工后裔口述史工作》，黄安年的博客 /2014 年 5 月 24 日发布。

《呼吁抢救北美铁路华工口述遗存》，黄安年的博客 /2013 年 7 月 11 日发布。

《关于开展北美华工铁路后裔口述史调查的建议》，黄安年的博客 /2013 年 7 月 21 日发布。

D 缅怀道钉

D01 1876 年，丹尼尔·凯尼在加州组织了势力强大的反华团体工人党，把加州经济萧条归罪于华人劳工的进口，并在许多城市组织反华骚动。1876 年和 1877 年，两次发生白人种族主义武装攻打旧金山唐人街的动乱，在 1877 年 7 月 23 日洛杉矶的反华骚动中，3 天内，种族主义分子攻击华人的商店和住宅区，捣毁了大约 25 家华人洗衣店。凯尼公开宣称“中国佬必须滚开！”到 19 世纪 70 年代末，这种叫嚣已经充斥了整个加州，并进而向全国扩展。国会于 1878 年 6 月 17 日通过一项决议案，敦促政府修改中、美之间的条约，停止华人的移民。1879 年 2 月 15 日，国会通过法案（众议院 2423 号法案），禁止任何载有超过 15 名华人的船只进入美国。1879 年奥勒岗州通过宪法宣布，在宪法生效后进入奥勒岗州的华人，将不得拥有房地产和矿产权，也不能在矿区里工作。加州议会于 1879 年通过的新宪法中有多项反对华人的条款，如：加州任何公司不得雇用华人；在公共工程中不得雇用华人；中国出生的人不得在加州拥有和继承土地；华人将永远不能在加州行使选民权利等。丹佛反华事件是在上述背景下发生的。

参见梁碧莹著：《艰难的外交—晚清中国驻美公使研究》第四章中国首任驻美公使——陈兰彬，五保护华侨权益（天津古籍出版社，第 148-149 页，2004 年 7 月版。并见阎广耀、方生选译：《美国对华政策档选编——从鸦片战争到第一次世界大战 (1842-1918)》，人民出版社，1990 年中附录 7-7 美国国务卿埃瓦茨致中国驻华盛顿公使陈兰彬——答复中国关于丹佛华侨受迫害的照会 (1880 年 12 月 30 日）7-8 美国国务卿布莱恩就丹佛华侨受暴徒攻击事致中国驻华盛顿公使陈兰彬，说明美国的立场，(1881 年 3 月 25 日。

D02 参见 The Bancroft Library, University of California, Berkeley, The Chinese Must Go, A Farce in four Acts.

D03 无论从美国立国之本、美国的人权价值观、美国的自由移民政策、美国的发展与繁荣的角度，还是从华工对美国发展的历史性贡献，华工的遵纪守法、辛勤建设北美的角度，或者从美国法律的角度看，1882 年国会通过，经阿瑟总统 1882 年 5 月 6 日签署生效《排华法案》，都是大错特错的。

在华人集聚的怀俄明州石泉矿场，1885 年 9 月 2 日发生白人种族主义者攻击华工的恶性案件，28 名华工被杀、15 名受伤，其他华工皆被赶走。华人是美国历史上唯一曾被美国国会及联邦政府立法排挤和禁止移民的民族。见《沉默的道钉——建设北美铁路的华工》第 95 页，谈 130 年前美国国会通过的《排华法案》，黄安年的博客 /2012 年 6 月 20 日发布 .《美国国会迟到了 70 年的道歉》，黄安年的博客 2012 年 6 月 20 日发布。

《美国总统切斯特·艾伦·阿瑟和 1882 年排华法案》，黄安年的博客 /2014 年 6 月 26 日发布《1882 年美国排华法和清驻美公使郑藻如》，黄安年的博客 /2014 年 6 月 28 日发布。《1885 年美国石泉惨案和清驻美公使郑藻如》，黄安年的博客 /2014 年 6 月 28 日发布。《梁诚与抗议美国排华潮》，黄安年的博客 /2014 年 6 月 29 日发布。

D16 1884 年的修正案收紧了允许先前到来的入境移民离开美国和回国的规定，同时阐明，该法适用于一切华人而无论他们的国籍为何，将来任何港口的华人都限定在范围之内，并对“商人”和“旅游者”均作了极其严格的限制。《关于执行有关华人的某些条约规定的法案》的法案（1884 年 7 月 5 日），称“任何船只的船长故意借该船把任何华工从外国港口或地方带进合众国上岸，或企图上岸，或允许上岸，均应视为犯有轻罪。”1888 年 9 月 13 日美国国会又通过了《禁止华工来合众国法案》，该法案又称斯科特法案，规定除非特别规定外“任何中国臣民或任何其他国家臣民的中国人，进入合众国均属非法。”凡离开美国的华工一律不得返回美国；曾发给华工作为重返美国的身份执照一律作废，此后不再发给类似证件；持此种执照来美国的华工，一律不准入境；学生、商人、旅游者、外交人员等返美时必须从原出境港口进入；从前一切条款例约于本法案相抵触者，一概注销，这一单方面违反国际法的行动，使二万多名返乡探亲华工出境后就不能返美，其中600多人正在返美途中，到美国时也被拒绝入境。1892年5月5日，美国国会通过了基瑞法案（Geary Act），有的译成《禁止华人来合众国法案》，称“经在国会集会的美利兹合众国参议院和众议院通过，将现在有效的禁止和限制华人和华人后裔来这个国家的一切法律从本法案通过之日起延长有效期10年。”其中第二项规定：“任何华人或华人后裔，当根据上述任何法律证明并断定法律上无资格将要或继续留在合众国时，均应从合众国迁往中国”。第六项规定：“在本法案通过时，凡在合众国境内并且有资格继续留在合众国的所有华工，均有义务在本法案通过后1年以内，向他们各自管区的国内税务员申请侨居证明书，凡忽视，未能或拒绝遵守本法案规定者，或在排华法案通过起的1年以后在合众国管辖区域内被发现后，有此种侨居证明书的任何华工，均被认为并依法判定在合众国境内属于非法，可以由合众国任何海关官员、国内税务员或其代理人、合众国法院执行官或其代理人，予以逮捕，……”（延长排华法令10年的1892年《禁止华人来合众国法案》，黄安年的博客/2015年1月17日发布。

1943年12月17日美国总统富兰克林·罗斯福签署法令，废除排华法案。他要求美国国会废除排华法令时说：“国会和个人一样，也会犯错误。我们要有足够的勇气承认过去的错误，并加以改正。”“通过废除排华法，我们就可以改正一项历史性错误”，“使中国人比某些其他东方人占有较优越的地位，但是，他们对荣誉和自由事业所作的伟大贡献，使他们理应得到这种优惠。”“采取这种早就应采取的措施，以纠正过去对我们朋友不公正的行为”。（关在汉编译：《罗斯福选集》，商务印书馆，1982年，第445页。）《沉默的道钉》第101页。

D18 The Chinese in California, 1850-1925，Item 32 of 149，Harper's Weekly, Vol. 21，1877年，CALL NUMBER，MTP/HW: Vol. 21: 81，The Bancroft Library, University of California, Berkeley，DIGITAL ID，cubcic brk5411.《沉默的道钉》，第97页。

D19 起先移民局将他们集中在太平洋邮轮公司的仓库里，男女分开，隔离审讯。随着被拘留的华人越来越多，美国移民当局便将审讯站迁至天使岛北侧，当华人抵达旧金山时，一律送往天使岛隔离。拘留所外墙上围着铁丝网，并有荷枪实弹的警卫站岗监视，以防华人出逃。拘留所内的伙食奇差，每人每餐的伙食费只有8美分。不少人在回忆时使用“监狱”和“囚犯”字眼来形容当年受羁留的生活。关押移民的木屋设备十分简陋，一间面积有限的宿舍里，摆满了双层或三层床，最多时曾容纳120多人。宿舍内有一个“开放式”的厕所，10多个马桶排成一列，中间没有门墙隔离。有些妇女在如厕时，为了不让别人认出她们，就把购物纸袋套在头上。

因为旧金山大地震摧毁了若干官方文件之故，使得一些华人以在美土生华裔公民子女之名入境美国，他们大多经历了在旧金山湾区的天使岛，从数月至数年不等的漫长等待。在从1910年至1940年天使岛移民拘留中心挂牌运作的30年之间，大约有5万华人经此入境。有内首诗这样写道：埃伦居处日添愁，面亦黄兮肌亦瘦，留难折磨犹未了，最怕批消打回头。花旗之国最富庶，凑足盘缠来美洲，风浪颠簸一月余，如今身陷牢狱苦，抬头望见奥克兰，但愿回乡荷耕锄，饥肠辘辘难入眠，聊写数行表心曲。

1974年，天使岛正式成为州立公园。1998年5月16日，美国政府正式将天使岛移民站列为“国家级历史古迹”。

参见《沉默的道钉》，第98页。

D20 梁启超：《新大陆游记》附录《记华工禁约》（原载光绪30年，新民报社版1-25页）。参见梁启超：《记华工禁约》，黄安年推荐 黄安年的博客/2015年1月12日发布。上海平等社编，〈美国华工禁约记事初〉，二编，自编，1905。

D21 《艰难的外交：晚清中国驻美公使研究》 提要 选择了近代中国晚清驻美公使为一视角，展示了近代中美外交艰难的发展。黄安年的博客/2014年6月26日发布。

D22 这座纪念碑原来在最后一颗道钉旁边，后来将纪念碑移至金道钉历史遗迹访客中心的大门口。

D24 张素芳2014年9月8日在广州中山大学举行的北美华工与广东侨乡社会国际学术研讨会上提交的Tracking the Chinese in two Nevada railroad towns报告；从“唐人街”说华人出国（中国日报网，2004年3月4日）。

D27 嵌在石堆基座的布鲁默深槽纪念碑上的英文原文为：Bloomers Cut So named because of its location on the Bloomer Ranch, its remaing virtually unchanged since its original construction in 1864, The overwhelming tack of construction was undertaken by the diligent, hard working efforts of a small band of Chinese laborers, Using picks, shovels, and black powers, They inched their way through the conglomerate, rock cemented together with Rock-Hard clay, at the time of its completion. Bloomers Cut was considered the eight wonder of the world, The First Central Pacific Train Rolled into Auburn on Mat 11, 1863.

Dedicated by the
Native Sons of the Golden West
Oct. 12,1991
Thomas W. Perazzo, Grand President

D31～D33 选自中新网美国洛杉矶繁华市街头竖立的历史档案照片。

这是黄安年首次实地考察。

D36 参见《坐落在上海的中国铁路华工纪念碑》博文黄安年文。黄安年的博客/2009年11月16日发布。

《瞻仰中国铁路工人纪念塔》原载黄安年的博客2010年7月16日。

D37～D46 以上参见美国太平洋铁路《开路先锋》华工雕塑纪念碑设计，推荐杨学军文，黄安年的博客/2014年5月14日发布；《开路先锋》诉历史 民族精神昭日月，推荐彭志安文 黄安年的博客/2014年6月20日发布；著名雕塑家杨学军为美国铁路华工雕塑《开路先锋》（照片）黄安年的博客/2014年6月20日发布，杨学军创作《开路先锋》系列组塑，歌颂铁路华工，黄安年的博客/2014年11月14日发布。

D49 参见台山历史文化集第四编陈宜禧和新宁铁路提要，黄安年的博客/2014年5月25日发布。《陈宜禧和新宁铁路》一书中的重立陈宜禧先生铜像揭幕盛况（第4页）；陈宜禧先生铜像碑文（第6页）；新宁铁路建成庆典（第46页）；新宁铁路建成通车（第48页）；刊登在《西雅图星期天时报》上的新宁铁路宣传画（第116页）；铁道出版社百年老站中的两幅新宁铁路照片；参见重视陈宜禧与美国建筑太平洋铁路研究，黄安年的博客/2014年5月25日发布。

《华商陈宜禧修建新宁铁路》,《华侨拳拳爱国心修筑铁路为乡民》news.dayoo.com 2006年01月26日 10:57 广州日报。

D50 《民国时期铁路史料汇编》全20册，2013年12月由国家图书馆出版社出版。参见浏览《民国时期铁路史料汇编》黄安年的博客/2014年

8 月 25 日发布。

D51 "Golden Spike 50th Anniversary Celebration" Float May 10th, 1919, Ogden, Utah. Ging Cui, Wong Fook, Lee Shao three of the eight Chinese men who brought up the last rail fifty years earlier stand on the float. Courtesy National Park Service.

50 周年纪念，《沉默的道钉》第 76 页。

D52 参见美国犹他州州长宣布 2014 年 5 月 10 日为横贯北美大陆铁路华人劳工纪念日，黄安年的博客 /2014 年 5 月 10 日发布。

D53 19 世纪铁路华工被载入美劳工部荣誉榜 2014 年 05 月 10 日新华网。

5 月 9 日，在华盛顿美国劳工部，铁路华工后人代表出席纪念仪式。当日，美国劳工部举行纪念仪式，正式将 19 世纪在美国修筑铁路的 1.2 万名华工载入其荣誉榜。这是自美劳工部荣誉榜 1988 年设立以来首次载入亚裔人士。1869 年 5 月 10 日，联合太平洋铁路与中央太平洋铁路在犹他州的普鲁蒙托里角接轨，宣告了被誉为世界铁路史上一大奇迹的横贯美国东西的大动脉建成。从 1865 年到铁路完工的 4 年间，约有占全部工人总数 85% 的华工参加了筑路工程。参见《修筑中央太平洋铁路的 1.2 万铁路华工被美国劳工部载入荣誉榜》，黄安年的博客 /2014 年 5 月 11 日发布。《从万名筑路华工进入美国劳工名人堂说起》，黄安年的博客 /2014 年 5 月 16 日发布。

D64 加州铁路博物馆（California State Railroad Museum）是一座外观古朴的红砖小楼房，在萨克拉门托老城的旧式建筑群中并不显眼。小楼内有 10 万平方英尺的展厅、21 款精心复制的火车头和车厢、还有实物、模型以及图片等 40 多种展品，部分火车头甚至可以追溯至 1862 年。多种多样的展品让观众身临其境般重温 1850 年以来的重大铁路历史事件。

D65 1869 年 5 月 10 日太平洋铁路会师处的金色道钉。中央太平洋铁路董事长、加利福尼亚州州长利兰·斯坦福敲下了这个黄金轨钉的第一槌。具有象征性的这一银槌掠过轨钉，落在铁轨旁边电报线的信号器上。该信号器直通华盛顿，全美各地教堂都随之响起了钟声，共同欢庆这历史非凡时刻。随着铁路的连接完成，铁路旁边的电报线工程也完成了，横贯大陆铁路历史性的会合就这样完成了。为了纪念横贯北美大陆东西铁路的历史性大会合，加利福尼亚一位名叫戴维·休斯的富商捐赠了一枚黄金轨钉。这枚最后的金色轨钉比一般的轨钉要大一倍，直径大约有 5 英寸多宽约 1/8 英寸，钉身是用 17.6K 金 14.03 盎司黄金铸成。时金价每盎司黄金 18.44 美元，当时报纸计算该金色道钉价值在 360 ~ 440 美元间。据传这根金色道钉在 1892 年被拔起，赠给了斯坦福大学，并由查尔斯·库罗卡所创办的银行——库罗卡银行代为保管。后来为了便于展览，这枚轨钉于 1954 年再度归还给斯坦福大学，存放在该校的博物馆中。这里的金色道钉是加州铁路博物馆收藏的。

D70 江门五邑华侨华人博物馆建筑面积约 9 000 平方米内。展览分为金山寻梦、海外创业、碧血丹心、侨乡崛起、侨乡新篇、华人之光等 6 个部分。馆藏实物数量数以万计，在全国的华侨博物馆中最多。馆藏文物的族谱家谱、海外国际移民图、美国华侨华人书信、赴美口供簿（纸）、银信（侨批）、五邑在美社团（会馆）、新宁铁路、早期五邑侨乡建筑、美国华人生活等不少与美国铁路华工有关。

D71 广东华侨博物馆位于广州市越秀区二沙岛，建筑面积4185平方米。隶属广东省政府侨办，以服务国家、服务侨胞、服务社会为己任，集收藏、展示、研究、交流华侨华人历史文化和侨乡文化为一体，是维系华侨华人与广东和家乡的纽带和桥梁。博物馆免费开放，可以拍照和录像，有助于普及华侨华人历史和现状。总共三层的博物馆集收藏、展示、研究、交流华侨华人历史文化和侨乡文化为一体，帮助我们形象地了解广东地区的华人华侨的历史和现状。虽然反映美国铁路华工内容的不是很多，但对了解背景和相关资料有帮助。参见《浏览广东华侨博物馆》，黄安年的博客 /2014 年 9 月 14 日发布。

D72 中国华侨历史博物馆中展出的一段当年修路而今已经废弃的铁轨实物十分珍贵，旧金山的中国海滩碑给人以太多联想，当年华工绝大多数是通过远涉重洋来到旧金山的。博物馆专辟海外华侨华人贡献馆突显了华侨华人四海为家，奉献身在海外国家建设并融入所在国家社会的胸怀。中国华侨历史博物馆中有关北美铁路华工的贡献和活动展版，和五邑华侨华人博物馆的丰富展品相比，比较薄弱。

《从中国华侨博物馆展出现存最长四米的“口供纸”说起》，黄安年的博客 /2014 年 12 月 6 日发布。《中国华侨历史博物馆中三幅有关华侨先人遗骸照片》，黄安年的博客 /2014 年 12 月 7 日发布。

《由中国华侨历史博物馆关于北美铁路华工展版说起》，黄安年的博客 /2014 年 12 月 8 日发布。

《先驱报整版介绍中国华侨历史博物馆开幕》，推荐先驱报文 黄安年的博客 /2014 年 12 月 12 日发布。

D73、D74 美国中央太平洋铁路历史图片博物馆网站。如果考查一下目前我国国内的专业性、学术性网站达到或接近中央太平洋铁路历史图片博物馆网站水平的微乎其微，在这个领域我们和美国的差距不是较大而是相十分的大。美国中央太平洋铁路历史图片博物馆能够达到目前的水准，自然不是一朝一夕的功夫，需要投入大量的人力和财力，在这方面不是靠政府行为而是靠各种民间的基金会的赞助，靠民众的捐赠，在这方面，参见《再谈认真借鉴美国中央太平洋铁路历史图片博物馆网站》，黄安年的博客 /2013 年 7 月 22 日发布。《推荐浏览美国中央太平洋铁路历史图片博物馆网站页面》，黄安年的博客 /2013 年 7 月 22 日发布。

D75 Chinese Railroad Workers in NorthAmerica Project at Stanford University）启动的的北美铁路华工项目网址。

ChineseRailroadWorkers.stanford.edu.

该网站表示：诚征有兴趣的学者、机构参与本研究项目，帮助完成在中国当地档案馆、博物馆、图书馆的相关资料搜集工作，以及联络那些祖辈曾为华人劳工参与修筑铁路的当地家庭，这些家庭可能仍保存有祖辈们的书信和其他相关文件。同时，亦寻求与中国及其他各地博物馆、档案馆合作使用电子技术，以分享保存这些无价之宝。您是否有意成为该研究项目的合作人？您在博物馆、档案馆、图书馆相关资料搜集，以及个人家藏资料方面，是否有具体的建议？您或您所在机构的其他同事，是否有意发掘这些材料，并与我们共同合作参与北美中国铁路工人项目？

目前我国还没有类似的全国性的北美铁路华工的专业网站，我们需要有这样的网站，我们需要有推动建设这样的网站的立项规划、技术支持、可操作的实施和自愿奉献的人员。

参见《斯坦福大学北美铁路华工项目网站启动》，黄安年的博客 /2013 年 6 月 19 日发布。

《广东华工丁龙与哥大东亚系的建立》，黄安年推荐王海龙文，黄安年的博客 /2014 年 9 月 6 日发布。

D78 参见旧金山华裔市长李孟贤会见南方日报记者并接受专访，“寻求与广东合作保护铁路华工历史”李孟贤说，无论是太平洋铁路的建设还是旧金山的发展，华人都起了非常关键的作用。这些华人通过艰苦卓绝的奋斗，建成了美国最强大的经济命脉，值得永久纪念与敬仰。回顾历史，当年华工主要参加了太平洋铁路建设。

当时，他们可能不知道等待他们的是什么：住着简易的帐篷，做着最辛苦的工作，拿着低廉的工资，攀山开路，对抗雪崩……我们至今仍不能确定，在这些危险的工作中有多少人殒命，但可以肯定的是人数不少。而这段历史在很长一段时间里一直被埋藏着。因为那个时候，美国人对华工和他们的家庭有着很深的歧视与误解。正因为当年的这些错误，我们今天才要动用大量的资源去挖掘这段历史。5 月 9 日，美国劳工部正式将太平洋铁路华工列入美国的“荣誉堂”，这是一个很好的开端。民间方面，也有很多人为挖掘这段历史付出了努力，比如进行铁路沿线的古今照片对比；寻访华工后裔，进行口述史研究等。我相信，这能让我们知道，到底谁是修建这条铁路的脊梁。

（南方日报 2014 年 5 月 23 日 A05 版）。

参见《南方日报系列报道“再寻沉默的道钉”有力度》，黄安年的博客 /2014 年 6 月 16 日发布。《赞南方日报记者寻找当年建筑中央太平洋铁路的华工足迹活动》，黄安年的博客 /2014 年 6 月 16 日发布。

《150 年一瞬间——寻找当年修建美国太平洋华工足迹（图文版）》，黄安年的博客 /2014 年 6 月 23 日发布。

D82 有关南方日报 2014 年 5 月的系列报道请见：

“铁路华工故事应更多写入美教科书”，推荐南方日报记者赵杨、金强文，黄安年的博客 /2014 年 5 月 14 日发布。

南方日报系列报道“再寻沉默的道钉”有力度，黄安年文，黄安年的博客 /2014 年 6 月 16 日发布。

赞南方日报记者寻找当年建筑中央太平洋铁路的华工足迹活动，黄安年文，黄安年的博客 /2014 年 6 月 16 日发布。

南方日报 150 年后，再寻“沉默的道钉”系列报道之一（图文版），图 11，黄安年文，黄安年的博客 /2014 年 6 月 17 日发布。

南方日报再寻沉默的道钉 2：华工用血汗筑成美跨州铁路奇迹(图文版)，黄安年文，黄安年的博客 /2014 年 6 月 18 日发布。

南方日报再寻沉默的道钉 3：“我骄傲我是‘苦力’的后代”(图文版)，黄安年文，黄安年的博客 /2014 年 6 月 18 日发布。

南方日报再寻沉默的道钉 4：特定族裔歧视华人自此妻离子散(图文版)，黄安年文，黄安年的博客 /2014 年 6 月 19 日发布。

南方日报再寻沉默的道钉 5：散落五湖四海华工后人难寻（图文版），黄安年文，黄安年的博客 /2014 年 6 月 21 日发布。

南方日报再寻沉默的道钉 6：魂归故里无人识客死他乡谁守护(图文版)，黄安年文，黄安年的博客 /2014 年 6 月 21 日发布。

南方日报再寻沉默的道钉 7：美国报纸对华工充满“傲慢与偏见”（图文版），黄安年文，黄安年的博客 /2014 年 6 月 22 日发布。

“寻求合作保护的铁路华工历史”8：南方日报再寻求沉默的道钉，黄安年文，黄安年的博客 /2014 年 6 月 22 日发布。

150 年一瞬间——寻找当年修建美国太平洋华工足迹（图文版），黄安年文，黄安年的博客 /2014 年 6 月 23 日发布。

再寻沉默的道钉 10：唤醒共同历史记忆以推进中美关系，黄安年推荐，黄安年的博客 /2014 年 6 月 23 日发布。

D83 黄安年 2007 年 5 月 12 日在中国国家图书馆作题为《美国崛起的历程》的讲座（参见《黄安年国图纵论美国崛起》）。

D84 参见《从美国旧金山宁阳会馆 160 年谈起》，黄安年的博客 /2014 年 5 月 10 日发布。

研究在美国的各类会馆性质的实体的历史资料和文献，对于我们了解在美国的华人华侨的生存活动具有重要意义，尤其是对于揭示目前文献资料发现很少的北美铁路华工的面纱，带来希望，并在这方面取得突破性进展。

下面是有关记叙：

1849 年（清道光 29 年），新宁等四邑华侨在美国旧金山建立“四邑会馆”。

1854 年（清咸丰 4 年），美国台山籍华侨脱离四邑会馆，建立“宁阳会馆”。

1855 年（清咸丰 4 年），3 月 13 日，新宁县受邻县影响，爆发大规模的“土客械斗”。时间相持 12 年，至清同治六年（1867 年）四月结束，造成数以万计青壮年被掳卖或逃往海外。

1862 年（清同治 1 年），美国旧金山宁阳会馆同三邑、阳和、人和、冈州 6 大会馆联组中华总会馆。美国旧金山和新宁籍余姓与开平、恩平籍的邓、胡、郑等姓华侨成立“合和会馆”。

参见梁启超：《美国华人之团体》，黄安年推荐，黄安年的博客 /2015 年 1 月 12 日发布。

（参见，有感于美旧金山侨界纪念华工建筑美国铁路 150 周年，黄安年文，黄安年的博客 /2014 年 11 月 18 日发布。

《台山银信》提要，黄安年的博客 /2014 年 12 月 17 日发布。

D86 《广东华侨史》将是一部广东华侨通史，分为古代卷（1840 年以前）、近代卷（1840 年至 1949 年）、现当代卷（1950 年至今）三大卷。编修工作从 2012 年年底启动，到 2017 年完成撰写工作，加上出版及宣传推广等后续工作，整个编修工作预计到 2021 年全面完成。

参见省政府新闻办举行发布会 宣布编修广东华侨史，2012 年 11 月 1 日侨网。

D87 有关台北会议请见黄安年的博文《缅怀沉默道钉》探索华工遗迹（中文文字稿），（在北美中国铁路工人圆桌论坛会议上的发言，2013 年 9 月 2 日于台北），黄安年的博客 /2013 年 9 月 2 日发布。

北美铁路华工圆桌论坛（台北）PROGRAM（9 月 1 日），黄安年据 The Taipei Workshop，黄安年的博客 /2013 年 9 月 2 日发布。

《缅怀沉默道钉》探索华工遗迹（在北美中国铁路工人圆桌论坛会议上的发言，2013 年 9 月 2 日于台北），黄安年的博客 /2013 年 9 月 3 日发布。

北美铁路华工圆桌论坛（台北）顺利结束， 黄安年的博客 /2013 年 9 月 3 日发布。

北美铁路华工圆桌论坛（台北）会议上的补充发言（9 月 3 日），黄安年的博客 /2013 年 9 月 4 日发布。

《缅怀沉默道钉》探索华工遗迹（英文 PPT 稿），（在北美中国铁路工人圆桌论坛会议上的发言，2013 年 9 月 2 日于台北），黄安年的博客 /2013 年 9 月 5 日发布。

美国铁路华工台北论坛留影一瞥，黄安年的博客 /2013 年 9 月 7 日发布。

斯坦福大学北美铁路华工研究项目联合主持人张少书教授合影在台北，黄安年的博客 /2013 年 9 月 13 日发布。

台北圆桌论坛会上（9 月 3 日上午），黄安年的博客 /2013 年 9 月 14 日发布。

9 月 2 日台北北美铁路华工圆桌论坛学者发言一瞥，黄安年的博客 /2013 年 9 月 15 日发布。

D90 2014 年 3 月 26 日上午本书作者黄安年抵达江门总站，五邑大学广东侨乡文化研究中心研究员刘进教授驱车来接，中心将我们安排在学术交流中心入住。大病初愈的梅伟强教授执意在学术中心等候。下午研究中心滕海区博士陪同我们参观江门五邑华侨华人博物馆，随后来到五邑大学广东侨乡文化研究中心，梅伟强教授详细介绍中心收藏的各种书刊和稀见资料。不久副校长张国雄教授来到中心畅谈开展华人华侨研究、侨乡研究、美国铁路华工研究，尤其是开展基础性资料收集研究。参见《和五邑大学张国雄、梅伟强、刘进教授等合影》，黄安年的博客 /2014 年 4 月 10 日发布。

主要参考书目

（1）中文文献资料

[1] 中外条约汇编 . 含中美续增条约 (1868). 中美续约附立条款 (1868). 保护限制约章（1888）. 中美会订限禁来美华工保护寓美华人条款 (1894 年) 等 .

[2] 陆鼎元 . 各国立约始末记 (卷八). 续修条约 . 光绪六年 (1881).

[3] 中央研究院近代史研究所 . 总理各国事务衙门清档 : 各口美国领事档 . 咸丰 11 年至光绪 27 年 (1861–1901).

[4] 美国国家档案局 (National Archives) 藏 . 总理各国事务衙门致美国驻华使馆照会原件 (1886–1929).

[5] 故宫博物院 . 道光朝筹办夷务始末 . 影印 .1930.

[6] 故宫博物院 . 咸丰朝筹办夷务始末 . 影印 .1930.

[7] 故宫博物院 . 同治朝筹办夷务始末 . 影印 .1930.

[8] (清) 王彦威辑撰清代外交史料 . 北平民国 22–24 年 (1933–1935).

[9] 王铁崖 . 中外旧约章汇编 . 第 103 册 . 北京 : 三联书店，1957–1982.

[10] 中美关系史料 (嘉庆、道光、咸丰朝). 台北 :“中央研究院”近代史所编印，1968.

[11] 中美关系史料 (同治朝). 二册 . 台北 :“中央研究院”近代史所编印，1968.

[12] 张贵永 . 中美关系史料 (嘉庆、道光、咸丰朝). 台湾 :“中央研究院”近代史所，1968.

[13] 郭以廷，陶振誉 . 中美关系史料 (同治朝)，台北 :“中央研究院”近代史所，1968.

[14] 黄嘉谟 . 中美关系史料 (光绪朝).5 册 . 台北 :“中央研究院”近代史所，1968.

[15] 文庆，等 . 筹办夷务始末（道光朝）1–6 册 . 北京 : 中华书局，1964.

[16] 宝鋆，等 . 筹办夷务始末（同治朝）台北 : 文海出版社，1971.

[17] 贾桢，等 . 筹办夷务始末（咸丰朝）.1–8 册 . 北京 : 中华书局 .1978.

[18] 张德择 . 清季各国照会目录 . 近代史料丛刊 . 第 80 辑 . 台北 : 文海出版社，1974.

[19] 美国华工禁约记事初编 . 1905.

[20] 美国华工禁约记事二编 . 1905.

[21] 清史稿志 . 第 131 卷邦交四美利坚 . 北京 : 中华书局，1976.

[22] 陈翰笙 . 华工出国史料汇编 . 第 3 辑美国外交和国会档选译 . 北京 : 中华书局，1981.

[23] 中华民国史事纪要 . 台北 : 正中书局，1981.

[24] 陈翰笙主编 : 华工出国史料汇编 . 第 7 辑美国与加拿大华工 . 北京 : 中华书局 .1984.

[25] 天津社会科学历史研究所 .1901 年美国对华外交档案 . 济南 : 齐鲁书社 .1984.

[26] 张伟仁 . 明清档案， 384 卷，台北 :“中央研究院”历史语言研究所，1986.

[27] 王彦威纂辑，王亮编，王敬立校 . 清季外交史料 . 北京 : 中国文献出版社，1987.

[28] 阎广耀 . 方生选译 . 美国对华政策官方文件选编——从鸦片战争到第一次世界大战 . 北京 : 人民出版社，1990.

[29] 中国第二历史档案馆，中国社会科学院近代史研究所 . 中国海关密档——赫德、金登干函电汇编（1874–1907）. 第 6，7 卷， 北京 : 中华书局，1995.

[30] 台湾中央研究院近代史研究院编 . 清季华工出国史料 (1863–1910). 台北 : 中央研究院近代史研究，1995.

[31] 吴平，张智 . 中国祠墓志丛刊 .61 册 . 扬州 : 广陵书社 .2004.

[32] 陈建华，曹淳亮 . 广州大典 . 广州 : 广东人民出版社，2008.

[33] 广东省古籍保护中心，广东省中山图书馆 . 广东省第一批珍贵古籍名录 . 广州 : 广东人民出版社，2008.

[34] 中国近代古籍出版发行史料丛刊编纂委员会殷梦霞，李厦莎 . 民国文献资料丛编续编 . 24 册 . 北京 : 国家图书馆出版，2008.

[35] 张研，孙燕京 . 民国史料丛刊 (2194 种). 北京 : 大象出版社，2009.

[36] 上海图书馆未刊古籍稿本 . 239 册 . 上海 : 复旦大学出版社，2010.

[37] 域外汉籍珍本文库编纂委员会 . 域外汉籍珍本文库（经史子集）. 成都 : 西南师范大学出版社，北京 : 人民出版社，2010.

[38] 北京师范大学图书馆藏稿抄丛刊编纂委员会李永明 . 46 册 . 北京 : 国家图书馆出版社，2011.

[39] 刘进 . 江门五邑侨汇档案选编 . 北京 : 中国华侨出版社，2011.

[40] 李培 . 天津图书馆编 . 中国古籍珍本丛刊 . 天津图书馆卷 . 60 册 . 天津 : 天津图书馆 .2013.

[41] 刘进 . 比较、借鉴与前瞻 : 国际移民书信研究 . 广州 : 广东人民出版社，2014.

（2）中文著译作

[1] 徐继畬 . 瀛寰志略 . 上海 : 宝文石印，光绪乙未 (1895）.

[2] 陈匡民 . 美洲华侨通鉴 . 纽约 : 海外华人文化出版社 .1950.

[3] 泰勒・丹涅特 [美]. 美国人在东亚 . 姚曾廙译 . 北京 : 商务印书馆，1960.

[4] (美) 赖德烈 . 早期中美关系史 (1784–1844). 陈郁译 . 北京 : 商务印书馆，1963.

[5] 陈兰彬．使美纪略．载［清］王锡祺编．小方壶斋舆地丛钞．第 12 帙．台北：广问书局．1964.

[6] 刘伯骥．美国华侨史．台北 :1975.

[7] 罗香林．梁诚的出使美国．香港大学亚洲研究中心 .1977.

[8] 李定一．中美早期外交史（1784–1894）．台北：传记文学出版社，1978.

[9]（美）沈已尧．海外排华百年史．北京：中国社会科学出版社 .1980.

[10] 志刚著．初使泰西记——中国派出的第一个外交使团出使美国和欧洲各国的记录．长沙：湖南人民出版社 .1981.

[11] 中山大学东南亚历史研究所，中山大学图书馆．华侨史论文数据索引（1895–1980）.1981.

[12] 刘伯骥．美国华侨史续编．台北：黎明文化事业股份有限公司，1981.

[13] 戴鸿慈．出使九国日记．长沙：湖南人民出版社，1982.

[14] 刘伯骥．美国华侨史．台北：黎明文化事业股份有限公司，1982.

[15] 梁启超．新大陆游记．北京：中国海洋出版社 .1983.

[16] 李定一．中美早期外交史（1784–1894）．台北：三民书店，1983.

[17] 福建师范大学历史系华侨资料选辑组．晚清海外笔记选．北京：中国海洋出版社 .1983.

[18] 陈守亭．美国华工问题．台北：五南图书出版公司，1984.

[19]（美）宋李瑞芳．美国华人的历史和现状．北京：商务印书馆，1984.

[20]（美）陈依范．美国华人发展史．殷志鹏，廖慈节译．香港：三联书店，1984.

[21] 宓汝成．中国近代铁路史资料．北京：中华书局，1984.

[22]（美）陈依范．美国华人．郁苓，郁怡民译．北京：中国工人出版社，1985.

[23] 金士宣，徐文述．中国铁路发展史．北京：中国铁道出版社 .1986.

[24] 丁韪良．中西闻见录选编．台北：文海出版社，1987.

[25]（美）陈依范．美国华人史．韩有毅，何导，鲍川运译．北京：世界知识出版社，1987.

[26] 台山县政协文史委员会．陈宜禧与新宁铁路 .1987.

[27]（美）贝阿德·斯蒂尔．美国西部开发纪实（1607–1890）．张禹九译．北京：光明日报出版社，1988.

[28]（美）陈依范．美国华人发展史．香港：三联书店，1989.

[29] 刘权．广东华侨华人史．广州：广东高等教育出版社，1989.

[30] 杨国标，刘汉标，杨安尧．美国华侨史．广州：广东高等教育出版社，1989.

[31] 丁则民．美国内战与镀金时代（1861–19 世纪末）．北京：人民出版社，1990.

[32]（澳）颜清煌，粟明鲜，贺跃夫．出国华工与清朝官员：晚清时期中国对海外华人的保护 (1851–1911). 北京：中国友谊出版社，1990.

[33] 邓蜀生．美国与移民——移民·现实·未来．重庆：重庆出版社，1990.

[34]（美）雷·艾伦·比林顿．向西部扩张——美国边疆史（下册）．北京：商务印书馆，1991.

[35]（日）大森实．铁路大王斯坦福．王锦华，李建新译．北京：中国经济出版社，1991.

[36] 麦礼谦．从华侨到华人．香港：三联书店，1992.

[37] 邓蜀生．美国历史与美国人．北京：人民出版社，1993.

[38] 何适莹．江门五邑旅外乡彦风采录．广州：花城出版社，1993.

[39] 任复兴．徐继畬与东西方文化交流．北京：中国社会科学出版社，1993.

[40] 梁静源．美国华工田园生涯．台北：文史哲出版社，1994.

[41] 白清才，刘贯文．徐继畬集（第 1–4 册）．西安：陕西高等联合出版社，1995.

[42] 江门市地方志编委会．江门市志．广州：广东人民出版社，1998.

[43] 张国雄，等．五邑文化源流．广州：广东高等教育出版社，1998.

[44]（美）美国三邑会馆史编委会．旅美三三邑总会馆史略（1850–2000）．美国加州旧金山 .1999.

[45] 张庆松．美国百年排华内幕．上海：上海人民出版社，1998.

[46] 艾水．抚摸往事：新宁铁路遗址考察录．成都：挚友时报出版社 .2000.

[47] 梁静源．美国华工田园生涯．台北：文史哲出版社，2001.

[48] 梅伟强，张国雄．五邑华侨华人史．广州：广东高等教育出版社，2001.

[49] 梁碧莹．艰难的外交——晚清中国驻美大使研究．天津：天津古籍出版社，2004.

[50] 梁碧莹．龙与鹰：中美交往的历史考察．广州：广东人民出版社，2004.

[51]（美）孔秉德（Peter H. Koehn），（美）尹晓煌（Xiao–Huang Yin）．美籍华人与中美关系．余宁平等译．北京：新华出版社，2004.

[52] 欧济霖、陈汉忠．新会华侨史话．中国县镇年鉴社，2004.

[53]（美）张哲瑞联合律师事务所．百年沧桑——移民美国史话．北京：中央编译出版社，2004.

[54] 李爱丽．晚清美籍税务司研究——以粤海关为中心．天津：天津古籍出版，2005.

[55] 欧济霖．新会华侨华人史话 .2006.

[56] 黄安年．沉默的道钉——建设北美铁路的华工．北京：五洲传播出版社，2006.

[57] 周敏．美国华人社会的变迁．郭南审译．上海：上海三联书店，2006.

[58] 戴永洁．陈宜禧和新宁铁路 （历史文化集，第四编）．北京：中国华侨出版社，2007.

[59] 刘进．台山银信（历史文化集，第三编）．北京：中国华侨出版，2007.

[60] 梅伟强，梅雪．集体家书连五洲（五邑侨刊乡讯研究 1978–2005). 香港：社会科学出版社，2007.

[61] 梅伟强．侨刊乡讯（历史文化集，第六编）．北京：中国华侨出版社，2007.

[62] 梅伟强．“金山伯”的故乡（历史文化集，第一编）．北京：中国华侨出版社，2007.

[63] 梅伟强，戴永洁．台山古镇（历史文化集，第八编）．北京：中国华侨出版社，2007.

[64] 欧济霖．新会华侨义冢（新会地方史丛书第八辑的书籍），2007.

[65] 张国雄．口供纸（历史文化集，第二编）．北京：中国华侨出版社，2007.

[66] 陈勇．华人的旧金山——一个跨太平洋的族群的故事（1850—1943）．北京：北京大学出版社，2009.

[67] 姚婷，梅伟强 . 百年侨刊：《新宁杂志》历史文化论 . 北京：中国华侨出版社，2009.

[68] 潮龙起 . 美国华人史（1848–1949）. 济南：山东画报出版社，2010.

[69] 梅伟强，关泽峰 . 广东台山华侨史 . 北京：中国华侨出版社，2010.

[70] 黄安年 . 道钉，不再沉默，建设北美铁路华工 . 沈阳：白山出版社，2010.

[71] 生键红 . 美国中央太平洋铁路建设中的华工 . 上海：上海文艺出版社，2010.

[72] 刘进 . 江门五邑侨汇档案选编 . 北京：中国华侨出版，2011.

[73] 刘进 . 银信与五邑侨乡社会 . 广州：广东人民出版社，2011.

[74] 梁碧莹 . 梁诚与近代中国 . 广州：中山大学出版社，2011.

[75] 梁碧莹 . 陈兰彬与晚清外交 . 广州：广东人民出版社，2011.

[76]（美）赵汝成 . 旅居者与移民——美国太平洋铁路华工与爱尔兰劳工报纸形象分析 . 北京：中国华侨出版社，2012.

[77] 黄安年 . 道钉，不再沉默——建设北美铁路华工 . 台北：台湾华艺学术出版社，2014.

（3）地方志、乡志、族谱、家谱（广东地区）

[1] 北京师范大学图书馆藏 . 东莞县志 .102 卷 .1927.

[2] 余丕承修，桂玷纂 . 恩平县志 . 二十五卷 . 图一卷 . 排印本 . 成文书局 . 1934.

[3] 广东省地方史志编委会 . 广东省志·华侨志 . 广州：广东人民出版社 .1996.

[4] 清徐香祖修，吴应逵纂 . 鹤山县志，十二卷，清道光六年刊本 . 上海市历史文献图书馆藏，现藏上海图书馆 .

[5] 江门市地方志编委会 . 江门市志 . 广州：广东人民出版社 .1998.

[6] 余棨谋修，张启煌等纂，开平县志 .45 卷 . 图 1 卷 . 首 1 卷 . 勘误 1 卷 . 成文书局排印本，1933.

[7] 郑梦玉，等修，梁绍献等纂 . 南海县志 .26 卷 . 清道光十五年修，同治十一年刊本 . 台北：成文出版有限公司，1974.

[8] 李福泰，修，史澄，等纂 . 番禺县志 .54 卷 . 附 1 卷，清同治十年（1871），北京师范大学图书馆藏 .

[9] 梁鼎芬，等修，丁仁长等纂 . 宣统番禺县续志 .44 卷，清宣统三年刻（1911）. 北京师范大学图书馆藏 .

[10] 郭汝诚，修，冯奉初，等纂 . 顺德县志 .32 卷 . 清咸丰三年刊本成文书局 .

[11] 北京师范大学图书馆藏 . 顺德县志 . 清咸丰六年（1859），24 卷，己巳年 (1929).

[12] 周之贞，等修，周朝槐，等纂 . 顺德县续志 .24 卷，附郭志刊误 2 卷 .1929 年刊本 . 成文书局 .

[13] 台州府志 .100 卷 .1926.

[14] 林星章，修，黄培芳，等纂 . 新会县志 .14 卷 . 清道光二十一年刊本 . 北京大学图书馆古籍部藏 . 成文书局 .

[15] 李星辉，钟应元，彭君谷，纂修 . 新会县志续 .（同治），10 卷，首 1 卷，清同治辛未 [9 年，1870]，北京师范大学图书馆藏 .

[16] 王臣修，陈元珂，纂 . 新宁县志 .10 卷 . 明嘉靖二十四年刊本（北京图书馆藏），

[17] 赵俊，修，李宝中，纂 . 增城县志 20 卷 首 1 卷 . 清嘉庆二十五年修同治十年补刻本 . 成文书局 .

[18] 乡土志丛编 .(第一集)17 卷 (10 种). 北京师范大学图书馆藏 .1937.

（4）英文文献资料

[1] Pacific Telegraph Act of 1860.

[2] Laws of the Central Pacific Railroad Company of California, Incorporated: June 28, 1861.

[3] The General Railroad Law of California.enacted May 20, 1861.

[4] Abstract from the 1862 Annual Report of the Commissioner of the General Land Office to the Secretary of the Interior relating to Government Land Grants made under the Pacific Railroad Act of 1862.

[5] An Act to aid in the Construction of a Railroad and Telegraphy Line from the Missouri river to the Pacific Ocean, and to Secure to the Government the use of the same for Postal, Military, and other Purposes, Approved July 1, 1862.

[6] Land Grants and Mineral Rights under the Pacific Railroad Act of 1862. General Land Office, 1862.

[7] Report of the Chief Engineer on the preliminary survey, cost of construction, and estimated revenue of the Central Pacific Railroad of California, across the Sierra Nevada Mountains, from Sacramento to the eastern boundary of California, October 22, 1862.

[8] Pacific Railroad Acts. 1862, 1864, 1874.

[9] First CPRR Annual Report with Theodore D. Judah's Chief Engineer's Report. 1863.

[10] CPRR Annual Reports, 1863–1866; Routes Explored, Surveys, T. D. Judah, et. al., 1863–1868.

[11] A table showing the number of miles of the Union Pacific Railroad and its connection lines between Missouri river and the Pacific coast required to be built annually by each company, by Senate bill No. 132. In The Miscellaneous Documents of the House of Representatives for the 1st session of the 38th Congress, 1863–1864, Washington 1864.In One Vol., No. 112.

[12] Central Pacific Railroad Company, November 30, 1864 (Resolutions). Abraham Lincoln Papers.3.

[13] Journal of the Senate of America, being the 1st session of the 38th Congress.

[14] Executive Document of the House of Representative, During the 1st session of the 38th Congress 1863–1864. Vol. 6, No. 1, Message of the President of the United States and Accompanying Documents, to the Houses of Congress, Washington, No. 1 Interior.

[15] Journal of the Senate of America, being the 1st session of the 38th Congress, July 1,1864, 711; July 2, 1864.

[16] Journal of the Senate of the United States being the 2nd session of the 48th Congress, Dec. 5, 1864, Washington, 1864.

[17] Letter of the Secretary of the Treasury, transmitting, In Answer to a resolution of the Senate, a copy of the Report of the Central Pacific Railroad Company, Under date June 1st, 1863, Enginner's Office, To the President and Board of Directors of the Central Pacific R. R. of California, June 1st, 1863. 4–16pp. In Ex. Doc. No.26. 38Th Congress 1st. Session Senate.

[18] No. 125, A Bill to Encourage Immigration. In Journal of the America, being the 1st session of the 38th Congress, Washington.

[19] No. HR 411. A Bill to Encourage Immigration, Executive Document of the House of Representative, During the 1st session of the 38th Congress 1863–1864. Vol. 6, No. 1, Message of the President of the United States and Accompanying Documents, to the Houses of Congress, Washington, No. 1 Interior.

[20] No.403. A Bill to amend the act entitled "An Act to encourage Immigration", Journal of the Senate of the United States being the 2nd session of the 38th Congress, Dec. 5, 1864, Washington, 1864.

[21] No.407.An Act authorize the establishment of Ocean mail Steamship service between United States and China. Journal of the Senate of the United States being the 2nd session of the 38th Congress, Dec. 5, 1864, Washington, 1864.

[22] Office Central Pacific Company of California, Oct. 17Th 1862. In Executive Documents of the House of Representatives, During the First session of the 38th Congress, 1863–1864, Vol.13, No. 23 Letter of The Secretary of the Interior.

[23] Report of the Secretary of the Interior, Dec. 5, 1863. In Executive Document of the House of Representative, During the 1st session of the 38th Congress 1863–1864. Vol. 6, No. 1, Message of the President of the United States and Accompanying Documents, to the Houses of Congress, Washington, No. 1 Interior.

[24] Report of the Chief Engineer upon Recent Surveys and Progress of Construction of the Central Pacific Railroad of California. December, 1865. Courtesy L.D. Farrar.

[25] Secretary of Interior and Postmaster General ,Dec. 5Th 1864. In Executive Documents of the House of representatives, During the 1st session of the 38th Congress 1864–65 Vol.5, No.1. Message of the President of the United States and Accompanying Documents, to Two Houses of Congress, Washington: Government Printing Office, 1865.

[26] Central Pacific Railroad Statement Made to the President of the United States, and Secretary of the Interior, on the Progress of the Work, October 10th, 1865. H.S. Crocker & Co., Printers.

[27] The report by Chief Engineer Montague, dated November 25, 1865.

[28] Report of Board Convened to Determine on a Standard for Construction of the Pacific Railroad. Interior Department, 1866.

[29] Manual of the Railroad of the United States: UPRR/CPRR by Henry V. Poor 1868.

[30] Annual report of Central Pacific Railroad to stockholders, July, 1869.2.

[31] Annual Report of Central Pacific Railroad to the Secretary of Interior, December, 1869.2.

[32] Report of the Special Commissioners upon the Central Pacific Railroad February 27, 1869.

[33] Report from the Commissioners of the Pacific Railroad Commission, January, 1869.2.

[34] Pacific Railroad Officially Completed on November 6, 1869. U.S.

[35] Report of the Joint Special Committee To Investigate Chinese Immigration.

[36] Report of the Commissioner of the General land Office, Oct. 3Rd. 1864. In Executive Documents of the House of representatives, During the 1st session of the 38th Congress 1864–65 Vol.5, No.1. Message of the President of the United States and Accompanying Documents, to Two Houses of Congress, Washington: Government Printing Office, 1865.

[37] Report of the Joint Special Committee to Investigate Chinese Immigration. U.S. Senate, 1877.

[38] Annual Report of the Board of Directors of the Central Pacific Railroad Co. to the Stockholders, For the Year ending December 31st, 1878.； 1883.

[39] Chinese Exclusion Act (1882).

[40] The Chinese Exclusion Repeal Act (1943).

[41] James, Richardson , A Compilation of the Massages and Papers of the President，Vol.2.

[42] Testimony of J.H. Strobridge, US Pacific Railway Commission.

（5）英文著作

[1] 中华会馆（六大公司）(Chinese Consolidated Benevolent Association),《致美国总统书》（To His Excellency Grant, President of the United States），1987.

[2] 玛丽·罗伯茨·柯立芝（Mary Roberts Coolidge），《华人移民》（Chinese Immigration），New York: Henry Holt & Co., 1909.

[3] 埃德温·L·萨宾 (Edwin L. Sabin)，《太平洋铁路的建设》(Building the Pacific Railroad)，费城，J·B2 李平考特出版公司 (Philadelphia, J.B. Lippincott Co.,),1919.

[4] 瓦雷斯卡·巴里（Valeska Bari）编，《帝国的进程：1849 年淘金热时期加州的第一手资料》(The Course of Empire: First Hand Accounts of California in the Days of the Gold Rush of ’ 49)，考沃德——麦肯出版公司，纽约，1931.

[5] 奥斯卡·刘易斯（Oscar Lewis），《四巨头：亨廷顿、斯坦福、霍普金斯和克劳克与建设中央太平洋铁路的故事》（The Big Four:The Story of Huntington,Standord, Hopkins, and Crocker, and of the Building of the Central Pacific）,Alfred A, Knopf, NY,NY, 1938.

[6] Elmer Clarence Sandmeyer, The Anti-Chinese Movement in California, Urbana: University of Illinois Press,1939.

[7] 卫斯理・S. 格瑞斯华尔德 (Wesley S. Griswold)，《巨人们的工程：建造太平洋铁路》(A Work of Giants: Building the First Transcontinental Railroad)，McGraw-Hill Co. Inc.1962.

[8] 詹姆斯・麦卡洛（James McCague），《大亨与铁人：太平洋铁路的故事》(Moguls and Iron Men: The Story of the First Reanscontinental Railroad),Harper & Row Press, NY,NY, 1964.

[9] 乔治・克劳斯（George Kraus），《通向波莫托里的高速路：让太平洋铁路穿过险峻的塞拉岭》（High Road to Promontory: Building the Centrai Pacific Across the High Sierra），American West Publishing Co, Palo Alto, Cali.1969.

[10] 斯图尔特・克赖顿・密勒 (Stuart Creighton Miller)，《不受欢迎的移民：华人在美国的形象》（ The Unwelcome Immigrant: The American Image of Chinese, 1785–1882），University of California Press, Berkeley and Los Angeles,1969.

[11]（美）董霖 (Tung, William L.):《在美国的华人，1820–1933》(The Chinese in America, 1820–1933)，纽约，1974.

[12] 美国华人历史学会 (Chinese Historical Society of America)，《美国华人的生活、影响和角色，1776–1960》（The Life, Influence and the Role of the Chinese in the United States,1776–1960），美国华人历史学会，旧金山，1976.

[13]（美）林露德 (Ruthanne L. McCunn)，《在美华人画史》(An Illustrated History of the Chinese in America), 旧金山，1979.

[14] 孔深吾 (Kung Shen-woo)，《美国生活中的华人》(Chinese in American Life: Some Aspects of Their History, Status, Problems and Contributions),Greenwood Press Published Co,1983.

[15] 蔡石山（Tsai Shih-shan Henry），《中国和美国的华人，1868–1911》（China and the Overseas Chinese in the United States, 1868–1911），University of Arkansas Press, Fayetteville, 1983.

[16] 蔡石山 (Tsai Shih-Shan Henry)，《华人在美国的经历》（The Chinese Experience in America），印第安纳大学出版社，布鲁明顿，1986.

[17] John H. White Jr., The American Railroad Freight Car: From the Wood-Car to the Coming of Steel, Baltimore: Johns Hopkins University Press,1993.

[18]（美）William Deverell, Railroad Crossing: Californians and the Railroad, 1850–1910, Berkeley: University of California Press, 1993.

[19]（美）Colleen A. Dunlavy, Politics and Industrialization: Early Railroads in the United States and Prussia, Princeton: Princeton University Press, 1994.

[20] 雷蒙德・库欣（Raymond Cushing）、杰弗里 (Jeffrey Moreau)。《美国第一条太平洋铁路》（America's First Trans-Continental Railroad）,Pentrex press, Pasadena, Cali.1994.

[21] 苏珊・辛诺特 (Susan Sinnot)，《中国铁路工人》(Chinese Railroad Workers), Franklin Watts, New York, 1994.

[22] 鲁道夫・丹尼尔斯（Rudolph Daniels），《穿越大陆的火车：北美铁路史》（Trains Across the Continent: North American Railroad History）,Pacific City Graphics, South Sioux City, 内布拉斯加州，1997.

[23] 戴维霍华德・贝恩(David Haward Bain),《帝国特快：建设太平洋铁路》(Empire Express: Building the First Transcontinetal Railroad），纽约企鹅出版社，1999.

[24] 斯蒂芬・E. 安布罗斯 (Stephen E. Ambrose)，《举世无与伦比：1863年–1869年建设太平洋的人们》（Nothing Like It in the World: The Men Who Build the Transcontinental Railroad 1863–1869），纽约西蒙与舒斯特出版社（Simon & Schuster），2000.

[25] Glenn Willumson，Iron Muse: Photographing the Transcontinental Railroad，University of California Press，2013.

（6）英文报刊

[1] 哈泼斯周刊（Harper's Weekly） NY，NY， 1957.

[2] 清史杂志（Hutching's California Magazin），加利福尼州 1860.

[3] 旧金山中文报（San Francisco China News）.

[4] 金山日报（The Golden Hill's News），旧金山，1854–1955.

[5] WASP 杂志（The Wasp Magazine）.

[6] 加利福尼亚阿尔塔日报（Daily Alta California）, San Fracisco, 1850–1891.

[7] 加利福尼亚华人飞龙邮报（The Califaronia China Mail and Flying Dragon），旧金山，1867.

[8] 萨克拉门托联盟日报 (Sacrmento Union），1869.3–5.

[9] 萨克拉门托蜜蜂报（Sacrmento Bee），1869.3–5.

[10] 普雷希尔先驱报 (The Placer Herald)，加利福尼亚州奥本 . 1865.1–1866.5.

[11] 达奇弗拉特调查报（Dutch Flat Enquirer），加利福尼亚州达奇弗拉特，1865.12–1866.11.

[12] 拉特基论坛报（Truckee Tribune）.1868.9–10,. 加利福尼亚州拉特基 .

[13] 里诺新月报（Reno Crescent）.1868.7–9.

[14] 卡森呼声日报（Carson Daily Appeal）. 加利福尼亚州卡森城 .

[15] 弗吉尼亚领地事业报（Virginia Cuty Territorial Enterprise），内华达州弗吉尼亚城，1868.7–1868.8.

[16] 金山每日新闻报 (Gold Hill Daily News)，内华达州弗吉尼亚，1868.7–10.

[17] 洪堡记录（Hunboldt Register）内华达州尤宁维尔，1868.8–9.

[18] 温尼马卡银报（Winnemucca Argent），内华达州温尼马卡 1868.9–10,.

[19] 盐湖每日电讯于商业广告（The Salt Lake Daily Telegraph and Commercial Advertiser），犹他州盐湖城，1868.12–1869.5.

[20] 德瑟雷特晚报（The Deseret Evening News），犹他州盐湖城 1868.12–1869.5.

（7）博物馆、图书馆、研究中心、历史文化协会

[1] The Andrew J. Russell Collection.

[2] Angel Island: Immigrant Journeys of Chinese Americans.

[3] Angel Island Immigration Station.

[4] Angel Island Photo Gallery.

[5] The Bancroft Library, University California, Berkeley.

[6] Barry A. Swackhamer Collection.

[7] Bruce C. Cooper Collection.

[8] California Historical Society.

(http://www.library.ca.gov/California History Room) .

[9] The Chinese American Experience 1857–1892.

[10] Chinese–American Museum of Chicago.

[11] Chinese Historical Society of Southern California.

[12] Chinese Immigration and the Chinese in the United States (U.S. National Archives).

[13] Chinese Immigration Files (U.S. Citizenship and Immigration Services).

[14] Denver Public Library , Western History Collection (www. DenverLibrary.org) .

[15] Emigrant Trail Museum.

[16] The Huntington Library, Art Collections and Botanical Gardens.

[17] John Soddy & Jefferson Stereortics.

[18] Library of Congress.

[19] National Archives and Records Administration.

[20] National Park Service.

[21] Nevada County Historical Society.

[22] The Oakland Museum of California(http://www.museumca.org/).

[23] Paiaro Valley Historical Association.

[24] Phil Anderson Collection.

[25] Philatelic Society, Yorkshire, England.

[26] The Photography Collection.

[27] Royal Geographic Society.

[28] San Francisco Maritime.

[29] The Swackhamer Pacific Railroad Stereograph Collection.

[30] Union Pacific Historical Collection.

Utah Historical Quarterly.

[31] U.S. Geological Survey.

[32] The Virtual Museum of the City of San Francisco.

图书在版编目（CIP）

沉默道钉的足迹：纪念华工建设美国铁路 / 黄安年，李炬著．—北京：中国铁道出版社，2015.9
ISBN978-7-113-20689-5

Ⅰ.①沉… Ⅱ.①黄… ②李… Ⅲ.①华工—史料—美国—近代 Ⅳ.① D634.371.2

中国版本图书馆 CIP 数据核字（2015）第 153404 号

书　　名：沉默道钉的足迹——纪念华工建设美国铁路
作　　者：黄安年　李炬　著

责任编辑：郭　宇　罗桂英　刘　颖
设计总监：陈东山
装帧设计：崔丽芳
责任校对：王　杰
责任印制：郭向伟

出版发行：中国铁道出版社（100054，北京市西城区右安门西街 8 号）
网　　址：http://www.tdpress.com
印　　刷：北京盛通印刷股份有限公司
版　　次：2015 年 9 月第 1 版　2015 年 9 月第 1 次印刷
开　　本：889 mm×1 194 mm　1/12　印张：24　字数：552 千
书　　号：ISBN 987-7-113-20689-5
定　　价：298.00 元
